G

18276 (1)

HISTOIRE DE L'EUROPE.

G

« Bellum maxime omnium memorabile, quæ unquam gesta sint, me scripturum : quod, Hannibale duce, Carthaginenses cum populo Romano gessere. Nam neque validiores opibus ullæ inter se civitates gentesque contulerunt arma, neque his ipsis tantum unquam virium aut roboris fuit : et haud ignotas belli artes inter se, sed expertos primo Punico conserebant bello ; odiis etiam prope majoribus certarunt, quam viribus ; et adeo varia belli fortuna ancepsque Mars fuit, ut propius periculum fuerint, qui vicerunt. »

Liv., lib. 21.

Imp. de F. Parent, à Bruxelles.

HISTOIRE DE L'EUROPE,

DEPUIS LE

COMMENCEMENT DE LA RÉVOLUTION FRANÇAISE,

EN 1789,

JUSQU'A NOS JOURS,

PAR SIR ARCHIBALD ALISON,

BARONNET.

(Traduction de l'anglais.)

TOME PREMIER.

BRUXELLES,

F. PARENT, ÉDITEUR, MONTAGNE DE SION, 17.

1835.

AVIS DU TRADUCTEUR.

« Jamais, dit M. de Barante, la curiosité ne s'est portée
» plus avidement vers les connaissances historiques. Nous
» avons vécu dans un monde agité par tant d'événements
» prodigieux et divers; les peuples, les lois, les trônes ont
» tellement roulé sous nos yeux ; l'avenir, même prochain,
» semble chargé de la solution de si grandes questions, que
» le premier emploi du loisir et de la réflexion a été l'étude
» de l'histoire. Comme l'existence de chacun, tel grand ou
» tel petit qu'il soit, est venue se rattacher immédiatement
» aux vicissitudes de la destinée commune ; comme la vie,
» la fortune, l'honneur, la vanité, les opinions peut-être, en
» un mot, la situation tout entière du citoyen a dépendu et
» dépend encore des événements généraux de son pays ou
» même du monde, l'observation a dû prendre pour but
» presque unique l'histoire des nations. Là s'est dirigée la
» philosophie ; car quelles causes et quels effets peuvent
» être plus dignes d'être recherchés à leur source ? La poésie
» elle-même ne peut plus être écoutée lorsqu'elle ne parle
» pas de ce qui offre tant de merveilles, de ce qui excite
» tant d'émotions. Le drame ne semble plus destiné qu'à

» reproduire les scènes de l'histoire. Le roman, ce genre
» éminemment frivole, a été absorbé par l'intérêt historique.
» On lui a demandé, non plus de raconter les aventures des
» individus, mais de les montrer comme témoignages vrais et
» animés d'un pays, d'une époque, d'une opinion..... Une
» telle disposition des esprits doit encourager à écrire l'his-
» toire. »

De tous les siècles, le plus fécond en événements considérables, le plus agité par les passions humaines, le plus prodigieux par les succès et par les défaites des partis contraires,
le XIXᵉ siècle fut inauguré par cette grande révolution politique et sociale qui, commencée en 1789, a été mainte fois
arrêtée dans sa marche, sans que son influence et ses principes aient jamais cessé de remuer profondément les esprits.
La démocratie et le despotisme, se faisant un jeu des nations ;
les rois, les peuples, les empereurs, tour à tour vainqueurs et
vaincus ; la noblesse et le clergé perdant à jamais leurs plus
précieuses immunités ; la souveraineté des masses succédant
à l'autorité du prince ; le principe de l'égalité universelle
proclamé ; l'Europe ébranlée et pour un jour subjuguée par
la France ; les richesses réglant les destinées du monde ; les
découvertes et les progrès de l'industrie complétant la ruine
de l'ordre ancien ; enfin la guerre déclarée à la propriété au
nom de la misère, tels sont les faits généraux qui ont bouleversé le passé, dont les résultats immenses ont profondément affecté le présent, et dont les conséquences extrêmes
menacent encore l'avenir.

Dans les intervalles de cette lutte gigantesque, et surtout
lorsque, après la paix de 1815, l'Europe put respirer à l'aise
et goûter ce repos qui est la condition du progrès dans les
arts et dans les sciences, de nombreux écrivains ont étudié
cette révolution sans précédent depuis la naissance du christianisme. Les Français ont traité ce grand sujet avec une
supériorité remarquable, quoique à des points de vue très-
divers. Les uns flattant les peuples, les autres les rois, ils ont
souvent parlé d'après leurs affections ou d'après leurs ran-

cunes. Aussi, malgré le nombre prodigieux de livres qui ont paru en France sur cette époque si intéressante de l'histoire moderne, il est encore bien difficile de démêler la vérité au milieu du choc des opinions.

Si donc l'on veut juger sainement, il ne suffit pas d'avoir lu ce qu'ont écrit les historiens français de tous les partis. On ne doit pas oublier que la Révolution française a été racontée et jugée aussi par d'éminents écrivains de l'Allemagne et de l'Angleterre, et que leur appréciation, plus désintéressée peut-être, au moins sur les questions qui n'engagent pas l'honneur national, mérite de fixer l'attention de l'observateur attentif.

En partant de ce principe, maintenant surtout que des intérêts communs et une noble émulation se sont substitués à des rivalités ruineuses qui n'ont plus de raison d'être, on pourrait s'étonner qu'un livre remarquable, qui a paru en Angleterre dès 1833, ne soit pas plus connu en France et en Belgique. Nous voulons parler du livre de M. Alison dont nous avons entrepris la traduction. Il n'est pas besoin de nous étendre sur le mérite d'un ouvrage qui a eu l'honneur d'être traduit dans presque toutes les langues de l'Europe et dans deux langues orientales. Ajoutons seulement qu'on en a fait récemment en Angleterre une neuvième édition qui se vend à 20,000 exemplaires par mois. Et pourtant, M. Alison, ami sincère de la liberté, ne flatte point les passions populaires. Le style de cet écrivain, généralement clair et limpide, s'élève quelquefois à une grande hauteur. Parfois aussi, et surtout quand jugeant de haut les événements, il fait de la philosophie historique, sa phrase est un peu longue, un peu embarrassée ; elle offre au traducteur une grande difficulté, et l'idée de l'auteur ne se dégage point aussi nette, aussi précise qu'on le voudrait.

Nous ne nous sommes pas dissimulé ce qu'il y a d'aride dans la tâche que nous avons entreprise. Nous n'avons pas eu la prétention, en traduisant Alison, de produire une œuvre littéraire. Notre unique ambition a été d'être traducteur fidèle, de faire connaître à nos lecteurs la manière de M. Alison, tout en respectant les lois du langage dans lequel nous écrivons.

Chateaubriand, dans les remarques qu'il met en tête de sa traduction du noble poëme de Milton, signale les nombreuses difficultés qui l'ont décidé à ne donner au public qu'une traduction presque littérale du *Paradis perdu*. Plusieurs des obstacles qu'il a rencontrés, et qu'il semble n'attribuer qu'à la manière des poëtes et quelquefois de Milton en particulier, se retrouvent chez les prosateurs. Nous ne croyons pas devoir les énumérer ici ; ils sont assez connus de tous les hommes un peu versés dans la littérature anglaise. Nous demandons seulement la permission de citer un passage extrait des remarques du grand écrivain dont nous parlons ; ce sera peut-être notre excuse auprès des lecteurs qui ne trouveraient pas notre manière assez française.

« Me serait-il permis d'espérer, dit-il, que si mon essai n'est
» pas trop malheureux, il pourra amener quelque jour une
» révolution dans la manière de traduire ? Du temps d'Ablancourt, les traductions s'appelaient de *belles infidèles* ; depuis
» ce temps-là on a vu beaucoup d'infidèles qui n'étaient pas
» toujours belles : on en viendra peut-être à trouver que la
» fidélité, même quand la beauté lui manque, a son prix. »

PRÉFACE DE L'AUTEUR.

L'histoire de l'Europe, pendant la révolution française, se divise naturellement en quatre périodes :

La première commence à la convocation des états-généraux en 1789, et se termine par l'exécution de Louis XVI et l'établissement de la république en 1793. Cette période renferme l'histoire de l'Assemblée constituante et des vastes changements qu'elle opéra dans l'ordre social ; les annales de l'Assemblée législative ; le soulèvement du peuple et le renversement du trône au 10 août, et enfin le procès et la mort du roi. On y trouve les variations de l'opinion publique, la fièvre des innovations, le début si heureux de la révolution et la sanglante catastrophe. On y voit par quels degrés la nation passa, des transports inspirés par les idées de philanthropie générale, au sombre ascendant d'une ambition sanguinaire.

La seconde période s'ouvre par la querelle des Girondins et des Jacobins : elle décrit la chute de la Gironde, dépeint le règne épouvantable de la Terreur, raconte les luttes des factions jusqu'à l'établissement d'un gouvernement militaire régulier, après la répression du soulèvement de la garde nationale de Paris, au mois d'octobre 1795. Cette période embrasse le commencement de la guerre ; les immenses efforts de la France durant la campagne de 1793 ; la résistance héroïque de la Vendée ; les derniers efforts de l'indépendance polonaise sous Kosciusko ; la conquête de la Flandre et de la Hollande, et les manœuvres savantes de la campagne de 1795. Mais ce qu'il y a de plus intéressant dans cette partie de notre récit, c'est l'histoire intérieure de la révolution, les souffrances déchirantes de la vertu persécutée, et les moyens dont se servit la Providence pour amener les grands criminels de cette époque à préparer eux-mêmes le châtiment mémorable qu'ils avaient si bien mérité.

La troisième période voit se lever l'étoile de Bonaparte : cet homme extraordinaire la termine en s'emparant des rênes du pouvoir, et en faisant une courte trêve à la guerre générale par la paix d'Amiens. Cette époque est singulièrement riche en faits éclatants : elle embrasse les campagnes du héros français en Italie, celles de l'archiduc Charles en Allemagne ; les batailles de Saint-Vincent, de Camperdown et du Nil ; l'expédition d'Égypte ; les guerres de Suwarow en Italie, et de Masséna dans les Alpes ; les campagnes de Marengo et de Hohenlinden ; la coalition du Nord et sa dissolution par la victoire de Copenhague ; les conquêtes des Anglais dans l'Inde, et l'expulsion des Français de l'Égypte. Pendant cette période, les passions démocratiques s'étaient affaiblies en France, épuisées par leurs propres excès, et la nation gémissait sous un despotisme militaire inhabile et cruel à la fois, et dont les désastres à l'extérieur et la sévérité au dedans préparaient toutes les classes de la société à se ranger sous la bannière d'un capitaine victorieux.

Le gouvernement ferme et habile de Napoléon ouvre la quatrième période et promet à la France de brillantes destinées. La chute de l'empereur des Français en 1815 met fin à cette période moins remarquable que la précédente au point de vue du génie militaire, et cependant plus mémorable par l'ascendant du pouvoir et par les grandes choses que ce pouvoir exécuta. Nous y verrons les campagnes d'Austerlitz, de Iéna et de Friedland ; la destruction de la marine française à Trafalgar ; le commencement des luttes désespérées de l'Espagne ; les vaillants et malheureux efforts de l'Autriche en 1809 ; l'abaissement et la chute de l'autorité papale * ; les succès lents mais durables de la puissance militaire des Anglais dans la Péninsule et la carrière glorieuse de Wellington ; le despotisme accablant qui régna sur la France ; la mémorable invasion de la Russie ; les efforts convulsifs de l'Al-

---

* L'auteur fait allusion à des événements qui tournèrent à la gloire du Saint-Siége. (*Note de l'éditeur.*)

lemagne en 1813; la dernière campagne de Napoléon, la prise de Paris, et la chute définitive du colosse à Waterloo.

Les deux premières périodes font voir les effets produits sur la condition civile des peuples par le développement des idées démocratiques, et les deux autres l'influence de ces idées sur les opérations militaires et sur les relations internationales. On peut, dans l'une comme dans l'autre, discerner l'action de la même loi naturelle, sous l'influence de laquelle la société cherche, dans l'intérêt de son bien-être, à expulser de son sein un poison destructeur, tandis que, sous cette même influence, les nations coupables sont, comme les individus, punis par les conséquences mêmes des iniquités qu'elles ont commises. Dans l'une comme dans l'autre, les principaux acteurs sont dirigés par une puissance invisible qui se sert de leurs vices et de leur ambition pour arriver en définitive à l'affranchissement de l'humanité. Les générations périssent, pendant cette longue transition, mais la loi de la nature poursuit son action sans s'arrêter; et le même principe qui fit passer le gouvernement de Robespierre par la Terreur et l'amena fatalement au 9 thermidor, poussa Napoléon au milieu des neiges de la Russie et jusqu'à la défaite de Waterloo. « Les hommes agissent, dit Bossuet, mais Dieu les mène. » La loi morale qui ressort de ces faits, voilà la grande leçon à tirer des scènes animées de ce drame émouvant.

Jamais historien trouva-t-il sous sa plume un sujet aussi beau, aussi rempli de graves leçons politiques et militaires, aussi plein d'actions grandes et héroïques, un sujet où brillent tant de vertus obscurcies par tant de crimes? Le monde parcourt en vingt-cinq ans la route de cinq siècles, et l'on chercherait en vain, dans les annales de l'Europe moderne, une autre période aussi courte à mettre en parallèle avec cette époque de violentes expériences et de conquêtes si diverses.

Bien peu d'années nous séparent de ces événements, et cependant on a réuni déjà pour les éclaircir, des documents plus nombreux et plus intéressants que sur aucune autre époque de l'histoire du monde. La France a vu naître, depuis la paix générale, une foule d'écrivains très-remarquables et très-habiles à traiter les sujets politiques et historiques. Ils ont produit un grand nombre d'histoires régulières de la Révolution, écrites avec un talent vraiment extraordinaire, et, de plus, une foule de mémoires dont

l'autorité n'est pas toujours irrécusable, mais qui ont au moins
le mérite de jeter une grande lumière sur les mœurs, les idées
et les malheurs de ces temps agités. L'état de la France avant la
révolution, les causes morales, politiques et financières qui provoquèrent ce grand événement, tout cela se trouve parfaitement
développé dans les ouvrages de Rivarol, de Necker et de Mme de
Staël; dans les mémoires de l'abbé Georgel, dans l'*Histoire du
règne de Louis XVI*, par Soulavie, et dans le récit impartial de
Droz, ainsi que dans les aperçus financiers si lumineux de Calonne, de Necker et d'Arthur Young. Quant aux matériaux pour
servir à l'histoire de la Révolution proprement dite, ils ne sont
pas moins abondants. D'un côté, les récits fidèles et impartiaux
de M. Toulongeon, la précieuse *Histoire de la Révolution*, par
deux amis de la liberté, et les travaux profonds de Mignet et de
Thiers ont rendu pleine et ample justice au parti républicain;
tandis que d'un autre côté, les histoires si travaillées de Lacretelle et de La Baume, avec les récits détachés de Châteaubriand, de
Beauchamps et de Bertrand de Molleville donnent une juste idée des
souffrances des royalistes pendant les progrès de la Révolution.
Les événements si étranges et si intéressants de la Pologne sont
parfaitement détaillés dans le bon ouvrage de Rulhière et dans
les pages éloquentes de Salvandy. Mais les souvenirs les plus intéressants de ces temps orageux se trouvent dans les mémoires contemporains écrits par les principales victimes de cette immense
convulsion sociale. Les meilleurs se rencontrent dans la grande collection publiée à Paris sous le titre de *Mémoires sur la Révolution*, collection qui comprend soixante-six volumes et qui contient,
entre autres récits, ceux de Bailly, de Rivarol, de Riouffe, de Barbaroux, de Buzot, de Condorcet, de Mme Campan, de Mme Roland,
de Mme de Larochejaquelin, de Cléry, de Hue, de Carnot, de Sapinaud, de Thureau, de Bonchamps, de Doppet, de l'abbé Guillon, de l'abbé Morellet, du comte de Ségur, du général Kléber,
de M. de Puisaye et de beaucoup d'autres *. Les *Papiers inédits de
Robespierre* et la *Correspondance du Comité de salut public*, pu-

---

* Le professeur Smyth, dans ses *Lectures on the French Revolution*,
passe en revue ces nombreux mémoires, en critique habile et en vrai philosophe. M. Adolphus, de son côté, dans son excellente *History of France*,
de 1790 à 1803, a mis en lumière bien des faits que les écrivains français
eussent voulu pouvoir ensevelir dans l'oubli.

bliés récemment à Paris, contiennent une foule de renseignements neufs et d'une grande valeur. On trouve aussi dans l'*Histoire exacte de la Convention*, et dans les *Souvenirs de la Terreur* en six volumes, qu'on vient de publier aussi dans la même capitale, des tableaux vifs et frappants évidemment peints d'après nature, tandis que les admirables esquisses de Dumont, de Brissot, et de Monnier donnent l'idée la plus vraie des premiers chefs de l'Assemblée, et que les singuliers *Mémoires de Levasseur de la Sarthe* offrent un tableau fidèle des excès d'extravagance du parti jacobin.

Pour la période mémorable du consulat et pour l'appréciation des hommes illustres réunis autour du trône de Napoléon, nous trouvons une mine inépuisable de renseignements dans les mémoires de Thibaudeau, du général Rapp, de Bourrienne, de Savary, de Fouché, de Beausset, de Caulaincourt, de Gohier et de la duchesse d'Abrantès. Il est facile, en comparant ces mémoires, de juger de leur authenticité relative. Mais les documents les plus précieux et les plus authentiques, on les trouve dans l'ample collection du *Moniteur*, cette mine féconde où la plupart des compilateurs ont été puiser leurs matériaux. Et puis, nous citerons encore l'admirable *Histoire parlementaire de France*, en quarante volumes, par Buchez et Roux, et l'abrégé de cet intéressant ouvrage publié par Léonard Gallois en six volumes, sous le titre de *Histoire de la Convention*, et enfin, les *Débats de la Convention* qui forment une partie des mémoires sur la Révolution.

On peut bien croire que dans ces mémoires, rédigés pour la plupart par des hommes qui ont joué un rôle important dans les événements qu'ils racontent, le lecteur se trouvera transporté en quelque sorte sur le théâtre même de ce drame sanglant. Mais pour ceux qui s'enthousiasment à la lecture de ces scènes tragiques, et le nombre en est grand, il ne suffit pas de posséder des mémoires écrits, même par les principaux acteurs, vers la fin de leur carrière. Nous aimons à nous rapprocher davantage encore de cette sanglante catastrophe; à entendre à la tribune ces bouillants orateurs; à assister aux interrogatoires des accusés; à entendre les derniers mots prononcés par les victimes sur les marches de l'échafaud. Il existe dans les journaux du temps d'amples matériaux, bien propres à satisfaire la soif la plus ardente de ces émouvants détails. Quelques-unes de ces feuilles publiques, cependant, sont devenues très-rares aujourd'hui, et il en est qui se vendraient leur poids d'or. Les *Révolutions de Paris*, par Prudhomme, journal publié de 1789 à 1794, et qui forment dix-sept volumes in-8° compactes, font une peinture exacte du parti républicain durant les progrès de la Révolution, peinture tracée par un ardent démocrate lié avec tous les chefs du mouvement. Sa partialité évidente pour le parti donne une grande autorité à ses récits, lorsqu'il raconte les excès de ses coreligionnaires politiques dans les six volumes intitulés *Crimes et erreurs de la Révolution*. Les *Actes des Apôtres*, en 10 volumes, contenant 596 numéros, journal publié deux fois par semaine, par Peltier, présentent le développement des idées de la Gironde et quelquefois de celles du parti jacobin par un royaliste intelligent mais passionné. *Le Vieux Cordelier*, de Camille Desmoulins, renferme ce qui nous reste de plus précieux sur les vues des membres les plus habiles parmi les dantonistes, peu de temps avant la chute de ce parti. La *Chronique de Paris*, presque entièrement rédigée par Brissot et par les Girondins, donne, jour par jour, les vues et les opinions de cette faction célèbre, à travers les longues luttes qu'elle eut à soutenir. Les principes et la marche des Jacobins sont amplement mis à découvert dans le *Journal de la Montagne*, de Ch. Laveaux ; ce journal, commencé le 1er juin 1793 et continué jusqu'au 24 novembre 1794, forme 7 volumes in-4°. Le *Journal des Jacobins*, qui parut au 1er juin 1791, contient tous les débats de ce club célèbre, avec quelques-uns des meilleurs discours de Robespierre et de Danton, jusqu'au 29 novembre 1794.

Le *Père Duchêne*, par Hébert, journal qui parut depuis le mois de mars 1791 jusqu'au mois d'octobre 1793, et qui forme aujourd'hui 11 volumes, raconte les hideuses et obscènes débauches de cette faction atroce, de ces créatures de la municipalité de Paris, élues par le suffrage universel, et que Robespierre se vit forcé d'envoyer à la guillotine en punition de leurs crimes. Les passions ardentes de Marat, ses froides proscriptions, la fertilité prodigieuse de son esprit, se retrouvent empreintes dans son célèbre journal, *l'Ami du Peuple*, du 28 novembre 1789, jusqu'en juillet 1793, époque de sa mort : ce journal forme une série de 18 volumes. Quant aux débats de la Convention, on les trouve dans le *Moniteur* et dans l'admirable *Histoire parlementaire de France*, par Buchez et Roux, en 41 volumes. La *Liste des condamnés* contient les noms et la désignation de chacune des nombreuses victimes du Tribunal révolutionnaire ; mais tous les documents contemporains ne sont que d'un intérêt secondaire en présence du *Bulletin du Tribunal révolutionnaire,* publié journellement depuis l'institution de ce tribunal, au 10 mars 1793, jusqu'à sa suppression en décembre 1794, à la suite de la condamnation de Fouquier-Tinville. On y trouve, avec tous leurs détails, les procès les plus importants de la Révolution, à l'exception de celui de Louis XVI dont on possède un récit très-complet dans l'ouvrage en trois volumes intitulé : *Procès de Louis XVI.*

« Peu de sujets d'étude sont aussi entraînants que les documents contemporains de la Révolution française. On en extrairait aisément un ouvrage au moins égal en volume et peut-être supérieur en intérêt, à celui qui détaillerait, avec des développements suffisants pour la plus grande partie des lecteurs, toutes les guerres qui ont suivi cette grande commotion sociale. L'étude de ces monuments tristes et étranges de la folie, des crimes et des souffrances de l'humanité, produit sur les esprits une impression bien profonde. Elle démontre en premier lieu une vérité, qui peut être appliquée aux révolutions les plus heureuses, c'est que la Révolution française n'a réussi qu'à la faveur d'un système d'exagération et de mensonge dont on s'est constamment servi pour égarer l'opinion publique. En second lieu, le tableau de cette convulsion politique, tracé ainsi par les principaux acteurs de la scène, paraît infiniment plus sombre, les crimes et les ravages de cette époque paraissent plus atroces, qu'on ne se les figurerait à la lecture des histoires écrites de nos jours. L'auteur de ce livre, peut-être par cela même qu'il a étudié avec soin tous ces documents, s'est vu souvent obligé de peindre les grands acteurs de cette Révolution sous des couleurs plus odieuses qu'il ne l'eût fait sans doute sous l'impression de la seule lecture des écrivains du parti contraire. Enfin, tous ces mémoires du temps nous montrent la générosité et la dignité de la nature humaine, avec autant de vérité qu'ils nous en font voir la bassesse et l'ambition. Et si au souvenir des crimes des révolutionnaires, et de l'égoïsme de l'aristocratie, nous sommes quelquefois tentés de désespérer du perfectionnement de notre espèce, l'héroïsme de leurs victimes nous ramène à des pensées plus consolantes, à une plus saine appré-

ciation de l'inconstance de la destinée humaine dans ce monde
d'épreuves.

. Quant aux annales militaires, les matériaux sont plus abondants encore. La grande histoire du savant général Jomini, en
16 volumes, les récits si clairs du maréchal Jourdan, du maréchal Saint-Cyr et du général Dumouriez, ne laissent rien à dé-
sirer sur les premières années de la guerre. Après cela, le génie
de Napoléon, aussi remarquable dans ses mémoires que dans ses
triomphes, jette une lumière éclatante sur les campagnes d'I-
talie, et fait regretter seulement que sa fidélité comme historien
n'ait pas été toujours au niveau de son talent comme annaliste.
Les *Victoires et les conquêtes des armées françaises,* en 26 volumes, sont un vaste magasin rempli de documents précieux, qui
offrent cependant quelquefois le défaut d'avoir été appréciés par
un patriotisme trop ardent. Les récits éloquents et fidèles du général Mathieu Dumas, en 18 volumes, et qui commencent à l'ap-
parition de Suwarow en Italie, parcourent tout le cercle des campagnes de Napoléon en Allemagne; les histoires de Berthier et
de Régnier, avec les mémoires de Miot et les récits de sir Robert
Wilson, jettent un jour complet sur le brillant épisode de l'expédition d'Égypte. Du côté des alliés, les ouvrages de l'archiduc
Charles offrent à la fois un caractère de vérité, de probité et de
talent militaire. M. Botta, dans son éloquente histoire, nous ex-
pose la triste énumération des souffrances de l'Italie. La vie si
intéressante de Pie VII, par Artaud, est un des exemples les
plus touchants de la résignation et de la fermeté chrétiennes au
milieu de cet océan de douleurs. Enfin, on trouve dans les écrivains de la Prusse tout ce qui du côté des alliés pourrait manquer à l'exactitude du tableau.

Il n'existe pas, sur l'histoire de l'Empire, des ouvrages aussi
bien faits, ou qui offrent un caractère d'autorité comparable à ceux
que nous possédons sur la Révolution; mais on en peut trouver
les faits les plus importants dans des compositions détachées.
M. Bignon, à qui Napoléon laissa, avec un legs considérable, la
charge de compiler l'histoire de sa diplomatie, s'est très-habile-
ment acquitté de cette tâche, qu'il a poursuivie jusqu'à l'année
1810. Il est toutefois rempli d'erreurs et coupable de partialité
en ce qui concerne la Grande-Bretagne. M. de Norvins, dans un
récit animé et populaire, a compris les événements les plus pit-

toresques de l'histoire impériale, et l'abbé Montgaillard, dans son histoire en 12 volumes, écrite avec beaucoup de soin, mais à un point de vue tout opposé, a accumulé une foule de faits dont la connaissance est indispensable à la complète intelligence de la période du gouvernement de l'Empire. L'*Histoire du Consulat et de l'Empire* de M. Thibaudeau, en 10 volumes, écrite avec un grand sens et une impartialité remarquable, traite de tout le règne de Napoléon. On trouve dans les collections qui s'occupent des transactions italiennes, trois volumes de Schœll qui rapportent les négociations avec la cour de Rome. On peut consulter aussi à ce sujet l'ouvrage sur les concordats de l'abbé de Pradt et les mémoires précieux du cardinal Pacca. Les pièces diplomatiques les plus importantes pour cette période ont été réunies dans les grands ouvrages de Martens et de Schœll, en 12 volumes chacun, et dans le recueil de pièces officielles, en 9 volumes, par le dernier de ces laborieux compilateurs. La *Cour politique et diplomatique de Napoléon*, par Goldsmith, contient encore une grande variété de documents, dont une bonne partie ont été négligés à dessein par les annalistes de l'Empire. Des ouvrages où abondent surtout les renseignements diplomatiques de l'époque, sont ceux qu'a écrits un éloquent écrivain, M. Capefigue. Nous citerons de lui : *l'Europe pendant la Révolution française, l'Empire de Napoléon et les Cent Jours*, et enfin son *Histoire des causes qui ont amené la restauration et la chute de la branche aînée des Bourbons*. Ces ouvrages sont semés d'épisodes intéressants racontés avec toute la chaleur de la poésie. On trouve aussi dans la *Biographie universelle*, éditée par Michaud, en 52 volumes, et dans la *Biographie contemporaine*, actuellement en voie de publication à Paris, un grand nombre de particularités intéressantes sur les principaux personnages de la Révolution et de l'Empire, avec une véritable profusion de renseignements de toute nature. Les opérations militaires de la campagne de 1809 en Allemagne, sont racontés avec talent dans les ouvrages du général Pelet, du général Stutterheim, et dans le compte rendu de la campagne d'Italie par l'archiduc Jean ; tandis que la vie intéressante de Hofer, par Bartholdy, et la brillante esquisse de la guerre du Tyrol, par Forster, offrent le tableau des merveilleux efforts des habitants de cette romanesque contrée.

A mesure que la lutte s'étend, et dès le moment où la Grande-

Bretagne est appelée à jouer un grand rôle dans la guerre conti-
nentale, les matériaux d'une histoire générale deviennent plus
nombreux et plus complets. La collection en 12 volumes des dépêches si précieuses du duc de Wellington, contient le récit
authentique de sa guerre des Indes et de ses campagnes dans la
Péninsule; et ces rapports sont écrits avec un jugement solide,
le sens le plus droit et une remarquable simplicité. Ses ordres du
jour et ceux de sir Georges Murray comme quartier-maître-
général, récemment publiés, in-4°, offrent des renseignements
précieux sur les événements de cette époque. D'un autre côté, les
dépêches du marquis de Wellesley répandent une vive lumière
sur la politique si confuse des affaires de l'Inde pendant la brillante période de son administration. M. Southey, dans son incomparable *Vie de Nelson*, a laissé à l'Angleterre le plus beau
souvenir du héros de sa marine, tandis que son *Histoire de la
guerre de la Péninsule* offre le récit le plus émouvant de cette
mémorable lutte. Les excellents mémoires de lord Collingwood,
et ses vies toutes récentes de Howe, du comte Saint-Vincent, de
lord Exmouth et de sir Henry Blackwood renferment une foule
de particularités intéressantes sur les opérations de notre marine. Mais le nom du colonel Napier est inséparable de la gloire des
campagnes de Wellington, et les pages remarquables de cet écrivain, ses réflexions savantes, nous font regretter que la passion
politique ne déteigne quelquefois sur ses relations militaires ordinairement écrites avec impartialité. Le comte Toreno a écrit en
espagnol une excellente histoire, en 6 volumes, de tous les événements de la guerre dans son pays. Si quelque chose pouvait manquer à l'exactitude du tableau, on trouverait de quoi le compléter
dans les récits animés de lord Londonderry, du colonel Jones, de
M. Gleig, du capitaine Hamilton et du capitaine Scherer, dont
les ouvrages présentent une série d'esquisses si vives, et pourtant
si fidèles que, vraiment, il faudrait que l'historien fût insensible
pour ne pas partager un peu leur enthousiasme.

Les écrivains français n'ont pas traité la guerre d'Espagne avec
tout le soin qu'ils ont mis à raconter leurs guerres plus heureuses. Cependant, le récit impartial du général Jomini, les travaux détachés du général Foy, du comte Thiébaut, de M. Rocca,
du maréchal Saint-Cyr et du maréchal Suchet, jettent au moins
quelque jour sur une partie de ces événements compliqués. Les

journaux des siéges dans la Péninsule, par M. Belmas, récemment publiés, en 4 volumes, sous les auspices du gouvernement français, offrent sur ce sujet un travail d'une grande valeur et d'une authenticité remarquable.

Quant à la campagne à jamais mémorable de Russie, d'amples matériaux nous sont fournis par les pages éloquentes et pittoresques du comte de Ségur, et par les écrits de Chambray, de Larrey, du baron Fain, et de La Baume; et nous trouvons, comme correctifs de ces œuvres diverses, les détails donnés par le général Gourgaud, les savantes esquisses du général Jomini, et les récits lumineux et impartiaux du colonel russe Boutourlin. La campagne de 1813 en Allemagne a été également bien traitée par La Baume, par les généraux Muffling, Gneisenau et Bulow, ainsi que par le baron Odeleben, le colonel Boutourlin, le baron Fain, lord Burghersh et lord Londonderry. On a condensé les détails de ces ouvrages dans le *Précis des événements militaires de 1813*, publié récemment à Leipsick, en français et en allemand. Pour la dernière et la plus glorieuse campagne de Napoléon, les travaux remarquables de La Baume, de Jomini et du baron Fain ont rendu pleine justice au grand capitaine. Après cela, nous ne croyons pas possible qu'un historien ait pu traiter les guerres de la révolution sans avoir apprécié les avantages du magnifique atlas et des excellentes descriptions de batailles, publiés par Kausler en allemand et en français. Cet ouvrage n'a pas son pareil dans les annales de l'art, et il met en quelque sorte devant les yeux du lecteur le théâtre des grandes batailles de ce temps. La dernière année de notre histoire est en même temps la plus glorieuse pour l'Angleterre par ses exploits; elle ferme la série des grandes choses de cette époque extraordinaire par la bataille de Waterloo, victoire qui n'a point sa pareille dans les longues et illustres annales de l'Angleterre. Les généraux Gourgaud, Grouchy et beaucoup d'autres ont laissé des récits de cette grande journée sur laquelle Walter Scott a jeté la lumière de son heureux génie.

L'auteur de cette histoire a éprouvé les plus grandes difficultés dans l'appréciation d'un des événements les plus importants. C'a été de concilier entre eux les nombreux récits faits sur la bataille de Waterloo, et de tirer, de tant de documents divers et contradictoires, un tableau à peu près fidèle de cette mémorable journée. Il ne rougira pas d'avouer, avec le général Jomini, que jamais il n'a pu se rendre un compte exact de cette bataille, surtout en ce qui concerne les derniers moments de la lutte ; et que, de tous les combats qu'il lui a été donné d'étudier, c'est celui qui présente le plus de difficulté dans les détails. Il en est résulté quelques inexactitudes dans la description de la bataille que nous avons donnée dans nos deux premières éditions. A-la fin cependant, la grande habileté du capitaine Siborne, en réunissant les rapports et les souvenirs des officiers des divers régiments engagés dans cette action, est parvenue à faire concorder des opinions qui paraissaient contradictoires, et cela, en analysant en même temps tout ce qu'on a écrit de plus précis en Allemagne et en France sur cette mémorable bataille. L'auteur a largement profité de ce travail dans la dernière édition ; et il a la confiance que le récit qu'il fait de la bataille de Waterloo, dans cet ouvrage, est aussi correct et aussi complet qu'on peut l'attendre d'un récit historique.

L'auteur de cette histoire, quand il décrit le théâtre de ces grandes actions, s'en rapporte à des documents authentiques, et souvent à ses propres observations. C'est ce qu'il a fait particulièrement pour les batailles de Marengo, Novi, Arcole, Rivoli, la Brenta, la Trébie, le Tagliamento, Zurich, Ulm, Eckmühl, Hohenlinden, Salzbourg, Iéna, Austerlitz, Aspern, Wagram, Dresde, Leipsick, la Katzbach, Hanau, Laon, Brienne, Craonne, Soissons, Paris et Waterloo ; pour le passage du Saint-Bernard, du Saint-Gothard et du Splugen ; et en général pour les opérations militaires dans les Alpes de la Savoie, de la Suisse, du Tyrol et de la Styrie ; pour lescampagnes de Napoléon et de Suwarow en Italie et celles de l'archiduc Charles en Allemagne ; pour la lutte du Tyrol en 1809, et enfin pour les derniers efforts de Napoléon dans le nord de l'Allemagne et en France. Il n'a pas jugé à propos de joindre des cartes à l'ouvrage, afin de rendre son travail accessible à un plus grand nombre de lecteurs, quoiqu'il reconnaisse qu'elles eussent été d'un grand secours à ceux qui ne sont point familiers avec la connaissance des lieux. Quant à ceux qui voudront étudier, au point de vue militaire, les campagnes de Napoléon en Allemagne et en France, ils trouveront le théâtre de ces guerres admirablement tracé dans les cartes de ces contrées que renferme l'atlas général de M. Johnston. Ceux qui voudront étudier les campagnes de Wellington prendront le magnifique Atlas publié récemment par Wyld. Cet ouvrage est remarquable par son exactitude graphique ; il donne les accidents de terrain, la position des troupes avec une vérité qui fait réellement assister le lecteur aux différents combats. [illegible] Tout homme qui veut faire une étude approfondie des événements de cette période, doit être frappé, en général, de l'infériorité des historiens anglais qui ont traité le même sujet. Jusqu'à l'époque de la guerre de la Péninsule, époque qui vit naître chez nous une pléiade d'hommes éminents, nous ne possédons pas un écrivain anglais à comparer aux grands historiens du continent. Dans cette pénurie de talents nationaux capables de s'occuper de ce sujet, il est heureux que l'on trouve dans l'*Annual Register* une suite de récits intéressants et de documents très-variés ; il est heureux que la *Vie de M. Pitt,* par Gifford, nous offre une appréciation remarquable des vues de ce grand homme d'État ; tandis qu'on regrette que la biographie de ce même ministre, par Tomline, s'arrête précisément à la crise la plus importante de son administration. D'un autre côté, les débats parlementaires de toute cette époque, édités par Cobbett et Hansard, contiennent, non-seulement un grand nombre de détails statistiques précieux pour l'historien, mais encore tous les arguments produits dans la législature et dans la presse, pour ou contre les mesures du gouvernement. [illegible] On trouve encore une énorme quantité de documents statistiques dans la compilation des *Rapports parlementaires,* faite avec tant de soin par les comités des deux chambres du parlement, et si bien analysés dans les excellents ouvrages de Moreau et de Pebrer, et dans les compilations officielles de Porter. L'histoire coloniale de Martin est un travail utile qui renferme sur nos colonies un véritable trésor de documents précieux. Tout ce qui concerne nos forces navales et nos victoires sur mer, peut être traité au moyen des matériaux nombreux que renferment l'ouvrage si bien et si minutieusement travaillé de M. James, et l'histoire estimable, mais moins soignée peut-être, du capitaine Brenton. La France possède aussi sur cette période des ouvrages statistiques au moins aussi précieux. Les admirables *Statistiques de la France,* en 10 volumes, publiées à Paris, peuvent être mises en parallèle avec les *Tables parlementaires*

de Porter, et pour la multiplicité et pour l'exactitude des renseignements.

La révolution de l'Amérique méridionale, contre-coup de l'attaque dirigée par Napoléon sur l'Espagne, est un épisode de
l'histoire générale de ce temps qui ne manque ni d'intérêt ni
d'importance. Il est difficile de préciser la véritable cause de l'at-
trait que présente ce sujet : cela tient-il à la magnificence naturelle de ce continent, à l'intérêt romanesque et souvent tragique
des terribles convulsions dont il fut le théâtre ; ou bien faut-il
l'attribuer à l'effet immense exercé par ces révolutions sur l'ex-
traction des métaux précieux, et par là sur la prospérité et la
richesse de l'empire britannique? L'historien découvre ici l'application à d'autres peuples, et à la suite d'agressions semblables,
du juste châtiment infligé à l'iniquité intéressée de son propre
pays, iniquité dont les annales de cette période offrent des
exemples encore plus signalés. Jusqu'aujourd'hui, il n'existe
point de matériaux pour écrire un récit exact des luttes sanglantes qui furent le résultat de l'émancipation de l'Amérique
du Sud, ou qui eurent quelque connexité avec cette révolution ;
au reste, les principaux événements de cette guerre eurent
lieu assez longtemps après l'époque où se terminent les deux
premières parties de notre histoire (1815), de sorte que l'auteur
n'a pu songer qu'à une rapide digression sur ce sujet. Mais
les admirables récits de Herrera, et ceux des historiens espagnols, ainsi que les magnifiques ouvrages de Humboldt et de
Malte-Brun, offrent des matériaux précieux à l'écrivain pour la
description géographique de ces contrées ; tandis que la *Vie de
Bolivar*, si bien écrite par le général Ducondray Holstein, l'un
de ses compagnons d'armes, puis les *Mémoires* du général Murillo, et le récit si intéressant du général Millar, principal acteur
dans les campagnes qu'il décrit, suffisent à donner une idée générale de la marche des événements, et à inspirer au lecteur le
désir de posséder de plus amples détails sur ces scènes si grandes
et si émouvantes.

La fondation et les progrès des États-Unis, ainsi que des colonies anglaises du nord de l'Amérique, offre encore un épisode du
plus haut intérêt historique. Ces États transatlantiques sont, sans
doute, d'une origine bien récente encore, et cependant on possède
déjà de nombreux et d'importants matériaux sur l'histoire mo-

rale, politique et naturelle de ces contrées. Les statistiques de la confédération américaine ont été dressées, dans ces derniers temps, avec un degré d'exactitude au moins égal à tout ce qui se fait sur cette matière en France et en Angleterre : on en trouve de très-bons résumés dans diverses publications, et, entre autres, dans l'*Almanach statistique de l'Amérique* qui paraît annuellement à Boston. Les avantages et les vices des institutions et des mœurs des États-Unis ont été développés avec habileté, mais parfois avec une partialité peu bienveillante, dans les ouvrages du capitaine Hall, du capitaine Marryat, du capitaine Hamilton et de mistress Trollope. Miss Martineau, quoique fort attachée par principe aux institutions libérales, a su accumuler avec une impartialité remarquable une grande variété de faits, qui jettent la lumière la plus éclatante sur les effets du système politique et religieux des Américains; et souvent même elle arrive à des conclusions qui s'écartent un peu des idées préconçues sous l'empire desquelles elle avait commencé ses voyages. Mais, chose remarquable, c'est dans les écrits de deux étrangers que nous trouvons les données les plus complètes et les plus philosophiques sur l'Amérique du Nord : nous voulons parler de M. de Tocqueville et de M. Chevalier, dont les ouvrages seront admirés aussi longtemps que les pensées profondes, les vues lumineuses, et la saine logique conserveront une place dans l'estime des hommes. Quant à la description physique des deux Amériques, il faudra toujours s'en rapporter au système géographique de Malte-Brun, et aux magnifiques voyages de M. de Humboldt. Leurs ouvrages prouvent que la vérité des détails, que la science la plus vaste, et le travail le plus opiniâtre, peuvent s'allier chez les hommes avec le coup d'œil du peintre, avec l'âme du poëte, avec tous les charmes du style descriptif.

On rencontre dans des ouvrages de mérite très-divers le récit des événements si compliqués de la guerre de l'indépendance américaine : l'*Histoire de la marine américaine*, de Cooper, fait un récit détaillé et très-intéressant des luttes maritimes de ces colonies, quoiqu'il faille se défier, en lisant cet ouvrage, d'une certaine partialité nationale ; et puis, on regrette souvent qu'il n'ait pas appliqué à l'histoire cet immense talent qu'il possède pour les descriptions navales, et dont il a fait preuve dans ses romans. Armstrong, dans sa *Guerre de 1812*, raconte avec une

grande impartialité tous les événements militaires de l'époque ; et
l'on trouve dans l'ouvrage de Christie, sur la guerre du Canada, le
véritable complément de l'ouvrage précédent au point de vue anglais. Les opérations militaires des Anglais au Canada, à Washington et à la Nouvelle-Orléans, par M. James, présentent une peinture animée de cette lutte si accidentée. M. Bancroft a écrit de
main de maître et avec un esprit supérieur, une histoire d'Amérique qui ne laisse qu'un regret au lecteur, c'est qu'elle n'ait
pas été continuée jusqu'à la seconde guerre de ce pays contre l'Angleterre. Quant aux documents sur la lutte maritime, documents
si pleins d'intérêt pour tous ceux qui ont à cœur la gloire de la
marine britannique, on peut s'en rapporter toujours à l'excellent
travail de M. James, dont l'exactitude dépasse tout ce que l'on a
fait en Angleterre sur ce sujet. [illegible]
[illegible] Sans doute il faut que nous rendions justice aux historiens du
continent et de l'Amérique qui ont écrit sur cette remarquable
période ; mais il est un point de leurs écrits sur lequel il nous
est impossible de leur accorder les mêmes éloges. De quelque
parti, de quelque nation, de quelque nuance d'opinion qu'ils
soient du reste, tous paraissent animés d'une haine profonde contre notre pays, et tous attribuent au cabinet britannique une politique ténébreuse et machiavélique, et cela dans des questions
où nos hommes d'État étaient dirigés par des motifs tout différents, et dans lesquelles il leur arriva plus d'une fois de procéder
sans principes arrêtés, à cause même de leur inexpérience des
affaires militaires : il n'est pas un Anglais qui l'ignore, et la postérité le reconnaîtra. On ne s'expliquerait pas l'existence, chez
un aussi grand nombre d'écrivains distingués, d'un préjugé aussi
général et aussi peu fondé, si l'on ne se rappelait la haute et magnifique position qu'occupa l'Angleterre pendant toute la durée
de la lutte, et si l'on ne se souvenait que, chez les nations comme
chez les individus, les bienfaits n'engendrent le plus souvent
que des sentiments d'antipathie, et qu'il n'y a pas de compli-
ment plus flatteur, parce qu'il n'en est pas de plus sincère, que
le blâme qui nous vient d'un adversaire inspiré par la peur.
Sans doute le parti victorieux dans la lutte est toujours quelque
peu flatté des éloges donnés à ses antagonistes ; mais ce serait trop
présumer de la magnanimité des hommes que d'attendre de pareils
sentiments de la part de ceux que la fortune n'a point favorisés.

« Les événements de cette histoire, surtout pendant les premières années de la Révolution, sont tellement vastes et compliqués, que le seul moyen d'en donner une narration claire et in-
telligible est, suivant nous, de traiter séparément les questions
civiles et les opérations militaires, et dans plus d'un cas, de di-
viser en plusieurs chapitres les événements d'une seule campagne. Dans ce système, on ne suit pas toujours strictement l'ordre
chronologique ; quelquefois même on est obligé de revenir sur
des faits déjà racontés, parce qu'il faut d'abord faire voir l'influence de ces faits sur la condition civile des peuples, et qu'il
faut les rappeler ensuite dans la série des annales militaires. Cet
inconvénient, toutefois, était inévitable et il est d'une bien mince
importance, en comparaison de l'avantage résultant de la méthode qui consiste à suivre jusqu'au bout un certain ordre de
faits, sans en interrompre le récit.

« En traitant un sujet d'une aussi grande étendue, embrassant
une aussi grande variété d'événements, et qui touche à toutes les
questions en litige entre les deux grands partis qui divisent le
monde, l'auteur a cru, dans l'intérêt de l'impartialité comme de la
fidélité historique, devoir adopter deux principes auxquels il est
resté invariablement attaché dans tout le cours de cet ouvrage.

« En premier lieu, il a soin de citer toujours les autorités
sur lesquelles il s'appuie, en rappelant le volume et la page.
Quoique ce système ait pour résultat d'allonger et de compliquer
le travail, il a paru indispensable dans le récit de faits sur lesquels les hommes sont aussi profondément divisés par les préjugés nationaux et politiques ; car toute assertion, qui ne serait
point établie sur des autorités irrécusables, courrait le risque de
rencontrer des lecteurs incrédules et de tomber dans le discrédit.
Chaque fois que la chose nous a été possible ; nous avons invo-
qué, à l'appui de ce que nous avançons, le témoignage d'un plus
grand nombre d'écrivains du parti opposé à celui qu'un historien anglais, attaché à la monarchie constitutionnelle, est censé
devoir adopter. Le lecteur verra qu'en ce qui concerne l'histoire
intérieure de la Révolution, chaque fait est appuyé de deux autorités républicaines et d'une seule autorité royaliste, et que tous
les événements de l'histoire militaire sont rapportés conformé-
ment au récit de deux écrivains français et d'un seul écrivain de
la nation ennemie.

La seconde loi que nous nous sommes imposée a été de donner les arguments, pour ou contre chaque mesure publique, dans les termes mêmes où ils ont été produits par leurs auteurs, sans abréviation et aussi sans paraphrase. C'est ce que nous avons fait particulièrement pour les débats de l'Assemblée nationale de France, du Parlement anglais et du Conseil d'État sous Napoléon. L'auteur, en recherchant ces extraits, a été plus d'une fois vivement impressionné par le talent prodigieux, mais souvent mal dirigé et perverti, qui distinguait ces discussions mémorables. Certes, en présentant ainsi les discours, les propres paroles des acteurs de la scène politique, notre ouvrage a dû, dans les premiers volumes, revêtir une forme dramatique, qu'on rencontre peu chez les historiens modernes; mais c'était la seule méthode à suivre pour transmettre fidèlement à la postérité le véritable esprit, les vrais sentiments de cette époque, et pour rendre justice, de part et d'autre, aux mobiles qui faisaient agir l'humanité. Pourquoi, du reste, un auteur moderne hésiterait-il à suivre en cela l'exemple des Thucydide, des Salluste, des Tite-Live et des Tacite?

Nous avions une autre raison d'adopter le plan que nous avons suivi. La marche d'une révolution ressemble si peu au cours ordinaire des événements; les motifs qui font agir les hommes sont si différents des mobiles ordinaires de l'humanité, que, sans la lumière vivifiante des discours prononcés dans les grandes luttes des partis, il est à peu près impossible à l'historien de bien juger les causes des grands faits historiques et d'en déduire les leçons morales qu'en doivent tirer les nations. C'est seulement en comparant les paroles aux actes, qu'il est possible de discerner la nature des passions trompeuses qui ont conduit les peuples dans une fausse route. C'est seulement comme cela que l'on peut démontrer cette importante vérité, que les nations, aussi bien que les individus, se laissent séduire par des sophismes; que c'est au nom de l'humanité qu'on massacre des milliers de citoyens, et que sous la bannière de la liberté s'établit souvent le despotisme le plus lourd.

Jamais l'auteur n'a fait le moindre effort pour déguiser son opinion à lui; bien loin de là, il a toujours donné partout et avec soin les raisons sur lesquelles il croit pouvoir fonder les conclusions qu'il tire des événements. En même temps, il s'est étudié à produire toujours dans toute leur force les arguments qui ont été mis en avant, ou qui pourraient l'être par les écrivains d'un sentiment opposé : ainsi ceux de ses lecteurs qui ne partageront pas l'opinion de l'auteur, trouveront dans son ouvrage même des armes pour le combattre.

« Dans la discussion des grandes questions civiles, politiques et militaires qui se présentent dans le cours de cet ouvrage, l'auteur adopte invariablement une règle de conduite qui peut avoir besoin d'explication pour un grand nombre de lecteurs. Cette règle, c'est d'exprimer toujours sans réserve son opinion, sans se laisser ébranler par les autorités, sans se laisser passionner par le sentiment national. Il tâche en même temps de rendre justice aux grands hommes dont il pèse les actions; et quand il est obligé de les blâmer, il ne manque jamais de reproduire ce qu'ils ont pu dire pour leur justification, ou d'expliquer leur conduite en rapportant leurs actes antérieurs. D'après ce principe, il n'a pas hésité, en plus d'une occasion, à blâmer les mesures politiques de Pitt et de Fox, et quelquefois même de critiquer certaines manœuvres de Napoléon ou de Wellington. Cette ligne de conduite, il ne l'a point adoptée sans de mûres considérations, et il n'ignorait pas qu'elle l'exposait à la critique. On peut se rappeler l'histoire de ce sophiste, censurant à Éphèse le héros carthaginois, quand un auteur, qui n'est ni soldat ni législateur, se permet de discuter la conduite des plus grands orateurs, des plus grands hommes d'État, des plus grands capitaines des temps modernes ou des temps anciens. Mais s'il peut être présomptueux de censurer un grand homme même en sa présence, on a toujours reconnu à tout écrivain le droit de discuter son mérite devant le tribunal de la postérité. La voix unanime des siècles a condamné la présomption de Phormion faisant la leçon à Annibal; mais cette même voix a généralement approuvé le jugement de Tacite qui condamne les Césars, et les théories de Polybe qui censurait les Scipions. Sans nourrir le fol espoir d'égaler ces grands écrivains, un auteur moderne ne doit pas rougir d'avoir essayé de les suivre, — *sed heu quanto intervallo!* et d'imiter leur critique franche et hardie.

La science militaire et la science politique progressent constamment, de même que les sciences exactes. Ce que les plus grands efforts du génie ont réalisé à certaines époques, peut être obtenu dans d'autres temps et par des esprits comparativement médiocres. Un écolier d'aujourd'hui sait résoudre des problèmes que Thalès et Archimède eussent seuls compris dans l'enfance de la géométrie. La première qualité de l'historien, comme du général, c'est l'intrépidité, surtout lorsqu'il raconte des événements à peu près contemporains. Jusqu'à présent la perfection n'a pas été le don des enfants d'Adam. Si l'humanité peut être vaincue par l'influence des grands noms, ou réduite au silence par le poids des services rendus à la patrie, il ne faut pas écrire l'histoire; la politique et la guerre cesseront d'être des sciences progressives, et le contrôle si vanté de l'opinion publique devra s'humilier devant ceux-là mêmes qu'elle devrait blâmer. Ce que l'historien demande pour lui-même, il l'accorde volontiers à autrui, et certes il trouve tout naturel qu'un jeune homme de vingt ans commence ses premiers essais littéraires par la critique d'un ouvrage qui a coûté vingt années de labeur. C'est par la vérité seule qu'on peut atteindre à une renommée durable, par l'impartialité seule qu'un livre peut produire une impression qui ne s'efface pas tout à coup. Plus d'une grande réputation a été étouffée sous le poids d'éloges donnés sans discernement. Les biographes eux-mêmes devraient, dans l'intérêt bien entendu de leur héros, adopter notre règle de conduite. Le panégyrique n'a de valeur qu'autant qu'il paraît juste; c'est à cette condition seulement qu'il reste en faveur dans l'opinion des hommes. Si ces pages sont destinées à survivre à leur auteur, les éloges prodigués à Wellington, et ils sont chauds et nombreux, ne seront point amoindris quand on se souviendra que l'auteur a traité avec la même impartialité un compatriote vivant, victorieux et au faîte du pouvoir, et un ennemi mort, vaincu et renversé.

L'examen attentif des péripéties du grand drame de la Révolution française est éminemment propre à imprimer dans les esprits une juste idée de la nature du courant qui entraîne les hommes, une fois qu'ils se sont abandonnés au torrent des innovations politiques; de la grande difficulté qu'éprouvent ceux qui sont engagés dans la lutte, même quand ils sont doués d'une grande puissance intellectuelle et de la plus énergique résolution, à éviter de commettre une foule de crimes, au milieu des scènes orageuses où ce torrent les emporte. Il n'est pas difficile d'apercevoir la cause finale de cette loi de la nature, et le but qu'elle est destinée à atteindre pour le gouvernement moral du monde. Cette loi a pour effet de délivrer les hommes, par l'excès même de leurs souffrances, des passions inconciliables avec l'existence de la société. Mais elle doit en même temps nous inspirer beaucoup d'indulgence et de modération dans les jugements que nous avons à porter sur les actes et sur les intentions des hommes qui se sont trouvés soumis aux rudes épreuves de ces temps malheureux; et elle justifie complétement ce précepte sacré, « qo'il faut juger autrui comme nous voudrions qu'on nous jugeât nous-mêmes. » L'historien doit rester inexorable, inflexible dans son opposition aux faux principes; mais c'est aussi un devoir pour lui de formuler avec bienveillance et avec une prudente circonspection ses jugements sur les hommes; et, passant légèrement sur ceux que les vagues furieuses ont emportés, il doit réserver tout le poids de sa censure pour ceux qui ont ouvert la digue au torrent déchaîné.

Le devoir de l'historien, quand il raconte les événements d'une période signalée par la grandeur et l'universalité des calamités publiques, dont les causes résidaient, soit dans une suite d'abus trop longtemps prolongés, soit dans la fausse application de principes, qui ne sont justes que pour autant qu'ils ne soient développés que dans certaines limites, le devoir de l'historien est de faire ressortir, avec la plus grande clarté possible, les conséquences des erreurs commises par le gouvernement ou par l'opinion publique. Les annales de Tacite sont très-justement remplies de cris d'indignation contre la tyrannie des empereurs et contre la décadence de la vertu romaine. Les annales des guerres religieuses nous offrent le tableau des conséquences désastreuses du fanatisme. L'histoire de la Révolution française appelle l'attention de l'historien alternativement sur les deux grandes sources de l'oppression des peuples. Durant les premières années, chaque page de cette histoire fait naître dans l'esprit une foule de réflexions sur les maux produits par le fanatisme politique, et sur les terribles suites de l'effervescence démocratique : les dernières années font voir les effets abrutissants du despotisme, et la marche sanglante de l'ambition militaire.

Les volumes que l'auteur soumet aujourd'hui au public ont été écrits pendant les heures de loisir que lui laissaient les devoirs de sa profession. Ils étaient terminés avant la seconde révolution française, et avant qu'aucun changement politique ne fût introduit en Angleterre. Le progrès des prétendues réformes dans ce pays, aussi bien qu'à l'étranger, n'a pas fait douter l'auteur de la solidité des conclusions qu'il a tirées de l'histoire de la première Révolution : bien plus, il lui a inspiré de sombres pressentiments sur les destinées futures de sa patrie. Personne ne sera plus heureux que lui si le temps lui démontre que ses craintes étaient chimériques, et que l'Angleterre n'a rien à redouter d'innovations qui ont été si funestes à sa rivale si facile à impressionner.

Enfin, quand il jette un regard en arrière sur le vaste théâtre des faits héroïques qu'il s'est donné la mission de transmettre à la postérité; quand il considère le talent déployé dans l'action, et le génie des écrivains qu'il vient de passer en revue, l'auteur sent doublement son insuffisance en présence d'une si grande entreprise. Il ne peut se résoudre à ne pas avouer que si son œuvre renferme quelque intérêt, il faut l'attribuer à la vertu, à la bravoure, aux talents de tant de grands hommes, et que les nombreux défauts de cet ouvrage ne peuvent être imputés qu'à lui seul.

A. ALISON.

LISTE

DES AUTEURS CITÉS DANS LE COURS DE L'OUVRAGE.

Pour abréger les notes, nous avons indiqué au bas de chaque page, de la manière la plus abrégée, les autorités que nous invoquons. Les auteurs cités, ainsi que les éditions, sont :

Actes des Apôtres, VI, 71 : *Actes des Apôtres*, 10 vol. in-8°, Paris, 1789-1792.

Adolph., III, 42 : Adolphus, *Histoire d'Angleterre depuis l'avénement de Georges III jusqu'en 1824*, 8 vol., Londres, 1842.

— *Hist. France*, II, 137 : Adolphus, *Histoire de France, de 1789 à 1801*, 4 vol.

Ann. reg., XXXI, ou bien par l'année, comme 1800, 147 : *Dodsley's Annual register*, Londres, V, Y. 73 vol.

Antom., I, 17 : Antomarchi, *Derniers Jours de Napoléon*, 2 vol., Paris, 1824.

Arch. Ch., II, 17 : Archiduc Charles, *Histoire des campagnes*, 1796, 3 vol., Vienne et Paris, 1817.

Archiduc Charles, *Histoire des campagnes en Allemagne et en Suisse*, 1799, Vienne, 1820.

Arch. cur., XIV, 321 : *Archives curieuses de l'Histoire de France*, troisième série, 15 vol., Paris, 1836-41.

Armst., III, 106 : Armstrong, *Récit de la Guerre de 1812*, 2 vol., New-York, 1840.

Artaud, I, 397 : Artaud, *Vie du pape Pie VII*, 2 vol., Paris, 1837.

Aub., II, 16 : Auber, *Origine et progrès de la puissance anglaise dans l'Inde*, 2 vol., Londres, 1837.

Baboeuf, II, 32 : *Conspiration de Babœuf*, par Buonarotti, 2 vol., Bruxelles, 1828.

Baird, I, 79 : *Vie et Correspondance de sir David Baird*, Londres, 1832, 2 vol.

BALBI, 1016 : *Géographie générale*, par Adrien Balbi, Paris, 1838.

BANCROFT, II, 117 : Bancroft, *Histoire des États-Unis*, 5 vol., Boston, 1841-46.

BARANTE, III, 372 : Barante, *Histoire des ducs de Bourgogne*, 10 vol., Paris, 1819.

BARÈRE, II, 321 : *Mémoires de Barère*, 4 vol. in-8°, Paris, 1842.

BARROW, 189 : Barrow, *Vie de Howe*, Londres, 1838.

BARTH., 117 : Bartholdy, *Guerre du Tyrol en 1809*, Berlin, 1814.

BEAUCH., IV, 331 : Beauchamp, *Histoire des Guerres de la Vendée*, 4 vol., Paris, 1820.

— II, 221 : Beauchamp, *Histoire de la Guerre en France pendant l'année 1814 et 1815*, 4 vol., Paris, 1816.

BELM., II, 130 : Belmas, *Journaux des siéges de la Péninsule*, 4 vol., Paris, 1837.

BENSON, 121 : Benson, *la Corse*, 1 vol.

BERRYER, I, 116 : *Mémoires de M. Berryer*, 2 vol. in-8°, Paris, 1842.

BERTH., 179 : Berthier, *Histoire de l'Expédition d'Égypte*, Paris, 1828.

BERT. DE MOLL., *Hist.*, VII, 224 : Bertrand de Molleville, *Histoire de France pendant le règne de Louis XVI*, 10 vol., Paris, 1823.

— II, 19 : Bertrand de Molleville, *Mémoires sur le règne de Louis XVI*, 2 vol., Paris, 1823.

BIGN., III, 27 : Bignon, *Histoire de France, depuis le 18 brumaire*, 12 vol., Paris, 1829 et suiv.

BIOG. BRIT., XIII, 122 : *Biographia britannica*, 17 vol., Londres.

BIOG. DES CONT., V, 113 : *Biographie des contemporains*, par Michaux, 8 vol., Paris, 1834-35.

BIOG. DES HOM. VIV., III, 216 : *Biographie des Hommes vivants*, 5 vol., Paris, 1829.

BIOG. UNIV., XX, 32 : *Biographie universelle*, par Michaux et ses collaborateurs, 52 vol., Paris, 1830-34.

BIOG. UNIV. SUP., IX, 34 : *Supplément à la Biographie universelle*, par Michaux, Paris, 1834-41.

BOISSY D'ANGLAS, I, 72 : Boissy d'Anglas, *Sur la Vie et les Écrits de Malesherbes*, 2 vol., Paris, 1809.

BOT., III, 127 : Botta, *Histoire d'Italie, de 1789 à 1814*, 4 vol., 1826.

BOUR., IV, 32 . *Mémoires de Bourrienne*, 10 vol., Paris, 1829-32.

BOUR. ET SES ER., I, 32 : *Bourrienne et ses Erreurs*, 2 vol., Paris, 1830.

BOUT., 127 : Boutourlin, *Campagne de 1813 en Bohéme*, 1 vol., Paris, 1819.

BOUT., II, 17 : Boutourlin, *Campagne de 1812 en Russie*, 2 vol., Paris, 1824.

BREMMER, II, 241 : Bremmer, *Considérations sur la Russie*, 2 vol., Londres, 1839.

BRENT., II, 217 : Brenton, *Histoire navale*, 2 vol., Londres, 1837.

BRENT., *Vie du comte de Saint-Vincent*, 2 vol., Londres, 1838.

BRISSOT, II, 129 : *Mémoires de Brissot*, 4 vol., Paris, 1830.

BUCHEZ et ROUX, XI, 1 : Buchez et Roux, *Histoire parlementaire de la France*, 41 vol., Paris, 1830-38.

Blck., III, 121 : Buckingham, *Voyages en Amérique*, 3 vol., Londres, 1841.

Buckhingham, I, 213 : Buckhingham, *Voyages en Mésopotamie*, 2 vol., Londres, 1822.

Bull. du Trib. rév., III, 31 : *Bulletins du Tribunal révolutionnaire*, 1793 à 1794, 5 vol. in-4°.

Bul., 281 : Bulow, *Campagne de Marengo*, Vienne, 1817.

Buonaparte, Louis, III, 27 : *Hollande*, par Louis Buonaparte, 3 vol., Paris et Londres, 1820.

Burgh., 24 : *Opérations des Armées alliées en 1814*, par lord Burghersh, Londres, 1822.

— *Opérations des Armées alliées en Portugal, en* 1808, Londres, 1818.

Burgoigne, I, 117 : Burgoigne, *l'Espagne*, 3 vol., Paris, 1817.

Burke, VI, 72 : *Œuvres de Burke*, 12 vol., Londres, 1815.

Burke's Speech, I, 24 : Burke, *Discours*, 3 vol., Londres, 1816.

Buzot, 72 : *Mémoires de Buzot*, 1 vol., Paris, 1824.

Cab , 232 : Cabanes, *Guerre de Catalogne*, Madrid. 1816.

Caernarvon, I, 216 : Lord Caernarvon, *Relation de l'Espagne*, 2 vol., Londres, 1836.

Cal., 172 : Calonne, *État de la France*, Genève, 1790.

Camb., II, 36 : *Cambacérès et ses contemporains, ou Souvenirs du Luxembourg*, 4 vol., Paris, 1838.

Camp. franç., II, 41 : *Campagne des Armées françaises en Prusse, Saxe et Pologne, en* 1806 *et* 1807, 4 vol., Paris, 1807.

Can., V, 130 : *Discours et Vie de Canning*, 6 vol., Londres, 1830.

Cap., VI, 21 : Capefigue, *Histoire de la Restauration*, 10 vol., Paris, 1831-1833.

Cap., *Hist. de l'Empire*, X, 172 : Capefigue, *Histoire de l'Empire de Napoléon*, 10 vol. in-8°, Paris, 1839-40.

Cap., *Cent-Jours*, I, 21, *Histoire des Cent-Jours*, par Capefigue, 2 vol., Paris, 1841.

Cap., *Dip. eur.*, II, 113 : Capefigue, *Diplomates européens*, 2 vol., Paris, 1844-45.

Cap., *Louis-Phil.*, II, 231 : Capefigue. *Histoire de Louis-Philippe et de France, depuis* 1830, 10 vol., Paris, 1845-47.

Cap., *l'Eur. pend. la Rév.*, II, 117 : *l'Europe pendant la Révolution française*, par M. Capefigue, 4 vol., Paris, 1843.

Carlsbade, III, 72 : *Napoléon en* 1813, 4 vol., Altona, 1839-41.

Carlyle, I, 174 : Carlyle, *De la Révolution française*, 3 vol., Londres, 1836.

Caul., II, 31 : *Souvenirs du duc de Vicence* (Caulaincourt), Paris, 1837.

Cev., 322 : Pedro Cevallos, *Exposé des moyens employés par Napoléon pour usurper la couronne d'Espagne*, Madrid, 1808.

Chalm., 349 : Chalmers, *Richesse, puissance et ressources de tout l'empire britannique*, Londres, 1814.

Chamb., III, 189 : Chambray, *Histoire de l'Expédition de Russie*, 3 vol., Paris, 1838.

CHAR.-JEAN, II, 112 : *Mémoires pour servir à l'Histoire de Charles-Jean* (Bernadotte), *roi de Suède*, 2 vol., Paris, 1820.

CHAT., *Cong. de Vérone*, II, 231 : Chateaubriand, *Congrès de Vérone*, 2 vol., Paris, 1837.

CHATEAUB., VII, 132 : Chateaubriand (*OEuvres de*), 20 vol., Paris, 1830. —
— *Études hist.*, II, 79 : Chateaubriand, *Études historiques*, 4 vol., Paris, 1830.

CHOUM., 17 : *Considérations militaires sur les Mémoires du maréchal Suchet, et sur la Bataille de Toulouse*, par Choumara, Paris, 1838.

CHRIST., 72 : Christie, *Relation de la Guerre du Canada en 1812, 1813 et 1814*, Québec, 1818.

CLAUS., 134 : Clausewitz, *Campagne de 1812 en Russie*, Leipsick, 1842, et traduit en anglais, 1 vol., Londres, 1843.

CLAUS., *Feldz.* 1815, LXXVI : Clausewitz, *Campagne de 1815*, Leipsick, 1843.

CLÉRY, 142 : *Mémoires de Cléry sur la captivité de Louis XVI*, Paris, 1823.

CODE NAP., 342 : *Code Napoléon*, 1 vol., Paris, 1814.

COLL., I, 127 : *Mémoires de lord Collingwood*, 2 vol., Londres, 1828.

COLLETTA, II, 147 : *Histoire du royaume de Naples*, 2 vol., Capologo, 1834.

COMPTES RENDUS, I, 217 : *Comptes rendus de l'administration de France*, par Necker, Paris, 1789, in-4°, 2 vol.

CONDORCET, II, 115 : *Mémoires de Condorcet*, 2 vol., Paris, 1824.

CONSP. D'ORLÉANS, II, 21, *Conspiration d'Orléans*, par Montjoye, 3 vol. in-8°, Paris, 1796.

CONST., 37 : *Mémoires sur les Cent-Jours*, par B. Constant, Paris, 1829.

CONT. RÉV. DE 1830, II, 171 : *Louis-Philippe et la contre-révolution de 1830*, 2 vol., Paris, 1834.

COOPER, II, 101 : Cooper, *Histoire de la Marine américaine*, 2 vol., Londres, 1839.

CORR. CONF. DE NAP., IV, 322 : *Correspondance secrète et confidentielle de Napoléon*, 7 vol., Paris, 1817.

CORRESP. DU COM. PUB., I, 390 : *Correspondance du Comité de salut public*, 2 vol., Paris, 1837.

CORR. NOV. DE NAP., I, 37 : *Correspondance de Napoléon avec le ministre de la marine*, 2 vol., Paris, 1836.

COUR POL. ET DIP. DE NAP., VI, 138 : *Cour politique et diplomatique de Napoléon*, par Goldsmith, Paris, 1816.

COUSIN : *Instruction populaire en Prusse*, 2 vol., Paris, 1836.
— *Instruction populaire en Hollande*, 1 vol., Paris, 1838.

CROLY, I, 119 : Croly, *Vie de Georges IV*, Londres, 1836.
— *Vie de Burke*, 2 vol., Édimbourg, 1840.

D'ABR., *Sal. de Paris*, II, 321 : *Salons de Paris*, par la duchesse d'Abrantès, 6 vol.
— VII, 23 : *Mémoires de la duchesse d'Abrantès*, 18 vol., Paris, 1828-1834.

D'ALLONV., III, 231 : *Mémoires secrets de 1770 à 1830*, par M. d'Allonville, 5 vol., Paris, 1838.

Dan., 32 : Danylefsky (aide de camp d'Alexandre), *Campagne de 1814 en France*, traduit du russe, Londres, 1830.

D'Angoulême, 37 : *Détails de ce qui s'est passé au Temple, après la mort de Louis XVI*, par la duchesse d'Angoulême, Paris, 1823.

Darst., II, 121 : *Histoire de la campagne des alliés contre Napoléon, en 1813 et 1814*, 2 vol., Berlin, 1817. (*Darstellung des Feldzuges*, etc.)

Daru, VI, 147 : Daru, *Histoire de Venise*, 7 vol., Paris, 1819.

D'Enghien, 34 : *Mémoires sur la catastrophe du duc d'Enghien*, Paris, 1824.

De Pradt, 34 : *Des Colonies et de l'Amérique*, 2 vol., Paris, 1817.

— *Les Quatre Concordats*, 3 vol., Paris, 1818.

— *Relation des derniers événements en Espagne*, Paris, 1816.

— *Culture en France*, 2 vol., Paris, 1802.

— *L'Europe et l'Amérique*, 2 vol., Paris, 1822.

— *Congrès d'Aix-la-Chapelle*, 1 vol., Paris, 1819.

— *La France, l'émigration et les colonies*, 2 vol., Paris, 1824.

— *Vrai Système de l'Europe*, 1 vol., Paris, 1825.

— *Session de 1817*, Paris, 1817.

— *Histoire de l'ambassade de Varsovie*, Paris, 1820.

— *Précis de Paris*, 1820.

— *Suite des Quatre Concordats*, Paris, 1820.

— *L'Europe et l'Amérique en 1822-1823.*

— *Puissance anglaise et russe*, Paris, 1823.

— *Saint-Domingue*, 1 vol., Paris, 1818.

— *Congrès de Vienne*, 2 vol., 1815.

Desodoard, I, 79 : Odoardo, *Histoire de la Révolution*, 6 vol., Paris, 1817.

De Staël, baron : *Lettres sur l'Angleterre*, 1 vol., Paris, 1825.

Deux Amis, II, 117 : *Histoire de la Révolution*, par Deux Amis de la Liberté, 18 vol., Paris, 1792.

Dow, II, 171 : Dow, *Histoire de l'Hindoustan*, 3 vol., Londres, 1803.

Droz, III, 32 : Droz, *Histoire du règne de Louis XVI*, 2 vol., Paris, 1839.

Ducondray-Holstein, I, 37 : *Vie de Bolivar*, par le général Ducondray-Holstein, 2 vol., Paris, 1827.

Dum., VII, 34 : Mathieu Dumas, *Précis des événements militaires, 1799 a 1807*, 18 vol., Paris, 1822.

— *Souv.*, II, 231 : *Souvenirs du général Mathieu Dumas*, 3 vol., Paris, 1839.

Dum., III, 17 : Dumont, *Souvenirs de Mirabeau*, Paris, 1832.

Dumouriez, II, 241 : *Mémoires (secrets) de Dumouriez*, 2 vol., Bruxelles, 1835.

Dupin, *Force commerciale de la France*, 2 vol. in-4°, Paris, 1827.

— *Force commerciale de l'Angleterre*, 2 vol. in-4°, Paris, 1828.

Duv., II, 124 : Duval, *Souvenirs de la Terreur*, 6 vol., Paris, 1841.

Edgeworth, 13 : Abbé Edgeworth, *Dernières Heures de Louis XVI*, Paris, 1823.

Elph., I, 39 : Elphinstone, *Histoire de l'Inde*, 2 vol., Londres, 1841.

ERSK., IV, 231 : *Discours et vie d'Erskine*, 5 vol., Londres, 1816.

ESCOIQ. : Escoiquiz, *Exposé de l'affaire de Bayonne*, en 1808, Paris, 1816.

ÉTAT DE LA DETTE PUBLIQUE, Paris, 1790.

EXMOUTH, 189 : Ostler, *Vie de lord Exmouth*, Londres, 1835.

FAIN, 127 : Baron Fain, *Campagne de 1814, en France*, Paris, 1829.

— I, 132 : Baron Fain, *Campagne de 1813, en Allemagne*, Paris, 1820.

— II, 117 : Baron Fain, *Campagne de 1812, en Russie*, Paris, 1827.

— *Dip. franç.*, I, 217 : Baron Fain, *Diplomatie française, de 1792 à 1706*, 1 vol.

FESCH, II, 231 : *le Cardinal Fesch*, par l'abbé Lyonnet, 2 vol. in-8", Paris, 1841.

FLEURY DE CHAB., 1, 29 : Fleury de Chaboulon ; *Mémoires sur les Cent-Jours*, 2 vol., Paris, 1824.

FORST., I, 231 : Forster, *Essai d'une nouvelle histoire des guerres*, Berlin, 1816.

FOUCHE, II, 22 : *Mémoires de Fouché*, 2 vol., Paris, 1824.

FOX, III, 24 : *Discours et Vie de Fox*, par Troster, 4 vol., 1815.

FOY, III, 271 : *Guerres en Espagne*, par le général Foy, 4 vol., Paris, 1828.

FRANKLIN, 37 : *État présent d'Haïti*, 1828.

GENLIS, V, 113 : *Mémoires de Mme de Genlis*, 8 vol., Paris, 1825.

GENTZ, 213 : Gentz., *Fragments*, Leipsick, 1806.

GEORGEL, V, 172 : Abbé Georgel, *Mémoires sur le règne de Louis XVI*, 6 vol., Paris, 1800.

GESCH. HOF., 121 : *Histoire d'Andreas Hofer*, Leipsick, 1817.

GIBBON, VI, 179 : *Décadence et chute de l'Empire romain*, 8 vol., Londres, 1838.

GIFF., II, 171 : Gifford, *Vie de Pitt*, 3 vol. in-4°. Londres, 1814.

GOD., II, 234 : *Mémoires de don Manuel Godoy, prince de la Paix*, 4 vol., Londres, 1836.

GOH., II, 45 : *Mémoires de Gohier*, 2 vol., Paris, 1824.

GOLDSMIDT, IV, 621 : *Cour politique et diplomatique de Napoléon*, 7 vol., Paris, 1816.

GORDON, I, 217. : *Histoire de la Révolution grecque*, 2 vol., Édimbourg, 1831.

GOURG., 87 : *Campagne de 1815*, par le général Gourgaud, Bruxelles, 1818.

GRAHAM, II, 239 : Graham, *Histoire des États-Unis d'Amérique*, 4 vol.

GRAHAM, 112 : Maria Graham, *Journal d'un séjour au Chili*, in-8°, Londres, 1824.

GRAT., III, 127 : *Discours et Vie de Grattan*, 4 vol., Londres, 1822.

GROSS. CHRON., IV, 419 : *Grande chronique, ou Histoire des guerres de l'Europe coalisée contre Napoléon en 1813-1814-1815*, Brunswick, 1843, 6 vol.

GROUCH., *Frag. hist.*, 42 : Grouchy, *Fragments historiques sur la bataille de Waterloo*, Paris, 1819.

GRUNDT, I, 27 : Grundt, *Démocratie en Amérique*, 3 vol., Londres, 1839.

GUIZOT, III, 271 : *Histoire de la Civilisation en France*, 4 vol., Paris, 1829.

— 179 : *Civilisation en Europe*, Paris, 1829.

— *Essai sur l'Histoire de France*, Paris, 1828.

Gurw., I, 179 : Gurwood, *Dépêches du duc de Wellington*, 12 vol. in-8°, Londres, 1834.

Gustafs., 310 : *Mémorial du colonel Gustafson*, in-8°, Leipsick, 1809.

Hallam, II, 221 : *Moyen âge*, 3 vol.

— *Const. Hist.*, II, 179 : *Histoire constitutionnelle*, 3 vol.

Ham., II, 121 : Hamilton, *Campagnes de la Péninsule*, 3 vol., Édimbourg, 1830.

— II, 142 : Hamilton, *Hommes et Mœurs d'Amérique en 1832*, 2 vol., Édimbourg, 1833.

Hammer, IX, 237 : J. D. Hammer, *Histoire de l'Empire ottoman*, 16 vol., Paris, 1836-42.

Hard., VI, 19 : Prince d'Hardenberg, *Mémoires d'un homme d'État*, 13 vol., Paris, 1829-35.

Haytian papers, in-8°, London, 1816.

Heer., I, 117 : Heeren, *Système des États de l'Europe*, 2 vol., Leipsick, 1830.

Henry, IV, 32 : Henry, *Histoire de la Bretagne*, 12 vol., Londres, 1823.

Herrera, I, 171 : Herrera, *Histoire des Indes*, 5 vol., Madrid, 1791.

Hist. pit. de la Conv., III, 172 : *Histoire pittoresque de la Convention nationale*, 4 vol., Paris, 1833.

Hist. de la Conv., VI, 39 : *Histoire de la Convention nationale*, par Léonard Gallois, 6 vol., Paris, 1835.

Hist. de la Rév. d'Esp., 112 : *Histoire de la Révolution d'Espagne en 1820*, 1 vol. in-8°, Paris, 1820.

Hist. du Dir., II, 116 : *Histoire secrète du Directoire*, 4 vol., Paris, 1832.

Hist. parl. de la Rev. : *Histoire parlementaire de la Révolution française*, par Buchez et Roux, 41 vol., Paris, 1833-1839.

Hue, 70 : Hue, *Dernières Années du règne de Louis XVI*, Paris, 1823.

Hullin, 41 : Général Hullin, *Sur la mort du duc d'Enghien*, Paris, 1824.

Humboldt, XI, 116 : Humboldt, *Voyages dans l'Amérique méridionale*, 16 vol., Paris, 1826-1832.

— *Tab. de la Nat.*, I, 32 : *Tableau de la Nature dans les régions equinoxiales*, 2 vol., Paris, 1817.

Hume, III, 121 : Hume, *Histoire d'Angleterre*, 8 vol., Londres, 1830.

Husk., III, 271 : Huskisson, *Discours et Mémoires*, 5 vol., Londres, 1831

James, III, 179 : James, *Histoire navale*, 6 vol., Londres, 1828.

Jefferson, IV, 72 : *Mémoires de Jefferson*, 4 vol., Philadelphie, 1836.

Johan. Erz. : L'archiduc Jean, *Campagne de 1809*, Vienne, 1824.

Jom., *Atl. port.*, 310 : Jomini, *Atlas portatif des dernières guerres de Napoléon*, Paris, 1836.

— *L'Art de la guerre*, II, 137 : Jomini, *Précis de l'Art de la guerre*, 2 vol., Paris, 1837.

— *Vie de Nap.*, I, 349 : Jomini, *Vie de Napoléon*, 4 vol., Paris, 1827.

— X, 42 : Jomini, *Histoire des guerres de la Révolution*, 15 vol., Paris, 1824.

— *Grand. opér.*, II, 171 : Jomini, *Traité des grandes opérations militaires*, 3 vol., Paris, 1816.

— 117 : *Histoire politique et militaire de la Campagne de 1815*, Paris, 1843.

JONES, I, 32 : Jones, *Récit de la guerre en Espagne et en France, de 1808 a 1814*, 2 vol. in-8°, Londres, 1821.

— II, 121 : Jones, *Siéges dans la Péninsule*, 2 vol., Londres, 1827.

JOURD., 342 : *Campagne de 1796*, par Jourdan, Paris, 1808.

JOURN. DES JAC., I, 71 : *Journal des Jacobins*, 5 vol. in-4°, Paris, 1792-1793.

JOURN. DE LA MONT., II, 17 : *Journal de la Montagne*, 7 vol. in-4°, Paris, 1792-1793.

JOV., 32 : Jovellanos, *Mémoires sur les événements qui se sont passés a Bayonne, en 1808*, Paris, 1831.

KARAMSIN, IV, 172 : Karamsin, *Histoire de Russie*, 2 vol., Paris, 1820.

KAUSLER, 149 : Kausler, *Combats, batailles et siéges*, 1831, Carlsruhe, 1831. Nouvel atlas.

KOCH, I, 237 : *Histoire de la guerre de 1814 en France*, 3 vol. in-8°, Paris, 1827.

KOCH ET SCHOELL : *Histoire des Traités de paix, depuis la paix de Westphalie*, 14 vol., Paris, 1817.

LAB., 112 : Labaume, *Campagne de 1812*, 1 vol., Paris, 1817.

— II, 321 : Labaume, *Chute de l'Empire de Napoléon*, 2 vol., Paris, 1821.

— II, 79 : Labaume, *Histoire de la Révolution*, 4 vol., Paris, 1833-1835.

LAC., *Pr. hist.* : Lacretelle, *Précis historique de la Révolution française*, 3 vol., Bruxelles, 1818.

— XIV, 17 : Lacretelle, *Histoire de France, pendant le XVIII° siècle*, 14 vol., Paris, 1826.

— *Guerres de religion*, III, 170 : Lacretelle, *Histoire des Guerres de religion*, 4 vol., Paris, 1821.

L'ACCUS. PUB., II, 39 : *l'Accusateur public*, 2 vol., Paris, 1794.

LACROIX, I, 217 : *Mémoires pour servir à l'Histoire de la Révolution de Saint-Domingue*, 2 vol., Paris, 1820.

LAING, II, 342 : Laing, *Histoire d'Écosse*, 3 vol., Édimbourg, 1817.

LAM., IV, 162 : *Œuvres de Lamartine*, 10 vol., Paris, 1836.

LAPENE, *Guerre des Français sur l'Èbre, les Pyrénées et la Garonne*, 2 vol., Paris, 1836.

LARREY, *Mém.*, IV, 139 : Baron Larrey, *Mémoires chirurgicaux et militaires*, 4 vol., Paris, 1812.

LAS CAS., VII, 127 : Las Cases, *Mémorial de Sainte-Hélène*, 8 vol., Londres, 1823.

LAV., I, 221 : *Mémoires de Lavalette*, 2 vol., Paris, 1831.

LAVERNE, 116 : *Vie du maréchal Suwaroff*, par F. Laverne, Paris, 1806.

LE GRAND, 32 : Le Grand, *Sur l'Assaut de Berg-op-Zoom, en 1814*, Paris, 1817.

LEV. DE LA SARTHE : *Mémoires de Levasseur de la Sarthe*, 4 vol., Paris, 1831.

LEVÊQUE, VII, 1789 : Lévêque, *Histoire de Russie jusqu'a 1789*, 8 vol., Londres, 1792.

LINGARD, XI, 29 : Lingard, *Histoire d'Angleterre*, 14 vol., Londres, 1819-1832.

LIVRE ROUGE, *le Livre Rouge, ou Liste des pensions secrètes*, Paris, 1790.

LOND., I, 124 : Marquis de Londonderry, *Campagnes de la Péninsule*, 2 vol., Londres, 1829.

Lond., 321 : Londonderry, *Guerre en Allemagne, en 1813*, 1 vol. in-4°, Londres, 1830.

— *Russie*, II, 321 : Lord Londonderry, *Voyage en Russie*, 2 vol. Londres, 1838.

Louis Buon., I, 217 : Louis Bonaparte, *Documents historiques sur le gouvernement de la Hollande*, 3 vol., Paris, 1819.

Lucches., II, 231 : Lucchesini, *Causes et effets de la Confédération rhénane*, 1823.

Luc. Buon. : *Mémoires de Lucien Bonaparte*, 1 vol., Londres, 1836.

— *Vér.*, 72 : *la Vérité sur les Cent-Jours*, Paris, 1827.

Macaulay, II, 72 : *Collected Essays*, 3 vol., Londres, 1843.

Mackensie, II, 217 : Mackensie, *Notes sur Haïti*, 2 vol., Londres, 1830.

Mackintosh, II, 247 : *Vie de sir James Mackintosh*, par son fils, 2 vol., Londres, 1832.

— I, 117 : *Essais de Mackintosh*, 3 vol., Londres, 1846.

Malcolm, 237 : Malcolm, *Histoire politique de l'Inde*, Londres, 1817.

— *Asie centrale*, II, 14 : Malcolm, *Histoire politique de l'Asie centrale*, 2 vol., Londres, 1828.

Mall. du Pan, 121 : Mallet du Pan, *Sur la Destruction de la ligue helvétique*, Londres, 1798.

Malmsb., II, 191 : *Journal et Correspondance de lord Malmsbury*, 3 vol., Londres, 1843.

Malte-Brun, VII, 144 : *Géographie*, 12 vol., Paris, 1836. — Traduction, 10 vol., Londres, 1831.

Marat, V, 72 : *l'Ami du Peuple*, par M. Marat, 13 vol. in-8°, Paris, 1789-1793.

Marm., II, 121 : *Mémoires de Marmontel*, 2 vol., Paris, 1818.

Marmont, II, 231 : *Voyages du maréchal duc de Raguse* (Marmont), 4 vol., Paris, 1837.

Marsh, I, 79 : *Histoire de la politique de la Grande-Bretagne et de la France*, par Herbert Marsh, 2 vol., Londres, 1800.

Marshall, III, 221 : Marshall, *Voyages en France*, 4 vol.

Marsh., *Stat. Tab.* : Marshall, *Tableaux statistiques de l'Empire britannique*, Londres, 1833.

Mart., *Col. Lib.*, II, 120 : Martin, *Histoire coloniale*, 10 vol., Londres, 1838.

— *Hist. Col.*, II, 214 : Martin, *Histoire des Colonies anglaises*, Londres, 5 vol., 1835.

— VII, 234 : Martens, *Collection des Traités de paix*, 1761 à 1830, 22 vol., Gœttingue, 1817-1830.

Martineau, III, 217 : Miss Martineau, *Amérique*, 6 vol., Londres, 1835.

Maxwell, *Life of Well.* : *Vie de Wellington*, par Maxwell, 3 vol., Londres, 1839.

— *Stories of Waterloo*, 2 vol., Londres, 1838.

— *Bivouac*, Londres, 1837.

— *Victoires des armées anglaises*, 2 vol., Londres, 1840.

Méjan, I, 213 : *Histoire du Procès de Louis XVI*, 2 vol., Paris, 1814.

MÉMORIAL DU DÉPÔT DE LA GUERRE, 5 vol. in-4°, Paris, 1824.

MÉM. DE SUW., I, 39 : *Mémoires de Suwaroff*, 2 vol., Saint-Pétersbourg, 1824.

MÉMOIRES SUR JOSÉPH., I, 231 : *Mémoires sur Joséphine*, 3 vol., Paris, 1827.

MENEVAL, II, 121 : *Souvenirs historiques de Napoléon et de Marie-Louise*, par le baron Meneval, 3 vol. in-8°, Paris, 1843.

MEREDITH, 517 : *Mémoires de Charles-Jean, roi de Suède et de Norwége*, in-8°, Londres, 1829.

MIGN., II, 415 : Mignet, *Histoire de la Révolution française*, 2 vol., Bruxelles, 1824.

MILL, IV, 79 : Mill, *Histoire de l'Inde anglaise*, 6 vol., Londres, 1826.

MILLER, I, 22 : *Mémoires du général Miller au service du Pérou*, 2 vol., Londres, 1828.

MIOT, 179 · Miot, *Histoire de l'Expédition d'Égypte*, Paris, 1814.

MIRABEAU, III, 72 : *Mirabeau peint par lui-même, ou Discours parlementaires de Mirabeau*, 4 vol., Paris, 1793.

— *Cour de Berlin* : Mirabeau, *Cour de Berlin*, 2 vol., Paris, 1789.

— *Mém.*, IX, 31 : *Mémoires de Mirabeau*, 12 vol , Bruxelles, 1836.

MITCH., II, 21 : Mitchell, *Chute de Napoléon*, 3 vol., Londres, 1845.

MOLLEVILLE, Bertrand de, VI, 127 : *Mémoires sur le règne de Louis XVI*, 2 vol., Paris, 1823.

— *Histoire de la Révolution*, 8 vol., Paris, 1823.

MONIT. JAN., IX, 1809 : *Moniteur universel*, 72 vol., Paris, 1789 à 1836.

MONTGAILLARD, IX, 179 : Abbé Montgaillard, *Histoire de France, pendant le règne de Napoléon*, 12 vol., Paris, 1817.

MONTH., 172 : Monthion, *Sur les Finances de la France*, Paris, 1792.

MONTH., Cap. de Nap., II, 17 : *Captivité de Napoléon a Sainte-Hélène*, par Montholon, 2 vol., Londres, 1846.

MONTJ., II, 117 : Montjoie, *Vie de Marie-Antoinette*, 2 vol. in-8°, Paris, 1814.

MOORE, *Sheridan*, I, 127 : Moore, *Vie de Sheridan*, 2 vol., Londres, 1824.

— *Fitz.*, II, 321 : *Vie de lord Edward Fitzgerald*, Londres, 1829.

— *Vie de sir John Moore*, 2 vol., Londres, 1844.

— *Camp. in Spain* : *Campagne en Espagne*, in-4°, Londres, 1811.

MOREAU, II, 172 : Moreau, *Statistique de l'Angleterre*, 2 vol., Paris, 1838.

MORRIS, I, 172 : *Vie et Correspondance du gouverneur Morris*, 3 vol., Boston, 1832.

MOUNIER, 241 : *Recherches sur les causes qui ont empêché les Français de devenir libres*, 2 vol., Paris, 1792.

— *De l'influence des Philosophes sur la Révolution*, 2 vol., Paris, 1790.

MURILLO, 84 : *Mémoires du général Murillo*, Paris, 1826, 1 vol.

NAP., I, 321 : Napier, *Guerres de la Péninsule*, 4 vol. in-8°, Londres, 1829-34.

NAP., II, 27 : *Mémoires de Napoléon, dictés aux généraux Montholon et Gourgaud*, 7 vol., Londres, 1823.

NAP. ET SA FAMILLE, II, 21 : *Napoléon et sa famille, ou Soirées secrètes du Luxembourg, Tuileries et Saint-Cloud*, 2 vol. in-8°, Paris, 1840.

Neck., II, 321 : Necker, *Sur la Révolution française*, 4 vol., 1796.
— *Dern. Vues*, 427 : *Dernières Vues politiques*, Genève, 1802.
— 179 : Necker, *Sur l'administration des finances*, 3 vol., Paris, 1789.
— *Mém*, III, 179 : *Mémoires de M. Necker*, 4 vol., Paris, 1824.
Nell, II, 127 : *Mémoires pour servir a la Révolution d'Espagne*, 3 vol., Paris, 1814.
Nelson, *Desp.* : *Dépêches de lord Nelson*, 7 vol., Londres, 1844-1845.
New ann. Reg., 1794, 32 : *New annual Register*, Londres, v. y.
Ney, I, 124 : *Mémoires du maréchal Ney*, 2 vol., Paris, 1833.
Norv., II, 223 : *Histoire de Napoléon*, par Norvins, 4 vol., Paris, 1829.
Odel., I, 114 : Odeleben, *Campagne de 1813*, 2 vol., Dresde, 1818.
Œuvres de Nap., V, 137 : *Œuvres de Napoléon* (Bulletins, Proclamations, etc.), 5 vol. in-8°, Paris, 1822.
Oginsk., II, 271 : Oginski, *Mémoires sur la Pologne*, 4 vol., Paris, 1826.
O'Meara, I, 134 : O'Meara, *Voix de Sainte-Hélène*, 2 vol., Londres, 1822.
Orme, I, 271 : Orme, *Histoire des Conquêtes des Anglais dans l'Hindoustan*, 3 vol. in-4°, Londres, 1786.
Pacca, I, 127 : *Mémoires du cardinal Pacca, sur la captivité du pape Pie VII*, 2 vol., Paris, 1833.
Pap. de Rob., 231 : *Papiers inédits de Robespierre*, 3 vol., Paris, 1828.
Parl. paper, 14 mars 1833 : *Papiers parlementaires*,
— XXXII, 1014 : Hansard, *Histoire parlementaire*, 36 vol., Londres.
— *Déb.*, 942 : Hansard, *Debats parlementaires*, 1re série, 1803-17, 34 vol., Londres, v. y.
Pebrer, 172 : Pebrer, *Statistique de tout l'Empire britannique*, Londres, 1833.
Pel., II, 117 : *Histoire de la Guerre de 1809 en Allemagne*, par Pelet, 4 vol., Paris, 1812.
Pelet, 310 : *Opinions de Napoléon dans le conseil d'État*, Paris, 1833.
Pellot, 31 : Pellot, commissaire général, *Guerre dans le Midi de la France en 1813-1814*, 1 vol.
Pench., 249 : Penchet, *Statistique de la France*, Paris, 1805.
Père Duchêne, I, 92 : *Lettres B. — t. patriotiques du véritable Père Duchêne*, 11 vol., Paris, 1791-1793.
Pict., II, 224 : *Mémoires du général sir Thomas Picton*, 2 vol., Londres, 1835.
Pil., II, 117 : Général Pillet, *Histoire de la Guerre de 1809 en Allemagne*, 4 vol., Paris, 1812.
Plotho : *la Guerre en Allemagne et en France en 1813 et 1814*, 3 vol., Berlin, 1817.
Porter, II, 349 : Porter, *Tables statistiques parlementaires de l'Empire britannique*, 9 vol. in-folio, Londres, 1832.
Porter's, *Prog.*, II, 142 : Porter, *Progrès de la Nation*, 4 vol., Londres, 1836.
Précis mil., VI, 147 : *Précis historique des événements militaires en Allemagne, dans l'année 1813*, 6 vol., Leipsick, 1832.
Prior, II, 41 : Prior, *Vie de Burke*, 2 vol., Londres, 1827.

PROC. DE LOUIS XVI : *Procès de Louis XVI*, 3 vol., Paris, 1793.

PRUDHOMME : *Révolutions de Paris*, 17 vol. in-8°, Paris, 1789-1793.

PRUDH., *Cah.*, I, 79 : Prudhomme, *Résumé des Cahiers*, 3 vol., Paris, 1802.

— *Vict. de la Rév.*, Prudhomme, *Victimes de la Révolution*, 3 vol., Paris, 1806.

PUISAYE, V, 127 : Puisaye, *Mémoires*, 8 vol., Paris, 1816.

RAPP, 117 : *Mémoires du colonel Rapp*, Paris, 1825.

RÉGN., 127 : Régnier, *Histoire de l'Expédition d'Égypte*, Paris, 1828.

RÉV. DES COM. : *Révélations puisées dans les cartons des Comités de salut public et de sûreté générale*, Paris, 1828.

RÉV., *Mém.*, XI, 172 : *Mémoires pour servir à l'Histoire de la Révolution française*, 63 vol., Paris, 1823-1830, savoir :

— Bailly, II, 179 : *De Bailly, maire de Paris*, 2 vol.

— Barbaroux, 39 : *Mémoires de Barbaroux sur la Révolution du 10 août*.

— Besenval, 230 : *Mémoires du baron de Besenval.*

— Bonchamps, 39 : *Mémoires de Mme Bonchamps, sur la Guerre de la Vendée.*

— Bouillé, II, 12 : *Mémoires du lieutenant général Bouillé*, 2 vol.

— Bouillé, 119 : *Mémoires du comte Louis de Bouillé.*

— Camp., II, 78 : *Mémoires de Mme Campan*, 3 vol.

— Carnot, 37 : *Mémoires sur Carnot.*

— Choiseul, II, 129 : *Mémoires de M. le duc de Choiseul*, 2 vol.

— Doppet, 113 : *Mémoires du général Doppet, sur le siège de Lyon*, 2 vol.

— Dum., IV, 179 : *Mémoires du général Dumouriez*, 4 vol.

— Dusaulx, 117 : *Mémoires de Dusaulx, sur le 14 juillet.*

— Ferrières, II, 231 : *Mémoires du marquis de Ferrières*, 2 vol.

— Fréron, II, 121 : *Mémoires de Fréron sur la réaction du Midi*, 2 vol.

— Garat, 110 : *Mémoires de Garat, sur la Révolution.*

— Gognelat : *Mémoires de Gognelat.*

— *Guerres de Vend.* : *Mémoires sur la guerre de la Vendée*, 6 vol.

— Guillon, II, 173 : *Mémoires de l'abbé Guillon, sur le Siège de Lyon*, 2 vol.

— La Rochejaquelein, 117 : *Mémoires de Mme de la Rochejaquelein, sur la guerre de la Vendée.*

— Ling., 271 : *Mémoires de Linguet, sur la Bastille.*

— Louvet, 12 : *Mémoires de Louvet, membre de la Convention.*

— Meillan : *Mémoires de Meillan.*

— Montpensier : *Mémoires du duc de Montpensier.*

— Morellet : *Mémoires de M. l'abbé Morellet*, 2 vol.

— Riouffe, 57 : *Mémoires de Riouffe, sur les Prisons.*

— Rivarol, 72 : *Mémoires de Rivarol.*

— Roland, I, 102 : *Mémoires de Mme Roland*, 2 vol.

— Sapinaud, 119 : *Mémoires de Mme Sapinaud.*

— *Sur les Prisons, 31 : Mémoires de Journiac, Saint-Méard et autres, sur les Prisons*, 2 vol.

— Thib., II, 115 : *Mémoires de Thibaudeau, sur le Directoire*, 2 vol.

Res., Turreau, II, 179 : *Mémoires du général Turreau, sur la Guerre de la Vendée*, 2 vol.

— Weber, II, 272 : *Mémoires de Weber, concernant la reine Antoinette*, 2 vol.

Richter, II, 72 : *Histoire des Guerres de la liberté en Allemagne*, 4 vol. in-8°, Berlin, 1838-1840.

Robertson's, *Charles V*, I, 231 : Robertson, *Charles V*, 3 vol., Londres, 1838.

Rob., II, 124 : *Mémoires de Robespierre*, 2 vol., Paris, 1830.

Roc., 319 : Rocca, *Mémoires sur la guerre des Français en Espagne*, Londres, 1815.

Rogn., 132 : *Considérations sur l'art de la guerre*, par le général Rogniat, Paris, 1815.

— 36 : Rogniat, *Relations des siéges de Sarragosse et de Tortose*, Paris, 1814.

Rom., *Life*, II, 144 : *Vie de sir Samuel Romilly*, par ses fils, 3 vol., Londres, 1839.

Romilly, I, 162 : *Discours de Romilly*, 2 vol., Londres, 1820.

Ross., I, 121 : Ross., *Vie de lord de Saumanz*, 2 vol., Londres, 1838.

Rozet, I, 27 : Rozet, *Chronique de Juillet*, 1830, 2 vol., Paris, 1833.

Rulh., II, 24 : *Histoire de Pologne*, par Rulhière, 5 vol., Paris, 1820.

Saint-Cyr, I, 217 : Saint-Cyr, *Guerres de 1792 à 1797*, 4 vol., Paris, 1829.

— II, 427 : Saint-Cyr, *Histoire militaire, 1799-1813*, 4 vol., Paris, 1831.

— 127 : Saint-Cyr, *Guerre en Catalogne*, Paris, 1829.

Salg., I, 24 : *Histoire de France pendant le règne de Napoléon*, par Salgues, 8 vol., Paris, 1814.

Salv., II, 172 : Salvandy, *Histoire de Pologne*, 3 vol., Paris, 1829.

Sarrazin, 324 : Sarrazin, *Histoire de la guerre de la Restauration*, Paris, 1816.

— *Histoire de la guerre d'Espagne*, Paris, 1816.

— *Histoire de la guerre d'Allemagne*, Paris, 1816.

Saulf., I, 217 : Saulfield, *Histoire générale des temps modernes*, 5 vol., Leipsick, 1819.

Sav., II, 91 ; *Mémoires de Savary, duc de Rovigo*, 4 vol., Londres, 1827-1828.

Schep., II, 424 : Schepeler, *Guerre d'Espagne*, 4 vol., Liége, 1829.

Scher., 212 : Scherer, *Vie du duc de Wellington*, Londres, 1832.

Schoell, II, 221 : *Recueil de pièces officielles sur les événements qui se sont passés depuis quelques années*, par Frédéric Schœll, 9 vol., Paris, 1814.

— *Tr. de paix*, VII, 239 : *Abrégé des Traités de paix*, 15 vol., Paris, 1818.

— *Congrès de Vienne*, 6 vol., Paris, 1821.

Scott, I, 42 : Sir Walter Scott, *Vie de Napoléon*, 9 vol., Édimbourg, 1828.

— *Paul's Letters on Waterloo*, 4 vol., Édimbourg, 1830-1837.

Ség., I, 231 : Ségur (le père), *Mémoires*, 3 vol., Paris, 1824.

— *Tab.*, II, 172 : Ségur (le père) : *Tableau historique et politique de l'Europe, 1786 a 1796*, 3 vol., Paris, 1803.

Ség., II, 117 : Ségur, *Campagne de 1812*, 2 vol., Paris, 1825.

Sherid., II, 127 : *Discours de Sheridan*, 5 vol., Londres, 1816.

Siborne, I, 93 : *Campagne de Waterloo*, 2 vol., Londres, 1844.

Sidney, II, 41 : Sidney, *Vie de lord Hill*, 2 vol., Londres, 1846.

Sism., *Rép. ital.*, XIII, 24 : Sismondi, *Histoire des Républiques italiennes*, 16 vol., Paris, 1815.

— *Hist. des Franç.*, IX, 220 : Sismondi, *Histoire des Français*, 18 vol., Paris, 1824-1835.

Slade, I, 217 : Slade, *Voyages en Turquie*, 2 vol., Londres, 1831.

Smyth, II, 371 : Smyth, *Lectures sur la Révolution française*, 3 vol., Londres, 1840.

Soul., II, 371 : Soulavie, *Mémoires historiques et politiques de la France*, 6 vol.

— III, 92 : *Décadence de la monarchie française*, 3 vol. in-8°, Paris, 1803.

South Amer. Rev., 127 : *Esquisse de la Révolution de l'Amérique du Sud*, Londres, 1817.

South., III, 371 : Southey, *Guerre de la Péninsule*, 4 vol. in-8°, Londres, 1827.

— II, 17 : *Vie de Nelson*, 2 vol., Londres, 1814.

Souv. de Nap., I, 31 : *Souvenirs de la Vie privée de Napoléon*, par Émile Saint-Hilaire, 2 vol. in-8°, Paris, 1838.

Staël, *Rév. franç.*, II, 221 : Mme de Staël, *Révolution française*, 3 vol., Londres, 1818.

— 172 : *Dix Années d'exil*, Paris, 1817.

Staël (baron de), II, 71 : Baron de Staël, *Œuvres*, 3 vol., Paris, 1825.

Stanhope, I, 186 : *Mémoires de lady Hester Stanhope*, 2 vol., Londres, 1845.

Stor. di pont. di Pie VII, II, 317 : *Histoire du pontificat du pape Pie VII, 1806-1814*, 2 vol., Rome, 1815.

Stat. de la France : *Statistique de la France*, 10 vol. in-fol., Paris, 1839-1844.

Such., II, 17 : Suchet, *Mémoires*, 2 vol., Paris, 1826.

Sully, V, 112 : Sully, *Mémoires*, 5 vol., Paris, 1817.

Stut., 250 : *Guerre de 1809 en Allemagne*, par Stutterheim, Vienne, 1816.

— *Bataille d'Austerlitz*, Paris, 1809.

Tab. de la Rév. : *Tableau de la Révolution*, 3 vol. in-fol., Paris, 1804.

Tchichakoff, 79 : *Retraite de Napoléon*, Londres, 1817.

Th., IX, 179 : Thiers, *Histoire de la Révolution française*, 10 vol., Paris, 1828.

— II, 50 : Thiers, *Histoire du Consulat et de l'Empire*, 10 vol., Paris, 1845-1847.

Thib., 312 : Thibaudeau, *Mémoires sur le Consulat*, Paris, 1824.

— VI, 142 : *Histoire de France, pendant la Révolution et l'Empire*, 10 vol., Paris, 1835.

Thiéb., 127 : Thiébaut, *Relation du siége de Gênes*, 1 vol., Paris, 1818.

— 321 : Thiébaut, *Relation de l'expédition de Portugal*, 1 vol., Paris.

Thierry, III, 79 : *Histoire de la Conquête de l'Angleterre par les Normands*, 4 vol., Paris, 1824.

THIERRY, *Histoire des Gaulois*, 3 vol., Paris, 1827.

TOML., II, 271 : Tomline, *Vie de Pitt*, 6 vol. in-8°, Londres, 1815.

TOR., III, 346 : Toreno (comte de), *Histoire de la Révolution d'Espagne*, 6 vol., Paris, 1838.

TOUL., VII, 397 : Toulongeon, *Histoire de la Révolution française*, 7 vol., Paris, 1810.

TUCKER, I, 91 : *Vie du lord de Saint-Vincent*, 4 vol., Londres, 1844.

TURGOT, II, 32 : *Œuvres*, 8 vol., Paris, 1814.

TURNER's, *Anglo-Saxons*, II, 172, 3 vol., Londres, 1819.

— *Histoire d'Angleterre*, 10 vol., Londres, 1822-1829.

TWISS, 1, 147 : *Vie du lord chancelier Eldon*, 3 vol., Londres, 1844.

TYTLER, III, 421 : *Histoire d'Écosse*, 8 vol., Édimbourg, 1827-1831.

URQUHART, 241 : *Observations sur la Turquie européenne*, Londres, 1829.

— I, 23 : *Spirit of the East*, 2 vol., Londres, 1838.

VAL, 242 : *Guerres des Russes contre les Turcs*, 1808 à 1812, par le général Valentini, Berlin, 1830.

VAND., I, 33 : Vandoncourt, *Guerre de 1812 en Russie*, 2 vol. in-4°, Paris, 1817.

— II, 238 : Vandoncourt, *Guerre de 1813 en Allemagne*, 2 vol. in-4°, Paris, 1818.

— III, 271 : Vandoncourt, *Guerre de 1814 en France*, 4 vol. in-8°, Paris, 1820.

VICT. ET CONQ., XVIII, 187 : *Victoires et Conquêtes des Français*, 1792-1815, 26 vol., Paris, 1820-1824.

VIEUX CORDELIER, par Camille Desmoulins, 1 vol. in-8°, Paris, 1793-1794.

VILLEM., 1, 131 : Villemain, *Histoire de la Littérature française dans le* XVIIIe *siècle*, 7 vol., Paris, 1829.

VITA D'ALF., II, 91 : *Vie d'Alfieri*, 2 vol., Firenze, 1822.

VOLTAIRE, XLI, 32 : *Œuvres de Voltaire*, 52 vol., Paris, 1828.

WALSH, 272 : *Voyage à Constantinople*, Londres, 1824.

WELL., *Field Orders : Field Orders du duc de Wellington*, Londres, 1830.

— DESP., V, 137 : *Dépêches du marquis de Wellesley*, 5 vol., Londres, 1836.

WILSON, 32 : Sir Robert Wilson, *Guerre de Pologne en 1806*, in-4°, Londres, 1810.

— 49 : *Expédition d'Égypte*, in-4°, Londres, 1804.

— 42 : *Puissance de la Russie*, Londres, 1817.

WINDH., IV, 182 : *Discours de Windham*, 3 vol., Londres, 1812.

WOLFE, TONE, I, 272 : *Vie et Correspondance*, 2 vol., Londres, 1827.

WYLD, 87 : Wyld, *Mémoires sur la guerre d'Espagne*, avec un atlas in-fol., Londres, 1841.

YOUNG, I, 571 : Arthur Young, *Voyages en France en* 1789, 2 vol. in-4°, Londres, 1793.

Les autres ouvrages cités le sont tout au long dans les notes.

INTRODUCTION.

PROGRÈS DE LA LIBERTÉ DANS LE MONDE AVANT LA RÉVOLUTION
FRANÇAISE.

Importance et grandeur du sujet. — Ère de Napoléon comparée aux autres
grandes époques du monde. — Grandeur des événements. — Étonnante variété
des caractères. — Caractère et vertus des nations européennes. — Efforts
intellectuels. — Causes de ces traits caractéristiques. — Cause de la dégradation rapide des basses classes. — Universalité et nécessité de l'esclavage.
— Différence dans la condition des esclaves dans l'antiquité et dans les temps
modernes. — Causes qui perpétuèrent l'esclavage. — Indépendance de la vie
pastorale. — Sécurité des villes fortifiées. — Les montagnards protégés par la
nature de leurs retraites. — Liberté limitée des temps anciens. — Politique
différente des Romains; ses effets prodigieux. —Causes réelles de la décadence
de l'empire romain. — Première irruption des nations du Nord ; ses effets.
— Prostration déplorable des vaincus. — Séparation qui en résulte entre les
différentes classes de la société dans les temps modernes. — Prostration totale
des vaincus. — Absence complète de gouvernements représentatifs dans l'antiquité, ainsi que chez les nations du Nord, lors de leur premier établissement
en Europe. — Causes qui amenèrent les gouvernements représentatifs dans
l'Europe moderne. — Ils sont imités des assemblées de l'Église. — Ils sont généralement établis en Europe. — Effets de la succession héréditaire par droit
d'aînesse. — Vices du système féodal. — Causes de la corruption rapide des
conquérants barbares. — Effets des guerres particulières des nobles. — Causes
de la ruine de la liberté féodale en Espagne, en France, en Allemagne
et en Angleterre. — Cette liberté ne convenait qu'à un siècle barbare. —
L'opulence mine la puissance des nobles. — Progrès de la liberté dans le sud
de l'Europe. — Développement rapide de la civilisation dans les villes d'Italie.
Grands et patriotiques efforts de ces républiques. — Causes de leur décadence.
— Défection générale des États conquis au moindre désastre. — Déclin de la
liberté flamande. — Conclusions communes sur la tendance de la liberté à

décroître dans toutes les communautés. — Causes qui rétablirent la liberté; influence du christianisme. — Différence entre les conquêtes des barbares en Asie et celles qu'ils firent en Europe. — A quelles causes il faut l'attribuer. — Influence de l'enthousiasme religieux sur les choses humaines. — L'imprimerie; ses avantages. — Ses dangers. — Bienfaits des connaissances en dernière analyse. — La découverte de la poudre à canon détruit le pouvoir de la noblesse. — Le développement du luxe conduit au même résultat. — La combinaison de ces causes amène la Révolution française. — Effet immense de la révolte des armées sur la démocratie. — Danger dont la société est menacée par la licence populaire. — Développement lent de toute liberté durable.

L'histoire du monde n'offre pas une seule période comparable, en intérêt et en importance, à celle qui embrasse les progrès et la fin de la Révolution française. Aucun siècle ne présente un ensemble d'événements d'une pareille grandeur, des intérêts aussi graves débattus entre les nations. La flamme qui étincela en Europe enveloppa le monde dans une conflagration générale, et donna naissance à une ère nouvelle dans les deux hémisphères. L'établissement de la liberté, dans les Etats de l'Amérique du Nord, date des premières aspirations de la France vers l'émancipation politique : les derniers efforts de la démocratie américaine répandirent dans les vastes États du Sud la passion désordonnée de l'indépendance. Durant la lutte désespérée qui désolait l'Europe, l'empire britannique s'étendait sans cesse dans l'Inde, et le vieil édifice de la superstition hindoue commençait à céder devant la force de la civilisation européenne. Atteinte la dernière par l'élément destructeur, la Russie a vu sa puissance se fortifier indéfiniment par les luttes dans lesquelles elle s'est trouvée engagée; et les dynasties asiatiques ne sauraient résister aujourd'hui à ces armes moscovites que toutes les forces de Napoléon n'ont pu vaincre. Le règne funeste de la superstition mahométane, assailli au sud par l'énergie de l'Angleterre, et au nord par la puissance de la Russie, semble pencher vers son déclin. De la lutte européenne sont sorties deux grandes puissances qui paraissent destinées à porter les bienfaits de la civilisation et la lumière du christianisme aussi loin que peut atteindre le bras de la conquête, aussi loin que peuvent s'étendre les eaux de l'Océan.

On peut observer, dans l'histoire des premiers siècles du monde, diverses périodes qui ont toujours attiré l'attention des hommes, et par la grandeur des événements, et par la grandeur des conséquences qu'ils ont produites. C'est au milieu des plus grandes luttes de cette nature que s'est allumé ce feu sacré qui a le plus contribué au progrès de l'humanité. De la guerre entre la liberté grecque et le despotisme persan, sortit ce génie qui répandit parmi les hommes l'esprit philosophique et les charmes des beaux-arts. La lutte plus sanglante encore entre Rome et Carthage donna naissance à ce courage invincible qui en un demi-siècle étendit l'empire romain sur toute la surface du monde civilisé [1]. Le génie de l'Europe moderne naquit au milieu des premiers combats livrés par les chrétiens aux sectateurs de Mahomet; ce fut alors que les raffinements du goût ancien vinrent se greffer sur l'énergie de la valeur barbare. Les guerres entre les Maures et l'Espagne produisirent les efforts qui, brisant les barrières des connaissances des anciens, ouvrirent à l'ambition des peuples modernes les merveilles d'un autre hémisphère. L'ère de Napoléon sera rangée par la postérité à côté de celles de Périclès, d'Annibal et des croisades, non pas seulement pour la splendeur des événements qu'elle renferme, mais surtout à cause de la grandeur des conséquences qu'elle aura produites.

- Cette ère vit s'accumuler en l'espace de vingt ans plus d'événements qu'il n'en faudrait pour remplir du plus instructif intérêt les annales d'un des plus puissants États des siècles passés. Cette courte période nous présente le tableau de la lutte entre la vieille monarchie et une démocratie qui s'élève fièrement sur les ruines de sa rivale; l'énergie de la valeur républicaine et les triomphes de la discipline impériale; l'orgueil des conquêtes des barbares et les gloires d'une patriotique résistance. Dans les pages rapides de cette histoire on trouvera des parallèles avec les longues annales de la grandeur antique; on y verra le génie d'Annibal et les passions des Gracques, l'ambition de César et la grandeur d'Auguste, les triomphes de Trajan et les désastres de Julien. Si la puissance française ne dura pas autant que celle de Rome, c'est qu'elle fut plus oppressive; on lui résista avec plus d'opiniâtreté, parce que ses aigles n'apportèrent point avec elles les bienfaits de la civilisation. Sa marche à travers le monde ne fut point saluée par les nations reconnaissantes, parce que les nations ne

[1] Polybe, I, i. c. l.

gagnèrent rien à ses conquêtes. Ce n'était pas le soleil bienfaisant
de la grandeur romaine qui ne brillait que pour le bien des peuples ; l'éclat que jeta la France ressemblait à un météore éblouissant, qui roule, s'enflamme, porte la destruction sur son passage
et disparaît.

La diversité des caractères qui apparurent sur la scène, pendant ces années si pleines d'événements, n'est pas moins digne
d'attention. Si le génie déployé avait été sans précédent, il en
fut de même de la grandeur du mal ; si l'histoire offre peu de
triomphes comparables à ceux de cette époque, elle n'a rien non
plus qui approche des crimes qui la souillèrent. La terrible sévérité de Danton, la cruauté fanatique de Robespierre, sont
uniques en leur espèce, aussi bien que le génie militaire de Napoléon et que la carrière maritime de Nelson. La France peut
avec raison s'enorgueillir de la merveilleuse accumulation des
talents qui dirigèrent l'État pendant les progrès de la Révolution ;
mais aussi, elle doit accepter la honte des crimes révoltants qui
furent commis par les chefs du mouvement et tolérés par ses défenseurs parmi le peuple. Pour l'historien, c'est un devoir tout
particulier de signaler à l'admiration de la postérité les vertus
qui font l'ornement de cet âge, et de vouer à une éternelle exé-
cration les vices qui en font la honte. — « *Exsequi sententias*
» *haud institui, nisi insignes per honestum, aut notabili de-*
» *decore; quod præcipuum munus annalium reor, ne virtutes*
» *sileantur, utque pravis dictis factisque ex posteritate et infa-*
» *mia metus sit. Ceterum tempora illa adeo infecta, et adulatione*
» *sordida fuère ut non modo priores civitatis, quibus claritudo*
» *sua obsequiis protegenda erat, sed omnes consulares, magna*
» *pars eorum qui prætura functi, multique etiam pedarii sena-*
» *tores, certatim exsurgerent, fædaque et nimia censerent.* »
(TACITE, *Annales*, III, p. 65.)

Cette époque désastreuse a mis en relief les vertus particulières et le caractère de toutes les nations de l'Europe: L'hostilité
opiniâtre des Espagnols, la valeur enthousiaste des Français,
l'ardeur belliqueuse des Prussiens, la fermeté persévérante des
Autrichiens, le courage fanatique des Russes, la tranquille bravoure des Anglais, furent successivement mis à l'épreuve. Les
victoires tant vantées de Louis XIV, ne sont plus que de vains
titres de gloire devant les triomphes de Napoléon, et les victoires

de Marlborough ne produisirent que de bien médiocres résultats, si on les compare à celles de Vittoria et de Waterloo. Depuis les temps où l'Occident se lança contre les nations orientales, sur les plages de la Palestine, on n'avait pas vu d'armées aussi considérables que celles qui suivirent les étendards de Napoléon; et les hordes qu'Attila déploya dans les plaines de Châlons étaient moins formidables que celles qu'Alexandre ramena des déserts de la Scythie.

Le mouvement intellectuel ne fut pas moins remarquable durant cette époque extraordinaire que les exploits des armées. Dans cette lutte pacifique, les chefs de la civilisation, les maîtres de la terre et des mers, laissèrent loin derrière eux toutes les autres classes de la société. Ce même âge, qui fut témoin de la gloire de Wellington et de Napoléon, vit compléter la science astronomique par les savantes recherches de Laplace, et contempla Walter Scott, découvrant les replis les plus cachés du cœur humain. La terre raconta l'histoire de ses révolutions par les débris enfouis dans son sein, et le secret de la formation de la matière ne résista point au pouvoir de l'analyse philosophique. La sculpture vint à revivre sous le ciseau de Canova, et le génie de Thorwaldsen charma le monde par la beauté de ses merveilleux dessins. L'architecture déploya sa splendeur dans l'embellissement de la métropole de la France, et la capitale naissante de la Russie unit la solidité des constructions égyptiennes à la délicatesse de goût des constructions grecques [1]. Les sommets escarpés des Alpes subirent aussi le joug de la science, et les efforts persévérants des hommes rendirent accessibles ces barrières de la nature, pendant que le génie britannique ajoutait un nouvel élément à la puissance des arts, et créait avec le feu un moyen de soumettre les flots.

Des effets si variés pouvaient-ils se produire dans le cours ordinaire des choses humaines? Les talents mis en lumière étaient si grands, la perversité si effrayante, qu'on ne pouvait les expliquer par les principes vulgaires de l'humaine nature. Il semblait que des puissances surnaturelles eussent été engagées dans une lutte dont l'homme n'était que l'instrument visible; il semblait que les démons de l'enfer eussent été déchaînés pour

---

[1] Clarke, *Voyages*, XI, 391, 392.

châtier l'humanité, et que le Ciel eût, pour un temps, refusé son appui à la vertu, afin de soumettre sa fermeté à la plus cruelle épreuve. L'imagination des anciens, pour expliquer ces prodiges, aurait peuplé la scène du monde de divinités ennemies, soutenant, sans être vues, les efforts des armées ; le génie plus sévère du christianisme n'y a vu que l'intervention du souverain Maître, châtiant les désordres d'un monde corrompu. Et cependant, il n'y eut rien de surnaturel dans les événements de cette mémorable époque de l'histoire. La grandeur des effets produits eut sa source uniquement dans la force des passions ; la vertu et le vice furent poussés à l'extrême, parce que la situation offrait à la première toutes les excitations possibles, et au vice toutes les séductions imaginables. Les intérêts mis en jeu n'étaient ni des provinces perdues, ni des armées détruites, c'était le destin de tous les rangs de la société, c'était l'existence de tous, depuis le trône jusqu'à la chaumière ; les passions excitées n'étaient point le résultat de l'émotion momentanée de quelque rivalité nationale, ou de quelque hostilité passagère d'un ordre contre l'autre ; elles prenaient leur source dans une haine mutuelle, profondément enracinée, et qui n'avait cessé de se fortifier depuis le commencement du monde. Les amis de la liberté, s'inspirant de l'exemple de l'antiquité, puisaient avec avidité aux sources qu'avaient ouvertes les écrivains de la Grèce et de Rome ; les amis du trône, guidés par les sentiments plus intimes de la religion et de la loyauté, appelaient à leur aide les préceptes de la foi catholique et l'honneur, apanage de la noblesse moderne. L'entraînement de l'éloquence antique, les souvenirs des chefs-d'œuvre classiques échauffaient les premiers ; les autres se sentaient animés par la foi de leurs pères, par la gloire de leur origine chevaleresque. Cette immense commotion, ce n'était pas un simple flot venant battre le rivage, c'était l'Atlantique longtemps gonflée, poussée des plages lointaines par un vent furieux, et venant accumuler le poids de ses ondes contre le sein de la vieille antiquité.

La lutte entre les grands et les petits, entre le trône et le peuple, n'est point un fait nouveau dans l'histoire ; mais on peut faire remonter aux temps modernes l'établissement des principes de la liberté générale au moment de la collision de ces deux pouvoirs qui n'avaient fait que se fortifier depuis les temps les plus reculés.

Que le bien-être de la multitude, que ses intérêts soient protégés contre les agressions des grands, rien de plus juste assurément ; mais il est bien certain aussi que ce n'est pas là l'état originaire de l'homme en société. La variété des caractères, les différents degrés de force physique ou morale dont les hommes sont doués, les suites des accidents, des crimes, des malheurs, l'état d'abandon complet du pauvre dans l'enfance de la civilisation, le manque absolu de prévoyance qui distingue généralement cette classe, sont autant de causes qui amènent la distinction des rangs, et qui précipitent les classes inférieures sous la dépendance des hautes classes, dépendance connue sous le nom d'esclavage. Cette institution pourtant, quelque odieuse qu'elle devienne à la longue, n'est pas précisément un mal au moment où elle s'établit ; elle ne devient injuste que quand on veut la maintenir dans des circonstances toutes différentes de celles qui l'ont fait adopter, et surtout lorsqu'elle cesse d'offrir aux pauvres non-seulement la protection des personnes, mais encore leur subsistance.

L'universalité de l'esclavage dans les premiers siècles du monde prouve à l'évidence qu'il est une nécessité inévitable, par suite de l'état dans lequel se trouve placée l'espèce humaine dans l'enfance des sociétés. Là où le capital est inconnu, la propriété sans garantie, et la violence universelle, les classes inférieures ne trouvent de sûreté que dans la protection des grands ; et cette protection ne peut s'obtenir que par l'esclavage. Le riche ne consent à se charger de la défense du pauvre qu'à la condition de devenir le propriétaire de sa personne et de son travail. La paresse est le plus grand obstacle aux progrès de l'humanité : notre espèce semble condamnée à la vie sauvage ou à la vie pastorale, par son antipathie universelle pour tout travail continu. A cette période de la formation des sociétés, la guerre, dictée par les passions sauvages du cœur humain, est une œuvre d'extermination ; le seul but du vainqueur c'est de satisfaire sa vengeance dans le sang du vaincu. Dans les temps qui précèdent l'influence des besoins artificiels, il n'y a que la force qui puisse obliger l'homme au travail dont il n'a pas encore appris à goûter les fruits : tandis que d'un autre côté le seul contre-poids qui puisse arrêter la main du conquérant, au milieu de ses sanglantes exécutions, c'est la perspective du gain par la vente des captifs.

L'humanité, la justice, la politique, ces puissants principes de gouvernement dans les siècles civilisés, sont alors inconnus, et on s'occupe aussi peu des souffrances des petits que de celles des animaux les plus vils. S'ils n'étaient la propriété d'un maître, ils seraient bientôt la proie de la famine ou de la violence. Quelque misérable que puisse être la condition des esclaves dans ces temps de barbarie, elle est incomparablement préférable à l'état d'un peuple qui aurait perdu la liberté [1].

Du reste, la simplicité de la vie rustique ou patriarcale adoucit la sévérité d'une institution que la nécessité a fait introduire. Chez les Arabes et chez les Tartares, l'esclave a presque autant de jouissances que le maître; mêmes travaux, mêmes aliments, mêmes plaisirs. Briséis quitta avec regret la tente d'Achille; et, de notre temps, lorsque plusieurs milliers de femmes grecques de la Morée et des îles de l'Archipel, furent emmenées captives par Ibrahim-Pacha, cinq ou six seulement d'entre elles consentirent à accepter la liberté et à retourner dans leur patrie. Quant aux filles de la Circassie, destinées dès leur âge le plus tendre à entrer dans le harem de quelque potentat de l'Orient, l'espoir et l'ambition balancent généralement chez elles le chagrin de quitter leurs parents. Au milieu même du marché de Constantinople, où se vendent les esclaves, il est rare d'apercevoir la moindre trace de douleur parmi les jeunes femmes, si l'on en excepte celles qui courent le danger d'être séparées de leurs enfants. Pour celles qui sont jeunes et belles, ce marché excite chez elles le même désir de briller, que la salle de bal ou l'opéra dans les capitales de l'Europe occidentale. Aujourd'hui encore, la condition des esclaves, dans toutes les contrées de l'Orient, diffère peu de celle des domestiques en Europe; on peut dire même que le pauvre émancipé de France et d'Angleterre pourrait bien avoir quelque chose à envier à la situation d'un paysan de la Russie. Les soins pendant la maladie, le travail dans l'état de santé, et un soutien assuré dans la vieillesse, sont des avantages importants, même dans les États les mieux gouvernés [2]; mais ces mêmes avantages sont incalculables au milieu de l'anarchie des premiers siècles.

[1] Sism., *Hist. de France*, I, 50, 160.

[2] Lark., *Voyages en Afrique*, I, 434. — Volney, *Syrie*, p. 312. — Clark, *Voyages*, 1, 901-70.

Dans les pays de plaines, jamais les paysans, uniquement livrés aux travaux de l'agriculture, ne se sont émancipés sans un secours étranger : l'histoire n'en offre pas d'exemple. — Attachés à la glèbe, courbés sous le poids d'un rude labeur, séparés les uns des autres, leur horizon est étroitement borné ; ils ne connaissent pas les besoins qui naissent des rapports fréquents entre les hommes ; ils n'ont pas non plus l'énergie de la vie sauvage. Aussi partout on les a vus incapables de se défendre en commun contre la violence et d'échapper à l'oppression. Les habitants de la Mésopotamie, de l'Égypte et du Bengale, de même que les serfs polonais et les paysans russes, n'ont pas cessé de mener la même existence laborieuse et toute passive. Les premières notions de la liberté se sont répandues sous l'influence d'autres habitudes ou d'un autre état social.

La première de ces causes se trouve dans l'indépendance et dans la solitude de la vie pastorale. Les Arabes, qui suivaient leurs chameaux à travers les sables du désert, les Scythes qui erraient dans les steppes de la Tartarie, n'étaient point exposés à l'oppression, parce qu'aucune nécessité ne les forçait à la subir. Si le chef d'une tribu se rendait coupable d'un acte injuste, ses sujets pouvaient toujours le quitter, emmenant avec eux leurs familles et leurs troupeaux. Il ne fallait que quelques heures pour effacer les traces de la route qu'ils avaient suivie dans les sables du désert ou dans les hautes herbes des steppes. Ils étaient dans la condition de nos premiers parents quand ils quittèrent le paradis terrestre ; ils avaient devant eux le monde, et partout où fleurissait le gazon, où murmurait une source d'eau vive, il leur était facile de s'établir et de se multiplier. La liberté, l'énergie du caractère pastoral, tient à cette indépendance des tribus nomades et à l'étendue sans limites des plaines que la nature avait préparées pour les recevoir. Les conquêtes des Arabes et les empires fondés par les Scythes n'ont eu d'autre cause que la vie dure qu'ils menaient dans leurs déserts : et, quant à la liberté de nos temps modernes, on la doit attribuer aux habitudes errantes de nos ancêtres, habitudes qui les firent se répandre depuis le centre de l'Asie jusqu'aux bords de l'Atlantique ; c'est la source de toutes les gloires de la civilisation européenne, des arts de la Grèce, des armes romaines, de la chevalerie française et de la marine britannique.

La seconde des grandes causes de la liberté, c'est la sécurité et l'opulence des cités entourées de murailles. A l'abri de la tranquillité que lui garantissent ces remparts, l'industrie se développe pour satisfaire une foule de jouissances, le capital s'accumule par l'emploi intelligent qu'elle en fait. L'augmentation des richesses donne la conscience de l'indépendance qu'elles procurent; l'extension de la propriété rend plus intolérable la pensée des dangers qui peuvent la menacer. Les réunions de la multitude éveillent chez elle l'idée de sa force; la communauté des intérêts engendre le sentiment public; la proximité des demeures suggère la pensée d'une défense commune. C'est au milieu de cet accroissement de la richesse, de cette communication rapide des idées qui s'établit dans les villes commerçantes; que s'éveille l'esprit de liberté, que s'affermit la haine de l'oppression, et que se produisent les ressources capables de combattre la tyrannie. Ce fut la source unique de la liberté des anciens; leurs républiques étaient toutes renfermées dans une cité et limitées au nombre de citoyens qui y naissaient : les noms des États et des corps politiques dérivaient du nom d'une ville.

Enfin, la dernière cause de la liberté, nous la trouvons dans la position isolée et dans les habitudes indépendantes des habitants des montagnes. Dans les solitudes des Alpes, ou dans les gorges de l'Afghanistan, le besoin de mouvement et d'action engendre la vigueur du corps, et la sécurité contre les attaques extérieures produit l'indépendance. Un sol ingrat s'y oppose à l'accumulation des richesses; les pics des montagnes offrent au commerce peu de facilités; une vie rude y fortifie les corps et les courages. La continuité de ces habitudes fait passer de génération en génération ce caractère fier et indépendant des montagnards, et, comme le dit le poëte :

« Là, la stérile colline ne produit rien que l'homme et le fer,
» le soldat et son glaive : la fleur printanière n'orne point leurs
» roches glacées, et le long hiver y glace le giron de mai. »

Les oppresseurs de l'humanité passent sans s'arrêter auprès de ces berceaux du courage intrépide et, attirés par l'espoir des dépouilles des États plus opulents, ils laissent dans leur obscurité native les pauvres et rudes habitants des régions montagneuses. Ainsi se perpétuent d'âge en âge les mœurs libres et indépendantes des régions escarpées; et, pendant que la vigueur des con-

quérants va s'amollir dans les plaines, comme la neige sous le
souffle d'un vent d'été, la liberté des montagnes, de même que les
glaciers, résiste dans sa jeunesse éternelle aux efforts de l'aquilon.
« La liberté de l'ancien monde n'a péri que par le petit nombre
de ceux qui en jouissaient. Ce fut la cause principale de sa ruine;
mais cette ruine était inévitable aussi, à cause même du peu de
solidité de la base sur laquelle elle reposait. Des républiques
comme celles de Sparte et d'Athènes, où le nombre des hommes
libres n'excédait pas 20,000, tandis qu'on y comptait 400,000
esclaves, ne pouvaient pas s'appeler des pays libres; ce n'étaient
que des cités dans lesquelles un certain nombre d'habitants
avaient acquis, sans beaucoup de titres, des priviléges exclusifs,
et tenaient en esclavage la grande masse de leurs frères[*]. Les philosophes mêmes de l'antiquité, dans leurs recherches de l'idéal
d'une parfaite république, ne portèrent jamais leurs vues au delà
d'un territoire très-limité, gouverné par une seule ville, et dans
lequel la grande majorité des habitants se composait d'esclaves.
Toujours les citoyens privilégiés montrèrent la plus grande répugnance à concéder aux étrangers les droits dont ils jouissaient
eux-mêmes; aussi étaient-ils exposés, au premier revers, à se voir
abandonnés de tous leurs alliés. C'est ce qui fit que dans les républiques de la Grèce, la liberté, toujours précaire, ne fut jamais de
longue durée. Les citoyens qui gouvernaient l'État se corrompaient
rapidement dans l'enivrement des honneurs ou par les séductions
des richesses; jamais les classes inférieures ne leur apportaient
une part de leur énergie et ne venaient renouveler leurs forces
épuisées : l'existence de l'État tout entier tenait à l'activité d'une
seule classe, particulièrement exposée à des causes incessantes de
démoralisation; et avec la vertu des citoyens périssait la liberté.
Quelquefois, l'éclat des victoires, la force de quelque puissant
génie retardait l'approche du désastre ou dissimulait la rapidité
de la décadence; mais l'heure de la maturité venait enfin dépouiller l'arbre de son feuillage, et le tronc, cessant d'être nourri
par les eaux d'une source bienfaisante, languissait sans vigueur et
cédait enfin sans résistance aux causes ordinaires de la mort[1].

---

[*] Athènes comptait, à l'époque de sa plus grande prospérité, 21,000 citoyens; Sparte, 39,000. (Gibbon, I, 307.)

[1] Plutarque. *Vie de Périclès*. — Gib., I, 53, 54, 383. — Arist. de Rep., I,
4, 5. — Milford, IX, 10, 11. — Staël, *Rév. franç.*, I, 10, 11.

Doués d'une magnanimité extraordinaire et tout à fait en dehors des principes de la nature humaine, les Romains, guidés par une espèce d'inspiration divine, admirent, dès la fondation de leur empire, tous les sujets des États conquis à partager leurs priviléges, et cette politique leur valut l'empire du monde. Avec une constance que n'ébranlèrent jamais ni les succès ni les désastres, ils poursuivirent cette politique depuis leur réunion avec les Sabins jusqu'à l'époque où l'empereur Antonin conféra le droit de cité à tout le monde civilisé. Les Romains recueillirent les fruits de cette conduite généreuse : leurs alliés demeurèrent constamment fidèles à la république au milieu de ses plus cruels revers *. Les défaites de la Trébie et du lac Trasimène ne furent pas suivies de la moindre défection; la fidélité des alliés ne fut ébranlée que par le désastre de Cannes, tandis qu'au contraire, Carthage, qui n'accordait le droit de cité qu'aux seuls Carthaginois, se vit abandonnée de toutes les forces de ses alliés au premier échec sérieux qu'elle subit. L'accroissement solide de l'empire romain, son extension inouïe, sa durée, prouvent assez la sagesse de leur système politique : et cependant, cet empire lui-même tomba victime de l'esclavage universel, et des effets ruineux de cette excessive importation, en Italie et au cœur de l'empire, des blés provenant de ses provinces les plus éloignées. Ces circonstances remplirent les cités d'une population servile, et priva les campagnes des vigoureux possesseurs qui les cultivaient. La population des villes ne fut plus qu'un ramassis de méprisables esclaves; et les plaines de l'Italie, autrefois si florissantes, n'offrirent plus que l'aspect de la désolation. Déjà même au temps d'Auguste, les rangs des légions se dépeuplaient de citoyens, les armées se remplissaient de soldats mercenaires, et, dans les provinces, on ne trouvait plus que de grands propriétaires. L'agriculture, ruinée en Italie par l'importation excessive des blés à bon marché de l'Égypte, où l'argent avait

*Les citoyens romains, au temps de Paul-Émile, s'élevaient au chiffre de 337,000 hommes capables de porter les armes; l'admission des alliés de l'Italie par Caïus Gracchus éleva ce nombre à 4,163,000 au temps d'Auguste. L'extension du droit de cité aux Gaulois fit monter le chiffre à 6,900,000. L'empereur Antonin, par une mesure générale, étendit le privilége à tout l'empire. Plutarque, Caïus Gracchus et Paul-Émile. — Gib., I, 78. — Tac., Ann., XI, 24.

une plus grande valeur à cause de sa rareté, l'agriculture fut généralement abandonnée, et les vastes contrées de l'Europe ne furent plus peuplées que de troupeaux gardés par des esclaves. Depuis longtemps les consuls, environnés de serfs privés de tout droit et de citoyens efféminés, ne trouvaient plus dans les provinces méridionales de l'empire les moyens de recruter les armées. Ces causes minaient insensiblement, et détruisirent enfin les forces vitales de l'État, et il ne resta, pour s'opposer aux barbares, que des nobles, dépourvus du courage nécessaire à la défense de leurs biens, et des esclaves, qui n'avaient pas même pour relever leur courage le mobile puissant de la propriété. Lorsque Rome fut prise par les Goths, sous Alaric, elle était habitée par 1760 grandes familles, dont beaucoup possédaient un revenu de 150,000 livres sterling, et cultivaient par des esclaves leurs immenses propriétés en Italie et en Afrique. Avant même que le premier des barbares eût mis le pied sur le sol de l'Italie, il paraît certain que, dans la Campanie seulement, plus de 550,000 acres de terres, autrefois cultivées, étaient revenues à leur état naturel, et n'étaient plus la demeure que des animaux sauvages; déjà l'on tirait de l'Égypte et de la Lybie les immenses approvisionnements de blé nécessaires aux grandes villes d'Italie [1].

Les barbares qui renversèrent l'empire romain apportaient avec eux de leurs déserts la liberté et l'énergie de la vie nomade. Au milieu des cendres encore fumantes de la civilisation, ils jetèrent la flamme de l'indépendance barbare; sur le tronc mourant de la liberté municipale ils greffèrent les jets vigoureux de la liberté pastorale. C'est à leurs exploits que les trônes, les dynasties et les nobles de l'Europe doivent leur origine; c'est dans leurs coutumes qu'on trouve la source des lois et des institutions des temps modernes. Les divers établissements qu'ils formèrent produisirent les nations actuelles de l'Europe, avec leur caractère si profondément distinct. Leurs conquêtes ne consistaient pas dans un simple changement de gouvernement ou dans la substitution d'une dynastie à une autre; mais c'était le renversement complet de la propriété, des coutumes et des insti-

[1] Polyb., III, c. 9 et 6. — Fery, *Rome*, V, 277. — Gib., III, 66; VII, 212; V, 263. — Sism., *Hist. de France*, I, 82. — Ammianus Marcellinus, I, 28, XVI. — Gibbon, III, 67; VIII. 162; VI, 236.

tutions des peuples conquis. Ils détruisaient les cités, ruinaient les temples, pillaient les demeures et confisquaient les biens. Les filles des plus grands d'entre les vaincus étaient forcées de donner leur main aux chefs de leurs ennemis, tandis que les femmes d'un rang inférieur, exposées aux plus grossières insultes, ne trouvaient dans leur désespoir d'autre refuge que la protection des couvents. Les jeunes gens de l'autre sexe étaient vendus comme esclaves, ou forcés, en qualité de serfs, de labourer les terres dont leurs pères avaient eu la propriété. Les habitants des pays conquis étaient réduits quelquefois à de si extrêmes misères, que volontairement ils se vendaient pour obtenir la vie sauve; ils cherchaient dans l'esclavage même la seule protection possible contre la violence qui les menaçait incessamment [1]. Les esclaves étaient extrêmement nombreux dans l'empire romain; on en comptait jusqu'à quatre cents dans une seule famille. Mais on n'en permettait pas le recensement général, et on ne leur donnait pas de costume particulier, dans la crainte qu'on ne découvrît combien les hommes libres étaient peu nombreux en comparaison des esclaves. (Tacite.)

Toutefois, ce transfert de la propriété des vaincus aux vainqueurs ne fut pas instantané, et ne s'opéra point par un acte soudain de violence. L'établissement des peuples du Nord dans les provinces de l'empire ne ressemblait ni aux conquêtes des légions romaines ni à celles des armées de l'Europe moderne; il ressemblait plutôt, quoique plus violent, à l'invasion graduelle des pauvres de l'Irlande dans les provinces occidentales de l'Angleterre. Leurs bandes s'étendaient semblables aux envahissements de l'Océan et finissaient par occuper toute la contrée. Ils s'établissaient dans une province et y demeuraient pendant toute une génération, avant d'envahir la province voisine. Et cependant il s'y opéra un partage des propriétés entre les conquérants et les indigènes, beaucoup plus équitable qu'on ne pouvait s'y attendre de la part de ces barbares. Ils laissèrent aux anciens propriétaires, quelquefois la moitié, quelquefois le tiers des terres conquises; et, quoique la part des vaincus fût rognée à chaque nouvelle invasion, ils ne furent entièrement dépouillés qu'après plusieurs siècles; enfin, dans toutes les monarchies

[1] Thierry, II, 24, 96, 97, 109, 110 — Sism., *Hist. de France*, I, 277.

de l'Europe, quelques débris des anciens fiefs allodiaux échappèrent à toutes les révolutions du moyen âge. Cependant, l'œuvre de spoliation s'étendit graduellement, la condition de dépendance et le caractère timide des indigènes ne leur permettaient pas de résister aux incursions de leurs belliqueux voisins; un grand nombre abandonnèrent volontairement leur droit de propriété pour obtenir le bénéfice de la protection féodale. Les filles des vaincus, quand elles étaient héritières de grandes possessions, choisissaient leurs époux parmi les fils des conquérants, suivant en cela l'usage du beau sexe de préférer l'étranger à ceux de son pays; ou bien le souverain lui-même les obligeait à ces alliances [1]. Enfin, le changement fut radical, et, avant le Xe siècle, toutes les possessions territoriales avaient passé des Romains aux conquérants du Nord.

Le déplorable état de faiblesse dans lequel était tombé l'empire romain, durant les derniers siècles de son existence, était la conséquence de l'universalité de l'esclavage dans toutes les provinces, et le peuple était devenu tout à fait incapable de s'opposer à cette spoliation générale. Il se soumettait presque sans résistance au premier envahisseur, et les attaques incessantes du dedans et du dehors ne le décidaient que rarement à prendre les armes. De là suivit la séparation absolue des hautes classes d'avec les classes infimes, et une différence complète dans les habitudes, les occupations et le caractère des divers ordres de la société. Les libres conquérants des provinces romaines ont formé la souche des classes nobles et privilégiées de la moderne Europe; leurs sujets esclaves ont donné naissance à la classe nombreuse et longtemps méprisée des paysans et des laboureurs. L'égalité et l'énergie des peuples pasteurs avaient imprimé aux descendants des vainqueurs un caractère de fière indépendance qu'on retrouve encore dans plus d'une contrée; la misère et la dégradation des vaincus leur rivèrent au cou des chaînes que dix siècles sont à peine parvenus à briser. C'est dans cette séparation première des diverses classes de la société, résultat de l'irruption des Francs dans la Gaule, qu'il faut chercher la cause éloignée de tous les maux qui pro-

---

[1] Guizot, *Essais sur l'Hist. de France*, 330, 352, 380, 401. — Thierry, *Essai sur l'Hist. de France*, 87, 99.

duisirent enfin la Révolution française. Mais il fallait que bien des siècles s'écoulassent avant que les intérêts si contraires créés par la conquête en vinssent à une sanglante collision. Sous l'influence de diverses causes concourant au même effet, le peuple retrouva insensiblement cette énergie qu'il avait perdue sous le joug tranquille de la servitude romaine et sous l'oppression violente de la féodalité [1]. Quand enfin les terres des vaincus eurent été généralement partagées, et que les soldats des vainqueurs se furent répandus sur tout le territoire, les nobles méprisèrent trop leurs sujets, pour leur demander la moindre assistance dans les moments de danger. La manière de guerroyer, alors en usage, rendait le baron indépendant de ses inférieurs. On pouvait dire à la lettre qu'il tenait son domaine de Dieu et de son épée. Les hommes d'armes seuls, aidés seulement d'un très-petit nombre de fantassins, décidaient le sort des batailles. Les chevaliers bardés de fer se jetaient au milieu des hommes armés de piques, avec la même tranquillité que s'ils eussent traversé un hallier de genêts; ils ne s'occupaient que de leurs frères en chevalerie, qui, seuls, leur paraissaient dignes de se mesurer avec eux. Enfermés dans leurs châteaux, entourés de leurs tenants militaires, jamais ils ne requéraient l'aide de leurs vassaux, pas plus qu'ils ne se préoccupaient de leurs souffrances. Les ravages des Normands, la cruauté des Huns excitaient fort peu leur compassion, aussi longtemps qu'ils ne s'exerçaient que sur les esclaves attachés à la terre; le baron, tranquille à l'abri de ses murs, voyait avec indifférence ses villages en flammes, et les longues files de captifs désolés que le barbare envahisseur entraînait à sa suite. Pendant cette longue période d'anarchie féodale, les classes bourgeoises ne gagnèrent ni en courage, ni en importance politique; cette longue suite de souffrances ne servit qu'à accroître leur dégradation, en éteignant en eux jusqu'au souvenir même de temps meilleurs [2].

La conquête de nos contrées par les nations venues du Nord conduisit à un résultat bien important, l'établissement de gouvernements représentatifs dans les provinces de l'empire. Chez

---

[1] Thierry, *Introd.*, I, 9. — Sismondi, *France*, I, 74, 87.
[2] Thierry, I, 162, II, 96.

les anciens, la liberté n'existait vraiment que dans les villes ; les droits n'en étaient exercés que par les citoyens, qui, se trouvant sur les lieux, pouvaient prendre une part active aux délibérations publiques ; et, quoique les Romains, guidés par une sagesse jusque-là sans exemple, étendissent le droit de cité aux pays conquis, cependant il ne leur vint jamais à la pensée de leur accorder une représentation quelconque ; de sorte que les priviléges les plus précieux du citoyen ne pouvaient être exercés par lui qu'à la condition de venir en personne dans la capitale. Il en résultait inévitablement que la plèbe, dans tous les États libres de l'antiquité, exerçait la plus grande influence sur le gouvernement ; ses passions dictaient les résolutions publiques ; ses assemblées tumultueuses amenaient des révolutions dans l'État. La cause immédiate de la ruine des libertés romaines fut l'admission au droit de cité de tous les Italiens, auxquels on n'accorda pas en même temps un droit de représentation, ce qui eut pour conséquence l'introduction dans les rues de Rome des troupes des provinces, pour y décider de la suprématie politique sous les diverses bannières des généraux de la république. De là la violence, l'anarchie, l'inconstance que l'on remarque si souvent dans l'histoire de ce peuple, désordres que les historiens modernes ont si bien constatés, malgré tout l'éclat dont semblait les couvrir l'éloquence des écrivains de l'antiquité [1].

D'un autre côté, les peuples du Nord qui s'établirent sur les ruines de l'empire étaient dirigés par des principes tout opposés, par des habitudes toutes différentes. La liberté qu'ils apportaient de leurs forêts, ou du fond de leurs déserts, n'était limitée ni à un lieu ni à une province déterminée. C'était la liberté des steppes, non celle du forum ; leur civilisation était celle de la tribu tout entière, non celle de la cité. Le conquérant était né libre, et il tenait autant à sa liberté dans des plaines cultivées que dans ses plaines désertes. Sans doute, la servitude était générale, mais les vaincus étaient seuls opprimés, et la race conquérante montrait autant de fierté envers ses chefs que de dureté à l'égard de ses esclaves. Quand les compagnons d'un chef victorieux s'étaient établis dans la province conquise, leur conduite à l'égard de leur supérieur conservait tous les caractères

[1] Milfort, *Grèce*, IV, 68, 87.

de leur indépendance originelle ; ils ne le distinguaient que par la prééminence qu'ils lui accordaient dans la guerre actuelle, et par l'octroi d'une part plus considérable des terres conquises. Ces rois des mers qui désolèrent si longtemps les provinces maritimes de la France et de l'Angleterre, ces Anglo-Saxons qui fondèrent l'empire britannique, n'avaient guère d'autorité sur leurs compagnons, si ce n'est durant le temps de leur service militaire. Les Francs, qui, sous Clovis, fondèrent la monarchie française, ne reconnaissaient envers leur chef qu'un droit nominal de fidélité. Élevés sur le pavois par leurs compagnons de guerre, ils ne devaient leur dignité qu'au choix libre de leurs égaux, et même, au moment du triomphe, les plus humbles guerriers ne craignaient pas de leur rappeler l'origine et les devoirs de leur autorité [1]. L'établissement de peuples braves et énergiques dans des plaines bien cultivées amena la diffusion des vainqueurs dans les provinces soumises par leur épée, et donna naissance à une aristocratie indépendante qui s'empara des richesses de l'ancienne servitude en décadence. Si les campagnes avaient été moins bien cultivées, les soldats de la conquête se seraient corrompus au milieu des séductions des cités, ou bien, après avoir pillé, ils se seraient retirés dans des solitudes capables de les protéger contre toute atteinte. Mais la découverte qu'ils firent de provinces riches et fertiles occupées par une population industrieuse mais inhabile à la guerre, les encouragea à s'y établir, leur rendit inutile la protection des cités, et les empêcha de se laisser prendre à leurs séductions. En se fixant dans les campagnes, ils conservèrent longtemps toute la pureté de leurs mœurs, et la servitude romaine devint une des causes éloignées de la liberté de l'Europe moderne. Dès les premiers temps de la conquête, les assemblées populaires ne consistaient que dans la convocation de tous les guerriers du royaume. Guillaume le Conquérant appela toutes ses forces militaires à Winchester ; soixante mille hommes se rendirent à son appel ; le plus pauvre de ces guerriers avait une propriété territoriale suffisante pour l'entretien d'un homme d'armes et de sa suite. Les assemblées du champ-de-mai étaient moins une députation des compagnons de Clovis qu'une réunion

[1] Thierry, II, 321. — Hume, 1, 264. — Turner, *Anglo-Saxons*, 1, 97. — Sism., *France*, I, 372. — Hallam, I, 153.

générale des guerriers francs.' Mais, dans la suite des temps, on
sentit la difficulté des longs voyages et, les habitudes sédentaires
ayant pris le dessus, les propriétaires du sol tinrent peu à courir le risque et à supporter la dépense que nécessitait leur présence au grand conseil de l'État. De là vint l'introduction des
parlements ou des législatures représentatives, qui, dans les
temps modernes, ont été les sources les plus fécondes des libertés publiques : ce fut dans ces assemblées que commença la
combinaison de l'énergie démocratique avec la prudence de l'aristocratie ; ce fut dans ces assemblées que la turbulence et les passions de la cité se trouvèrent tempérées par la lenteur et la téna-
cité des mœurs rustiques. Du moment, en effet, qu'une balance
égale est convenablement établie entre les divers éléments qui les
composent, il est toujours possible de tenir longtemps en échec
la violence ou l'injustice d'une fraction quelconque de leurs
membres '.

Il est douteux toutefois que ces causes, quoique puissantes,
eussent amené dans le gouvernement cette grande révolution tout
à fait inconnue jusqu'alors, si le modèle n'en eût existé dans une
institution où cette forme avait été établie pendant une suite de
siècles. Les conciles de l'Église avaient, dès le VIe siècle, introduit
dans toute la chrétienté le système représentatif le plus parfait. Des délégués des diocèses les plus reculés de l'Europe et de
l'Asie s'y étaient assemblés pour délibérer sur les intérêts de la
foi : et le plus humble des prêtres chrétiens avait une part dans
la formation de ces grandes assemblées, par lesquelles étaient
réglées les affaires générales de l'Église. La formation de parlements, d'après le principe de la représentation, eut lieu dans tous
les États de l'Europe, au XIIIe et au XIVe siècle. Les efforts des antiquaires peuvent faire remonter un peu plus haut les wittenagemots, ou assemblées temporaires des chefs; mais il est certain
que six siècles plus tôt, les conciles de Nicée et d'Antioche avaient
présenté le parfait modèle d'un système de représentation universelle, embrassant un ensemble plus étendu que l'empire romain tout entier. Il n'est pas douteux que cet exemple, si généralement connu, et dont l'autorité était si puissante, n'ait
déterminé les autres membres de la communauté dans le choix

' Thierry, 286. — Sism., *France*, I, 231.

de ce système, quand il se présentait des intérêts communs sur
lesquels il fallait délibérer : ainsi donc, aux autres bienfaits que
la civilisation doit au christianisme, il faut ajouter les avantages
inestimables qui résultent du système représentatif [1].

« Dans toutes les parties de l'Europe, où les peuples du Nord
formèrent des établissements, on vit se développer graduellement le germe du gouvernement représentatif. Partout les
barons confiaient l'autorité législative à des assemblées de
personnes élues par eux-mêmes, assemblées qui prirent le nom
de *wittenagemots*, de parlement, d'états-généraux ou de cortès,
et qui se réunissaient à des époques fixes pour délibérer sur
les intérêts publics. Cette institution découlait naturellement
des mœurs et de la situation des nouveaux propriétaires du sol,
et les barons qui la fondèrent prévoyaient si peu les importantes
conséquences qui en devaient résulter, que le droit de se faire
représenter au parlement était généralement considéré plutôt
comme une charge que comme un privilége : ce droit de participer à la confection des lois, qui est aujourd'hui l'objet de tant
de discussions et de tant de désirs, n'était regardé alors que
comme un devoir onéreux, et ceux qui l'exerçaient étaient en
droit de se faire indemniser par leurs frères plus opulents [2].
Toutefois, les barons conservèrent longtemps le sentiment profond de l'indépendance, et, lors de leur établissement, ils répandirent dans toute l'Europe le principe de la résistance à
l'arbitraire. Aussi, en Espagne, en France, en Allemagne et en
Flandre, nous les voyons résister vaillamment aux empiétements
du souverain ; partout aussi nous les voyons établir de bonne
heure le droit, exclusif pour eux, de ne point payer d'impôts,
et celui de concourir aux actes de la législature.

Sans doute, différentes causes ont produit cet attachement tout
particulier et si remarquable des barons au principe de la liberté
et aux garanties de leur indépendance, en tant que cela pouvait
être avantageux à cette classe de la société. Mais rien, peut-être,
n'y contribua aussi puissamment que la succession héréditaire
et le droit de primogéniture, droits qui, par des causes qu'il est

[1] Salvandy, *Hist. de la Pologne*, I, 105, 106. — Guizot, *Essai sur l'Hist.
de France*, 177, 200. — Thierry, *Essai sur l'Hist. de France.* 93.

[2] Hallam, I, 253; II, 67, 130. — Villaret, 1, 25. — Hume, II, 116, 271.
— Ersk. Just., I, 3. — Commines, IV, c 13. — Du Clercq, 389.

impossible d'assigner aujourd'hui, furent bientôt généralement admis par toutes les nations d'origine germanique établies dans la partie européenne de l'empire romain. Ce fut là ce qui constitua la différence radicale entre la constitution des sociétés européennes et celles des nations asiatiques. Les conquérants du Nord n'établirent jamais en Asie le système féodal, pas plus que le système de la succession héréditaire. Amovible dans sa charge, nommé seulement à vie, le fonctionnaire, en Asie, était sous la dépendance entière de la volonté du souverain, et n'avait aucun droit à être continué dans son office : tel est le principe fondamental des gouvernements asiatiques, tel est le principe du gouvernement despotique dans le monde entier, que ce soit un despotisme royal ou un despotisme démocratique. Dans tous les États, à l'exception peut-être des simples cités ou des pays montagneux, le premier moyen de fortifier la liberté, c'est de donner, aux dépositaires inférieurs du pouvoir un intérêt dans le gouvernement et d'établir entre eux et les cultivateurs du sol des rapports assez durables pour assurer leur indépendance. L'effet produit par ces mesures est le même que celui qu'on obtient en donnant à bail à un locataire un bien que jusque-là il ne tenait que de la volonté précaire du maître.

Les hommes, dans quelque situation que vous les placiez, ne feront aucun effort vers l'indépendance, s'ils peuvent craindre de perdre leur position d'un instant à l'autre. Puisqu'il est vrai que la perpétuité du pouvoir dans une classe de la société et la transmission héréditaire des propriétés territoriales, sont les seuls moyens de restreindre le pouvoir du souverain (dans tout État territorial *), il pourrait paraître étrange que ces institutions soient l'objet de tant de haine, dans les États riches et commerçants. Mais nous devons nous rappeler que la corruption humaine abuse des meilleures choses, et que cette même stabilité qui rend l'aristocratie indépendante du souverain, lui donne aussi la facilité d'opprimer le peuple, facilité dont elle abuse trop souvent.

* L'Amérique ne fait pas exception ; au contraire, elle confirme entièrement notre observation. Là, le souverain, c'est la multitude, et rien ne peut arrêter ses injustices ou ses excès, comme l'ont parfaitement démontré et la loi de Lynch et le refus de reconnaître les dettes de l'État. Sans le droit d'aînesse, comme contre-poids à la puissance du nombre, jamais l'Amérique n'aura la liberté vraie.

Aussi, dans tous les États où s'établit le système féodal, cette institution offrit le même défaut ; c'était de ne point avoir pourvu aux intérêts et au bien-être des classes inférieures de la société. Comme toutes les institutions entachées du même vice, la féodalité portait en elle le principe de sa ruine. Les vainqueurs de l'empire romain regardèrent comme tout à fait indignes de leur attention les habitants des contrées dans lesquelles ils se fixèrent. Même dans la grande charte d'Angleterre, pendant qu'on stipulait scrupuleusement les priviléges des barons et des hommes libres, on ne songeait point à la moindre garantie pour cette classe nombreuse de laboureurs et d'esclaves qui formaient au moins les neuf dixièmes de la communauté. Les propriétaires barbares perdirent rapidement les vertus qui les distinguaient, lors de la conquête, et généralement les nouveaux envahisseurs trouvèrent leurs devanciers plongés dans la mollesse et corrompus par la débauche. Nous pouvons à peine, dans ces barons misérables et avilis qui abandonnèrent Roderick dans sa lutte contre les Maures d'Espagne, reconnaître ces guerriers impétueux qui sous Adolphe, frère d'Alaric, le terrible destructeur de Rome, avaient franchi les Pyrénées en 412, et avaient pénétré dans cette province presque inexpugnable de l'empire romain. Et, chose remarquable, quelques siècles plus tard, les Maures aussi furent réduits par les mêmes causes au même état de dégradation. Le génie et les triomphes de Charlemagne demeurèrent impuissants devant ce travail d'Hercule, qui consistait à régénérer ces barbares efféminés dont ce grand homme était le chef ; jamais l'humanité n'apparut aussi impuissante, aussi pusillanime que sous les rois fainéants, indignes successeurs de Charles Martel et des barons qui moururent dans les plaines de Tours pour la liberté du monde chrétien. Tous les efforts du grand homme pour améliorer la condition de ses peuples échouèrent à cause même du petit nombre de vrais citoyens qu'on pouvait compter dans son empire. Quelques milliers d'hommes libres se trouvaient disséminés parmi des millions d'esclaves, et, même durant sa vie, Charlemagne eut la douleur de voir la corruption gagner jusqu'à ces mêmes soldats qu'il avait tant de fois conduits à la victoire. Les mêmes causes rendirent vaines toutes les tentatives d'Alfred pour le bien de son royaume, et exposèrent la nation anglaise à une longue suite de désolations, sous les coups d'une poignée de barbares venus des régions septentrionales [1]. La corruption rapide de ces rudes conquérants s'explique par une raison bien simple : ils arrivaient au sein de l'antique opulence et ils étaient devenus les maîtres de grandes richesses, avant d'avoir appris comment on use de la fortune. Accessibles seulement aux plaisirs des sens, ils s'abandonnèrent facilement à tous les excès de la luxure. L'expérience a prouvé surabondamment que, pour apprendre à user sobrement des richesses, il faut aux nations un apprentissage au moins aussi long que pour apprendre à jouir de la liberté sans se jeter dans les excès de la licence. L'acquisition trop rapide de l'un ou de l'autre de ces biens a toujours été fatale à tous les peuples : ils se trouvent soudainement exposés à d'irrésistibles tentations, et dans l'un comme dans l'autre cas, il n'en peut résulter que leur ruine. Le même phénomène peut s'observer tous les jours dans la vie des individus. « L'homme qui gagne à la loterie le lot de vingt mille livres » ne meurt jamais riche, » dit le proverbe ; les fils de riches parvenus sont plus enclins que les enfants des vieilles familles à se livrer à une foule d'extravagances ; enfin, dit un autre proverbe, « il faut trois générations pour faire un homme comme il faut. »[1] Tout observateur attentif peut vérifier chaque jour, sur les individus comme sur les familles, l'application constante du principe que nous avons énoncé à propos des nations. Quand un Iroquois est assis à côté d'un baril de genièvre, il insère un fétu de chaume dans un trou qu'il a pratiqué dans la futaille, et, en aspirant, il boit la liqueur perfide jusqu'à ce qu'il tombe mort sur la place. Mais il n'est pas à craindre qu'un homme bien élevé, qui possède un cellier abondamment pourvu de vin de Champagne, coure le danger de périr en s'oubliant de la même manière, parce que son éducation lui a donné d'autres goûts, parce qu'il est habitué à des jouissances d'une autre nature, et qui sont comme l'antidote des séductions des sens. Mais il faut du temps pour acquérir ces goûts délicats ; on ne les voit naître que dans les sociétés dont la civilisation est avancée ; et bien des générations descendent dans la tombe avant qu'ils se généralisent,

[1] Condé, *Histoire des Arabes*, I, 62 ; II, 125. — Sism., *France*, II, 279, 355, 410 ; III, 96, 97. — Turner, *Anglo-Saxons*, II, 66.

aussi bien dans la nation que dans les différentes classes qui la composent. C'est la véritable cause de cette passion violente pour les liqueurs fortes que l'on remarque généralement chez les ouvriers des manufactures, qui reçoivent de hauts salaires dans les temps de prospérité industrielle. Chez les peuples du Nord et dans les États à demi civilisés, cette passion a défié jusqu'aujourd'hui tous les efforts de l'autorité et de la philanthropie; tandis que dans les mêmes contrées et dans les mêmes professions, les classes élevées se sont soustraites insensiblement à cette funeste influence. Il en est de même des rudes tribus qui viennent, avec leurs goûts barbares, occuper les domaines de l'antique opulence. Tous à la fois, ils se lancent à la poursuite des plaisirs sensuels. Le pressoir et le harem ont, même pour le plus ignorant, des séductions auxquelles nul n'est insensible; et la race des conquérants du Nord dégénère aussi rapidement sous l'influence des femmes et des vins du Midi, que l'Iroquois périt à côté de sa barrique, ou que l'Écossais et le Suédois s'abrutissent au milieu des débauches spiritueuses de la taverne.

Cependant, les guerres particulières que les nobles se faisaient entre eux vinrent retremper le courage et raviver l'énergie des barons féodaux. Des historiens des temps modernes ont stigmatisé ces luttes domestiques, et les ont considérées comme des maux absolus, par la seule raison qu'elles produisaient et de cruelles souffrances et une grande effusion de sang humain; mais l'observateur plus attentif, qui a suivi les progrès de la corruption, soit dans le cœur de l'individu, soit dans le cœur des nations, arrivera peut-être à une conclusion toute différente. Il se rappellera que la souffrance est nécessaire à l'amendement des hommes; il se rappellera les vertus dont les grands désastres ont été souvent la source. S'il considère ce bas monde, non pas comme une scène de plaisir, mais plutôt comme une école de perfectionnement, il ne jugera pas à la légère ces circonstances qui, désastreuses en apparence, délivrent l'esprit de l'homme des chaînes des plaisirs sensuels, font sortir les mâles vertus de l'excès de la souffrance, et élèvent le caractère, même quand elles remplissent la vie d'amertume. C'est à ces guerres privées, à l'existence des châteaux forts, à l'usage constant des armes qu'il faut attribuer le réveil du courage militaire en France. Les barons espagnols retrouvèrent leur antique valeur à la rude école de la nécessité; ils retrouvèrent dans les montagnes de la Galice le courage que leurs vainqueurs perdaient dans les plaisirs de Cordoue. L'esprit militaire des Anglais, qui s'était affaibli par les mêmes causes, se retrempa dans les guerres privées de la noblesse, sous le règne d'Étienne; et ce fut au milieu du ravage et de la ruine du pays que l'on vit renaître cette bravoure qui devait fonder la liberté britannique dans des temps plus heureux [1].

Cependant, à la longue, le progrès des mœurs et l'accroissement naturel des richesses finirent par détruire la liberté féodale. Cette liberté, privilége exclusif de la classe la moins nombreuse, devait périr avec les vertus de ceux qui étaient les plus intéressés à la défendre. Elle procurait si peu d'avantages à la grande masse du peuple, qu'elle ne put appeler à son aide les talents enfouis dans ce terrain inculte : au moment où le riche se corrompait, le pauvre n'avait pas cessé d'être esclave. Cette décadence des grands ne suivit point une marche uniforme dans les divers États, mais partout le résultat en fut le même. Les royaumes d'Aragon et de Castille étaient, dans le principe, gouvernés par des monarques dont l'autorité était plus restreinte que celle des Plantagenets d'Angleterre, et les nobles espagnols maintenaient intacts leurs priviléges avec autant de fierté au moins que les barons de Runnymede. Mais ce fut en vain qu'ils arrachèrent à leurs souverains une foule de concessions qu'ils avaient soin de faire renouveler par serment à chaque changement de règne : l'esprit d'indépendance, et avec lui les libertés de la nation, expirèrent en même temps que s'opéra la chute de l'aristocratie féodale, à cause même de l'égoïsme et de la dégradation de la grande masse du peuple. Quand Charles-Quint eut réprimé, en 1548, la formidable révolte des *communeros,* il n'en exclut pas les députés des villes et des bourgs, mais seulement ceux de la grandesse et du clergé; et la suite démontra qu'en agissant ainsi il avait fait preuve d'une connaissance profonde de la nature humaine. Les communes, privées de leurs chefs naturels, furent incapables dans la suite de résister à l'autorité du gouvernement; les cortès ne conservèrent leurs priviléges que nominalement. La grande charte d'Aragon, il est vrai, ne fut jamais abolie; mais les villes négligèrent d'envoyer des députés

---

[1] Hume, I, 296. — Sism., *France,* III, 374, 451. — Condé, II, 126, 368, 494.

aux assemblées, et permirent ainsi que leur droit à s'y faire représenter tombât en désuétude. Les nobles, déchus de la puissance politique, s'attachèrent aux splendeurs de la cour, et l'Espagne devint une monarchie absolue sous la forme d'une monarchie limitée [1].

En France, pendant la période de vigueur de la féodalité, la noblesse réduisit la couronne à un pouvoir aussi limité que l'était celui des rois d'Angleterre, et à tel point que, pendant plus d'un demi-siècle, on y vit admettre ce principe, confirmé par plusieurs actes solennels des rois, que nulle taxe ne pouvait être imposée sans le consentement des trois états. Mais cette ombre d'un libre gouvernement s'évanouit avec la puissance féodale : l'influence de la cour et les séductions de la capitale attirèrent la noblesse à Paris; et la liberté des provinces, privée de ses seuls soutiens, fut bientôt détruite. La marche des choses fut un peu différente en Allemagne : là, comme ailleurs, la féodalité posa d'abord les fondements d'un gouvernement libre, déclara l'illégalité des taxes imposées sans le consentement de la nation, et réclama le partage de l'autorité législative entre le souverain et les états du royaume [2]. La puissance des grands barons rendit le pouvoir électif et détruisit l'œuvre de la confédération germanique, en faisant de l'Allemagne plusieurs États séparés; mais leur pouvoir dans leurs propres domaines, n'étant limité ni par l'énergie, ni par l'intelligence du peuple, devint bientôt despotique, et l'ambition naissante du pouvoir militaire se débarrassa de la contrainte gênante de la liberté.

Malgré l'attachement héréditaire du peuple anglais à ses libres institutions, malgré la diffusion de cet attachement, rendu plus général encore par l'établissement du jury, malgré la position géographique si propre à en assurer le maintien, déjà les causes ordinaires de décadence y faisaient sentir leur action et l'indépendance des barons s'y affaiblissait sous la fatale influence des richesses. Les guerres désastreuses des York et des Lancastre avaient éclairci les rangs de la noblesse, et l'accroissement du luxe, changeant la nature de leurs dépenses, avait sapé

[1] Blanca, *Com.*, 669. — Hal., *Mid. Ages*, II, 38, 45, 67. — Mariana, *Théorie des Cortés*, 395. — Sism., *Sciences sociales*, I, 365.

[2] Schmidt, VI, 8. — Hallam, II, 130. — Mabl., *Obs. Parl., Hist. de France*, S. V, c. 1. — Hallam, I, 256, 270, 391.

les fondements de leur pouvoir. Déjà, sous les Tudors, on pouvait constater l'indifférence du parlement pour les libertés de la nation. Il n'y avait pas en Europe un monarque qui gouvernât ses peuples avec un pouvoir plus absolu que ne le faisait Henri VIII. Rien de plus instructif, dans les temps modernes, que la servile docilité avec laquelle le parlement et la nation obéissaient à ses ordres despotiques. L'histoire peut à peine nous offrir un second exemple d'un règne aussi fertile en violentes entreprises contre les droits du peuple et contre les propriétés privées ; d'un règne dans lequel la justice fut plus honteusement prostituée par les tribunaux eux-mêmes, la liberté plus complétement sacrifiée par les parlements, et une tyrannie plus capricieuse exercée par le prince. Ceux qui seraient tentés d'attribuer la liberté anglaise aux institutions féodales seulement, feront bien de réfléchir à la condition du pays, à la mollesse de la législature et à la servilité de la nation sous le règne de ce tyran féroce, qui confisqua les biens d'un tiers des propriétaires de son royaume, et fit périr soixante-douze mille personnes pendant sa vie. Qu'ils se rappellent l'état de l'Angleterre sous le règne de sa fille plus prudente et plus populaire [1].

Le système féodal était, sans doute, admirablement constitué pour entretenir l'esprit d'indépendance pendant le moyen âge ; nous ne saurions, sans ingratitude, méconnaître l'heureuse influence qu'il exerça en limitant le pouvoir des conquérants du Nord. Les noms mêmes de droits et de priviléges eussent disparu en Europe, comme dans les monarchies asiatiques, sous les désolants efforts de la tyrannie, qui se fût livrée sans contrôle à tous les excès, si les nobles n'avaient pas été libres. Tout cela est vrai ; mais il faut reconnaître en même temps que cette institution ne pouvait convenir qu'à une époque de barbarie, qu'elle ne pouvait se modifier suivant les changements que subissait la société, ni assurer la liberté des temps civilisés. Elle devait tomber devant l'établissement des armées permanentes, les progrès du luxe, l'invention de la poudre à canon, et devant la puissance croissante des communes. Partout elle a péri depuis longtemps, cette liberté qui n'avait d'autre base que la féodalité.

[1] Henry, *Britain*, XI, 260, 372 — Hume, III, 94, 389 ; IV, 275 ; V, 263, 383, 470.

7.

Ce système régna dans toute sa vigueur, durant le XIIe et le XIIIe siècle. Aussi longtemps que les barons, entourés de serviteurs obligés au service militaire, vécurent dans leurs châteaux, aussi longtemps que ces serviteurs leur restèrent attachés par les liens de l'habitude et de l'intérêt, les nobles, couverts de leur armure et suivis d'une troupe de guerriers dévoués, étaient tout à la fois formidables pour le trône, et tyranniqués envers la chaumière. S'ils extorquaient de la couronne des priviléges pour eux-mêmes, ils n'en accordaient aucun à leurs vassaux asservis. Hommes sans merci, et d'une sévérité cruelle, ils châtièrent les premiers efforts que fit le peuple pour obtenir une part de cette liberté qu'ils réclamaient si énergiquement pour eux seuls. L'insurrection de la *Jacquerie* en France, celle des paysans sous Wat Tyler en Angleterre, et celle des Flamands sous Philippe Van Artevelde, furent réprimées avec une cruauté dont l'histoire offre peu d'exemples. En vain, le courage et l'enthousiasme de la multitude luttèrent contre les guerriers bardés de fer et formés depuis leur tendre enfance au maniement des armes ; les chevaliers rompaient les rangs des paysans, aussi facilement qu'ils eussent traversé une multitude désarmée ; et le serf avili, incapable des efforts de cet héroïsme qui entraînait les bergers libres des Alpes, tombait sous les coups du destin, plutôt avec la résignation du martyr qu'avec l'indifférence du soldat [1].

Mais cette puissance de la noblesse, que la force ne pouvait vaincre, fut vaincue par les richesses ; et l'émancipation du peuple, pour laquelle tant de milliers d'hommes étaient tombés inutilement, sortit à la longue des désordres et des passions de ses oppresseurs. Le baron était redoutable, quand sa vie se passait à guerroyer avec la bande de vassaux armés qui avaient grandi à l'ombre des murailles de son castel ; mais du jour où il se livra aux frivolités des cours, concentrant toute son ambition dans le sourire du souverain, et gaspillant sa fortune dans les plaisirs de la capitale, il ne fut plus qu'un être méprisable. Les vassaux cessèrent de respecter et de servir un chef qu'ils ne voyaient plus : les séductions des cités entraînèrent ceux que ne retenaient plus les intérêts de leurs propriétés territoriales ; la

[1] Hume, III, 5, 7. — Hal., I, 321. — Sism., X, 533, 540 ; XI, 434, 435.

passion des richesses devint insatiable chez ces hommes qui n'avaient plus devant les yeux que le charme éblouissant de la splendeur des cours. Ainsi, l'accroissement naturel de l'opulence, écartant les nobles du siége de leurs intérêts et de leur influence politique, fut fatal à un pouvoir qui n'avait rien fait pour la félicité générale : la sagesse de la nature trouva, dans les folies mêmes des grands, les moyens de détruire cette puissance qui n'avait été entre leurs mains qu'un instrument d'oppression au lieu d'être le boulevard de la liberté.

Pendant que tel était le destin de la liberté féodale, la suite des événements présentait un tout autre caractère dans le sud de l'Europe. Ces contrées n'avaient jamais perdu entièrement les vieilles traditions de la civilisation romaine, et jamais les branches sauvages de la liberté gothique ne s'y étaient complétement développées. La liberté de l'Italie moderne n'eut point son origine dans l'indépendance des possesseurs du sol, mais dans l'esprit indépendant des habitants des villes. Cette liberté n'eut pas pour berceau la tente, mais l'atelier; le centre de son pouvoir était le forum agité, et non la grande salle du château féodal. Pendant que les seigneurs, engagés dans leurs guerres privées, ne sortaient de leurs forteresses des Apennins que pour aller ravager la plaine, les habitants des villes prospéraient sous la protection de leurs remparts, et ranimaient au foyer de leurs antiques demeures les cendres chaudes encore de la liberté municipale. Pendant que tous les pays d'au delà des Alpes étaient plongés dans la barbarie, et que l'industrie ne s'y montrait encore qu'à l'abri de quelque château fort, les républiques italiennes, déjà opulentes, avaient puisé le goût des arts au milieu des monuments splendides de l'antiquité. Le siècle d'Édouard Ier d'Angleterre, époque où les nobles de ce pays vivaient encore dans l'abondance rustique de leurs châteaux, où au lieu de tapis leur pied foulait des joncs étendus sur le sol des appartements, époque où très-peu des barons étaient en état de signer leur nom, ce siècle vit fleurir en Italie le Dante, les conceptions de Bramante, et les fantaisies de Boccace. Le génie de Raphaël et les profondes pensées de Machiavel illustraient l'Italie vers le temps des terribles dévastations des bandes anglaises en France et des indicibles horreurs de la Jacquerie. Lorsque Charles VIII, à la tête de la noblesse française, brave mais barbare, fit irruption en Italie à la fin du xve siècle, il se trouva au milieu d'un peuple opulent, très-civilisé, fort avancé dans les arts, et possédant un grand nombre de riches marchands qui comptaient parmi leurs débiteurs tous les souverains de l'Europe. Lorsque le souverain féodal menaça de faire sonner la trompette guerrière dans les murs de Florence, les citoyens lui déclarèrent qu'ils sonneraient le tocsin, et le monarque du plus puissant empire militaire de l'Europe recula devant la pensée de lutter contre les bourgeois d'une république paisible [1]. Les vertus civiques, dans cette période de la grandeur italienne, ne furent pas moins remarquables que l'opulence et la splendeur de cette contrée. Dès le douzième siècle, l'empereur d'Allemagne fut repoussé par une coalition des républiques de la Lombardie, et l'on vit le patriotisme et la liberté moderne rivaliser avec les vertus des républiques de la Grèce. L'histoire dit avec orgueil que la cruauté de la soldatesque germanique fit ranger un jour devant les remparts de Créma les enfants des citoyens de cette cité, afin d'empêcher les assiégés de lancer leurs traits contre l'ennemi, mais que les courageux pères de ces innocentes victimes, sanglotant amèrement, ne cessèrent pas de combattre pour leurs libertés : elle dira avec orgueil qu'un jour onze mille des premiers citoyens de Pise, enfermés dans les prisons de Gênes, écrivirent à leur sénat, d'un consentement unanime, de ne point acheter leur liberté au prix de la cession de la moindre des forteresses tombées au pouvoir de la république rivale. Les guerres navales de Gênes contre Venise, racontées par des écrivains de la force de Tite-Live et de Thucydide, seraient aussi célèbres dans l'histoire que les guerres d'Athènes contre Sparte et de Rome contre Carthage; car elles furent aussi fertiles en actions héroïques. Nous parlons avec enthousiasme aujourd'hui des efforts que fit notre pays dans la dernière guerre [2]; mais quelque grands qu'aient été ces efforts, ils le cèdent en éclat à la vigueur du patriotisme italien, qui avait réuni sur les flottes rivales de Gênes et de Pise, à la bataille de la Meloria, autant de marins qu'on en comptait à Trafalgar sur les flottes d'Angleterre et de France.

Mais les républiques d'Italie tombèrent sous l'influence des

[1] Sism., *Rép. ital.*, III, 157; V, 365; XII, 168. — Hume, II, 349.
[2] Sism., *Rép. ital.*, III, 90; IV, 22, 29.

mêmes causes qui avaient été si fatales aux républiques grecques, et qui minèrent la puissance féodale au nord de l'Europe.
Elles eurent le tort de ne pas garantir les intérêts politiques de
la grande majorité du peuple. Les États de Florence, de Venise,
de Gênes et de Pise n'étaient pas réellement des États libres. C'é-
taient des communautés dans lesquelles un petit nombre d'individus avaient usurpé les droits et avaient disposé de la fortune
de la masse de leurs concitoyens, qu'ils gouvernaient comme leurs
sujets, qu'ils insultaient comme leurs esclaves. A l'époque la plus
brillante de leur histoire, les citoyens de toutes les républiques
italiennes n'atteignaient pas le chiffre de 20,000 ; et ces classes
privilégiées tenaient des millions d'hommes sous leur sujétion.
Venise comptait 2,500 citoyens ; Gênes, 4,500 ; Pise, Sienne, Luc-
ques et Florence, prises ensemble, n'en avaient pas plus de 6,000.
Le droit de cité était ainsi limité à un petit nombre de familles,
qui les conservaient pour elles seules avec la même jalousie que
les nobles faisaient leurs possessions territoriales. On n'accordait le droit de cité ni aux provinces conquises, ni même aux
républiques alliées. Toute leur politique consistait dans un système étroit d'exclusion, tant pour les droits civiques que pour le
commerce. Les classes privilégiées retenaient dans leurs seules
mains tous les droits du gouvernement et le monopole commercial ; de sorte que le peuple de ces républiques se voyait arrêté dans ses progrès vers la fortune, comme les vassaux de la
féodalité dans leurs efforts vers l'industrie. On ne pouvait attendre d'une liberté ainsi limitée aucun avantage général ; une
base aussi étroite ne saurait supporter un édifice de longue durée.
Durant le temps de leur plus grande prospérité, ces États étaient
troublés par de perpétuelles discordes, dont la source ne pouvait être que dans cet esprit d'exclusion arbitraire et injuste.
L'architecture massive de Florence rappelle encore aujourd'hui
le temps où chacune des familles nobles était toujours prête à
soutenir un siège dans son propre palais, pour défendre des
droits qu'elles refusaient à leurs concitoyens [1]. Cependant, les
progrès rapides et la splendide histoire de ces républiques aristocratiques suffisent à prouver la vivifiante influence de la liberté,
même quand elle n'est le partage que d'une seule classe de la

[1] Sism., *Rép. ital.*, XII, 12, 16, 18, 21.

société. D'un autre côté, leur prompte décadence, et l'extinction
de l'esprit public apparaissent comme la conséquence inévitable
d'un système, qui consistait à n'accorder qu'à un petit nombre
des droits qui devaient être le partage de la masse des citoyens ;
d'un système qui consistait à gouverner le peuple sous l'empire
d'un monopole commercial, au lieu d'entrer dans les vues larges
d'une administration équitable.

Des États ainsi constitués étaient incapables de soutenir le
choc de l'adversité, aussi bien que de résister à cette sourde
désorganisation qui résulte d'une trop grande prospérité. Au
premier grand désastre, la république se voyait abandonnée de
tous ses alliés, et réduite aux seules ressources que renfermait
la cité. L'oligarchie vénitienne n'accorda point les droits civiques aux provinces de la Marche trévisane ; et cependant, le
sénat avait solennellement annoncé qu'il les rendait à la liberté
en leur envoyant l'étendard de Saint-Marc : aussi arriva-t-il, un
beau jour, que Venise se vit dépouillée de toutes ses possessions
de terre ferme et réduite aux lagunes de la capitale. A l'époque
où Florence réduisit sous sa domination la république de Pise,
sa rivale, sa puissance ne s'accrut point par cette conquête, parce
qu'elle n'admit pas les vaincus au partage des priviléges dont
jouissaient les Florentins. Au contraire, il lui en coûta la dépense
des troupes qu'elle fut obligée de solder pour maintenir les
Pisans sous sa dépendance. La dissolution de la confédération
athénienne, après la défaite devant Syracuse, la chute de la
suprématie lacédémonienne après la bataille de Leuctres, de là
puissance thébaine, après la mort d'Épaminondas, tous ces
événements historiques se retrouvent dans l'histoire de l'Italie
moderne, où nous voyons les cités soumises à la domination
de Venise, de Florence ou de Gênes, profiter du moindre revers
de la métropole, et s'unir au premier envahisseur, pour secouer
un joug détesté, pour détruire une suprématie jalouse qui ne
prétendait pas les admettre au partage de ses droits. Mais, indépendamment des revers de la fortune, le temps opérait en silence
et amenait nécessairement le déclin de ces communautés, qui
n'avaient d'autres conditions de durée que la vigueur et l'énergie
des hautes classes. Les familles qui possédaient le souverain
pouvoir s'éteignaient à la longue, ou bien s'amollissaient dans
l'opulence ; et jamais les ordres inférieurs n'étaient admis à

verser un peu de leur sang jeune et vigoureux dans les veines de ces vieilles oligarchies ; le nombre des citoyens diminuait toujours, à mesure que croissait le mécontentement des classes opprimées. Tous les maux résultant de cette forme de gouvernement la firent généralement détester ; et, pour échapper aux luttes désastreuses des factions, les républiques italiennes renoncèrent à leurs libertés. Elles en firent le sacrifice volontaire à tout pouvoir assez fort pour les soustraire à l'invasion d'une puissance étrangère [1].

En Flandre, l'industrie et la richesse développèrent de bonne heure l'esprit d'indépendance, et longtemps les habitants des cités flamandes firent d'héroïques efforts pour maintenir leurs libertés. Ces efforts produisirent d'immenses résultats : des sables arides furent convertis en campagnes fertiles, et le pays se couvrit d'une foule de villes opulentes ; devenue le jardin de l'Europe, cette riche contrée fut bientôt l'objet de la convoitise des princes et de la jalousie des nations. Mais là aussi la liberté était le but exclusif des habitants des villes, tandis que ceux des campagnes suivaient leurs chefs féodaux pour combattre l'influence croissante des classes manufacturières ; et, poussés par leur jalousie contre une industrie rivale de la leur, ils ne voulurent jamais s'unir aux bourgeois pour conquérir par de communs efforts leur indépendance. Un jour seulement, une victoire inespérée fit courir aux armes le pays tout entier, et un chef plus capable eût pu profiter de l'occasion pour établir la liberté générale sur des bases solides et durables ; mais les bourgeois de Gand n'avaient pas la constance des bergers de l'Unterwald, et la défaite de Rosebeek replaça pour des siècles la liberté naissante de l'industrie commerciale sous le joug barbare de la féodalité [2].

Ainsi donc, il était démontré par l'expérience que la liberté qui a son origine dans l'indépendance de la vie nomade, de même que celle qui a été nourrie dans le sein des cités, porte en elle le germe de la mort, et que la sagesse politique était incapable de constituer sur ces bases un État qui ne portât pas dans son sein ce germe fatal, ce qui semblait être le sort commun des choses d'ici-bas. Aussi, ce fut bientôt une opinion généralement reçue,

---

[1] Sism., XII, 16, 18, 21. —Machiavel, III, c. 27.
[2] Barante, I, 42, 43. — Sism., *France*, XI, 249.

que les nations, comme les individus, ne pouvaient vivre qu'un
temps donné, et qu'il était absolument impossible de prolonger
le terme assigné à leur existence; qu'enfin, il y avait pour les
peuples une période d'activité et de vigueur suivie nécessairement d'une période de lassitude et de corruption. « On appliqua
» aux nations, a dit M. Ferguson, l'idée de jeunesse et de décré-
» pitude. » On supposa que les États, de même que les hommes,
avaient une durée déterminée d'avance, que la trame de leur
vie, filée par les destins, d'abord solide et uniforme, perdait
à la fin sa consistance, se détruisait par l'usage, et qu'elle
devait être coupée quand venait le moment fatal, pour donner
naissance au renouvellement du même phénomène dans la vie
de nations qui s'élevaient à leur tour. « Carthage plus vieille que
» Rome, dit Polybe, vit arriver, avant sa rivale, le moment de la
» décadence [1]. » Ce même auteur prévit aussi que Rome victorieuse portait dans ses flancs le germe de la mort. Mais pendant
que se généralisait cette opinion que tel devait être partout le
destin inévitable des États libres, différentes causes opéraient
lentement, qui devaient communiquer au système social une
force inconnue jusqu'alors, et donner aux peuples modernes,
même à des époques d'apparente décadence, toute la vigueur et
toute la jeunesse de la race humaine.

I. La première de ces causes fut l'établissement de la religion
chrétienne. L'esclavage avait amené la ruine de tous les États de
l'antiquité. L'opulence corrompait les classes élevées; les classes
inférieures, séparées des premières par une ligne infranchissable
de démarcation, n'apportaient jamais aux privilégiés cette somme
d'énergie nécessaire à les raviver. Mais l'influence d'une religion
qui proclame l'égalité universelle des hommes devant Dieu; et
qui adresse spécialement au pauvre ses consolantes révélations,
devait détruire ces distinctions fatales. Dans beaucoup d'États,
l'esclavage disparut peu à peu sous l'action du christianisme; les
maisons religieuses commencèrent à affranchir leurs vassaux;
elles firent tous leurs efforts pour obtenir les mêmes concessions des barons de la féodalité. On ne réussissait pas généralement durant la vie du seigneur, mais on était plus heureux
quand venaient pour lui les approches de la mort : l'égoïsme

____

[1] *Civil society*, 340.

de l'homme n'hésitait guère alors à acheter le salut éternel en faisant subir à d'autres une perte qu'il n'eût pas consenti à supporter lui-même. Ce fut sur les terres mêmes de l'Église que le travail commença à s'affranchir. Pendant que les vassaux des barons étaient plongés dans le servage ou abîmés dans la fainéantise, conséquence naturelle de cette condition dégradante, l'industrie renaissait à l'ombre des murailles monastiques, et les vassaux affranchis des établissements religieux florissaient à l'abri de la sécurité relative dont ils jouissaient. Vivant dans un âge où l'influence de la superstition ne saurait plus se faire sentir, et serait du reste sans effet, les historiens modernes n'en ont pas apprécié la grande importance dans ces siècles de misère. Ils ont oublié que, quand la raison est encore dans l'enfance, et que ce sont les passions et l'ignorance qui dominent, il n'y a qu'un moyen d'arrêter les violences brutales, de protéger l'innocence, et d'établir la supériorité de la force morale sur la force physique : ce moyen, c'est de frapper les sens par de vives et saisissantes images. Reportons-nous en imagination à ces temps ténébreux de passions sanguinaires et d'affreux massacres, et nous comprendrons le prix qu'il faut attacher à toutes les influences, quelque étranges qu'elles paraissent au premier abord, à une raison éclairée ; car nous reconnaîtrons qu'elles mettaient un frein aux excès du pouvoir, à une époque où il n'y avait pas d'autre moyen de les arrêter ; que le baron tremblait devant la puissance spirituelle, puissance invisible qui allait l'épouvanter au milieu même de ses bandes armées, et que cette puissance assurait à l'industrie, dans les murs du monastère, une protection que le travail eût en vain cherchée sous les tours du château fort.

La preuve la plus claire de la vérité de ces principes se trouve dans les différences profondes qui caractérisent les établissements des conquérants du nord en Asie, et ceux qu'ils fondèrent en Europe. Les philosophes ne cessent de disserter sur le contraste si frappant qu'offre la civilisation dans ces deux parties du monde. Ils signalent d'un côté les barrières opposées à la tyrannie, barrières inconnues chez les despotes de l'Asie. Ils montrent le développement vaste et rapide de la puissance des idées et des progrès sociaux dans les États libres de l'Europe, comparé aux résultats obtenus par le despotisme oriental. Mais ils feraient bien de rechercher à quelles causes il faut réellement attribuer cette différence si remarquable. L'origine des conquérants qui parcoururent ces deux parties du monde était évidemment la même. Les Cimris *, qui les premiers vinrent s'implanter sur le sol britannique, et qui ont donné leur nom à nos montagnes de l'ouest, n'étaient qu'une tribu de ces mêmes Cimmériens signalés par Hérodote comme apparaissant dans les temps les plus reculés sur les rivages du Bosphore [1], et dont les descendants périrent en partie sous le glaive de Marius. Les Gaulois se répandirent en France, en Bretagne, en Lombardie, en Grèce; leurs armes victorieuses donnèrent son nom à une province d'Asie [2]; et leurs épées, plus encore que les cavaliers numides, donnèrent à Annibal les moyens de tenir tête si longtemps aux légions romaines, sans les secours de Carthage **. Les Goths et les Huns, dont les descendants ont formé les plus puissantes nations des temps modernes, sortaient des plaines de la Tartarie; et ce premier flot de barbares, qui vint renverser l'empire romain, avait été poussé sur l'Europe par les défaites qu'avaient subies les Scythes sur les frontières de la Chine [3]. Le climat de l'Europe ne diffère guère, à latitude égale, du climat de l'Asie; seulement la chaleur est plus forte en été et le froid plus rigoureux en hiver dans les terres intérieures que dans les pays qui confinent à la mer.

Comment s'est-il fait, dès lors, que des conquérants de même race, s'établissant dans des conditions climatériques généralement semblables, aient pu donner naissance à des nations aussi essentiellement, aussi diamétralement opposées que les Européens et les Asiatiques? Pourquoi la liberté et le savoir sont-ils nés à l'abri de la lance des uns, et pourquoi ces mêmes biens ont-ils péri immédiatement sous le sabre des autres? D'où vient que cette corruption, qui a si rapidement affaibli les descendants des vainqueurs de l'Asie, n'a pas à beaucoup près produit le même effet, après dix siècles, sur les descendants des Goths? Unique-

* *Cumberland, Cumbria* ou *pays de Galles;* et les *Cumraes* à l'embouchure de la Clyde en Écosse.

[1] Hérodote, liv. IV, 11, 12.

[2] La Galatie.

** Ce sujet est traité dans l'*Histoire des Gaulois* de Thierry, frère de l'historien de la conquête de l'Angleterre par les Normands, et son rival en talent et en génie, vol. I, pp. 30 à 279.

[3] *Voir* Gibbon, ch. 26, vol. III, 371-575.

ment parce que la religion de ces deux parties du globe était différente; parce qu'en Europe, la polygamie n'a pas répandu les fureurs qu'elle amène avec elle, et que le harem n'y a pas montré ses séductions; parce que, dans les temps barbares, des croyances superstitieuses arrêtèrent les excès du pouvoir en lui inspirant des terreurs imaginaires; parce que, dans des temps plus civilisés, la charité chrétienne sut adoucir les souffrances par de véritables bénédictions; parce que l'esclavage a disparu insensiblement devant le dogme de l'égalité des hommes, et qu'ainsi les classes élevées ont pu se régénérer sans cesse; parce que l'humanité a pu adoucir les horreurs de la guerre; parce que la science, abritée sous la sainteté du monastère, a survécu aux dévastations de l'ignorance, et que la liberté, fortifiée par le sentiment religieux, a acquis une vigueur contre laquelle viendraient se briser tous les efforts du despotisme.

L'influence de la religion ne fut pas seulement favorable à la liberté, en proclamant l'égalité des hommes et en les défendant contre la violence des grands. Les masses populaires se sentirent appelées à l'activité politique, par l'enthousiasme que réveilla la religion et par l'universalité des intérêts auxquels elle s'adressait. Des millions d'hommes, qui ignoraient les douceurs de la liberté et que jamais les intérêts temporels n'eussent émus, se levèrent à la voix de la ferveur religieuse. La liberté grecque, la discipline macédonienne, ne produisirent sur les destinées des nations qu'une impression passagère; mais le fanatisme mahométan bouleversa le monde. L'ardeur chevaleresque entraîna la noblesse à des actions héroïques, l'ambition des rois appela aux armes les seigneurs féodaux; mais l'enthousiasme des croisades réveilla de sa torpeur l'Occident tout entier. Ainsi donc, le développement du sentiment religieux agrandit considérablement la base de la liberté, qui eut désormais pour soutien, non pas les mouvements passagers d'une effervescence populaire, mais la froide énergie du fanatisme, la ferveur religieuse de la chaumière[1].

Pendant que l'enthousiasme religieux, éveillé d'abord par les croisades et plus tard par la réforme, échauffait ainsi les esprits, l'art de l'imprimerie, destiné à changer la face du monde moral, perpétuait les impressions reçues, et élargissait le cercle de leur

[1] Tytler, *Écosse.* — Hume, *Angleterre.* — Abbé Mann, *Flandres.*

action. Ce ne furent plus seulement les discours de la chaire ou
les enseignements du cloître qui développèrent l'esprit de liberté
religieuse ; la religion devint l'objet constant des méditations de
la pensée humaine, et se développa en même temps que croissaient l'opulence et les inspirations libérales des peuples. Un
petit nombre d'élus peuvent, dans chaque siècle, être séduits par
les charmes du génie, par la passion des découvertes scienti-
fiques ; toutefois, c'est surtout dans les siècles d'émotion religieuse que la grande masse des hommes est entraînée ; et ce fut à
la faveur de cet enthousiasme, que l'Europe fit les plus nobles
efforts pour conquérir la liberté. La diffusion des lumières, au
moyen de la presse, n'est pas destinée cependant à ne produire
que des élans passagers du sentiment populaire. En pénétrant
les esprits de ces hommes supérieurs qui dirigent la pensée humaine, elle produit sur la société des impressions toujours durables, parce qu'elles peuvent se renouveler sans cesse dans
les générations successives, dont l'ardente jeunesse aspire les
maximes et l'esprit de la liberté classique. Cette puissante découverte a complétement modifié la face de la société : il semble que
les causes anciennes de décadence soient contre-balancées par
de nouveaux principes de vitalité, qui ont leur source dans ces
génies sortis de la multitude et destinés à porter un jour le fardeau des affaires de l'État ; il semble que l'influence du despotisme
soit ébranlée par l'infusion des principes libéraux, jusque dans ces
mêmes armées destinées à renforcer l'autorité du pouvoir absolu.

Mais la diffusion des lumières n'a pas été un bienfait sans mélange : si les principes du progrès ont acquis une force de développement plus considérable, les principes du mal se sont aussi
plus universellement répandus ; les luttes de la société sont devenues plus grandes et plus violentes, et ce sont aujourd'hui les
passions des peuples qui se heurtent et non plus seulement les
passions des individus. En cela, comme en toutes les affaires humaines, le mal a fini par se mêler au bien dans des proportions
souvent désastreuses, et l'on a vu ainsi se perpétuer ce combat
entre la vertu et le vice, combat qui a été le lot de l'humanité
depuis le commencement du monde. Les visions de l'inexpérience, les rêves de la philanthropie ont cru voir dans la diffusion des connaissances un moyen sûr d'extirper le mal ; certains esprits se sont figuré qu'en répandant l'éducation ils

arriveraient au perfectionnement indéfini de l'espèce humaine,
oubliant que le cœur est la source d'où découle le bonheur de
la vie, suivant la direction donnée aux conquêtes de la science, et
que si le cœur n'est point pur, peu importent les acquisitions de
l'intelligence. La malice des hommes vint se mêler au courant de
ces séduisantes théories ; les forces nouvellement acquises furent
souvent appliquées aux fins les plus viles ; le crime et la corruption s'accrurent en même temps que les désirs, en même temps que
l'instruction leur offrait des moyens plus sûrs d'arriver à leurs fins.

L'humanité s'éveille enfin à une appréciation générale de cette
triste, mais salutaire vérité ; après le rêve séduisant suivi de
l'affreux cauchemar de la Révolution française. L'expérience
donc a démontré combien il est chimérique d'attendre, de la
seule instruction, l'accroissement de la vertu individuelle et du
bonheur social ; mais ce n'est pas une raison pour renoncer au
consolant espoir de voir la culture morale et intellectuelle exercer une heureuse influence sur l'humanité. Le vice en général
commence par triompher de la vertu ; mais il finit le plus souvent par être vaincu. Rien de séduisant comme la passion du
mal ; on s'y jette avec violence, on s'en repait avec un indicible
plaisir. Mais bientôt arrive la satiété : la belle image du poëte,
« blanche un moment, puis perdue pour toujours, » est vraie,
non-seulement des plaisirs sensuels, mais de toutes les joies de
ce monde. A mesure que marchent les siècles, on voit disparaître tous les éléments ennemis de la félicité des peuples, tandis
que les véritables progrès ont seuls une durée certaine. Les
guerres des républiques grecques, la cruauté de la démocratie
athénienne, ont depuis longtemps cessé de troubler le repos du
monde ; mais les maximes des Grecs sur la vertu, les ouvrages
du génie de la Grèce, les charmes de l'art grec, continueront
toujours à élever l'intelligence humaine. La turbulence, l'inquiétude, les convulsions sociales, qui ont été jusqu'ici la suite de
la propagation des lumières dans les ordres inférieurs, tous
ces fléaux s'oublieront un jour ; mais les progrès de la société
qui en sont aussi les résultats finiront par en compenser tous les
maux, et auront une influence permanente sur le bonheur de
l'espèce humaine [1].

----

[1] Hume, VI, 100. — Mign., *Rév. franç.*, I, 32

II. Mais en vain l'influence de la religion eût adouci les rigueurs de l'esclavage, en vain la diffusion des lumières eût amé-
lioré la condition des hommes libres, si un changement ne se
fût opéré dans la nature des armes dont se servaient les diverses
classes de la société pour se combattre mutuellement. A l'époque
où l'aristocratie était constamment sous les armes, où la chevalerie ne s'occupait que de dévastations et de brigandages, les
habitants paisibles des cités, les rudes travailleurs des champs,
étaient incapables de résister à ces attaques. A l'exception des
bergers des Alpes, à qui l'habitude d'une vie dure donna de
bonne heure la fermeté et la discipline des vieux soldats, les sou-
lèvements des peuples au moyen âge étaient réprimés partout par
les escadrons bardés de fer de l'aristocratie féodale. L'insurrection des communes en France, celle des paysans d'Angleterre au
temps de Richard II, celle des bourgeois de Gand et de Liége,
en Flandre, et celle des serfs en Allemagne, furent toutes étouf-
fées par la supériorité des armes et de la discipline de la chevalerie. La découverte de la poudre à canon détruisit cette incon-
testable supériorité. Les troupes féodales, que ne pouvaient
entamer ni les piques, ni les hallebardes des paysans, fléchirent
devant la redoutable puissance de l'artillerie; on renonça aux
armures dont on comprit l'insuffisance contre d'invisibles assaillants. Dès lors, l'aristocratie perdit toute sa puissance; elle ne
pouvait plus combattre avec succès contre la discipline qu'une
industrie laborieuse déployait désormais sur les champs de bataille. Vainement toutes les ressources de l'opulence flamande
luttèrent contre les lances françaises dans les plaines de Rose-
beck; mais les armées de Charles V furent défaites par l'artillerie des Provinces-Unies. Les barons de Richard dispersèrent
sans effort la tourbe qui suivait l'étendard de Wat-Tyler; mais
les mousquets de la yeomanry anglaise rompirent les escadrons
de la noblesse normande à Marston-Moor. Le canon est le plus
puissant de tous les niveleurs; comme la faux de la mort, il
frappe également dans les rangs des pauvres et dans les escadrons des princes. Bientôt les armes employées sur les champs
de bataille élevèrent considérablement les frais de la guerre et
les richesses devinrent le moyen le plus puissant de la soutenir;
l'industrie devint indispensable au succès, par suite de la destruction rapide des instruments nécessaires à une armée. Ce

changement important mit en action des éléments nouveaux, et modifia la situation relative des partis engagés dans la lutte : l'industrie cessa d'être exposée sans défense, parce qu'elle-même pouvait produire les moyens de se protéger; la force brutale perdit son ascendant, parce qu'elle détruisit elle-même les nerfs qui devaient entretenir ses forces [1].

III. L'introduction des besoins artificiels et les progrès du luxe achevèrent la destruction de la puissance féodale. A l'époque où les élégances de la vie étaient comparativement inconnues, et où les barons vivaient dans leurs terres avec leur rustique magnificence, la distribution de leurs faveurs retenait autour de leurs châteaux une foule de serviteurs toujours prêts à défendre le pouvoir dont ils attendaient leur subsistance. Mais insensiblement la noblesse, attirée par les progrès de l'opulence, se rendit dans la capitale, où l'accroissement du luxe augmentait ses dépenses. Dès ce moment, son ascendant fut perdu. Du jour où les propriétaires territoriaux gaspillèrent leurs revenus pour satisfaire des besoins artificiels, et ne visitèrent plus les châteaux de leurs ancêtres que pour y exercer des extorsions sur leurs tenanciers, il ne leur fut plus possible de faire la guerre, et l'influence qu'ils possédaient auparavant sur leurs vassaux se trouva détruite. L'intérêt cessa d'être pour eux un lien d'attache, dès qu'il n'y eut plus de réciprocité de services rendus; l'affection disparut par l'absence de ceux qui en avaient été l'objet. Les dettes contractées pour satisfaire les besoins impérieux des plaisirs de la ville devinrent écrasantes; des embarras financiers amenèrent la vente des propriétés ou la banqueroute des propriétaires. Les nouveaux acquéreurs n'avaient pour soutenir leur fortune, ni noms historiques, ni ancienne influence. Nouvellement transplantés sur le sol, il leur fallait plusieurs générations avant d'y étendre leurs rameaux. Ces propriétaires, d'origine récente, forment un élément important dans la balance des pouvoirs politiques; en peu de temps ils partagent les sentiments comme les intérêts de l'aristocratie territoriale, et leur influence est assez grande pour arrêter les mouvements du corps social; mais ils ne sont guère redoutables à la liberté générale. Les vieilles

[1] Planta, *Suisse*, I, 207. — Sism., *France*, X, 533, 543. — Hume, III, 10. — Bar., I, 205. — Hal., II, 134.

familles sont trop jalouses de leurs richesses pour former avec
eux une union bien formidable; d'un autre côté, les masses
populaires ne les ont pas respectés assez longtemps pour les
craindre. Longtemps après la perte de son influence, la noblesse
féodale fut encore un objet de terreur pour les peuples, qui se
souvenaient des horreurs de sa tyrannie d'autrefois. On ne comprit l'importance de ce changement, comme de tous ceux qui
s'opèrent dans la nature, que quand les effets en furent devenus
manifestes. L'aristocratie française était encore l'objet de l'ancienne terreur, que déjà elle était sur le bord de l'abîme; le
peuple doutait encore de la possibilité de résister à cette puissance, quand elle tomba sans combattre devant la violence de ses
ennemis [1].

Ces causes opéraient en silence, dès la renaissance des lettres
au XVIe siècle, et dès l'aurore de la réforme; le temps, ce
grand novateur, changeait graduellement la face du monde
moral. La valeur opiniâtre de la religion réformée avait émancipé un peuple industrieux du joug de l'Espagne, et le fanatisme
sévère des puritains d'Angleterre avait renversé le pouvoir de la
noblesse normande. La propagation des lumières avait ébranlé
les fondements du pouvoir arbitraire, et l'opinion publique,
même chez les peuples les moins éclairés, modérait l'autorité
despotique. Les États de l'Europe les plus mal gouvernés étaient
devenus de véritables monarchies constitutionnelles en comparaison des monarchies de l'Orient; l'oppression du gouvernement russe était douce en comparaison du cruel despotisme des
empereurs romains. Mais on ne vit bien toute la grandeur de
ces changements qu'au commencement de la Révolution française; on ne comprit toute la faiblesse des armes du despotisme
qu'au moment où elles entrèrent en lutte contre les efforts de la
liberté. On avait considéré les armées permanentes comme l'institution la plus fatale qu'eussent imaginé les souverains; l'histoire prouvait assez la tendance de cette institution à renforcer
l'autorité des despotes; mais le temps avait marché, et il avait
arraché des mains de la tyrannie jusqu'à cette arme redoutable
qui, pendant la révolution, renversa elle-même le pouvoir qui
l'avait créée. La sagacité des rois de France n'avait organisé ces

[1] *Richesses des nations*, I, 345.

bandes formidables que pour servir, de contre-poids à la puissance féodale; par elles, la couronne s'était rendue indépendante des grands feudataires ; mais une sagesse plus grande que celle de Richelieu allait trouver dans la puissance et dans la discipline de ces armées, les moyens de changer radicalement la constitution de la société. En vain l'infortuné Louis appela ses troupes autour de sa capitale, en vain il fit appel à leurs sentiments chevaleresques contre les violences populaires; l'esprit de la démocratie avait pénétré jusque dans les rangs de ces vieux soldats, et la révolte des gardes-françaises acheva la ruine de la monarchie [1].

C'est à cette circonstance qu'est due surtout l'énorme dissemblance entre les progrès de la puissance populaire dans les temps modernes et sa triste destinée dans les temps anciens. La tyrannie se maintenait autrefois en armant une partie de la nation contre l'autre; et son principal appui avait consisté, jusqu'en ces derniers temps, dans des troupes dont l'intérêt était intimement lié à l'existence du pouvoir despotique. Mais, avec le progrès des lumières, la sécurité du despotisme s'est trouvée singulièrement ébranlée par les divisions d'opinion qui se sont établies dans les armées. Les souverains des monarchies militaires de l'Europe ont plus à craindre aujourd'hui des troupes qu'ils ont formées pour être les instruments de leur volonté, que des citoyens qu'ils considèrent comme les objets de leurs constantes appréhensions. Les amis de la liberté avaient longtemps regretté que l'épée fût passée de la noblesse à la couronne; cependant ce fut un pas immense dans la voie de l'émancipation des peuples. La guerre, malgré ses horreurs, a contribué à la diffusion des connaissances et à la guérison des préjugés; le pouvoir a cessé d'être inattaquable parce qu'il a passé d'un corps dont les intérêts étaient permanents, à un autre dont les tendances suivent les variations de l'état social. Et cependant, ce dernier et vaste ébranlement de la puissance du despotisme ne s'est point opéré sans de grands maux; au contraire, il a produit souvent des calamités plus cruelles que celles qu'on voulait écarter. Quand la subordination cesse d'exister dans les armées, elles se

[1] Robertson, *Charles V*, I, 120. — Comines, I, 384. — Luc., *Hist. de France*, V, 32. — Mign., I, 14.

livrent sans obstacles aux mouvements les plus désordonnés; la force des gouvernements repose alors sur les sables mouvants de la faveur des soldats; et les bandes prétoriennes de la capitale deviennent les arbitres de l'État. Une nation ne gagne guère au change quand elle renverse le gouvernement régulier de la propriété héréditaire, pour se soumettre à la volonté arbitraire du sabre : les soldats qui violent leur serment, pour concourir à un pareil changement, sont les plus dangereux pionniers du despotisme. [illegible]

L'histoire des premiers siècles ne raconte guère que les luttes de la liberté contre le servage, les efforts de l'industrie laborieuse pour s'affranchir du joug de la puissance aristocratique. Toutes nos sympathies sont pour les opprimés; nous craignons toujours de voir la vieille servitude reprendre son empire sur l'espèce humaine. Mais la Révolution française a développé un nouveau genre de dangers, et l'historien se sent accablé sous le poids des terribles calamités qu'engendre l'oppression démocratique. Les causes mentionnées plus haut ont fini par donner au pouvoir populaire une force si extraordinaire, si irrésistible, que le péril à craindre aujourd'hui, que la tyrannie la plus redoutable n'est plus celle d'une minorité sur le plus grand nombre, mais bien celle du grand nombre sur la minorité. Le danger le plus immédiat, dans tous les États où la forme du gouvernement est populaire, c'est que l'influence des lumières, de la vertu et du mérite, ne disparaisse au milieu des turbulentes passions de la puissance démocratique. Ce mal est d'une nature bien plus terrible que la sévérité de la tyrannie royale, que le poids de l'oppression aristocratique. Laissez-le se développer sans contrainte, en peu d'années il aura changé toute la structure de la société, et il aura détruit les véritables éléments de la liberté, en annihilant les classes dont l'existence légale est nécessaire à la durée des institutions libres. Le monde civilisé passe aujourd'hui sous ce torrent impétueux; tous les efforts de la philosophie doivent tendre à en observer le cours et à en modérer les ravages. Heureux l'historien, si, dans le souvenir des souffrances passées, il peut trouver de quoi justifier ses espérances pour l'avenir, ou s'il peut tirer des erreurs de l'inexpérience de nos pères, des leçons de sagesse pour les âges futurs!

Les changements dans la nature ne s'accomplissent que par

un travail lent et imperceptible. La végétation commence au lichen, et s'étend à la magnificence des forêts; les continents, siéges des empires, demeures de myriades d'êtres humains, ont été formés par les dépôts successifs d'innombrables ruisseaux; la vie animale, dont le premier anneau se trouve dans la vitalité torpide du coquillage, s'élève jusqu'à la puissante énergie de l'homme. C'est en suivant la même marche, lentement progressive, que se forment les sociétés. La liberté réglée est la plus grande des bénédictions, elle est la source du perfectionnement humain; mais son développement est d'une extrême lenteur; ce n'est qu'après des siècles qu'elle acquiert quelque consistance; et les nations disparaissent au milieu des luttes qui se livrent en sa faveur. L'observation constante de cette importante vérité est bien propre à inspirer l'espérance et à encourager la modération; l'espérance, en montrant que le progrès a toujours marché à travers toutes les révolutions du monde; la modération, en démontrant combien sont vains et dangereux tous les efforts pour changer le cours naturel des choses et pour prétendre donner à un âge les institutions et les mœurs d'un autre temps. Les annales de la grande révolution française, plus que tout autre événement de l'histoire du monde, sont bien faits pour démontrer ces grandes vérités. En peignant sous des couleurs également saisissantes la croissance irrésistible de la liberté et les malheurs effrayants qui accompagnent toute innovation précipitée, elles conseillent la modération aux chefs des peuples, et la prudence aux agitateurs : c'est seulement ainsi que les progrès à venir de la liberté ne seront plus accompagnés désormais de ces sanglants triomphes qui ont souillé son histoire.

HISTOIRE DE L'EUROPE.

CHAPITRE PREMIER.

PROGRÈS COMPARATIF DE LA LIBERTÉ EN FRANCE ET EN
ANGLETERRE.

Parallèle entre la Révolution française et la Révolution anglaise. — Modération
en Angleterre et violence en France après la victoire. — Influence de la religion d'un côté et de l'irréligion de l'autre. — Guerres civiles, cruelles en
France, modérées en Angleterre. — Différence dans les lois nouvelles résultant des deux révolutions, ainsi que dans l'état de la propriété. — Influence politique de la France après sa Révolution, comparée à celle de l'Angleterre. — Puissance navale et militaire des deux États. — Causes générales
de ces différences. — Avilissement des peuples en Gaule et en Bretagne, sous
les Romains. — Prostration totale des Gaulois et des Bretons après la chute
de Rome. — Effets de la conquête anglo-saxonne. — Effets de la position insulaire de la Bretagne, et des incursions des pirates danois. — Premières
causes fatales à la liberté. — Tendances aristocratiques de la société parmi les
Anglo-Saxons. — Grands effets de la conquête normande. — Elle fut l'origine
de la yeomanry anglaise. — Effet remarquable de la position insulaire sur la
race conquérante, sur les premières luttes en faveur de la liberté, et sur
les guerres nationales des Anglais. — Manque total d'un corps d'archers
dans les armées de France et d'Écosse. — Pourquoi l'armée anglaise avait des
archers. — Effets importants de la perte des possessions anglaises en France.
— Puissance de la couronne sous les rois normands. — Situation insulaire.
— Institutions des Anglo-Saxons. — Les habitants des campagnes privés de
toute protection. — Esprit démocratique au temps de Richard II. — Guerres

des deux *Roses*. — Déclin de la liberté féodale. — Elle est ravivée par l'esprit de liberté religieuse et par la réforme. — Elle s'appuie toutefois sur les bases de l'ancienne constitution. — C'est le résultat des institutions populaires depuis longtemps établies : ce résultat s'étend à l'Amérique. — Caractère sauvage des guerres civiles en Irlande et en Écosse. — Cruauté des guerres d'York et de Lancastre. — Causes de l'humanité de la grande rébellion. — État de la Gaule au déclin de l'empire romain. — Conquête de la Gaule par les Francs. — Rois fainéants, corruption rapide de l'empire de Charlemagne. — Sa dissolution. — Le courage des populations renaît à la faveur des guerres entre les nobles. — Établissement des communes. — Grands feudataires. — Fatal effet de l'absence d'yeomanry. — Misère produite par les guerres des Anglais en France, effets de cette misère. — Naissance de l'esprit démocratique en France. — Contraste entre les luttes des Français et celles des Anglais pour la liberté. — Influence pernicieuse des grands feudataires. — Gouvernement de Richelieu. — Sa politique. — Prodigieux effets de cette politique. — Causes qui l'amenèrent. — Splendeur du règne de Louis XIV. — Son gouvernement despotique. — La réforme succombe en France. — Révocation de l'édit de Nantes. — Cruauté de cette mesure. — Ses résultats effrayants. — Comment ils se produisent. — Causes du caractère sanglant de la Révolution française. — Effets bienfaisants des siècles de souffrance. — Développement lent de la liberté vraie.

Il n'y a pas d'événements dans l'histoire qui soient plus généralement mis en parallèle que la grande rébellion d'Angleterre et la Révolution française. Et cependant, malgré quelques ressemblances frappantes, il n'en est peut-être pas de plus dissemblables en réalité. Des deux côtés, la couronne se trouve engagée avec le peuple dans une lutte qui se termine fatalement pour la famille royale. Dans les deux pays, le monarque est conduit à l'échafaud, et la force militaire renverse l'autorité législative. Dans les deux pays, le chef de l'armée monte sur le trône, et la restauration du roi légitime succède à une courte période de despotisme militaire. Le parallèle est vrai jusque-là; il est faux pour tout le reste. En Angleterre la lutte eut lieu pendant longtemps, et avec des succès variés, entre la couronne et une grande partie de la petite noblesse d'un côté, et les villes avec le parti populaire de l'autre. Dans le seul régiment de dragons commandé par lord Barnard Stuart, du parti du roi, en 1643, on comptait un plus grand nombre de propriétaires territoriaux que dans tout le parti républicain de l'une et de l'autre chambre du parlement qui votèrent au commencement de la guerre. En France, au contraire, le monarque céda presque sans résistance aux usurpations populaires, et il n'y eut d'autre guerre civile que le mouvement produit par l'enthousiasme des paysans de la Vendée, et la résistance de quelques villes du Midi, restées fidèles, alors même que les chefs du parti royaliste avaient renoncé à la lutte. Les grands propriétaires et les classes privilégiées quittèrent le pays; ils étaient cent vingt mille *; la couronne fut renversée et le roi conduit à l'échafaud par une faction de Paris, que quelques milliers d'hommes résolus eussent vaincue facilement, et qui dans la suite devint toute-puissante, par la seule raison qu'on lui avait permis de surexciter dans tout le royaume les mauvaises passions des classes infimes de la société [1].

En Angleterre, la résistance opposée par la couronne aux usurpations populaires fut violente, il est vrai, et soutenue par la noblesse et par les grands propriétaires territoriaux. Mais, en revanche, des deux côtés on usa de la victoire avec beaucoup de modération, et l'échafaud ne fit tomber qu'un petit nombre de têtes. A l'exception du roi et de quelques-uns des chefs importants du parti aristocratique, personne, pendant la révolution, ne périt par les mains du bourreau; il n'y eut ni proscriptions ni massacres; la lutte terminée, vainqueurs et vaincus vécurent paisiblement sous le gouvernement républicain. En France, au contraire, le parti populaire ne rencontra pas de résistance. Le souverain était l'homme le plus pacifique de son royaume, et il avait une horreur superstitieuse de toute effusion de sang. Les démocrates triomphèrent du trône, de l'Église et de la noblesse, et ne perdirent que cinquante hommes; et cependant, dès le commencement de la Révolution, ils souillèrent leur victoire par des excès de cruauté dont l'histoire du monde n'offrait pas d'exemples [2].

Dans la révolution d'Angleterre, la religion fut le grand principe qui remua les masses. Déjà, sous Jacques Ier, c'était dans la secte des puritains que l'on trouvait les partisans les plus

---

* Il y en eut 123,318. *Voyez* Prud'homme, *Crimes de la Révolution*, VI, table.

[1] Lac., *Pr. hist.*, I, 246. — Id., *Hist. de France*, IX, 230. — Hume, VI, 505.

[2] Lac., VI, 132. — Hume, VII, 76. — Lingard, XI, 8. — Toul., I, 145. — Th., I, 30.

zélés de la liberté : dans toutes les commotions qui suivirent, toujours les luttes des partis eurent pour cause principale la différence des opinions religieuses. L'opinion religieuse non-seulement guida les acteurs de ce grand drame, mais encore les historiens qui en ont raconté les événements. Ce fut du haut de la chaire que partirent les plus grands efforts des meneurs de la démocratie, et cette monarchie anglaise à laquelle les classes les plus puissantes de la nation avaient toujours été si respectueusement attachées, tomba enfin sous les coups de la fureur du fanatisme. En France, au contraire, ce fut dans les rangs du parti opposé que la religion combattit : les paysans de la Vendée suivaient leurs pasteurs au combat et ils croyaient faire leur salut en mourant pour la croix les armes à la main, tandis que les jacobins de Paris, ridiculisant toute espèce de culte religieux, fondaient leur influence en élevant l'autel de la Raison sur les ruines de la foi chrétienne. Et ce fanatisme irréligieux, comme l'appelle si justement Carnot, ne se montrait pas seulement à Paris; il était répandu dans tous les départements de France où l'on avait embrassé les doctrines républicaines; il dominait dans toutes les classes qui s'étaient attachées à la fortune de la Révolution. Partout, durant le règne de la Terreur, les églises furent fermées, les prêtres dépossédés de leurs biens et privés de leurs droits; et le premier symptôme du retour de la France à un gouvernement régulier se manifesta par la réouverture des temples qu'avait fermés la rage de l'anarchie, et par la renaissance de la foi que ses fureurs avaient anéantie [1].

En Angleterre, il y eut guerre civile entre deux grandes fractions de la nation composées à peu près des mêmes éléments; les plus hautes classes de la société avaient fourni au parti républicain de nombreux adhérents, et les fils de la yeomanry remplissaient les rangs des bandes disciplinées de Cromwell. Il n'y eut ni massacres, ni proscriptions; on brûla peu de résidences seigneuriales, si ce n'est dans la fureur de l'assaut; on ne vit en Angleterre aucun des hideux aspects d'une guerre servile. Malgré les dangers courus, malgré les souffrances endurées de part et d'autre, la modération du parti vainqueur mérita les

<hr>

[1] La Rochejaquelein, 74. — Walter Scott, *Napoléon*, II, 241. — Carnot, *Mémoires*, 200. — Rév., *Mém.*, XXXVII. — Lac., *Pr. hist.*, I, 467.

éloges mêmes des historiens royalistes; et si l'on en excepte la
mort du roi, celle de Strafford et de Lund, les armes républicaines ne se souillèrent que d'un très-petit nombre de cruautés
inutiles. En France, la prise de la Bastille fut le signal de la
désorganisation complète de l'autorité et d'une foule d'attentats
à la propriété. Dans presque toutes les seigneuries, les paysans,
depuis le nord jusqu'aux Pyrénées, se levèrent contre leurs seigneurs, pillèrent et brûlèrent les châteaux, et dans tout le
pays, sauf la Vendée et les districts royalistes voisins, les
classes élevées souffrirent les cruautés les plus révoltantes. La
Révolution française n'offrit point la lutte d'un parti républicain
composé de riches et de pauvres, contre un parti monarchique
formé d'éléments à peu près semblables ; ce fut une insurrection
générale des basses classes contre les premiers ordres de l'État.
Qu'un citoyen, pour un motif quelconque, s'élevât au-dessus de
la populace, c'était une raison suffisante pour que sa vie fût en
danger, ses biens exposés à la confiscation et sa famille au bannissement. Ces dons de la nature accordés à quelques-uns pour le
bonheur de l'humanité, l'éclat du génie, la puissance de l'intelligence, les grâces de la beauté, devenaient aussi funestes que les
dons de la capricieuse fortune et les distinctions enviées de la
naissance. Liberté, égalité, tel était le cri de tout le parti révolutionnaire. Leur liberté c'était la spoliation des classes riches ;
leur égalité c'était la ruine de tous ceux dont les talents ou la
fortune leur faisaient ombrage [1].

La révolution anglaise finit par la consolidation des droits pour
lesquels le parti populaire avait combattu ; mais rien ne fut
changé aux grands principes de la constitution. Durant l'usurpation même de Cromwell, la justice s'administrait selon les
formes anciennes, et la majorité du peuple sentit à peine l'effet
des changements importants qui avaient été opérés dans le gouvernement du pays, du moins quant aux intérêts privés des citoyens, et à leurs relations entre eux. En France, au contraire,
le triomphe du parti populaire fut immédiatement suivi d'une
altération radicale des institutions, des droits individuels et des
lois. Dans une même nuit, la noblesse fit l'abandon de tous les

9.

priviléges qu'elle avait reçus en héritage de ses ancêtres. L'abolition du droit d'aînesse changea le mode de transmission de la propriété ; et l'administration de la justice civile fut fondée sur un nouveau code, destiné à survivre à l'empire périssable de son auteur. A l'exception de quelques priviléges dont la jouissance fut garantie à la nation, et de quelques prétentions abandonnées par la couronne, il n'y eut rien de changé en Angleterre après la Révolution. Tout fut changé en France, sans en excepter même la dynastie, qui a fini par ne plus occuper le trône [1].

La révolution d'Angleterre modifia très-peu les grandes propriétés territoriales. Les nobles, les propriétaires, grands et petits, gardèrent également leurs possessions, et sous une nouvelle forme de gouvernement, la propriété conserva son influence. Si l'on en excepte les terres des dignitaires de l'Église, mises temporairement sous séquestre, celles de quelques cavaliers qui les perdirent en émigrant, la propriété ne subit point d'altération réelle ; et, même après la restauration, il y eut un compromis général en vertu duquel les anciens possesseurs recouvrèrent leurs biens au moyen d'une composition modérée. Tandis qu'en France, toutes les propriétés territoriales de l'Église, et la plus grande partie de celles de la noblesse furent confisquées pendant la Révolution ; et, telle fut l'influence acquise par les nouveaux propriétaires, que les Bourbons furent obligés, comme condition première de leur restauration, de garantir la sécurité de ces possesseurs révolutionnaires. Cette différence dans les deux pays a produit des effets d'une importance considérable : la totalité des propriétaires qui, aujourd'hui, dans le royaume-uni de Grande-Bretagne et d'Irlande, vivent des produits de la terre, ne monte pas probablement à 300,000, malgré le prodigieux accroissement des richesses depuis la Révolution, tandis que environ 5,000,000 de chefs de famille et 17,000,000 d'âmes dépendent uniquement de leur travail, et ne vivent que des gages qu'ils reçoivent. En France, au contraire, il y a au moins 6,000,000 de propriétaires, et environ 20,000,000 d'âmes qui, quoique assez pauvres, pour la plupart, sont cependant en grande partie indépendants de tout salaire. Et ces propriétaires constituent la grande majorité de la nation, puisqu'ils en forment à peu près les deux

[1] Ling., XI, 6. — Rivarol, 139.

tiers, tandis qu'en Angleterre ils en forment à peine le dixième[1][2].

Depuis la restauration, l'influence politique en Angleterre a presque toujours appartenu aux grandes familles. Longtemps la majorité dans la chambre des communes fut fixée par un certain nombre de lords, et l'expérience a prouvé, excepté dans les moments de grande excitation nationale, que le pouvoir prépondérant de l'État se trouve généralement entre les mains des grands propriétaires fonciers. La chambre haute, en France, est relativement insignifiante. Une grande partie de ses membres ne doivent leur fortune qu'à la libéralité de la couronne; et l'action constitutionnelle de ce corps tout entier n'a d'importance ni directe ni indirecte. C'est ce qui fait que, dans les deux pays, les luttes léguées à la postérité par les deux révolutions sont d'un caractère tout opposé. En Angleterre, comme dans l'ancienne Rome, il y a lutte entre les patriciens et les plébéiens; en France, elle existe entre la nation et la couronne. C'est la conséquence naturelle du maintien de l'aristocratie d'un côté et de sa destruction de l'autre : en fin de compte, l'influence politique sera toujours où se trouve la possession du sol.

La grande révolution anglaise n'altéra presque pas la constitution de l'armée ni celle de la marine. Les troupes de terre furent formées à une meilleure discipline, et le gouvernement prit un ton plus décidé dans ses relations avec les États étrangers. Quant à la monarchie, ses relations extérieures restèrent ce qu'elles étaient auparavant : l'Angleterre ne fit point de conquête et sa révolution n'affecta en rien l'équilibre de l'Europe. Peu d'années après la restauration, les Anglais essayèrent une guerre maritime contre un des plus petits États du continent, et la future maîtresse des mers fut forcée de se soumettre aux humiliations que lui firent subir les flottes d'une petite république. En France, le premier mouvement populaire fut immédiatement suivi d'une passion ardente et universelle pour les armes; les États voisins cédèrent bientôt devant l'énergie des forces révolutionnaires, et l'Europe fut ébranlée jusque dans ses fonde-

[1] Baron de Staël, 54. — Ling., XII, 20, 21. — Mign., II, 403. — Colquhoun, 106, 107. — Ganilh, 166, 208.—*Mémoires du duc de Gaële*, II, 334.

[2] D'après le dernier recensement (1839) opéré en France, le nombre des propriétés était de 10,868,000. Celui des propriétaires n'était guère que des deux tiers de ce chiffre. (*Stat. de la France*, 1839.)

ments par les conquêtes de la République. L'ancien équilibre fut détruit pour toujours par les conséquences de cette révolution, d'abord par l'ascendant victorieux qu'elles donnèrent aux armées républicaines, et ensuite par la grandeur du pouvoir qui parvint à dominer la Révolution.

Des différences si graves, des conséquences si diverses, ne peuvent s'expliquer, ni par la dissemblance du caractère national, ni par les circonstances au milieu desquelles la liberté se leva dans les deux pays. Certes, il y a une différence essentielle entre le caractère des Français et celui des Anglais ; mais cette différence ne peut avoir fait que l'une des deux révolutions ne versa de sang que sur les champs de bataille, et que l'autre ensanglanta tout de ses cruautés ; que l'une causa la ruine du pouvoir féodal, tandis que l'autre consacra l'ascendant de l'aristocratie ; que l'une fut subversive de l'ordre et de la religion, et que l'autre resta attachée à ces deux grands principes. Il y a aussi une différence entre les deux révolutions, quant aux circonstances dans lesquelles se trouvaient les deux contrées quand le mouvement y éclata ; mais ces circonstances n'étaient pas tellement dissemblables, qu'elles dussent produire d'un côté un système nouveau dans la division des propriétés et dans la balance des pouvoirs. Tandis que de l'autre côté, le système ancien a été considéré comme le moyen le plus sûr de préserver les intérêts de la société et l'équilibre existant.

Les insurrections des esclaves sont les plus terribles de toutes les commotions : les nègres de l'Inde occidentale exterminent par le fer et le feu les biens et la vie de leurs maîtres. Toujours la force de la réaction est proportionnée au poids de l'oppression dont on secoue le joug ; plus l'arc a dévié de sa forme naturelle, plus la détente en est à redouter. La peur est la grande source de la cruauté ; les hommes ne tuent leurs semblables que quand eux-mêmes ils craignent la mort. La propriété est bientôt anéantie quand ceux qui l'attaquent n'ont rien à perdre ; le vainqueur la respecte au contraire, s'il a été élevé dans des idées d'attachement à la propriété. Rarement une révolution sera sanglante, si les classes influentes guident les mouvements de la nation, et s'abstiennent soigneusement d'exciter les passions populaires ; mais la lutte deviendra terrible, si d'un côté se trouvent les propriétaires et de l'autre la multitude. Les esclaves de Saint-Domin-

gue se montrèrent plus cruels que la populace de Paris, tandis
que la révolution d'Amérique eut à peu près le caractère d'une
guerre que se seraient livrée des peuples civilisés. Ces principes
sont généralement reconnus; la difficulté n'est pas là, elle consiste à rechercher les causes qui ont pu agir sur la révolution
d'Angleterre et sur celle de France, pour leur imprimer un
caractère si opposé.

Ces causes, on les trouvera dans l'histoire antérieure des deux
pays. Jetons un coup d'œil rapide sur les événements, et nous
verrons comment les acquisitions ou les pertes des âges antérieurs ont imprimé à ces deux grandes luttes un caractère dif-
férent.

La vaste étendue de l'empire romain procura aux habitants
des provinces centrales plusieurs siècles de repos. On ne faisait
la guerre que sur les frontières; et les armées qui défendaient
l'empire, formées principalement de bandes mercenaires tirées
des États à demi barbares des confins de l'empire, ressemblaient
à peine à ces légions qui avaient donné à Rome le monde.
Les derniers empereurs, infidèles au généreux principe du
gouvernement républicain, qui admettait les peuples conquis
au partage du droit de cité, opprimaient les provinces par les
exactions les plus arbitraires. Ils avaient adopté le système ruineux de l'Orient, qui consiste à rendre tous les habitants d'une
province solidairement responsables de la totalité des taxes
imposées, sans tenir compte de la diminution du nombre des
habitants. Les peuples, longtemps accoutumés à la protection
romaine, et qui avaient perdu l'habitude des armes, n'osèrent
même concevoir la pensée de se défendre contre la cruauté des
barbares du Nord. Les habitants de la Gaule et de l'Italie de-
mandèrent d'abord à être dispensés de servir dans les troupes de
pied, sous le prétexte qu'ils n'étaient point capables de porter
les armes et l'équipement du soldat; ensuite, ils obtinrent à
la longue d'être libérés de tout service militaire. On ne défendait plus l'empire qu'en soudoyant une tribu barbare pour en
combattre une autre. L'ignorance dans les classes laborieuses
était aussi générale à cette époque, qu'elle l'était en Angleterre
au temps d'Alfred, alors que pas un membre du clergé, au sud
de la Tamise, ne savait lire. Cet état de choses ayant duré pendant une longue suite de générations, l'esprit public s'était géné-

ralement éteint dans tout l'empire romain, et les peuples étaient
devenus également incapables de combattre pour leur propre
existence contre les ennemis de leur pays, et de combattre pour
leurs libertés contré les despotes qui occupaient le trône. Là
pusillanimité avec laquelle ils subirent pendant des siècles les
dévastations des barbares et les exactions de leurs propres tyrans, paraîtrait incroyable si elle n'était attestée par le témoignage unanime de tous les historiens. L'expérience a prouvé du
reste que tel est toujours le résultat de la trop longue jouissance
des douceurs de la paix [1].

Les Bretons et les Gaulois, à l'époque de la chute de l'empire
romain, étaient également descendus à cet état de dégradation
politique. Les provinces au sud du mur de Sévère, dès que se
retirèrent les légions, furent bientôt envahies par des bandes
sauvages sorties des retraites de la Calédonie; et les chefs bretons pleurèrent amèrement leur impuissance devant un ennemi
aussi grossier et aussi méprisable. Les Gaulois, malgré les grands
talents militaires d'Aétius, furent bientôt subjugués par leurs barbares voisins; et une faible tribu, venue du centre de la basse
Germanie, se rendit pour longtemps maîtresse des plaines de la
France. Les Anglo-Saxons vainquirent peu à peu les Bretons
incapables de se défendre et donnèrent pour toujours son nom
actuel à la dominatrice de l'Océan. Comme on l'a déjà dit, ces conquêtes amenèrent dans les deux pays le bouleversement complet
de la propriété territoriale, et réduisirent immédiatement la plus
grande partie des vaincus à vivre en esclaves sur les terres de
leurs pères. Cette dernière, cette immense humiliation, conséquence d'une longue oppression politique et militaire, poussa
jusqu'aux plus extrêmes limites l'apathie et l'avilissement de la
grande masse du peuple, et, comme en Orient, elle eût fini
par éteindre jusqu'au désir même de l'indépendance, si la favorable influence du malheur ne leur avait rendu un peu de
force, si l'humanité n'avait recouvré à l'école de l'adversité la
vigueur qu'elle avait perdue au milieu des prospérités d'un autre
âge [2].

[1] Gibbon, III, 66, 67. — Turner, *Anglo-Saxons*, I, 184, 188; II, 6, 8. —
Sism., *France*, I, 74, 77. — Hume, I, 72.

[2] Thierry, II, 27. — Turner, *Anglo-Saxons*, I, 37. — Hume, I, 28, 29,
67. — Sism., *Histoire de France*, I, 201.

Les luttes longues et acharnées que les Anglo-Saxons eurent à soutenir, d'abord contre les indigènes, et ensuite les uns contre les autres, commencèrent à raviver l'énergie populaire dans les îles Britanniques. Ces luttes n'étaient point l'effet momentané de l'ambition des rois, marchant à la tête d'armées régulières ; mais bien de terribles conflits d'une race contre une autre race, et où l'on combattait de part et d'autre pour tout ce que l'homme a de plus cher, pour la vie, pour les biens, pour la religion et pour le langage. Pendant cinq siècles entiers, les plaines de l'Angleterre furent inondées de sang ; chaque comté fut à son tour le théâtre de luttes mortelles, et chaque population fut rappelée par le dés-espoir à un nouveau degré d'énergie virile, jusqu'à ce qu'enfin disparut complétement ce caractère efféminé des naturels. En même temps, leurs premiers vainqueurs, à la faveur des mal-heurs mêmes qui vinrent les accabler, purent échapper à la cor-ruption, qui suit rapidement le succès dans les temps barbares. La subdivision des royaumes saxons, produisant incessamment des luttes intérieures, donnait à l'habitant de la plus petite chau-mière le courage dont il avait besoin pour sa défense : cela con-tribua singulièrement à la formation du caractère national. Milton a dit que les guerres de l'Heptarchie ne méritaient pas plus d'attention que des combats de corbeaux contre des milans. Il eût été plus près de la vérité en disant, qu'elles produisirent l'intrépidité du caractère anglais [1].

La position insulaire de la Bretagne contribua puissamment aussi à former le caractère national. Les autres provinces de l'empire romain furent envahies tout d'un coup, parce que des hordes nombreuses et irrésistibles fondèrent sur elles sans ren-contrer d'obstacles. L'établissement des Francs dans la Gaule, des Visigoths en Espagne, des Vandales en Afrique, des Goths, puis des Lombards en Italie, fut complet au bout d'une seule génération. Mais les côtes de l'Angleterre ne pouvaient être attaquées par une irruption aussi soudaine et aussi formidable. Il n'était pas possible dans ces temps-là de réunir assez de vaisseaux pour transporter un nombre d'hommes capable de faire la conquête immédiate de toute la contrée. Les myriades aux yeux bleus des côtes de la mer du Nord et de la Baltique n'arrivèrent que lente-

____

[1] Hume, I, 42, 97. — Sism., *France*, I, 400, 401.

ment, par corps détachés, montés sur des flottes peu nombreuses, ne portant guère que six ou huit mille hommes, et, le plus souvent, que mille ou quinze cents. Ces petits détachements ne pouvaient songer à la conquête de tout le pays. Leurs dévastations ne s'étendaient pas au delà d'un territoire fort restreint et dont l'étendue ne dépassait guère celle d'un comté d'aujourd'hui. Le peuple était encouragé à la résistance en voyant le petit nombre d'ennemis qui débarquaient à la fois; et quoique les invasions se succédassent rapidement, les envahisseurs attaquaient des districts éloignés les uns des autres, dans l'espoir de découvrir des parties de territoire qui n'eussent pas encore été ravagées. Ainsi la diversité des points d'attaque, et la possibilité de la résistance prouvée maintes fois par le succès, tenaient en éveil le courage de la nation [1]. Cette inondation venant du Nord, au lieu d'être un déluge capable d'engloutir tout d'un coup les peuples vaincus, et d'éteindre leur énergie pour une longue suite de siècles, produisit au contraire une lutte perpétuelle, durant laquelle les populations recouvrèrent ces vertus guerrières qu'elles avaient perdues pendant la longue paix dont elles avaient joui sous l'empire romain.

Les Anglais exposés aux incursions des pirates danois entretinrent toujours cet esprit guerrier qui aurait pu s'éteindre après la réunion de toutes les provinces sous la domination d'un seul. En effet, durant une longue suite de générations, le gouvernement fut obligé de confier des armes à presque tout le peuple sans distinction de race, et répandit ainsi un caractère général d'indépendance. Pour résister à ces cruels envahisseurs, toute les forces du royaume furent façonnées à l'usage des armes, et les seigneurs des comtés appelèrent à leur secours tout homme capable de manier une hallebarde. Une ordonnance d'Alfred créa dans tout le pays une milice régulière; et un acte royal ordonna que toute la population mâle serait portée sur les cadres de cette milice. Ce grand monarque ne livra pas moins de cinquante-six batailles aux envahisseurs; il posa en même temps les bases essentielles de la constitution anglaise en créant les cours de justice, le jugement par jury, et les assemblées régulières du parlement. La conséquence naturelle de tout ce qui

[1] Mackintosh, *Angleterre,* I, 30.

précède fut la formation d'un caractère national ferme et indépendant, non-seulement dans le corps des grands propriétaires,
mais aussi dans la classe des paysans, à l'appui desquels les
nobles devaient avoir recours contre les dévastations d'un infatigable ennemi. Aussi, dès les premiers temps, les francs-tenanciers occupèrent chez les Anglo-Saxons un rang très-impor-
tant; ils étaient considérés plutôt comme les compagnons que
comme les soldats de leurs seigneurs : comme les *comites* chez
les anciens Germains, ils formaient, pendant la paix, la suite de
leurs chefs, leur force et leur soutien pendant la guerre. En
Angleterre, les chefs et leurs soldats combattaient ensemble et
de pied, et l'infanterie était la force principale de l'armée, même
avant la conquête; tandis que la cavalerie, dans les rangs de
laquelle on ne comptait que des nobles, constituait le corps le
plus important des forces continentales. Cette différence était si
réelle qu'on la peut signaler encore dans le langage des peuples
modernes : dans tous les États du continent, le mot *chevalier*
signifie, d'après sa dérivation, un homme qui monte un cheval,
tandis qu'en Angleterre le terme correspondant, *knight*, ne
s'applique pas du tout à la manière de combattre, mais vient du
mot germain *cnycht* qui signifie *jeune homme* ou *compagnon* [1].

Cependant, malgré les principes puissants d'indépendance
que les Saxons apportèrent de leurs premiers établissements de
la Germanie, les causes qui avaient été fatales à la liberté dans
un si grand nombre d'États, agissaient en Angleterre avec toute
leur puissance, et l'y eussent détruite tout à fait sans le grand
événement qu'on regarde en général comme le plus désastreux
dans notre histoire. Les Saxons avaient apporté du continent la
distinction, commune alors, d'hommes libres et d'esclaves, et le
nombre de ces derniers augmenta d'une manière effrayante
pendant les longues guerres de l'Heptarchie, guerres durant
lesquelles les prisonniers étaient généralement réduits en servitude. Ainsi donc, au moment de la conquête, la plus grande
partie des terres du royaume étaient cultivées par des serfs, lesquels formaient bien certainement la classe la plus nombreuse de
la communauté; les francs-tenanciers étaient comparativement

[1] Hume, 95, 96, 102, 107. — Thier., I, 182; II, 180. — Tac., *Mor*
Germ., c. 21, 14.

très-peu nombreux. Dans la suite des temps, les classes inférieures
ne se fussent composées que d'esclaves, et les hommes libres
auraient fini par constituer un ordre aristocratique. C'est dans les
classes infimes de la société que les hommes se multiplient avec la
plus grande rapidité ; car, parmi eux, le principe de la population
n'est restreint par aucune considération. Les ordres élevés, loin
de se multiplier, ne parviennent jamais à maintenir le chiffre in-
tégral de leur population, sans recourir à des emprunts faits aux
classes inférieures ; car alors les familles s'éteignent rapidement
à cause de l'influence extraordinaire qu'exercent parmi eux les
préjugés exclusifs de la noblesse. C'est là le principe fondamental qui a rendu de tout temps si difficile le maintien de la liberté
pendant de longues périodes. Les descendants des pauvres vont
toujours augmentant leur nombre, excepté dans ces grands
désastres qui arrêtent tout accroissement de population ; tandis
que les classes moyennes et les hautes classes iront toujours
diminuant, si des recrues venues d'en bas ne viennent y remplir
les vides. Dans les premières luttes pour la liberté, les classes
bourgeoises sont généralement méprisées : les citoyens libres, qui
ont acquis des priviléges, ne prétendent pas en étendre le bénéfice à leurs inférieurs. Les fils des prolétaires d'une époque
deviennent les privilégiés d'un autre âge ; et le principe de la
liberté ancienne amène toujours en définitive l'oppression de
l'oligarchie [1]. Déjà notre pays marchait vers un pareil dénoû-
ment ; déjà les descendants des premiers Anglo-Saxons étaient
devenus une classe distincte de noblesse ; la race malheureuse
des esclaves s'était énormément multipliée, et, malgré le principe libéral de son origine, la constitution anglo-saxonne était
devenue excessivement aristocratique. Il n'y avait plus de classe
moyenne. Les paysans, sous prétexte de protection, étaient en-
rôlés sous la bannière d'un chef auquel ils étaient forcés d'obéir
de préférence même au souverain ; et les classes industrielles
étaient si peu nombreuses que York, la seconde ville du royaume,
ne comptait que quatorze cents familles. Ainsi, la démocratie des
Anglo-Saxons se changeait rapidement en oligarchie ; et leurs
descendants, comme les hidalgos d'Espagne et les nobles de
France, auraient pu être bornés bientôt à la jouissance de privi-

[1] Hume, I, 213, 216. — Brady, *Préf.*, 7, 9.

léges exclusifs et ruineux, si le cours des événements ne fût venu
à changer. Ils furent nécessairement confondus avec leurs inférieurs par une de ces catastrophes qui semblent destinées par
la Providence à arrêter le cours de la dégradation humaine.
Cette catastrophe fut la conquête des Normands [1]. Comme cette conquête fut la dernière des grandes invasions de
l'Europe moderne, elle fut aussi la plus violente et la plus oppres-
sive. Les barbares qui les premiers s'établirent dans les provinces romaines, ignorant les usages de la richesse et les douceurs du luxe, se regardèrent comme bien heureux d'obtenir une
part des terres conquises. Mais les aventuriers qui suivirent l'é-
tendard de Guillaume avaient contracté déjà des habitudes de
luxe; leurs désirs étaient insatiables, et pour satisfaire leur
cupidité, presque tout le sol de l'Angleterre fut confisqué en
peu d'années. Peu de conquêtes, depuis la chute de Rome, ont
été aussi violentes, et accompagnées de pareilles spoliations,
d'aussi sanglants outrages. L'ancien propriétaire saxon fut souvent condamné à vivre en esclavage sur le domaine même de ses
pères; réduit aux emplois les plus vils, il nourrissait une haine
implacable contre ses oppresseurs. Des filles du rang le plus
élevé étaient réduites à prendre le voile pour échapper à la
violence des Normands; d'autres préféraient s'assurer un titre à
la protection en épousant leurs fiers vainqueurs, et en leur appor-
tant en dot les biens qu'elles avaient hérités de leurs aïeux. On
inventa les tortures les plus cruelles pour extorquer les trésors
cachés de ce peuple malheureux; on réprima, par des traitements dignes des sauvages, la grande révolte du nord de l'Angleterre. Sur quatre-vingts milles d'étendue, au nord de l'Humber,
tout le pays fut ravagé, et cent mille personnes périrent par la
famine. Dans le Hampshire, un district de trente milles de super-
ficie fut entièrement dépeuplé, pour y planter une forêt destinée
aux plaisirs royaux; les habitants en furent chassés sans la
moindre compensation. Et ces actes impitoyables n'étaient pas
l'effet de vengeances ou de colères momentanées; ils étaient le
résultat du principe même de ce gouvernement, principe que la
nécessité seule fit abandonner par les successeurs du Conquérant.
Pendant plusieurs règnes successifs, ce fut une règle invariable

[1] Hume, I, 210, 219. — Brady, 10.

de n'admettre aucun homme du pays aux moindres fonctions d'une certaine importance, dans l'ordre civil, dans le clergé ou dans l'ordre militaire. Sous le règne de Henri Ier, toutes les charges de confiance étaient encore entre les mains des Normands; et jusqu'au commencement du XIIe siècle, le même système d'exclusion arbitraire paraît avoir été maintenu rigoureusement. En vain, les propriétaires dépossédés cherchèrent à récupérer leurs biens; une force de soixante mille cavaliers normands était toujours prête à soutenir les prétentions des barons. Le trône aujourd'hui est encore occupé par des descendants du Conquérant, et les plus grandes familles du royaume datent leur origine de la bataille d'Hastings [1].

Les historiens anglais, alarmés des conséquences que l'on pourrait déduire de cette violente usurpation, ont cherché à en adoucir le tableau, et ont voulu représenter les Normands comme régnant plutôt du libre consentement des Saxons. En fait, cependant, la dure tyrannie de cette conquête fut la véritable source de cet esprit de résistance qui se développa dans la nation anglaise. Les principes de la liberté jetèrent dans le pays de profondes racines, par cela même qu'ils ne purent s'élever à la surface. Les propriétaires saxons, presque tous dépossédés, furent nécessairement rejetés dans les conditions les plus humbles. Et ce fut là, pour la société anglaise, le fondement d'une classe moyenne toute différente de celle des autres États de l'Europe. Ce n'étaient plus les habitants indigènes, les lâches sujets de l'empire romain, qui, dès cette époque, composèrent les couches inférieures de la nation; c'étaient les descendants des libres Anglo-Saxons et des Danois, qui, durant des siècles de liberté, avaient acquis des habitudes d'indépendance, et avaient puisé un courage remarquable dans les souvenirs de leurs nombreux succès à la guerre. Une seule défaite ne pouvait éteindre en eux le souvenir de cent victoires. Leurs mœurs, acquisition des âges, survécurent à l'oppression temporaire des nouveaux souverains. D'un côté, la puissance normande les tenait écartés des premiers ordres de la société, et de l'autre, les rangs les plus infimes étaient déjà remplis d'une multitude esclave. Les Anglo-

[1] Hume, I, 260, 270, 283, 284, 318. — Thierry, II, 24, 27, 96, 97, 286, 303, 304, 368. — Guizot, *Hist. eur.*, ch. 2.

Saxons formèrent, entre ces deux extrêmes, un corps vigoureux
et puissant, également à l'abri, et des vices qui minaient l'existence du pouvoir féodal, et du danger de périr dans les couches
délétères de l'esclavage. Ce furent là les causes qui donnèrent
naissance à la yeomanry d'Angleterre [1].

« Si le royaume d'Angleterre n'eût été qu'une dépendance d'une
monarchie plus vaste, on eût probablement méprisé le mécontzn-
tement de la classe moyenne ou bien on l'eût réprimé par la main
froide et cruelle de la puissance militaire : les barons normands,
résidant dans leurs châteaux de France, auraient pu en toute
sécurité regarder en pitié les impuissantes clameurs de leurs
vassaux anglais ; mais cela devint impossible par le plus heureux
concours de circonstances. Parmi les chefs de bandes qui suivirent le Conquérant, les uns n'avaient point de possessions de
l'autre côté du détroit, et, pour ceux qui en avaient, leurs acquisitions en Angleterre dépassaient de beaucoup en importance
leurs domaines du continent. Le royaume d'Angleterre était trop
puissant pour être traité comme une dépendance du duché de
Normandie ; les tenanciers anglais formaient un corps trop redoutable pour se résigner à subir le gouvernement tyrannique
d'une noblesse absente. Aussi le souverain et ses nobles firent-ils
leur principale résidence dans le pays vaincu. Cette noblesse
normande, qui s'était flattée d'avoir conquis des provinces dépen-
dantes de leur duché, trouva bientôt, de même que les Écossais quand ils firent monter leurs rois sur le trône d'Angleterre,
que les rôles étaient changés et que les provinces étaient devenues
le siége véritable de la puissance. On en vit bientôt les effets dans
les mesures adoptées par le gouvernement. A l'occasion de chaque
nouveau règne, à chaque crise qui mettait la nationalité en
danger, on crut nécessaire de faire quelques sacrifices aux désirs
du peuple, et de rabattre un peu de la sévérité ordinaire des
lois normandes, afin de s'assurer la fidélité des sujets anglais.
Quand Henri Ier monta sur le trône, son premier acte fut de
garantir la fameuse charte, qu'on a longtemps considérée comme
la base des libertés anglaises. Henri Ier voulait s'assurer par là
le secours de ses sujets insulaires contre les droits plus légitimes de son frère Robert. Il se mit ainsi en mesure de faire

[1] Blackst, 1, 27.

passer en Normandie une armée victorieuse et de venger dans
les plaines de Tinchebray la désastreuse défaite d'Hastings.
Lorsque le roi Étienne prit le sceptre, il donna immédiatement
une charte qui confirmait les priviléges accordés par Henri, et
qui promettait en outre la remise de la taxe danoise et le rétablissement des lois d'Édouard le Confesseur. Henri II jugea pru-
dent de confirmer ce même acte de la manière la plus solennelle.
Enfin, la faiblesse et les malheurs de Jean amenèrent la concession forcée de la *Grande Charte*, par laquelle l'ancienne charte
de Henri Ier fut confirmée de nouveau, les droits de toutes les
classes d'hommes libres furent élargis et définitivement assurés.
Cette grande charte fut elle-même ratifiée à trente-deux reprises
différentes, sous les règnes suivants, chaque fois que les sujets
accordaient au souverain quelque secours extraordinaire, ou
bien à des époques de grande faiblesse de la couronne [1].

L'effet de ces ratifications successives fut immense sur le caractère des luttes que les Anglais eurent à soutenir en faveur de la
liberté. En revenant toujours au passé, on s'accoutuma insensiblement à regarder la liberté, non comme une faveur à acquérir, mais
comme un droit à revendiquer; non pas comme une conquête à
faire sur la constitution, mais comme un rappel à la pureté primitive de cet acte. Dès lors l'amour de l'indépendance et le
respect des anciennes formes se confondirent dans l'esprit de la
nation, qui réclama les priviléges du peuple, non pas dans le but
de bouleverser la constitution actuelle de la société, mais seulement comme restitution d'un droit ancien ; sans avoir recours à
la destruction, mais au contraire en invoquant l'esprit de conservation. La passion de la liberté fut dépouillée ainsi de ce qu'elle
peut avoir de plus dangereux dans ses conséquences, en se dé-
pouillant de toute idée, de tout désir d'innovation. Ce ne furent
pas des changements successifs qui marquèrent les progrès de la
constitution, mais bien la confirmation maintes fois répétée des
droits existants; de sorte qu'en Angleterre les efforts de la liberté,
loin d'être dirigés, comme dans la plupart des autres contrées, vers
une extension des droits populaires proportionnée aux progrès
sociaux, se sont presque toujours bornés à préserver ces droits

[1] Eadmer, 90. — Hume, 1, 328, 351; II, 74, 81. — W. Malmsbury, 179.
— M. Paris, 38, 272. — Hallam, I, 152.

de la pression du despotisme et de l'arbitraire des monarques qui
se sont succédé sur le trône. Les mêmes causes produisirent dans
ce pays un effet remarquable sur l'esprit public, ainsi que sur la
nature des droits que la grande majorité du peuple considéra
comme devant faire l'objet des plus sérieuses préoccupations nationales. Le souvenir de leurs anciennes lois se confondait dans
leur mémoire avec celui des jours de l'indépendance, et ils se rappelaient le règne d'Édouard le Confesseur comme l'ère heureuse
sous laquelle leurs droits et leurs biens avaient été garantis.
Jusque-là, en effet, ils n'avaient pas encore éprouvé les cruelles
souffrances de la domination étrangère. C'est ainsi que les luttes
de la liberté eurent en Angleterre un objet défini et pratique;
qu'au lieu de se perdre dans les vagues aspirations de projets chimériques, elles se résumèrent en un désir ferme et impérissable de
voir rétablir un ordre de choses autrefois en vigueur, et dont les
bienfaits éprouvés restaient gravés dans la mémoire du peuple.
Pendant plusieurs siècles, tous les efforts de la nation tendirent
constamment au rétablissement des priviléges saxons. La grande
charte les reconnut solennellement; cet acte important fut lui-
même maintes fois ratifié. Après un laps de mille ans, les droits
qu'il consacre sont encore considérés par les historiens comme
la base originelle de la liberté anglaise [1].

Les effets des mêmes causes apparaissent avec éclat dans les
longues guerres qui ont suivi la conquête normande. Dans des
luttes pareilles, les Français et les Écossais ne présentaient sur
les champs de bataille que la chevalerie des barons et les piques
de leurs serfs. Il n'y avait pas de moyenne milice, inférieure au
chevalier monté et en même temps supérieure au simple serf
combattant à pied. Les Plantagenets y parurent de leur côté
à la tête d'un corps nombreux d'archers adroits, corps tout
spécial à l'Angleterre, parce que seule alors elle possédait la
classe d'où il était possible de les tirer. C'étaient les Saxons
proscrits, que le désespoir avait dispersés dans les forêts, dont
ce pays abondait alors, et qui les premiers, poussés par la
nécessité, s'étaient rendus habiles dans le maniement de cette
arme. C'est donc avec vérité que l'historien romancier fait du
Normand Richard le chef de la chevalerie anglaise, et de Robin

[1] Hallam, I, 451, 452. — M. Paris, 272.

Hood, le prince des Outlaws, et le premier des archers bretons. Les descendants de ces proscrits grossirent les rangs de la yeomanry anglaise, et constituèrent dans nos armées ce corps formidable par l'adresse, par le nombre et par l'esprit d'indépendance qui les animait. Longtemps l'arc resta l'arme favorite des Saxons. L'exercice de cette arme formait un de leurs principaux amusements; c'est par l'importance qu'il leur donna sur les champs de bataille, qu'ils recouvrèrent leur légitime influence dans le gouvernement du pays. Ce ne fut pas la noblesse normande qui gagna les victoires de Cressy et de Poitiers, ce ne furent pas les vassaux armés des barons normands, car, comme le remarque Hallam, ils trouvaient leurs maîtres dans les rangs des Français; mais ce furent les yeomen, qui maniaient l'arc avec adresse et vigueur, par suite de la longue habitude qu'ils en avaient, ce furent les yeomen qui puisaient leur courage dans la liberté civile dont ils jouissaient [1].

Le gouvernement écossais, dont les armées avaient si souvent été défaites par les archers d'Angleterre, essaya, mais en vain, de former un corps pareil en Écosse. Toutes les mesures qu'il prit à cet égard demeurèrent sans résultat, parce que ce pays n'avait pas ces yeomen qui remplissaient les rangs des archers anglais. Les rois de France essayèrent de créer une force capable de résister à nos archers, en faisant venir des troupes mercenaires des montagnes de Gênes; mais l'autorité jalouse de leur gouvernement, ne permettant pas l'usage des armes à la classe moyenne, rendit tous ces essais infructueux; deux fois les Plantagenets vainquirent les plus grandes armées françaises, et parcoururent hardiment le royaume à la tête de la yeomanry saxonne. Même après la cessation de la guerre entre les deux monarchies, les terribles bandes anglaises ravagèrent impunément les provinces de France, et elles n'éprouvèrent que très-peu de résistance sérieuse jusqu'au moment où elles atteignirent les montagnes de la Suisse, où elles rencontrèrent, au cimetière de Bâle, des paysans aussi libres, aussi robustes et aussi courageux qu'ils l'étaient eux-mêmes [2].

[1] Hallam, I, 75. — Froissart, I, 16. — Tytler, *Écosse*, II, 439, 440. — Sism., *France*, XII, 51.

[2] Planta, *Suisse*, II, 321. — Tytler, *Écosse*, II, 439. — Sism., *France*, XII, 51. — Barante, I, 80. Préface.

Il fallut un concours singulier d'événements pour donner aux classes moyennes, sous les princes normands; tant d'influence sur l'organisation militaire de l'État; influence qui leur permit de maintenir intacts leurs droits civils. La conquète normande avait amené la formation de cette classe en dépossédant le corps nombreux des propriétaires saxons; plus tard, les difficultés dans lesquelles se trouvèrent les souverains et la noblesse à cause de leur position insulaire et de leurs fréquentes querelles entre eux, les obligèrent à entretenir des troupes saxonnes et à profiter de cette force puissante qu'ils trouvèrent toute formée dans les forêts du pays. Séparés par la mer de leurs frères féodaux du continent, entourés par un peuple nombreux et guerrier, les barons comprirent que, sans le secours de leurs yeomen, ils ne pouvaient ni lutter contre le souverain, ni s'assurer la possession paisible de leurs domaines. Aussi les priviléges de cette classe étaient-ils garantis à chaque nouvelle confirmation de la grande charte, et cette force était entretenue avec soin, comme la meilleure garantie de la couronne et des barons, pour la sécurité de leurs vastes possessions insulaires. [illegible]

William de Malmsbury regarde comme une œuvre spéciale de la Providence, qu'une aussi grande nation que la nation anglaise se soit considérée comme vaincue sans ressource après la destruction d'une armée aussi peu nombreuse que celle qui combattit à Hastings. Mais ce fut là précisément la cause qui perpétua et qui étendit l'esprit d'indépendance dans toute la contrée. Si les Normands n'avaient pas réussi, les Saxons auraient fini par former une aristocratie féodale, et la condition des paysans anglais eût été semblable à celle des serfs de la France. Si une puissance beaucoup plus considérable eût fait l'invasion, elle eût entièrement opprimé le peuple conquis ; la victoire des Normands eût été semblable dans ses effets à la conquète de l'île voisine, et les plaines de l'Angleterre seraient aujourd'hui désolées par le spectacle hideux de la misère de l'Irlande. La conquète au contraire se fit par une puissance qui, formidable dès le principe, cessa bientôt d'être proportionnée à la force du pays vaincu; c'est ce qui créa une classe moyenne et en garantit les priviléges. Les intérêts des vainqueurs et ceux des vaincus se trouvèrent confondus, et la vigueur normande fut ainsi greffée sur le caractère ferme et indépendant de l'Anglais [1].

A ce point de vue, la perte des provinces continentales sous le règne du roi Jean, et les longues guerres qui s'ensuivirent entre la France et l'Angleterre, sous les princes de la maison de Plantagenet, contribuèrent beaucoup à sauver la liberté anglaise, en brisant tous les rapports entre les barons normands et leurs parents du continent, et en obligeant le souverain et la noblesse à chercher l'un et l'autre leur appui dans les tenanciers de leurs domaines. Dès ce moment commença à disparaître la distinction entre Normands et Anglais; l'ancien orgueil des premiers fit place à un sentiment plus fort, la haine contre l'ennemi commun. L'anglais devint l'idiome de toutes les classes, et les institutions anglaises devinrent l'objet de la vénération des descendants de ces mêmes vainqueurs qui les avaient renversées. La longue durée de ces luttes désespérées mettait souvent la couronne dans le plus pressant besoin d'argent, et contribuait à fortifier la liberté anglaise; les barons, chaque fois qu'ils faisaient un don à la couronne, recevaient en échange la confirmation de leurs anciens priviléges. Les communes, par le fréquent usage des armes, commencèrent à sentir leur propre importance, et à réclamer aussi leurs anciennes franchises. En définitive, l'Angleterre, sous les Plantagenets, recouvra autant de liberté qu'elle en avait sous le gouvernement des rois saxons [2].

Outre la conquête normande, trois circonstances concoururent encore d'une façon remarquable à conserver l'esprit d'indépendance dans la noblesse et dans les communes de la Grande-Bretagne.

I. Il faut placer en première ligne la puissance que la couronne sut acquérir par l'immense portion du pays conquis qu'on lui alloua. Guillaume, pour sa part, ne reçut pas moins de quatorze cents châteaux; aucun souverain à cette époque ne

----

[1] William de Malmsbury, 53. — Hallam, I, 449.

[*] Ces pages étaient écrites depuis longtemps, lorsque j'eus la haute satisfaction de découvrir, qu'à mon insu, M. Guizot avait, environ dans le même temps, adopté les mêmes idées sur les effets de la conquête normande, et les avait développées avec cet esprit philosophique et ces larges vues qui font le mérite de ses ouvrages si justement célèbres. — *Voy.* Guizot, *Essais sur l'Histoire de France*, p. 373 à 400.

[2] Hume, II, 487, 488, 492; III, 4, 78, 79.

possédait en Europe un pareil patrimoine. Il en résulta pour les rois normands une bien plus grande facilité à réprimer l'esprit turbulent des barons ; la sentence seule du monarque réduisait le noble à l'impuissance ; les cours de justice souveraine étendaient leur action sur tout le royaume. En outre, les prérogatives essentielles de la couronne, comme celles de battre monnaie et de réprimer les guerres particulières, ne furent jamais usurpées par les sujets, excepté sous des règnes d'une faiblesse extraordinaire. Pendant un siècle et demi, après la conquête, l'autorité des souverains normands fut incomparablement plus étendue que celle de tous les autres rois qui s'étaient établis sur les ruines de l'empire romain. C'est pour cela que l'industrie et la richesse des communes fut beaucoup plus efficacement protégée en Angleterre que dans les royaumes voisins, où la violence féodale, les guerres privées toujours sanglantes, arrêtèrent les premiers efforts de la liberté laborieuse ; de sorte que les classes moyennes, comparativement libres de condition, grandirent en importance à mesure qu'elles s'accroissaient en nombre et en richesses [1].

II. La seconde de ces conditions favorables, ce fut la position insulaire de l'Angleterre, position qui épargnait à ce pays les horreurs de la guerre. A l'exception de quelques incursions des rois d'Écosse dans les comtés du nord, incursions qui n'eurent jamais grande importance ni par leur durée ni par leurs résultats, l'Angleterre, depuis la conquête, n'a presque jamais été le théâtre d'une guerre avec l'étranger ; et les comtés du sud, de beaucoup les plus importants en richesse et en population, n'ont pas vu, depuis huit siècles, les feux d'un camp ennemi. L'industrie anglaise, protégée par la mer, n'a presque jamais subi la désastreuse influence de la conquête ; souvent nos armes ont porté la guerre à l'étranger, mais jamais nous n'en avons souffert les horreurs sur notre sol. L'Angleterre n'a vu la guerre étrangère qu'à des époques de grande surexcitation de l'esprit national, ou bien quand il s'est agi pour elle de protéger son industrie. On ne saurait calculer les heureux résultats de cette absence complète de toute invasion. C'est au milieu des dangers et des exigences de la guerre que le pouvoir militaire

[1] Hume, I, 353, 369, 371 ; II, 73, 74. — Hal., II, 427. — Lyttleton, II, 288.

acquiert un ascendant fatal, que l'industrie est ruinée par la destruction de ses produits, le travail anéanti, les vertus pacifiques éteintes par les humiliations qu'elles ont à souffrir, et les qualités guerrières développées par la passion du pouvoir qu'elles procurent. Dans tous les siècles, c'est à l'abri de la paix que la liberté grandit, tandis que le développement en est arrêté par les agitations de la guerre. Si cette vérité n'est douteuse pour personne, à notre époque où les ravages de la guerre sont comparativement *limités*, et où l'industrie est généralement répandue, quelle a dû en être l'importance dans les temps barbares, quand commençaient seulement à apparaître les premiers germes de la liberté; quand ces germes ne pouvaient se développer qu'à l'ombre du manoir ou du monastère ! Aussi tous nos historiens ont-ils observé que les institutions féodales étaient en Angleterre beaucoup moins militaires que dans les États du continent; que les guerres privées y étaient plus rares, et que les armées de nos rois se composaient principalement de troupes soldées, dont l'expérience et la fermeté acquirent bientôt une supériorité décisive sur les forces féodales [1].

III. Enfin, une circonstance non moins heureuse fut que les priviléges de la noblesse étaient l'apanage exclusif de l'aîné des familles. On dut cet avantage à l'influence des communes dans la constitution, influence qui avait son origine dans le nombre et l'opulence des propriétaires saxons dépossédés par les Normands. Ce fut un obstacle à la formation d'une classe privilégiée, puisque les prérogatives de la noblesse ne pouvaient appartenir qu'au seul membre de la famille qui héritait des biens paternels. Rien n'a plus contribué à donner à la constitution anglaise ce caractère de durée, de perfection et de vigueur qui la distingue. Les descendants des nobles ne formèrent point dans notre pays une caste à part, à laquelle on pût réserver, comme dans d'autres monarchies continentales, le privilége exclusif d'occuper certains emplois. Les branches cadettes de l'aristocratie retombaient, après quelques générations, dans les rangs des communes et s'identifiaient avec leurs intérêts. Cette fatale distinction de nobles et de roturiers, cause principale de la ruine de la liberté dans tous les États de l'Europe, ne fut presque jamais sentie en

[1] Hallam, I, 479.

Angleterre. La noblesse, quoique propriétaire du sol, ne fut
jamais assez nombreuse pour former un corps dangereux. Les
parents des nobles, ne possédant point de priviléges, cessaient
bientôt, confondus dans les classes moyennes, ou d'être les
objets de l'envie de leurs inférieurs, ou d'avoir les mêmes intérêts que la classe d'où ils sortaient. Ainsi se mêlaient tous les
ordres, au moyen d'une chaîne qui, partant d'en haut, allait
aboutir aux derniers rangs de la société [1].

Cependant, cette liberté anglaise, si fermement établie par les
institutions féodales, était limitée aux classes pour lesquelles ces
institutions semblaient avoir été faites exclusivement. Les vilains
ou les serfs, qui faisaient toujours la grande majorité des travailleurs attachés à la glèbe, étaient à peu près privés de toute protection. En vertu même de cette grande charte qui garantissait la
liberté individuelle de tous les sujets libres, le corps nombreux
des esclaves, c'est-à-dire, tous les ouvriers des champs, ou les
neuf dixièmes environ des classes laborieuses du royaume,
étaient livrés à la merci de leurs seigneurs, avec cette seule sti-
pulation qu'on ne pouvait les dépouiller de leurs instruments de
labourage. Leur émancipation, loin d'être due à la générosité
des barons, fut l'œuvre des efforts du clergé et des progrès de
l'humanité dans les siècles suivants. La liberté générale, dans le
sens que nous attachons à ce mot, ne fut connue en Angleterre
qu'après la grande Révolution [2].

Ce fut sous le règne de Richard II que se produisirent les premiers symptômes de l'esprit démocratique, grâce aux progrès de
la richesse et à l'enthousiasme extraordinaire excité dans toutes
les classes par les guerres heureuses d'Édouard III. L'insurrection de Wat Tyler, contemporaine des efforts que firent les bourgeois flamands pour affranchir leur pays de la tyrannie féodale,
était un mouvement général des classes inférieures ; ce mouvement
n'était pas dirigé contre la couronne, mais bien contre les priviléges
exclusifs de la noblesse. Le dicton favori de ces bonnes gens était :

> Lorsque Adam bêchait et qu'Ève filait,
> Où était alors le gentilhomme?

et ce distique donnait le sens d'un genre de lutte inconnu jus-

---

[1] Hallam, I, 478.
[2] Hume, III, 301, 303. — Hal., I, 447. — Hume, II, 83. — Tytler, II, 260.

que-là dans l'Europe moderne ; c'était bien le même principe
qui, quatre siècles après, produisit la Révolution française. Mais
dans la nature, les révolutions ne s'opèrent que par degrés ; les
effets des convulsions soudaines y sont essentiellement passagers.
L'insurrection des paysans d'Angleterre eut le même sort que
la démocratie flamande à Rosebeek. L'armée féodale dispersa
facilement cette cohue d'hommes mal armés et sans discipline.
La victoire des barons fut heureuse pour les progrès de la liberté
réelle ; le triomphe des paysans eût été de courte durée, et il
eût revêtu toutes les formes horribles d'une révolte de nègres.
Ignorants, désunis, sortis des conditions les plus humbles, peu
faits à l'exercice des droits politiques, de pareils hommes ne
pouvaient pas rester longtemps à la tête des affaires. Dès que
s'éteint l'ardeur du premier enthousiasme, ils retombent sous la
puissance de leurs anciens maîtres, ou sous la tyrannie d'un
pouvoir de leur choix, et en somme leur condition est pire
qu'auparavant. Mais des siècles de paix et l'accroissement progressif de la fortune publique, l'action incessante d'une religion
charitable, l'influence de l'imprimerie et la diffusion des lumières,
la révolution introduite dans les moyens de faire la guerre, tout
cela devait avoir produit son effet avant qu'on pût mettre en pratique en Angleterre les principes d'égalité qui animaient la
nation [1].

Les guerres d'York et de Lancastre portèrent le dernier coup à
la puissance de l'aristocratie. Ces dissensions cruelles détruisirent
le pouvoir féodal ; elles trempèrent le sol anglais d'un sang qui
devait produire de riches moissons de gloire. Il est difficile de
dire aujourd'hui pourquoi ces guerres, dès l'abord, prirent un
caractère de cruauté si féroce. Des deux côtés, on massacrait de
sang-froid les prisonniers, même du rang le plus élevé ; on en était
arrivé à la fin à un tel degré d'exaspération, que d'un commun
accord on convint de ne point faire de quartier sur le champ
de bataille, et que dans un seul combat il périt trente-six mille
hommes. Les ordres inférieurs comblèrent bientôt le vide produit par ces massacres dans les rangs des classes moyennes ; mais
ils furent à jamais funestes à la noblesse. Quatre-vingts princes
du sang et presque tous les anciens barons périrent dans ces

---

[1] Barante, I, 74. Préf. — Hume, III, 10, 11.

guerres désastreuses ; et à la fin des hostilités la chambre des pairs ne comptait plus que quarante membres. L'influence de ce corps ainsi décimé s'en amoindrit considérablement. Les possessions de presque tous les nobles avaient été enveloppées dans les diverses confiscations décrétées alternativement par le parti vainqueur ; les tenanciers féodaux, habitués à de fréquents changements de maîtres, dans cette confusion générale, perdirent une grande partie de leur ancienne vénération pour leurs supérieurs. La noblesse se divisa : ce qui restait des conquérants normands voyaient avec une jalousie mal déguisée ces familles de parvenus qui s'étaient élevées à la faveur des malheurs publics ; celles-ci de leur côté éprouvaient une horreur instinctive pour les descendants de ces barons féroces, toujours prêts à les exterminer pour rentrer en possession de leurs vastes domaines [1]. Amoindrie par le nombre, privée de liens communs, peu sûre des affections du peuple, la vieille noblesse d'Angleterre cessa dès ce moment d'être un danger pour les libertés du pays.

Les résultats de cette destruction de l'aristocratie féodale furent, en dernière analyse, éminemment favorables aux libertés publiques ; mais la conséquence immédiate de ce fait conduisait à une situation périlleuse par l'accroissement considérable de la puissance monarchique. L'ancienne barrière venait d'être brisée, et la nouvelle n'existait pas encore. Les confiscations avaient augmenté les possessions du roi victorieux au point de rendre la couronne propriétaire d'un cinquième du sol de tout le royaume ; et, malgré la façon toute libérale dont il traita la noblesse de son parti, Édouard laissa à ses successeurs un immense revenu. L'influence des nobles était en décadence ; d'un autre côté le peuple n'avait encore aucune part légitime dans l'exercice du pouvoir, de sorte qu'il ne restait aucune force capable de résister à celle du souverain. La conséquence inévitable de cet état de choses fut la perte de cette liberté qu'avaient conquise les luttes des barons. De là la tyrannie de la famille des Tudor. Rien n'est plus remarquable en effet que la basse servilité du parlement, que la soumission absolue de la nation durant le règne des successeurs de Henri VII. Il semblait que les guerres civiles eussent épuisé toute énergie, et éteint l'ancienne passion de la liberté. La cham-

[1] Hallam, III, 294, 295. — Hume, III, 203, 212, 215, 237.

bre des pairs et celle des communes posaient à l'envi des actes d'adulation envers le monarque. On eût dit le sénat du temps de Tibère succédant aux barons de Runnymede. Les communes elles-mêmes semblaient avoir perdu leur ancien caractère; les taxes les plus arbitraires, les violations les plus fréquentes de leurs libertés, ne produisaient pas le plus petit mouvement populaire : on obéissait aux ordres de la cour dans l'élection des membres du parlement; et les changements les plus violents dont l'histoire fasse mention, la destruction de la religion nationale, la confiscation d'un tiers des propriétés de l'État, l'exécution de 72,000 personnes sous un seul règne, tout cela n'excita pas la moindre commotion politique [1].

Cette période fut l'époque critique de la liberté anglaise; le pays en était arrivé à cette crise qui, dans tous les grands États du continent, avait été fatale à la liberté publique. Malgré sa position insulaire, malgré le caractère d'indépendance de nos ancêtres saxons; malgré les efforts de la noblesse féodale, l'Angleterre voyait périr la liberté, lorsque l'enthousiasme de la réforme ralluma le feu mourant et entretint la flamme presque éteinte de l'indépendance au sein d'une secte qui bientôt devint dominante. Les puritains se firent distinguer, dès l'abord, par leur zèle pour la cause de la liberté; sous le règne de l'impérieuse Élisabeth, ils gardèrent en silence leur indomptable énergie; et le gouvernement de cette princesse comprenait si bien les tendances dangereuses de leurs principes, que jamais sous l'administration habile de cette reine il ne leur fut accordé la plus petite part dans le maniement des affaires. Leur nombre s'accrut sous Jacques Ier, et ils commencèrent à combattre plus ouvertement pour la cause démocratique. On se servit de la chaire pour diriger contre le gouvernement les premières attaques sérieuses, et à cette époque, en Angleterre comme dans les autres contrées, il n'y eut que des zélateurs de la religion qui fissent quelques efforts pour la liberté. Sous le règne de Charles Ier, ce fut une frénésie universelle; un enthousiasme aussi général et bien plus durable que celui des croisades s'empara des classes moyennes et d'une bonne partie des classes élevées, et ce fut à la puissance de cet enthousiasme que le long parlement dut de pouvoir

[1] Hume, IV, 244, 358, 375, 399. — Hallam, III, 298.

résister aux loyaux efforts que firent les gentilshommes anglais
pour défendre leur souverain. « Quelle que fût la cause de la
guerre civile, dit Cromwell; si la religion ne fut pas la cause
première de la querelle, Dieu en fit bientôt le principal objet; »
ce grand homme a toujours affirmé qu'au milieu du tumulte des
batailles et des dangers de la guerre, la seule récompense à
laquelle aspirassent lui et ses soldats, c'était d'obtenir la liberté
de conscience. Il importe peu que le futur protecteur et ses lieu-
tenants fussent sincères ou non dans cette déclaration. Il suffit
qu'il soit bien établi que tel était l'esprit de l'époque, et qu'ils ne
fussent point parvenus par d'autres moyens à surexciter ainsi
l'énergie populaire. L'influence de cet esprit se fit sentir dans
d'autres lieux et dans d'autres temps; et c'est de ces émigrants
poussés en Amérique par l'oppression religieuse que sont sortis
ces peuples puissants, qui ont tenté, au milieu de l'abondance
américaine, la dangereuse épreuve de la liberté démocratique [1].

Cependant, tandis que le courant de l'opinion populaire était
si favorable aux principes républicains, l'attachement aux anciennes institutions nationales ne demeura point inactif et les
Anglais cueillirent au profit de la liberté les fruits des longues
luttes qui avaient ensanglanté le moyen âge. Si la liberté avait fui
sous le règne des princes de la maison de Tudor, son ombre
cependant était restée. L'amour du peuple pour ses anciens
droits n'était pas éteint; on n'avait pas changé les formes véné-
rées de la constitution, et ce fut toujours sur les mêmes bases
que l'on fonda les nouvelles libertés du pays. Sans cette heureuse
circonstance, l'esprit d'indépendance, réveillé par la réforme, se
serait perdu lui-même, comme en Écosse, dans des projets chimériques et impraticables, jusqu'à ce que la nation, fatiguée de
spéculations sans résultat utile, fût revenue volontairement à son
ancien état de servage. Tandis que, suivant le cours des événements antérieurs, le fleuve de la liberté rentra plus fort dans
son ancien lit dont on voyait encore la trace, et sans briser ses
digues premières, sans dépasser ses anciennes limites, il étendit
sa bienfaisante influence sur une surface plus étendue.

« Chose remarquable, dit Turgot, c'est que l'Angleterre,
celui de tous les pays du monde où la liberté publique a régné

---

[1] Hume, V, 455, 483; VI, 48, 100, 117, 345, 387. — Ling., XI, 360.

le plus longtemps, et où les institutions politiques ont été le plus
discutées, est en même temps celui où les innovations s'intro-
duisent le plus difficilement, et où les progrès les plus évidents
rencontrent la résistance la plus opiniâtre. Il serait plus facile
de bouleverser tout le système du gouvernement en France que
d'introduire le changement le plus insignifiant dans les habitudes
ou dans les modes anglaises [1]. » Le fait observé par Turgot est
à la fois la suite et la récompense des institutions libres. On reconnaîtra généralement que l'attachement des peuples aux coutumes et aux usages de leurs ancêtres est d'autant plus grand
qu'ils ont pris plus de part à les établir, ou qu'ils ont été plus
tôt appelés à en jouir, et que les innovations sont surtout dangereuses dans les États où le peuple n'a jamais été admis à la
jouissance de ces franchises. Les dynasties de l'Est n'ont qu'une
durée bien éphémère; les monarchies de l'Europe se modifient,
se transforment par les progrès de la société; mais les coutumes
des démocraties helvétiques semblent aussi immuables que les
montagnes sur lesquelles elles sont écloses [*]. C'est là ce qui, dans
tous les temps, a formé le caractère distinctif du peuple anglais.
Durant la cruelle oppression de la loi normande, il se rappelait
les lois égales des anciens Saxons avec un attachement que n'ont
jamais pu détruire, ni l'incertitude de la tradition orale, ni l'in-
tensité des souffrances présentes. Quand les barons en pleine
révolte s'assemblèrent à Runnymede, ils n'établirent point un
système de gouvernement de leur invention, ils se contentèrent
de donner une forme nouvelle aux anciennes lois d'Édouard le
Confesseur, qu'ils rétablirent sur des bases plus solides dans la
grande charte; sachant tempérer au moment même du triomphe

---

[1] Turgot, II, 32

[*] Le Directoire, poussé par la fièvre des innovations, proposa aux paysans
d'Uri et d'Unterwalden de changer leur constitution, et leur offrit de fra-
terniser, offre qui avait séduit beaucoup d'autres cantons. Mais ces rudes
montagnards répondirent : « Les paroles ne sauraient rendre, citoyens
directeurs, la profonde douleur qu'a causée dans nos vallées la proposition d'accéder à la nouvelle ligue helvétique. D'autres peuples peuvent
avoir d'autres désirs; mais nous, descendants de Guillaume Tell, qui avons
conservé sans la plus légère altération la constitution qu'il nous a laissée,
nous n'avons qu'un désir unanime, celui de vivre sous le gouvernement
que nous ont donné la Providence et le courage de nos ancêtres. » (Lacretelle, *Révolution française*, III, 162.)

d'une révolution l'ardeur de la liberté et l'orgueil de leur race par leur respect pour les institutions héréditaires du pays. *Nolumus leges Angliæ mutare,* répondaient les barons à la proposition des prélats à Mertoun : cette célèbre réponse est devenue une maxime anglaise, à l'observance de laquelle on doit attribuer le maintien de la constitution à travers toutes les convulsions des derniers temps. Dans la fameuse *pétition des droits,* rédigée par Selden et par les plus grands jurisconsultes de l'époque, le parlement disait au roi : « Vos sujets ont hérité cette liberté. » Dans le préambule de la déclaration des droits, les États ne réclament nullement le droit de toucher à la forme du gouvernement, ils demandent seulement des garanties pour la sécurité de la religion, des lois et des libertés dont ils ont joui longtemps et qui viennent d'être mises en péril; ils se bornent à supplier humblement : « que l'on déclare par un acte solennel que tous les droits et les libertés garantis et déclarés, sont les droits réels, anciens et indubitables du peuple de ce royaume [1]. »
« En nous attachant ainsi à ce qu'ont fait nos pères, dit Burke, nous ne sommes point guidés par la superstition des antiquaires, mais par un esprit d'analogie philosophique. En choisissant cet héritage de nos aïeux, nous avons établi une espèce de parenté entre nous et la forme politique qui nous régit : nous avons rattaché la constitution de notre pays à nos liens domestiques les plus chers, faisant ainsi participer nos lois fondamentales aux affections de la famille; réunissant d'une manière indissoluble, et chérissant avec toute la chaleur de tous les amours qu'ils inspirent, notre patrie, nos foyers, nos tombeaux et nos autels [2]. »

Ces principes, les enfants de l'Angleterre ne les ont pas abandonnés dans leurs possessions transatlantiques. Quand les Américains secouèrent le joug de la Grande-Bretagne, ils en conservèrent les lois, la religion et les institutions, à l'exception de la monarchie et de l'aristocratie : ni massacres, ni proscriptions, ni confiscations, ni exils ne souillèrent l'aurore de leur liberté : ils ne fondèrent pas leur espoir dans l'avenir sur l'oubli du passé. L'Église d'Angleterre est encore l'Église dominante en Amérique, au moins dans les classes élevées; la jurisprudence anglaise est

---

[1] William and Mary, C. I.

[2] Planta, *Suisse,* II. 137. — Hume, II, 80, 141, 223. — Burke, VI, 76, 80.

encore la règle de leurs cours de justice, et leur prospérité nationale a été bâtie sur les fondements des institutions anglaises. Au plus fort de l'exaspération de la guerre civile, ils se sont écartés, moins que tous les autres peuples en révolution, des usages de la civilisation. Seul de tous les étrangers, l'Anglais se trouve encore chez lui quand il a traversé l'Atlantique. Les premiers efforts de l'éloquence américaine ont eu pour but la peinture des sensations éprouvées par un citoyen des États-Unis à l'époque où il visita pour la première fois le pays berceau de ses aïeux[1]. Une preuve éclatante du développement, non pas de l'esprit libéral, mais de l'esprit démocratique, c'est que les habitants des États-Unis, dans ces derniers temps, se sont départis de ce respect pour l'antiquité, et se sont imbus, pleins de jalousie contre l'Angleterre et de partialité pour la France, d'une aversion toujours croissante pour ces institutions et cette bonne foi auxquelles ils ont dû leur première grandeur. Cet esprit tendant à se généraliser, on peut affirmer sans aller trop loin que bientôt sonnera la dernière heure de la liberté américaine.

Pour démontrer plus clairement encore que le caractère distinct de la révolution d'Angleterre doit être attribué aux événements qui l'ont précédée, et à la part active que les générations antérieures avaient exercée sur les affaires de l'État, il suffira de se rappeler ce qui se passait vers le même temps dans les deux royaumes voisins. L'Irlande, conquise par Henri II, fut soumise pendant quatre siècles à l'autorité toute féodale de l'Angleterre : pas un des privilèges des sujets anglais n'avait été accordé aux habitants de cette île : ils n'avaient point souffert les horreurs de la conquête des Saxons, et n'avaient pas non plus goûté les douceurs de leur liberté. L'aristocratie féodale, sous sa forme la plus hideuse, l'exaspération nationale, une noblesse absente; voilà ce qui leur fut réservé; et qu'en résulta-t-il ? Au lieu des réformes modérées, des conquêtes de l'humanité, de la sécurité des propriétés, caractères distinctifs de la révolution anglaise, on y vit toutes les horreurs de la licence populaire, et les dernières sévérités dans les armées chargées de les soumettre : on y vit massacrer les populations, brûler des familles entières, faire couler des flots de sang dans les combats et sur l'échafaud,

---

[1] Washington Irving, *Sketch-Book*, I, 19.

détruire les cités et désoler les provinces. La vengeance de l'Angleterre, quoique gravement provoquée, fut plus terrible encore. Cromwell essaya sérieusement d'extirper de ce pays toute la race des Irlandais catholiques, quoiqu'ils fussent huit fois plus nombreux que les protestants; quarante mille hommes furent envoyés pour servir comme soldats dans les pays étrangers,. et leurs femmes et leurs enfants transportés dans les plantations; on rendit plus dures encore des lois déjà sévères contre ceux qui restèrent dans l'île; les biens de tous ceux qui avaient porté les armes contre le Parlement furent confisqués, et l'on prit un tiers de leurs possessions à tous ceux qui n'avaient point servi le parti populaire. Une grande partie de la population fut transférée d'une extrémité à l'autre du pays, et tout Irlandais ayant rompu son ban pouvait être tué impunément par la personne qui le rencontrait. Les effets de cette mesure furent tels qu'environ la moitié du sol de ce royaume, formant un total de 7,000,000 d'acres, fut confisquée et donnée aux soldats de la Révolution. Même après la restauration de Charles II, les deux tiers de ces immenses possessions restèrent entre les mains des nouveaux donataires, et les propriétaires dépossédés n'en recouvrirent pas la moindre partie, quoique le troisième tiers fût nominalement restitué aux catholiques [1].

La lutte, en Écosse, fut marquée aussi par les mêmes horreurs. Dans ce royaume reculé, ni les institutions saxonnes, ni les principes de la liberté n'avaient jamais été établis sur une base solide. En conséquence les nobles et les paysans en vinrent dès la réforme aux plus sanglantes collisions, n'ayant point ce corps modérateur des classes moyennes habituées à jouir de leurs antiques priviléges. Comme on pouvait s'y attendre, les premiers actes des révolutionnaires y furent marqués par la violence et par la plus criante injustice. Toutes les propriétés de l'Église, formant près du tiers du royaume, furent confisquées et distribuées entre les barons du parti populaire. Le sang coula par torrents sur l'échafaud; on ne faisait point de quartier dans les combats. Quant aux procédés du parti contraire, ils ressemblèrent plus à la vengeance sanguinaire des sauvages qu'à la conduite d'hommes combattant pour des priviléges civils. La

[1] Lingard, XI, 136; XII, 74.—Hume, I, 379.—Laing, *Écosse*, III, 218, 219 .

douceur et la modération déployées dans la guerre civile d'Angleterre font un contraste frappant avec la cruauté des royalistes et la froide dureté des covenantaires d'Écosse. Le massacre des partisans de Montrose précéda les horreurs de l'insurrection vendéenne ; et les noyades de la Loire ont leur pendant dans les atroces vengeances de la faction populaire [1] [*]. On ne peut pas dire cependant que le caractère national des Anglais exerça une influence décisive sur la marche modérée et si honorable de notre révolution. Les guerres civiles des deux Roses, à un siècle et demi de là, s'étaient fait remarquer par un degré de cruauté féroce dont on trouverait à peine le renouvellement dans les effrayantes annales de la Révolution française. Les prisonniers de tout rang étaient massacrés de sang-froid après l'action : le chef d'un parti ne se faisait point scrupule de tuer de sa main le prince enfant tombé en son pouvoir : et pendant une assez longue suite d'années, des troupes d'Anglais, se combattant mutuellement, mirent en pratique ce terrible commandement de *pas de quartier*, tandis que ce même ordre, donné à ses armées par le gouvernement révolutionnaire de la France, ne fut point obéi, grâce à l'humanité des généraux [2].

Le caractère humain et modéré de la Révolution anglaise doit donc être attribué aux circonstances au milieu desquelles la lutte commença dans ce pays, aux droits antérieurement acquis, à des priviléges longtemps exercés, et auxquels les peuples s'étaient attachés dans une longue suite de siècles ; enfin à la modération qui résulte nécessairement de la possession de la liberté. Elle ne fut souillée par aucune réforme violente, parce qu'elle éclata chez un peuple dès longtemps attaché à ses vieilles institutions. Elle fut exempte de proscriptions, parce qu'à la tête du mouve-

[1] Chambers, *Révolutions*, 1642, II, p. 137. — Laing, III, 329, 330, 355, 448. — Napier, *Vie de Montrose*, 268.

[*] Après la bataille de Philiphaugh, tous les prisonniers irlandais appartenant à l'armée de Montrose furent mis à mort de sang-froid par les covenantaires victorieux ; et les enfants de ceux qui furent pris dans le West-Lothian furent jetés du haut du pont de Linlithgow, dans la rivière d'Avon, tandis que les bords du fleuve étaient garnis de bandes de républicains féroces armés de hallebardes pour massacrer celles de ces innocentes créatures que le courant pouvait amener à la rive. — Napier, *Vie de Montrose*, 268. — Chambers, *Révolutions*, 1648, II, 137.

[2] Lac., *Pr. hist.*, II, 58. — Hume, III, 203, 210. — Laing, III, 355.

ment se trouvait presque toute l'intelligence de la nation, et
qu'ainsi la marche de la révolution n'y fut point livrée aux passions désordonnées de la populace. Les nouveaux dépositaires
du pouvoir en usèrent avec une singulière modération, parce
que ces hommes n'étaient point étrangers à l'exercice de l'autorité.[1]
Peu de propriétés y furent confisquées, parce que dans les rangs
du parti populaire se trouvaient une grande partie des propriétaires du sol. La sagesse remarquable qui depuis lors a toujours
distingué l'esprit public de ce pays, sagesse qui a frappé d'admiration aussi bien les étrangers [1] que nous-mêmes [2], est le résultat
des mêmes causes qui n'ont pas cessé d'opérer dans le même sens.

On appréciera mieux encore l'importance de ces causes en
essayant de rechercher quelle influence elles ont exercée sur la
Révolution française. Pour cela il nous faudra remonter un peu
loin dans le passé historique de cette contrée.

La Gaule, de même que les autres provinces de l'empire romain, était plongée dans le plus dégradant état de faiblesse, lors
de l'irruption des barbares. Déjà au temps de Tacite, on voyait
s'éclipser rapidement l'ancien éclat de la valeur guerrière; et
bien avant la chute de l'empire, il était devenu impossible de
recruter les légions parmi les Romains efféminés. L'esclavage, ce
cancer social, avait épuisé les sources de la vie dans cet État;
l'opulence des patriciens avait absorbé ou détruit l'industrie du
peuple; la race des hommes libres avait disparu, et en leur lieu
et place s'était développée une ignoble tourbe d'esclaves soumis à des propriétaires absents. Ces habitants misérables des
provinces étaient violemment opprimés par les gouverneurs envoyés de Rome; ils étaient sévèrement exclus de tout emploi de
confiance soit civil, soit militaire. Le nombre des hommes libres
dans les provinces ne s'élevait qu'à 500,000; et au temps de
Constantin, le tribut imposé sur les personnes libres s'éleva,
dit-on, à la somme énorme de neuf livres sterling par tête. La population des provinces diminua rapidement sous ce despotisme
de fer; les esclaves suivaient volontairement chaque nouvel envahisseur, et allaient grossir les rangs des conquérants du Nord;
et pendant que les forêts de la libre Germanie se peuplaient dans

---

[1] Lac., *Hist. de France*, VII, 39.
[2] Robertson, *Écosse*, III, 182. — Burke, VI, 80.

une progression rapide, la race humaine semblait s'éteindre dans les riches provinces de l'empire. Le caractère national; on l'admettra facilement, s'altéra bientôt sous l'influence de ces causes délétères. Au vi° siècle, les nations du Nord considéraient les habitants de la Gaule comme réunissant tous les vices de l'humaine nature, la cruauté des barbares avec la lâcheté de l'opulence, la crainte rampante des esclaves avec l'arrogance des tyrans, les raffinements de la civilisation avec la brutalité de la vie sauvage. Les hommes du Nord ne connaissaient pas d'insulte plus cruelle à jeter à un ennemi que de l'appeler un Romain [1].

Lorsque les barbares, à la fin du iv° siècle, se ruèrent de tous côtés sur l'empire d'Occident, ils trouvèrent toutes les terres entre les mains de quelques grandes familles, qui faisaient cultiver par des esclaves leurs immenses possessions. La province de Gaule ne faisait point exception à cet état général de désolation, suite naturelle de l'opulence accompagnée de la corruption. Toutefois, les conquérants barbares ne se saisirent pas immédiatement de la totalité des terres conquises. Les Burgondes et les Visigoths n'en prirent que les deux tiers : on ne sait pas bien ce que prenaient les Francs, mais il paraît évident qu'ils finirent par occuper presque toutes les possessions territoriales de la Gaule. Les biens laissés aux mains des propriétaires romains furent appelés *allodiaux ;* on les distinguait ainsi des domaines militaires dont ils étaient entourés. Au reste la condition misérable des anciens habitants est surabondamment prouvée par ce fait, que le meurtre d'un Franc de rang inférieur se rachetait par une composition de 200 sols, et celui d'un propriétaire romain par une composition de 100 sols seulement. Insensiblement la distinction entre Romain et barbare fut plus tranchée encore; les biens allodiaux furent saisis par les barons voisins, ou du moins soumis à leur protection, sous prétexte d'assurer leur sécurité [2]. Les habitants énervés de l'empire corrompu plièrent sous l'énergique effort du barbare indépendant, et dès le xi° siècle la révolution dans la propriété ter-

[1] Tac., *Vit. Agric.*, c. 2. — Gib.. I, 82, 83; III, 65, 66. — Turner, *Angl.-Sax.*, I, 188. — Sism., I, 69, 74, 77, 84, 89, 108. — Luitprand, II, 481. — Gibbon, IX, 143.

[2] Hallam, I, 144, 147, 149, 168, *Leges salicæ*, c. 58. — Sism., *France,* I, 82, 83. — Gibbon, V, 263. — Guizot, *Hist. de France,* 72, 100.

ritoriale était complète, sauf dans les provinces du Sud, et le nom de France avait remplacé celui de Gaule.

Les compagnons de Clovis, de même que les autres tribus germaniques, étaient fortement attachés aux principes de la liberté. Ils respectaient les talents militaires de leur illustre chef, et suivaient avec plaisir ses étendards victorieux; mais, en fait, ils se considéraient plutôt comme ses égaux que comme ses sujets; ils ne craignaient pas de braver sa colère lorsque la guerre terminée avait mis fin à son autorité comme général. Lorsqu'ils partagèrent à Soissons les dépouilles des provinces romaines, Clovis demandait qu'on mît à part pour lui un vase remarquable. Tout le monde avait consenti, lorsqu'un soldat s'avança, et brisant le vase précieux d'un coup de sa hache de bataille: « Tu n'auras, lui dit-il, que ce que le sort te donnera. » La conquête de la Gaule dispersa dans les vastes provinces de cette contrée ces guerriers indépendants, dont le nombre ne dépassait pas quelques milliers d'hommes. Leurs réunions annuelles, qui se tenaient au printemps, donnèrent naissance à ces assemblées célèbres du champ-de-mai, longtemps révérées comme le fondement des libertés françaises. Bientôt, cependant, on sentit avec regret la difficulté de réunir un corps aussi dispersé; les nouveaux propriétaires, occupés des intérêts exclusifs de leurs nouveaux domaines, regardèrent comme une charge trop lourde l'obligation de se rendre aux assemblées générales; les rois cessèrent bientôt aussi de les convoquer; et insensiblement les successeurs de Clovis s'affranchirent de toute dépendance des anciens fondateurs de la monarchie [1].

Dans les siècles barbares, cependant, le pouvoir du monarque ne peut être durable que si le prince possède d'éminentes qualités militaires. Le luxe et la mollesse des cours éteint bientôt la vigueur nécessaire au commandement. Les plaisirs et la débauche énervèrent les premiers monarques francs, et l'on vit dans cette race des Mérovingiens une misérable postérité de jeunes princes dont la taille atteignait à peine cinq pieds. Insensiblement, les maires du palais usurpèrent l'autorité royale, et la couronne, portée par une suite de souverains stigmatisés dans l'histoire par le nom de *rois fainéants,* devint un objet de mépris, même pour

[1] Du Bos, *Hist. critiq.,* II, 301. — Hallam, I, 153, 155.

les peuples dégénérés.' Les victoires de Chárles Martel,' et le
génie de Charlemagne arrêtèrent pour un moment l'avilissement
de la royauté, mais après eux, le prestige du trône s'effaça rapidement : partout les grands propriétaires usurpèrent les prérogatives de la couronne,' et la France se trouva par le fait
divisée en un certain nombre de principautés indépendantes les
unes des autres, faisant la guerre et administrant la justice de
leur autorité propre. Rien ne dégénère aussi rapidement que
les vertus de barbares ou de pasteurs conquérants. A peine
sont-ils fixés dans le pays vaincu,' qu'ils adoptent les vices de
leurs nouveaux sujets et deviennent bientôt aussi efféminés que
le peuple conquis : l'énergie du caractère barbare tombe en
même temps que disparaît la nécessité qui l'avait produite; et
après un petit nombre de générations, il est difficile de distinguer les fils des conquérants de ceux du peuple qu'ils ont soumis. Il
faut du temps pour que l'homme apprenne à supporter, avec égalité
d'âme, les séductions des richesses. L'opulence entre les mains
d'un peuple grossier et ignorant produit le fatal effet des liqueurs
fortes sur les Peaux-Rouges de l'Amérique. L'histoire de la monarchie française prouve à l'évidence cette vérité.' La faiblesse
inhérente à un siècle de barbarie se fait voir même durant le
règne de Charlemagne. La grandeur de son génie, l'expérience
de ses armées, ne jetèrent sur son empire qu'un éclat passager :
les efforts de quelques milliers d'hommes libres furent sans
résultat au milieu de tant de millions d'esclaves avilis, et le conquérant de l'Occident éprouva l'amère déception d'apercevoir
avant sa mort les symptômes de la décadence qui devait si
rapidement entraîner son empire.' Il n'y a que la liberté publique et la culture intellectuelle des peuples qui puissent donner à l'humanité la force de résister à l'influence fatale d'une
prospérité trop rapide, qui puissent faire vivre encore dans les
siècles civilisés toute l'énergie des temps barbares, et préparer un
contre-poison à l'influence énervante des richesses, en pourvoyant
à l'élévation constante des classes qui ont longtemps souffert '.

La faiblesse de l'empire d'Occident devint manifeste à la mort
même du monarque victorieux.' Ce qu'il avait élevé s'écroula
comme par enchantement : tous les domaines étant séparés ne

' Sism., *France*, I, 400, 401 ; II, 279.—Condé, II, 125.—Hallam, I, 31, 156.

purent se soutenir mutuellement, et des millions d'esclaves pusillanimes n'essayèrent pas même de résister aux ravages de quelques milliers d'aventuriers hardis et rapaces. Les Normands, les Huns, les Sarrasins assaillirent les différentes frontières ; un essaim de barbares sauvages se répandit dans les plaines de la Germanie, et menaça les habitants d'une extermination générale ; les Normands remontèrent toutes les rivières navigables, et, sortant de leurs légers bateaux, promenèrent l'incendie et la dévastation au cœur même de la France. Les riches et les pauvres étaient également incapables du moindre effort pour détourner la publique calamité ; les Normands brûlaient les villages, en enlevaient les habitants, détruisaient impunément les châteaux ; et pendant que les tribus indomptées de la Germanie s'unissaient sous Othon pour repousser la terrible invasion des cavaliers hongrois, les habitants dégénérés des provinces romaines étaient incapables de résister aux incursions partielles des bandes détachées des pirates du Nord [1].

Cependant, après la chute de la dynastie de Charlemagne, la bravoure guerrière des habitants de la France reprit naissance à l'occasion des luttes particulières entre les nobles. Pendant ces guerres, suites naturelles de la faiblesse du trône, tous les châteaux de France furent fortifiés. C'est ainsi que les plus grands maux de l'humanité se corrigent par leur excès même. Privés de toute espèce de secours de la part de leur gouvernement, et réduits à se protéger, eux-mêmes, les propriétaires territoriaux furent obligés d'armer leurs vassaux et de fortifier leurs châteaux, devenus leurs seuls refuges. L'usage des armes ramena le talent militaire, que l'universalité du danger rendait indispensable : la confiance dans les moyens de défense raviva les courages ; il s'éleva une race d'hommes formés à la guerre dès leur enfance, et forts de l'idée de leur supériorité dans les armes. Les armes étaient la seule étude à l'intérieur des châteaux, le seul plaisir était d'entendre le récit des exploits guerriers : les mots *chevalerie* et *courtoisie* attestent encore les vertus auxquelles on formait les chevaliers, vertus qu'on regardait comme l'apanage de ceux qui avaient été élevés à la cour des barons. La misère et les souffrances de cet âge ont donc produit la perfection

[1] Hallam, 25. — Sism., III, 96, 97, 123, 168, 170, 255, 276.

et la dignité des manières de notre temps. Les soldats avilis des rois carlovingiens ont donné naissance à l'héroïque noblesse de France ; des siècles de guerres et de rapines ont amené la valeur généreuse des guerriers modernes ; la décadence de l'autorité royale a produit la fière indépendance de la noblesse féodale. Mais cette rénovation sociale se borna aux nobles, aux seuls possesseurs de la terre ; les serfs, cultivateurs du sol, les bourgeois, habitants des villes, étaient toujours retenus dans l'état de dégradation le plus absolu. Les Francs vivaient dans leurs châteaux, entourés de leurs hommes d'armes, au sein de leur solitaire indépendance ; les Gaulois, désarmés, dénués de toute protection, végétaient dans les campagnes, exposés à toute espèce de rapines et incapables de se défendre. La défiance de leurs maîtres leur refusait l'usage des armes ; la supériorité fatale des chevaliers rendait toute révolte impossible. Souvent, durant le xi° siècle, la misère poussa les paysans aux dernières extrémités et les engagea dans des luttes sanglantes contre les nobles ; mais jamais leurs révoltes ne furent heureuses ; ils étaient obligés de retourner à la charrue, découragés par leurs défaites et succombant sous le poids de leurs souffrances [1].

Le premier rayon qui vint éclairer ces ténèbres du moyen âge sur le continent européen, brilla au sein des bourgs, « exécrable institution, dit le vieux historien, par laquelle des esclaves sont excités à demander la liberté, et oublient l'obéissance qu'ils doivent à leurs maîtres. » La première corporation se forma en France à peu près un siècle et demi après la conquête de l'Angleterre, et Louis le Gros généralisa ces institutions qu'il fit servir de contre-poids à la puissance des nobles. Rouen et Falaise, les deux premières corporations de la Normandie, tenaient leur charte de Philippe-Auguste, qui la leur avait octroyée en 1267. Avant cette époque, les états de ce duché étaient exclusivement composés de la noblesse et du clergé. Les rois cependant, comprenant bientôt l'importance de ces communautés, comme remparts opposés aux usurpations de la noblesse, rendirent une loi par laquelle tout esclave, échappé des mains de son maître, qui achetait une maison dans un bourg, et qui y vivait un an sans avoir été réclamé, obtenait de plein droit la liberté ; cette loi semble avoir été commune à la France, à l'Écosse et à l'Angleterre.

---

[1] Thierry, I, 161, 169, 170. — Sism., *France*, III, 375, 451.

C'est ainsi que les communes furent le berceau de la liberté [1], quoique les nobles les regardassent encore avec mépris, et que d'après les lois féodales le noble ne pût marier sa pupille à un *bourgeois* ou *vilain :* mais, malgré leur importance toujours croissante, les communes pendant longtemps ne purent résister à la puissance de la noblesse, à cause du défaut d'habileté des bourgeois dans le maniement des armes, que leurs adversaires maniaient avec tant d'adresse. Cette supériorité était de la plus grande valeur dans un âge de violence générale, et où l'on n'accordait de considération qu'à la profession des armes.

" Les deux grandes causes qui avaient nourri l'esprit de liberté en Angleterre, furent d'abord le pouvoir extraordinaire du souverain et ensuite l'indépendance des communes, conséquences immédiates de la conquête normande. En France, ce fut exactement l'inverse ; la grandeur du trône y fut obscurcie par l'ascendant de la noblesse ; et l'énergie populaire s'éteignit sous l'influence des priviléges extraordinaires de l'aristocratie. Pendant plusieurs siècles, la monarchie française fut réduite à une extrême faiblesse. Les ducs de Normandie, les comtes de Toulouse, les ducs de Bourgogne et de Bretagne, étaient plutôt des souverains indépendants que de grands vassaux de la couronne ; et jusqu'à Louis VI, le pouvoir du monarque ne s'étendit guère à plus de vingt lieues de sa capitale. Il fut heureux pour la monarchie que ces grands feudataires ne devinrent point indépendants de droit comme ils l'étaient de fait, et que les duchés de France ne se soient point séparés de la monarchie de Clovis, comme les électorats d'Allemagne s'étaient séparés de l'empire d'Othon le Grand. Dans les moments de dangers, quand les grands vassaux rassemblaient les hommes de leurs fiefs, le roi de France pouvait encore mettre en campagne une armée puissante ; mais une fois l'alarme passée, les forces du monarque disparaissaient ; les vassaux se retiraient à l'expiration du temps légal de leur service ; et il arrivait souvent, après une campagne de quelques semaines, que le monarque, qui venait de commander une armée de cent mille hommes, était battu par la garnison d'une forteresse insignifiante [2].

[1] Sism., VII, 112. — Bar., *Introduction*, 42.

[2] Hume, II, 111, 112. — Hollingshed, III, 15. — Ducange, au mot *commune.*— Houard, *Loix des Français*, I, 238. — Tytler, II, 301. — M'Pherson, I, 347.

Mais de toutes les institutions françaises, celle qui nuisit le plus au développement de la liberté fut la loi qui réservait aux hautes classes l'usage exclusif des armes, et qui, en conséquence, ne permettait pas la présence dans les armées de cette classe moyenne qui, en Angleterre, constitua la force militaire de la nation et le boulevard de la monarchie. Jamais, avant le règne de Charles VI, la jalousie des nobles n'avait permis aux paysans de porter les armes; aussi les Français n'avaient-ils point d'archers, point d'infanterie disciplinée à opposer à leurs ennemis, et furent-ils obligés d'aller chercher, dans les montagnes de Gênes, des arbalétriers pour résister aux terribles yeomen d'Angleterre. Les défaites de Crécy et de Poitiers, celles de Morat et de Granson furent le résultat de cette infériorité. Non que les Français le cédassent en bravoure aux Anglais et aux Suisses, mais parce que leurs armées, uniquement composées de vassaux militaires, n'avaient rien à opposer à cette infanterie solide et expérimentée qui, dans tous les temps, a fait la force des peuples libres. Instruit enfin par les défaites que nous venons de rappeler, le gouvernement de France rendit en 1394 une ordonnance en vertu de laquelle tous les paysans du pays seraient formés au maniement de l'arc, et abandonneraient la pernicieuse habitude des jeux de hasard. Ils firent dans ce genre d'exercices de très-rapides progrès et ils fussent devenus bientôt pour l'Angleterre de redoutables rivaux, si les nobles n'eussent pris l'alarme en voyant se développer ainsi la vigueur des classes inférieures. On défendit les exercices militaires, on rétablit les jeux de hasard; le peuple, perdant toute confiance en ses propres forces, se découragea, et bientôt suivit la défaite d'Azincourt [1].

La misère et l'anarchie qui suivirent les guerres avec l'Angleterre commencèrent à développer en France l'esprit démocratique, naturel à ce peuple. Durant ces luttes désastreuses, dans lesquelles les armées françaises furent tant de fois détruites, et où la licence de la soldatesque porta, pendant près d'un siècle, la dévastation au cœur même du pays, le pouvoir des nobles fut pour un temps éclipsé; mais l'excès de la détresse releva le courage des paysans. Abandonnés de leurs protecteurs naturels, pillés par des bandes de soldats licencieux, poussés au désespoir par

____
[1] Sism., XII, 51. — Bar., I, 79 ; II, 217.

la souffrance, excités encore par la perspective d'un pillage général, la populace courut partout aux armes, et l'insurrection de
la Jacquerie fut comme *l'annonce* des horreurs de la Révolution.
On put voir alors les effets du gouvernement despotique des
siècles antérieurs.-Loin de ressembler à ces réformateurs modérés
qui combattaient pour l'indépendance des communes sous la conduite même des barons amis de la liberté, les paysans français,
entièrement livrés à la direction de chefs qu'ils s'étaient choisis,
se livrèrent bientôt à tous les excès de la licence populaire. Aussi
cette révolte revêtit les formes hideuses d'une guerre servile. Les
nobles, détestés pour leur tyrannie, étaient exposés partout à la
violence du peuple; et comme ils ne savaient point affronter ces
violences avec la dignité qui eût convenu à leur rang, ils devinrent l'objet d'insultes plus outrageantes encore de la part des
paysans. On les chassait comme des bêtes fauves; on les massacrait sans merci; on brûlait leurs châteaux; on enlevait et l'on
tuait leurs femmes et leurs filles; et leurs sauvages ennemis
poussèrent quelquefois l'atrocité de leur vengeance jusqu'à les
empaler pour les faire brûler à petit feu. Mais en définitive cet
effort des paysans fut aussi inutile qu'il avait été féroce. La
nécessité força enfin les nobles à réunir leurs efforts pour la
défense commune; les paysans, peu faits à l'usage des armes,
étrangers à la discipline, ne résistèrent point au choc de la
chevalerie féodale; la licence populaire fut réprimée; mais la
moitié de la population française était tombée victime de la lutte
ou de la peste qui suivit les guerres d'Édouard III. Il resta cependant de tant de misère un esprit national qui survécut aux
désastres auxquels il devait son origine. Les nations, comme les
individus, se forment souvent à l'école de l'adversité; et si l'on
recherchait avec attention les causes de nos progrès les plus
rapides dans notre condition sociale, on les trouverait souvent
dans ces longues périodes de malheurs, où l'excès du mal fait
revivre l'énergie des nations. Même avant la mort d'Édouard III,
le soldat français, à la suite d'un long exercice des armes, était
devenu supérieur au soldat anglais : le courage de cette nation,
perdu dans les siècles de la servitude romaine, fut recouvré par
elle au milieu des angoisses de la guerre intérieure. L'esprit de
liberté se développa dans les bourgs, seuls refuges alors contre
toute violence, et dont l'importance avait singulièrement grandi

pendant les dévastations commises dans le pays. Ces fières aspirations, émanant des cités opulentes de la Flandre, menacèrent bientôt de ruine l'aristocratie de France et celle d'Angleterre [1].

La liberté en France et en Flandre marcha, pour nous servir d'une expression militaire, sur un front oblique ; les villes opulentes des Pays-Bas étaient à l'avant-garde ; Paris, Rouen et Lyon marchaient après, et toutes les municipalités du sud de la France étaient prêtes au premier succès à se joindre aux communes confédérées. La fermeté de Gand et la victoire de Bruges excitèrent l'esprit démocratique dans tous les États voisins ; toute la noblesse de l'Europe prit l'alarme, et l'invasion de la Flandre par la chevalerie française fut dirigée par les mêmes principes qui, en 1793, poussèrent les alliés sur le sol de la France. Mais le moment n'était pas venu encore où les bourgeois pouvaient combattre avec avantage les forces de l'aristocratie. En vain les bourgeois de Flandre défirent leurs propres barons et assiégèrent la noblesse flamande dans Audenarde avec une armée de soixante mille hommes, les escadrons bardés de fer de la gendarmerie française rompirent leurs rangs pressés ; et la victoire de Rosebeek anéantit pour quatre siècles les libertés françaises en même temps que celles de la Flandre. Les municipalités françaises, dans lesquelles fermentait déjà l'esprit démocratique, perdirent tout espoir à la nouvelle de cette défaite, et, abandonnant la lutte, se résignèrent à une destinée qu'elles devaient considérer comme inévitable. Vingt mille citoyens armés attendaient à Paris le retour du monarque vainqueur ; malheureusement ce déploiement des forces de la bourgeoisie se faisait trop tard pour protéger les libertés publiques ; on emprisonna les chefs, on les mit à mort, et l'érection de la Bastille en 1589 marqua le commencement d'une longue période de servitude, qui devait finir en 1789, par la destruction de cette prison d'État [2].

Les luttes de la nation française sous le règne de Charles VI, ainsi que la Révolution qui éclata quatre siècles plus tard, différèrent essentiellement de caractère et d'objet avec celles que soutinrent les Anglais en faveur de leurs libertés. Les barons nor-

[1] Froissard, VIII, 124, c. 182, 184. — Sism., X, 543, 548, 549. — Bar., I, 74. — Hume, II, 463.

[2] Bar., I. 74, 295. — Sism., XI, 397, 400, 407.

mands extorquèrent la grande charte à Runnymede ; les paysans français firent l'insurrection de la Jacquerie ; les communes de France seules soutinrent la confédération de Gand. D'un côté les barons marchaient à la tête des classes populaires ; ils stipulaient pour eux et pour leurs inférieurs les garanties de la liberté ; de l'autre côté la noblesse prit généralement le parti du trône, et s'unit pour combattre des tendances qui menaçaient ses priviléges. D'un côté se trouvèrent la modération et l'humanité, de l'autre la cruauté et la plus violente exaspération. Tant il est vrai que dès le commencement de l'histoire de ces deux pays, les commotions populaires y ont été marquées du sceau qui a toujours distingué le caractère des deux peuples, tant était puissante la force des circonstances extérieures qui a imprimé ce même cachet sur les efforts des nations dans les âges les plus reculés [1]. Diverses causes, après cette période, concoururent à arrêter le développement des libertés publiques, et à conserver intacte cette puissance exorbitante de l'aristocratie française qui a fini par amener la Révolution.

I. La monarchie française, durant les siècles féodaux, était plutôt une confédération d'États divers qu'un gouvernement vraiment monarchique. Les grands vassaux exerçaient tous les droits de la souveraineté, exempts de tout contrôle extérieur : ils battaient monnaie, déclaraient la guerre et rendaient la justice. Ils étaient exempts de tout impôt, à l'exception des prestations de guerre, et ils n'étaient soumis à aucune espèce de contrôle légal. Cette complète indépendance devait produire d'immenses effets. Ni les besoins généraux, ni la crainte d'un ennemi extérieur, n'obligèrent jamais les nobles à avoir recours à l'aide de leurs vassaux, soit pour la défense du pays, soit dans leurs luttes contre le souverain. En Angleterre, l'immense autorité donnée au souverain par la conquête, réprima aussitôt la turbulence des barons, établit une législation commune à tout le royaume ; et ce pouvoir étendu de la couronne engagea les nobles à armer la yeomanry dans leur propre intérêt. En France, au contraire, la faiblesse du trône permit aux grands vassaux d'usurper les droits de la souveraineté, et de modifier la loi commune, en adoptant des coutumes particulières pour chaque petit État

[1] Bar., I, 74, 295.

séparé. Cette même faiblesse enfin laissait aux nobles seuls le droit de porter les armes. Toute l'attention de l'aristocratie se concentrait sur des intérêts particuliers, des disputes sans fin, et des guerres domestiques. Rien ne cimentait l'union de ce corps, qui n'avait point d'intérêts communs à soigner, point de priviléges communs à conserver, point de danger commun à repousser. La monarchie avait vieilli, et ses sujets n'avaient point éprouvé les sentiments d'un peuple uni, n'avaient jamais été guidés par des intérêts généraux, et n'avaient jamais compris la force de l'union [1].

II. Les longues et sanglantes guerres avec l'Angleterre, qui durèrent presque sans interruption pendant cent vingt ans, furent fatales au développement de l'industrie et du commerce de la France, et à l'esprit de liberté qu'entretiennent ces deux grandes forces des nations. L'influence de la guerre fut toute différente chez nous; elle augmenta les demandes à l'industrie nationale : elle offrait la perspective du butin à rapporter des expéditions sur le continent, et fit payer une solde très-élevée à ces yeomen dont on doublait ainsi la vigueur. Les invasions des Anglais en France y étaient considérées avec de tout autres sentiments : elles n'apportaient à la noblesse que défaites et humiliations; aux bourgeois que pillage et dévastation, aux paysans enfin qu'oppression et misère. Après que la noblesse féodale eut été détruite à Azincourt, tous les liens sociaux se trouvèrent rompus. Chaque château, chaque lieu fortifié devint la résidence de quelque partisan aussi redoutable à ses concitoyens qu'aux ennemis; on ne voyait partout que guerre et rapine; et les malheureux paysans, poussés dans le sein des villes fortifiées par le besoin de protection, n'osaient s'aventurer au dehors pour aller cultiver les champs, qu'en plaçant des sentinelles sur les clochers pour les avertir de l'approche du danger. On peut constater encore aujourd'hui une conséquence de cet état continuel d'alarme : on rencontre en effet peu de chaumières éparses, dans les provinces du nord et de l'est de la France, tandis que partout en Angleterre s'élèvent au milieu des champs, des bois et des prairies, les humbles, mais confortables demeures de nos campagnards. La richesse commerciale, cette mère de la liberté

---

[1] Hallam, I, 227. — Hume, II, 115.

dans les temps civilisés, avait disparu pendant ces luttes désastreuses ; l'industrie était morte, et la violence était devenue universelle, parce que seule elle conduisait au pouvoir. Il fallait des sacrifices d'argent considérables pour obtenir des États voisins des troupes mercenaires. Les bandes auxiliaires de l'Écosse arrêtèrent les progrès de l'ennemi à Crevant et à Verneuil ; et la grande monarchie militaire fut obligée de demander aide et protection aux armes d'un peuple barbare. Pendant ces calamités publiques, les progrès de la liberté furent arrêtés ; et les misérables habitants du pays, obligés de disputer leur existence aux ennemis du dedans et à ceux du dehors, n'avaient ni loisirs pour contempler les bienfaits de la liberté, ni moyens propres à acquérir les richesses, qui seules peuvent la faire estimer [1].

III. Après que l'enthousiasme de la pucelle d'Orléans, la valeur de la noblesse, et les dissensions intestines de l'Angleterre eurent éloigné des rivages de la France ces ennemis détestés, des bandes nombreuses de soldats armés parcoururent le royaume, exerçant d'affreuses déprédations qui obligèrent la couronne à exercer enfin vigoureusement son autorité. C'est ce qui fit créer les compagnies d'ordonnance de Charles VII, premier exemple d'une armée permanente dans l'Europe moderne. Ces compagnies, qui dès le principe ne s'élevaient pas à plus de seize mille hommes d'infanterie et de neuf mille chevaux, donnèrent bientôt à la couronne une supériorité décidée sur les milices féodales : toujours réunies, toujours prêtes pour l'action, elles finirent par l'emporter sur les armements lents et passagers de la noblesse. Dès ce moment le monarque vit s'accroître l'ascendant de la couronne ; par une suite d'incidents heureux, les fiefs les plus importants firent retour à la monarchie, et l'autorité royale ne rencontra plus de résistance, ni dans les barons de la féodalité, ni dans les communes. L'armée tumultueuse des grands feudataires, rarement appelée à guerroyer, toujours mal disciplinée, ne saurait soutenir une lutte de quelque durée contre un faible corps de soldats réguliers, qui, toujours réunis et toujours exercés, ont acquis une grande habileté dans le maniement des armes, et restent fidèles au drapeau dans les succès comme dans les revers. Outre cette faiblesse relative des forces mili-

---

[1] Hallam, I, 108. — Villaret, XIV, 302. — Sism., *France*, X, 543, 548.

taires de la noblesse, les barons en France ne pouvaient compter sur aucun secours de la part du peuple ; le paysan, ne connaissant pas l'usage des armes, et toujours plein du souvenir des rapines et des injures qu'il avait souffertes, ne pouvait rien entreprendre contre le trône, et du reste ne tenait pas à humilier un pouvoir à la protection duquel il recourait souvent. Il en résulta que le roi acquit en peu de temps un pouvoir despotique ; et Louis XI, en entretenant une force régulière de vingt-quatre mille fantassins et de quinze mille cavaliers, fut le maître absolu de ses vastes domaines [1].

IV. La situation géographique de la France, au milieu des grandes monarchies militaires de l'Europe, obligea ce pays à l'entretien constant d'une grande armée permanente, et perpétua la puissance absolue de la couronne. Après la décadence des mœurs féodales, conséquence des progrès de la richesse ; après la chute de l'influence militaire de la noblesse, conséquence de l'introduction des armes à feu, il ne resta pas dans l'État un pouvoir capable de contre-balancer les forces régulières de la monarchie. Les nobles se rendaient en foule à Paris pour jouir des splendeurs de la cour ou des plaisirs de la capitale ; les paysans, privés de toute espèce d'organisation, opprimés par leurs maîtres et plongés dans l'ignorance, oubliaient jusqu'au nom même de la liberté. Cependant, les guerres contre l'Angleterre avaient ravivé l'esprit militaire, non-seulement parmi les nobles, mais encore parmi les roturiers ; les événements politiques qui suivirent donnèrent à cet esprit sa direction naturelle ; les ressources du pays en aidèrent le développement, et la France se posa bientôt comme puissance conquérante. Le courage et l'énergie de la nation suivirent rapidement cette voie ambitieuse ; le souverain augmenta toujours cette force qui ouvrait à ses drapeaux une si brillante carrière ; et les peuples, enivrés par les conquêtes de Charles VIII et de François Ier, oublièrent en même temps les désastres qui suivirent ces succès d'un moment et l'ascendant décisif qu'ils donnaient au gouvernement. La passion de la gloire militaire, nourrie par de nombreux triomphes, devint la passion dominante des Français ; les états-généraux, qui pendant un

[1] Robert., *Charles V*, I, 121. 123. — Monstrelet, part. II, § 139. — Hallam, I, 117, 118. — Philip. de Commines, I, 384.

demi-siècle avaient acquis une autorité presque égale à celle du parlement d'Angleterre, tombèrent insensiblement en désuétude, et furent définitivement abandonnés, après leur réunion de 1614; cet abandon ne fut pas le résultat de nouveaux empiétements de la couronne, mais bien plutôt de l'indifférence de la nation. On avait été près de deux cents ans sans les réunir lorsqu'ils furent convoqués avant la Révolution française; la nation, éblouie par l'éclat des succès militaires, avait tacitement abandonné au roi toute l'autorité réelle [1]. [illegible]

V. Dès les premiers temps, avait été établie en France la distinction entre patriciens et plébéiens, entre nobles et roturiers; une malheureuse coutume voulait que le privilége passât du père à tous ses enfants, au lieu de ne le transmettre qu'au fils aîné, comme en Angleterre. Il s'ensuivit une séparation absolue entre les hautes classes et les ordres inférieurs, et l'établissement d'une ligne de démarcation que ne pouvaient franchir ni le talent, ni l'audace, ni les plus brillants succès. « On est effrayé, dit Pascal, de songer aux effets que produit la naissance : elle donne à un enfant qui vient de naître un degré de considération que cinquante ans de travail et de vertu ne sauraient donner à un autre homme. » De toutes les circonstances qui servirent à donner à la Révolution française son caractère tout particulier, il n'en est pas une peut-être dont l'influence ait été aussi considérable. Elle devait fatalement donner naissance à une classe privilégiée, objet de jalousie pour tout le reste de la nation. Et ce qui fut plus fatal encore, c'est que dès le commencement de la lutte, cette classe se trouva privée de toute espèce de sympathie, de toute espèce d'appui, et cela partout, à l'exception d'une seule province. Mais l'influence du despotisme ne saurait plus, dans les temps modernes, éteindre pour longtemps la lumière de la raison. La presse est aujourd'hui un antidote précieux contre l'espèce de gouvernement la plus détestable, si l'on excepte peut-être les gouvernements qui sont les conséquences des abus mêmes de la presse. Contre toute autre oppression, son influence est décisive, quoiqu'elle puisse être lente. En vain les rois de France firent tout au monde pour abaisser les classes inférieures; en vain ils crurent cacher sous le voile brillant des

---

[1] Hallam, I, 256. — Mably, *Villiers*, II, 128.

succès militaires la corruption du despotisme; en vain ils encou-
ragèrent les sciences et les arts et cherchèrent à retenir le torrent
du génie dans les limites étroites d'une ambition réglementée; la
force de la pensée brisa les entraves du pouvoir; l'énergie de la
civilisation rompit les chaînes de l'esclavage. Les classes moyennes
sentirent à la longue leur importance; les priviléges de la féodalité parurent révoltants à des hommes éclairés par la marche
progressive des connaissances humaines; les liens de la servitude
devinrent insupportables à une nation qui sentait se développer
en elle la passion de la liberté. Ce ne furent ni les embarras
financiers, ni la corruption de la cour, ni les souffrances des
paysans qui amenèrent la grande convulsion du xixe siècle; car
tous ces maux ont pu être guéris dans d'autres contrées sans
qu'il ait été besoin de recourir à un remède aussi violent : non,
ce fut seulement la haine vouée par le peuple à une aristocratie
orgueilleuse, dont la puissance séculaire était devenue insupportable [1].

VI. Ce qui contribua encore à amener la situation qui devait
produire en France cette grande lutte entre la nation et son gouvernement, ce fut surtout le succès qu'obtint le cardinal de
Richelieu, dans une politique qui consistait à détruire l'influence
de la noblesse de province en attirant tous les nobles à Paris. Ce
grand homme était un de ces génies supérieurs qui, pour le mal
comme pour le bien, impriment leur cachet à une suite de générations. Il possédait à un très-haut degré cette grande qualité
sans laquelle toute l'habileté du monde ne saurait rien produire
de durable dans le gouvernement des peuples, cette grande
qualité avec laquelle il n'est rien d'impossible au génie; il possédait un grand courage moral, une inflexible détermination et
une incroyable activité. Son grand objet était d'élever le trône
aux dépens de la noblesse, et l'Église catholique sur les ruines
du protestantisme. Profondément pénétré, d'une part, de la faiblesse dont avait été frappée la monarchie par l'indépendance
et les priviléges des grands feudataires, et de l'autre, des divisions suscitées en Angleterre par l'indomptable ferveur des puritains; il vit, dans la destruction de ces deux grandes causes de
discordes, le moyen le plus sûr de relever le trône et de conso-

[1] Rivarol, 92, 93.

lider la monarchie dans son pays : cependant Richelieu n'était ni courtisan, ni ministre servile ; il travaillait à la grandeur de sa patrie : le roi était l'objet de son culte, parce que, comme le disait Louis XIV, l'État c'était le roi : mais il aimait la France plus encore que la monarchie *. L'anarchie produite par la faiblesse féodale était alors le grand mal qui affligeait la société, et ce fut à guérir ce mal qu'il travailla avec tant d'intrépidité. Son esprit prophétique prévoyait pour son pays les gloires de Louis XIV s'il réussissait, ou le malheureux destin de la Pologne s'il échouait dans son dessein '.

Il fallait, pour arriver à de telles fins, les efforts persévérants d'un vaste génie, vigoureusement secondé par le pouvoir, et favorisé aussi par les circonstances : Richelieu fut heureux sous ces différents rapports. Il chassa les huguenots de la Rochelle, ce grand refuge des mécontents qui de là pouvaient communiquer à leur aise avec le gouvernement rival et les protestants sympathiques de l'Angleterre. Il humilia l'Autriche, cette redoutable rivale de la France sur le continent. Pour accomplir plus sûrement ce dessein, il soutint les protestants d'Allemagne pendant qu'il persécutait les huguenots en France ; car il était assez indifférent aux querelles religieuses, quand elles ne venaient point contrarier sa politique. Il favorisa le commerce comme moyen sûr d'ébranler la puissance de la noblesse ; il fit rendre bonne justice, et fit appliquer les lois avec impartialité, afin de réprimer les excès des nobles. Quoique peu versé lui-même dans les lettres, il sut en discerner l'importance ; il s'en servit surtout comme moyen de donner de l'éclat à la capitale, et comme puissance dans la main du monarque. La France lui doit l'Académie, ce foyer où se concentre tout le génie de la nation, éclairé des rayons de la faveur royale. Pénétré de cette vérité pratique, que la couronne ne peut être véritablement indépendante que si les finances de la monarchie sont dans un état florissant, il

---

* Au lit de la mort, après avoir reçu l'extrême-onction, il s'écria : « O mon Juge ! condamnez-moi si j'ai eu d'autres intentions que de servir le roi et l'État ! » Ces paroles étaient sincères ; elles peignent bien le caractère de Richelieu ; mais, de même que les autres hommes d'État de son temps, il croyait tous les moyens bons pour arriver à ses fins. — *Voy.* Soulavie, *Règne de Louis XIV*, IV, 248.

' Sism., *Hist. de France*, XXIV, 127. — Smyth, *Rév. française*, I, 7.

employa tous ses efforts à l'accroissement du revenu public, et
légua un trésor immense et un système financier admirable à
cette royauté qu'il avait trouvée la plus faible et la plus pauvre
de la chrétienté. Mais le véritable coup de maître de sa politique,
ce fut la suppression de toute nomination à vie au gouvernement
des places fortes ou des provinces; il n'accorda plus les emplois
relevant de la couronne que pour un très-petit nombre d'années, de sorte que, dès ce moment, ces emplois se trouvèrent
sous le contrôle réel du gouvernement : au reste, il ne fut plus
possible de les obtenir que dans les antichambres du souverain[1].

On comprendra sans peine que des changements aussi radi-
caux, destinés à modifier profondément les pouvoirs du gouvernement, la forme de la société, et les destinées futures du
pays, n'aient point été accomplis sans une résistance intrépide
de la part des dépositaires actuels de l'autorité, de la part de
ceux qui recueillaient à peu près seuls le bénéfice du régime
existant. Aussi l'administration de Richelieu n'est-elle guère
qu'une série non interrompue de luttes, souvent balancées, entre
les princes du sang, les nobles, le parlement, la reine, la reine
mère et quelquefois le roi lui-même. Mais tel fut l'ascendant de
ce génie, telles furent la fertilité de ses ressources et l'audace de
son courage, qu'il triompha de tous ces partis. Peu scrupuleux
sur les moyens à employer pour arriver à ses fins, il emprisonna, ruina, exila, fit périr sans pitié tout ce qui, jouissant
d'une autorité quelconque, osait s'opposer à ses projets. Aussi,
ses desseins eurent un succès complet, et dans l'espace d'une
seule vie, la France, qui n'était avant lui qu'une confédération
féodale à la tête de laquelle se trouvait un suzerain nominal
résidant à Paris, la France fût transformée en une monarchie
absolue dans laquelle tous les pouvoirs se trouvèrent concentrés
dans les mains du souverain. Lors de son voyage en France,
Pierre le Grand, pénétré d'admiration, embrassa la statue du
grand ministre qui avait dompté les Strelitz de la monarchie de
Clovis[2].

Quelles que fussent cependant les talents de Richelieu, il faut

[1] Sismondi, *Hist. de France*, XXIV, 100, 124.
[2] Smyth, *Rév. franç.*, I, 7, 8.

chercher ailleurs que dans son immense habileté le secret de
ces succès extraordinaires. Comme tous les succès du même
genre, ils résultent de causes plus profondes et plus générales.
La véritable cause de ce prodige se trouve dans la coïncidence
de l'administration de ce grand homme avec les tendances naturelles de son époque. La puissance militaire de la noblesse était à
son déclin, c'était la conséquence du changement des mœurs aussi
bien que de l'introduction des armées permanentes : Richelieu
substitua l'autorité du monarque à celle des nobles. Déjà les progrès des richesses et du luxe leur avaient donné le goût des plaisirs
de la capitale ; Richelieu ouvrit pour leurs plaisirs les antichambres du palais, et offrit en perspective à leur ambition les hautes
charges de la monarchie. Le changement fut rapide et général :
le même phénomène se produisit en France, lorsque Napoléon
détourna par la voie des conquêtes l'ardeur révolutionnaire des
Français. En peu d'années, les nobles oublièrent leurs castels,
leurs intérêts ruraux ; la France se concentra dans Paris, et Paris
dans Versailles. Dès la première moitié du règne de Louis XIV,
la transformation était complète. Mais elle fut fatale à l'influence
des nobles : amoindris et abaissés par les frivolités de la cour,
endettés par des dépenses énormes, retenus dans une espèce de
servitude par les profits qu'ils retiraient de leurs charges, ils
devinrent incapables de rien entreprendre en faveur des libertés
publiques, ou de soutenir la moindre lutte contre le despotisme. Il ne leur restait ni force militaire à commander, ni
moyen légal de résister à l'autorité du roi. Ils avaient perdu
toute influence sur les paysans de leurs domaines. L'attachement des vassaux s'était évanoui dès que toute relation d'intérêt avait cessé entre eux et leurs seigneurs. Sur les rives de
la Seine et de la Loire, les châteaux démantelés, les campagnes
en friche, les serfs déguenillés disaient assez combien les rayons
de la faveur aristocratique avaient cessé de luire sur la contrée ;
tandis que Paris, florissant, splendide et plein de séductions,
prouvait qu'un aimant irrésistible attirait vers les régions de la
cour tout ce que la France avait de grand, tout ce qu'elle avait de
beau [1].

VII. Le caractère personnel et le règne éblouissant du souve-

[1] Smyth, I, 8. — Sism., XXIV, 124, 186.

rain qui succéda à Louis XIII contribuèrent puissamment à fortifier en France la monarchie absolue. Richelieu eut la gloire de
jeter les fondements de l'édifice sur des bases solides ; Louis XIV
se chargea de la décoration extérieure, éleva les entablements
de ces colonnes corinthiennes, dont la beauté fascinait tous ceux
qui en approchaient. Un écrivain contemporain a laissé le brillant tableau que voici du règne de ce roi célèbre : « Turenne et
Luxembourg étaient ses généraux ; Colbert, Louvois et Torcy ses
hommes d'État ; Vauban fut son ingénieur ; Pérault bâtit ses palais, le Poussin et Lebrun les ornèrent ; Le Nôtre traça ses jardins ; Corneille et Racine écrivirent ses tragédies, Molière ses
comédies. Boileau fut son poëte, Bossuet, Fénelon, Bourdaloue
et Massillon ses orateurs sacrés. C'est au milieu de l'auguste
assemblée de ces grands hommes, qui le regardaient comme leur
patron et comme leur protecteur, que ce monarque se présente à
l'admiration de la postérité. » En voilà assez pour captiver l'attention des esprits les plus superficiels, comme des observateurs
les plus profonds. Il n'est point de grandeur intellectuelle qui
dépasse celle de la renommée littéraire ; la gloire de Napoléon
et des armées de la Révolution pâlissent devant cet éclat. Ces
gloires, après tout, sont moins variées et moins durables ; elles
ont détruit ou absorbé une plus grande somme de forces nationales, elles ont causé aussi plus de souffrances à la nation ; elles
ont remporté de grandes victoires sur la force matérielle ; elles
ne sauraient briller de cette majesté de la puissance intellectuelle, majesté qui n'a rien d'emprunté. Le plus grand des écrivains français modernes, Chateaubriand, admet que c'est au
siècle de Louis XIV qu'il faut aller chercher l'ère classique de la
littérature françoise. A mesure que s'amortissent les passions
révolutionnaires, à mesure que disparaît le goût barbare de cette
époque d'anarchie, à mesure que le bon sens reprend son empire, ces astres de la littérature recommencent à briller d'un
éblouissant éclat, de même que les corps célestes reparaissent
avec toute leur splendeur lorsque sont dissipés les nuages et les
vapeurs qui les avaient fait disparaître à nos yeux. Peut-être les
génies de ce grand siècle ne seront-ils jamais égalés en France ; et
les siècles futurs seront forcés d'avouer que l'histoire de ce pays
prouve, une fois de plus, la vérité de cette observation de Montesquieu, que jamais les nations n'arrivent à une grandeur durable que

sous le règne d'institutions mises en harmonie avec leurs mœurs[1].
« Il eût été heureux pour la France que le gouvernement de
Louis XIV se fût borné à ces traits de grandeur; il n'eût ainsi
laissé à l'historien que l'agréable tâche de raconter les triomphes
de l'art et les progrès de la science, de louer des génies trans-
cendants et une éloquence sans rivale. Mais le grand roi alla trop
loin, et sa politique, dépassant les vues mêmes de Richelieu,
donna au gouvernement de la France, non-seulement la vigueur
d'une monarchie forte et puissante, mais encore l'influence dé-
létère de l'absolutisme. Sa maxime favorite : *L'État c'est moi*,
exprimait bien toutes ses idées sur le gouvernement. Non-seulement il fit venir à Paris toute sa noblesse, mais il sut l'annihiler
dès qu'elle y fut; non-seulement il exclut le peuple de toute par-
ticipation aux affaires publiques, mais il sut encore faire en sorte
qu'il ne se sentit point blessé de cette exclusion. Ses grandes
qualités, et il en avait beaucoup, contribuèrent à ce résultat, et
furent, en dernière analyse, plus pernicieuses à la France que ne
l'eussent été peut-être des talents moins remarquables; les qualités supérieures du monarque éblouirent les yeux du peuple,
en flattant au plus haut degré sa passion pour la gloire : elles
l'aveuglèrent sur la pesanteur des chaînes du pouvoir absolu.
Tel était l'éclat de Versailles sous ce règne de splendeurs et de
magnificences, que le monarque n'eut jamais besoin d'user de
sévérité pour maintenir intacte son autorité sur la noblesse, ni
de cruauté envers les peuples pour les retenir dans l'obéissance.
Une simple exclusion de la cour, l'éloignement de la présence
du maître, cela suffisait pour humilier les plus fiers aristocrates.
Quant au tiers-état, jamais seulement on ne conçut dans cet
ordre la pensée de résister au commandement du souverain.
Durant ce long règne, ce fut à la cour que vint se concentrer
l'administration des divers départements des affaires publiques.
Les antichambres de Versailles étaient assiégées tous les jours par
une foule de suppliants titrés mais pauvres, qui demandaient
avidement des emplois, des faveurs ou des distinctions aux ministres et aux maîtresses; et les ordres des ministres et des favorites étaient obéis depuis Calais jusqu'aux Pyrénées[2].

[1] Smyth, *Rév. franç.*, I, 40.
[2] Sismondi. — Smyth, I, 40, 41.

VIII. La réforme *, dont les conséquences furent si importantes dans d'autres États, produisit peu d'effet en France, à cause même du très-petit nombre d'hommes capables d'en recevoir les doctrines. Elle jeta cependant ses racines dans les cités maritimes et commerçantes de l'ouest; mais les habitants des campagnes étaient trop ignorants, et les nobles de la capitale trop dissolus pour en adopter les préceptes. Aussi la lutte entre les deux sectes fut-elle souillée des plus inhumaines atrocités. Rien n'avait égalé l'horreur de la Saint-Barthélemy, avant la Révolution. Quarante mille personnes furent massacrées dans différentes provinces, en vertu des ordres d'une cour perfide. Du reste, la conduite des huguenots ne se distingua point par plus de modération; leurs premières insurrections furent accompagnées de ravages et de massacres, et les premiers efforts de la liberté religieuse revêtirent dans ce pays les formes hideuses d'une guerre servile. Mais en vain les talents de Coligny, la générosité d'Henri IV et la sagesse de Sully vinrent en aide à cette cause; leur parti dans la nation était trop peu nombreux, leur influence sur l'esprit public trop peu décisive pour leur donner les moyens de réussir d'une manière durable. Le monarque qui devait le trône aux efforts des protestants, se vit obligé, pour consolider son pouvoir, d'embrasser la foi de ses adversaires. Ce ne fut point parce qu'elle resta catholique que la France fut enchaînée; mais elle demeura catholique parce qu'elle était esclave. On y avait jeté à profusion la semence de la liberté religieuse, et on l'avait arrosée, cette semence, du sang de nombreux martyrs; mais le sol n'était point préparé à la recevoir, et ses jets, quoique vigoureux d'abord, furent bientôt desséchés par le souffle du despotisme. La lutte vint trop tôt pour les intérêts de la liberté, trop tard pour réformer le pouvoir; la dernière étincelle de l'indépendance expira en France à la prise de la Rochelle, et il fallut deux siècles de constante oppression pour ramener les peuples au sentiment de la valeur de ces bienfaits que leurs ancêtres avaient arrachés violemment aux huguenots [1].

---

* Nous ne pouvons nous dispenser d'avertir nos lecteurs catholiques, que l'auteur, dont nous respectons fidèlement le texte anglais, examine la Réforme au point de vue protestant, et s'appuie sur l'autorité suspecte de Sismondi.   (*Note de l'éditeur.*)

[1] Lac., *Guerres de religion*, II, 50, 200, 359, 360. — Sully, V, 123.

. IX. La longue jouissance du pouvoir absolu ; et ces principes de religion purement extérieure qui dans les pays catholiques s'allient souvent avec une extrême indulgence pour les plaisirs sensuels, finirent par amener Louis XIV à un acte de despotisme hideux, qui d'un seul coup doubla le nombre de ses ennemis du dehors, paralysa les ressources intérieures, ternit la gloire de son règne, produisit une série de désastres dans le pays et révéla la faiblesse, la véritable décrépitude de la monarchie. La hiérarchie romaine considérait depuis longtemps d'un œil jaloux les priviléges concédés aux protestants par la généreuse tolérance de Henri IV. L'édit de Nantes, par lequel ce sage monarque avait apaisé les troubles religieux du xvi⁰ siècle, était pour le clergé catholique'le sujet de perpétuelles alarmes. Le vieux chancelier Tellier, à l'âge de 85 ans, supplia le roi de lui accorder avant de mourir la consolation de signer la révocation de cet odieux édit ; et telle était l'influence du parti de Rome, que son désir fut bientôt accompli. Le 2 octobre 1685 parut la fatale révocation : tous les huguenots du royaume furent livrés à la persécution, à la violence et aux exécutions militaires. Tel était, dans les rangs les plus élevés, le fanatisme de ce siècle, que le chancelier mourant récitait, en signant cette révocation, le beau cantique de Siméon sur la venue de l'Évangile de paix.* ; et cet acte perfide du despotisme, dont le résultat final fut la ruine de la religion chrétienne en France, cet acte qui conduisit l'arrière-petit-fils du grand roi sur les marches de l'échafaud, fut célébré par les plus illustres docteurs de l'Église catholique comme le plus grand triomphe que la vraie foi eût remporté depuis la première révélation **.

* « Le chancelier Tellier, âgé de 83 ans, malade, et qui se sentait près de mourir, demanda au roi de lui accorder la consolation de signer avant de mourir un édit qui porterait révocation de l'édit de Nantes : il le signa en effet, le 2 octobre 1685 ; et avec un fanatisme qui fait frémir, il récita le cantique de Siméon, appliquant à cet acte farouche les félicitations qui, dans la bouche du vieillard hébreu, se rapportaient au salut du genre humain. » (Sism., *Hist. des Français*, XXV, 514, 515.)

** « Dieu lui réservait l'accomplissement du grand ouvrage de la religion, et il dit en scellant la révocation du fameux édit de Nantes, qu'après ce triomphe de la foi, et un si beau monument de la piété du roi, il ne se souciait plus de finir ses jours. — Nos pères n'avaient pas vu comme nous une hérésie invétérée tomber tout à coup ; les troupeaux égarés revenir en foule,

La révocation de l'édit de Nantes ordonnait la destruction immédiate de ce qui restait encore de temples consacrés au culte des huguenots ; elle prohibait dans tout le royaume, à l'exception d'un petit nombre de baillages sans importance, l'exercice du culte réformé ; elle bannissait, sous peine des galères, tous les ministres de ce culte qui ne se convertiraient point, et ne leur accordait que quinze jours pour quitter la France. On ferma toutes les écoles réformées, et l'on fit rebaptiser tous les enfants selon le rite romain. On n'accorda que quatre mois aux réfugiés pour rentrer dans le royaume et faire leur abjuration ; à l'expiration de ce délai, tous leurs biens étaient confisqués ; et la peine des galères menaçait tous ceux qui chercheraient à quitter le pays. Les moyens employés pour assurer l'exécution de ce décret furent plus atroces encore que le décret lui-même. Les généraux commandants de provinces reçurent ordre de poursuivre les réfractaires avec toute la sévérité des exécutions militaires *. En conséquence, des troupes se répandirent dans la Normandie, dans la Bretagne, dans l'Anjou, dans l'Orléanais, dans le Languedoc et dans la Provence : les cruautés qu'elles exercèrent sur les malheureux protestants paraîtraient incroyables, si leur réalité n'était établie par le témoignage uniforme des annalistes contemporains les plus impartiaux **. Ils affirment que dans le Lan-

---

et nos églises trop étroites pour les recevoir ; leurs faux pasteurs les abandonner sans même en attendre l'ordre, et heureux d'avoir à leur alléguer leur bannissement pour excuse : tout calme dans un si grand mouvement : l'univers étonné de voir dans un événement si nouveau, la marque la plus assurée comme le *plus bel usage de l'autorité*, et le mérite du prince plus reconnu et plus révéré que son autorité même. » (Bossuet, *Oraison funèbre de Michel le Tellier*, 25 janv. 1686. — *Voyez* aussi Fléchier, *Oraison funèbre de M. le Tellier*, 29 mai 1686, p. 354.) « Huit ans après, des chants joyeux résonnaient dans une église catholique, un être obscur était né à Châtenay, près de Sceaux, qui ébranla jusque dans ses fondements la foi catholique en France, et qui tira ses armes les plus fortes de cet acte d'atroce perfidie. » (Voltaire.)

* Louvois, ministre du roi, leur adressa une circulaire où il disait : « Sa Majesté veut qu'on fasse sentir les dernières rigueurs à ceux qui ne voudront pas se faire catholiques ; et ceux qui auront la sotte gloire de vouloir être les derniers, doivent être poussés jusqu'à la dernière extrémité. » (Sism., *Hist. des Franç.*, XXVI, 519.)

** « Par cet édit, dit Saint-Simon, sans le moindre prétexte, sans la moindre nécessité, un quart du royaume fut dépeuplé, son commerce ruiné,

guedoc seul, plus de cent mille personnes furent mises à mort,
et que plus d'un dixième des victimes souffrirent les affreuses
tortures du chevalet ou de la roue. Les estimations les plus modérées portent à quatre cent mille le nombre des Français qui
quittèrent le royaume; elles portent à un nombre à peu près égal
ceux qui, partant pour l'exil, périrent de faim et de fatigue, ceux
qui, périrent dans les prisons, aux galères, et sur l'échafaud.
Ajoutez à cela un million d'hommes qui feignirent de se convertir
et qui, au milieu de la désolation et des larmes, conservèrent en
secret la foi de leurs pères. Le revenu des biens des huguenots
confisqués au profit de la couronne monta à dix-sept millions de
francs; des biens produisant un revenu beaucoup plus considérable
furent donnés aux parents catholiques des exilés, ou bien aux
courtisans de Versailles.

 Les effets immédiats de cette atroce iniquité furent éminemment
favorables à la cause des persécuteurs, comme cela se voit souvent à la suite d'actes de violence d'une grande énergie. Bossuet,
Fléchier et les prélats romains étaient ravis d'extase au récit
qu'ils entendaient des conversions nombreuses constatées chaque
jour. Six mille abjuraient d'un côté, dix mille d'un autre; les
églises ne pouvaient plus contenir les convertis : jamais la vraie
foi n'avait obtenu un pareil triomphe depuis le jour où, dans la

[illegible]

tout le pays livré au pillage avoué et public des dragons : des innocents
des deux sexes voués aux supplices et aux tortures, et cela par milliers;
des familles furent dépouillées de leurs biens, les parents armés contre les
parents, et nos manufactures transportées à l'étranger; le monde vit des
masses d'êtres humains, proscrits, nus, fugitifs, innocents de tout crime et
pourtant cherchant un asyle sur des terres étrangères, et non dans leur
propre pays, où l'on punissait du fouet et des galères le noble, le riche, le
vieillard, le souffrant, le faible, non moins distingués le plus souvent par
leur rang que par leur piété et leurs vertus, et tout cela se faisait uniquement pour la religion. Bien plus, pour accroître l'horreur de ces procédés,
chaque province était remplie d'hommes parjures et sacriléges, qu'on forçait de se convertir, ou qui feignaient de le faire, sacrifiant leur conscience
à leurs intérêts temporels et à leur repos. En vérité, telles furent les horreurs produites à la fois par la fureur et par la lâcheté, que dans l'espace
de vingt-quatre heures des hommes passaient de la torture à l'abjuration,
de l'abjuration à la sainte table, accompagnés généralement par l'exécuteur
public. » Ce sont là les paroles d'un témoin oculaire, d'un courtisan de
Louis XIV, le duc de Saint-Simon. (*Voyez* Saint-Simon, *Mémoires*,
vol. XIII, p. 113. — Smyth, *Révolution française*, I, 30.)

personne de Constantin, elle était montée sur le trône impérial.
Mais ce n'est pas ainsi que l'on convertit l'humanité, et que l'on
peut espérer des impressions durables. Les dragons et les
tortures ne sauraient, dans un siècle d'intelligence, enchaîner
pour longtemps l'esprit humain. Ce fut par leurs souffrances,
et non par la cruauté, que les apôtres du Christ établirent sa
doctrine sur des bases impérissables. Les larmes des huguenots
innocents furent enregistrées dans le livre du destin, et leur
souvenir passa jusqu'à la troisième et la quatrième génération.
C'est de la révocation de l'édit de Nantes que date le commencement d'une série de causes et d'effets qui terminèrent le règne
de Louis XIV au milieu du deuil public, qui amenèrent la faiblesse et l'humiliation de la monarchie française, répandirent
parmi les habitants le poison fatal de l'irréligion, et finirent par
renverser ce trône et cette Église qui avaient fait de leur puissance un abus si funeste. La réaction de l'humanité contre la
violence, du génie contre l'oppression, fut plus forte que le pouvoir du grand roi [1].

Les huguenots exilés furent reçus avec de généreuses sympathies en Allemagne, en Hollande et en Angleterre : ils portèrent
au loin le récit des injures et des souffrances qu'ils avaient
subies. Ils excitèrent l'indomptable courage de l'héroïque Guillaume ; ils cimentèrent les bases de la grande alliance ; ils aigui-
sèrent l'épée d'Eugène et celle de Marlborough. Répandant dans
les îles Britanniques leur industrie, leurs arts et leurs connaissances, ils donnèrent aux manufactures anglaises une impulsion
égale à l'activité dont ils privaient la France : ils produisirent
ainsi cette grande disproportion dans les richesses des deux contrées rivales, et la supériorité commerciale autant que l'énergie
de la nation anglaise, lui fournit les moyens de traverser triom-
phante la longue crise des guerres de la Révolution. La nation
française souffrit longtemps de cette épouvantable cruauté, et
ce fut un mal sans remède, car tout en développant la passion
de la liberté, il enlevait au peuple la force nécessaire pour en
modérer les excès. La cause de la liberté se vit séparée de la
cause de la religion, et dès lors il ne fut plus possible de maintenir les peuples autrement que par la force. On avait mis un

[1] Smyth, I, 31. — Sism., *Hist. des Franç.*, XXVI, 520, 556.

frein au développement de l'idée du gouvernement de la nation
par elle-même ; on avait supprimé violemment toute discussion,
et quand éclata la passion de la liberté, quand le peuple voulut
avoir sa part d'influence dans les affaires publiques, il n'avait
point acquis par l'usage les qualités essentielles à l'exercice de ses
droits. Ce fut par là que la philosophie, confondant la religion
avec les énormités commises en son nom, s'abandonna au scepticisme ; et que, dans l'opinion générale, la cause de l'émancipation des peuples ne parut pouvoir vaincre que par la destruction
du christianisme. Ce fut par là que les restes de cette secte persécutée nourrirent secrètement la plus amère rancune contre
leurs oppresseurs ; on en vit les funestes effets dans les scènes
cruelles de la Révolution. L'Église victorieuse, affaiblie par sa
victoire, paralysée par le succès, s'endormit dans une fausse
sécurité sur le bord même de l'abîme, et tomba sans combattre
devant cet esprit d'incrédulité que l'Église d'Angleterre, comparativement moins coupable, a si souvent secoué comme le lion
secoue les gouttes de rosée qui sont venues mouiller sa crinière.

Le caractère extraordinaire de la Révolution française ne saurait donc être attribué à certaines dispositions particulières de la
nation, ni aux fautes du gouvernement qui dirigeait les affaires
au moment de l'explosion ; il faut en chercher la cause dans la
pesanteur du despotisme qui avait précédé, dans la grandeur
des changements qui en devaient être la suite, et dans les vices
du siècle où elle éclata. Elle se signala par la violence et se baigna
dans le sang, parce qu'elle commença dans les classes inférieures, et revêtit ainsi les sauvages allures d'une guerre servile.
Elle renversa toutes les institutions du pays, parce qu'elle
voulut opérer en un très-petit nombre d'années des changements
qui auraient dû être l'œuvre des siècles. Elle fut bientôt dirigée
par les hommes les plus dépravés de la nation, parce que les
hautes classes ne prirent aucune part à la direction du mouvement. Elle conduisit à la spoliation générale, parce qu'elle ne
fut que l'insurrection des pauvres contre les riches, et qu'elle
ne fut point combattue par une aristocratie forte et bien unie.
Dès le commencement, l'irréligion fut un des caractères distinctifs de cette commotion sociale, parce que tous les esprits généreux et indépendants s'élevèrent contre les abus et contre le despotisme de l'Église romaine. La France eût renversé moins de

choses dans sa révolution, si avant cela elle avait eu le bonheur
de faire plus de conquêtes politiques; elle n'eût point gouverné
par le fer, si le fer ne l'avait point gouvernée trop longtemps;
elle ne fût point demeurée prosternée sous la guillotine de la
populace, si auparavant elle n'eût point gémi pendant des siècles
sous les chaînes de la noblesse.

C'est pendant les périodes les plus désastreuses en apparence,
pendant les souffrances de toute une génération que s'accomplissent les progrès les plus remarquables de l'humanité, et que se
préparent les révolutions qui en définitive deviennent, pour les
peuples, les plus grands bienfaits. Les guerres de l'Heptarchie,
la conquête normande, les luttes des deux Roses, et la grande
rébellion, paraissent être les périodes les plus désastreuses de
notre histoire, celles qui virent les discordes civiles les plus
furieuses, et les souffrances les plus générales. Et c'est précisément à ces époques que se trempa le caractère anglais; c'est dans
ces commotions que résident les causes principales de la prospérité de notre pays; ce fut alors que le courage national naquit de nos extrêmes misères, que l'union des peuples fut le
résultat de l'oppression étrangère, que les dissensions de l'aristocratie amenèrent l'émancipation de la nation, que l'ambition
du trône amena la liberté générale. C'est à ces tempêtes fécondes
qui ont passé sur notre pays que nous devons notre caractère
national, les bienfaits et les douceurs de la liberté, l'énergie qui
fait notre force. De même, les époques les plus sombres des annales de la France, le règne des successeurs de Charlemagne, les
guerres avec l'Angleterre, les luttes religieuses et le despotisme
des Bourbons, sont probablement celles qui ont le plus contribué à former le noble caractère de la nation française : elle a su
aux habitudes de l'esclavage romain substituer la généreuse valeur
de la chevalerie, à la soumission passive de l'ignorance féodale,
l'impétueuse bravoure du patriotisme triomphant; elle a su, de la
lutte acharnée des opinions, recueillir le pouvoir bienfaisant de
la pensée, et enfin, au milieu de la corruption du despotisme,
nourrir et fertiliser la semence de la liberté. A travers toutes les
horreurs de la Révolution, on peut toujours reconnaître l'action
de la même loi de la nature; et les plus grandes calamités de
cette période de l'histoire auront aussi porté leurs fruits, si elles
apprennent aux peuples à se confier dans la suprême sagesse qui

gouverne le monde, et à détester les vices qui sont la désolation
de l'humanité.

. Il y a une grande leçon à tirer de cette revue rétrospective que
nous venons de faire : c'est que la croissance de la liberté est
essentiellement lente, et qu'il faut beaucoup de temps aux nations pour acquérir les qualités qui les rendent capables d'en
exercer les droits. L'apprentissage de la liberté demande, non
pas des années, mais des siècles; ce n'est qu'à la suite de longues
luttes que s'acquiert la vigueur qu'il faut pour la supporter. Au
moment de l'effervescence des idées révolutionnaires, les Français s'imaginèrent qu'il suffisait de quelques jours pour préparer
le peuple à l'exercice du pouvoir démocratique; au moment de
la ferveur de la réforme, les Anglais crurent qu'il suffirait de
quelques années pour faire passer les nègres des habitudes de
l'esclavage à celles de la liberté *. Mais ce n'est pas ainsi que pro-
cède la nature; la solidité du chêne ne s'acquiert point avec la
rapidité de la pousse du champignon. Dans l'ordre matériel,
comme dans l'ordre moral, rien n'est durable que ce qui se forme
lentement; mais un instant peut détruire ce que les siècles ont
édifié. L'histoire nous apprend que la liberté romaine a grandi
pendant six siècles; que la liberté anglaise, dont la naissance date
du règne d'Édouard le Confesseur, s'est développée pendant mille
ans, au milieu des luttes qui se sont succédé dans notre pays;
que la servitude de la glèbe, générale en Europe pendant le
moyen âge, disparut si imperceptiblement dans certaines contrées, que personne ne saurait fixer l'époque de son abolition.
L'histoire nous dit aussi que l'abolition soudaine de l'esclavage
à Saint-Domingue jeta cette île florissante dans les plus épouvantables calamités, et que la même mesure appliquée aux possessions anglaises des Indes occidentales causa la ruine de ces
magnifiques colonies. Instruit par ces exemples, l'observateur
réfléchi augurera toujours mal d'une révolution qui se propose-
rait d'élever tout d'un coup une nation, sans qu'elle y ait été
préparée de longue main, d'un état de nullité politique, à l'exer-

---

* L'acte d'émancipation de 1834 fixait à sept années le temps de cet
apprentissage. On se figurait qu'il était aussi facile de faire un homme libre
d'un esclave, que de faire un artisan d'un homme libre. Ces mesures cependant parurent trop lentes à l'esprit ardent qui dominait alors. Il s'ensuivit
l'émancipation complète au bout de cinq années.

cice des droits si élevés et si dangereux à la fois de la puissance démocratique ; il aura une bien faible idée de la sagesse de ces hommes qui se figurèrent un jour qu'il leur suffirait de revêtir un enfant des vêtements de l'homme pour lui donner toute la gravité et toute la prudence de l'âge mûr. Il aura aussi le droit de considérer comme bien coupables ceux qui voudraient, par une extension injuste des droits politiques, mettre en danger la noble constitution de l'Angleterre. Il se rappellera que ce fut là la cause de la ruine de Carthage, de la chute de Rome sous la tyrannie des empereurs, et il mettra au rang des plus dépravés d'entre les hommes, à quelque classe de la société qu'ils appartiennent, ceux qui, avec de pareils exemples devant les yeux, voudraient, pour satisfaire leur ambition personnelle, ébranler un édifice dont la construction a demandé tant de siècles de labeur, et qui, une fois abattu, ne se relèverait jamais.

CHAPITRE II.

ÉTAT GÉNÉRAL DE LA FRANCE. — CAUSES QUI PRÉDISPOSÈRENT
LE PEUPLE FRANÇAIS A LA RÉVOLUTION.

Immenses ressources de la France. — Avantages qu'elle offre au commerce intérieur. — Détails statistiques. — Disproportion remarquable entre la population agricole et la population manufacturière en Angleterre et en France. —
Caractère général de la nation française. — Colonies françaises, causes de leur
perte. — Commerce immense avec la colonie de Saint-Domingue. — Forces
navales comparées à celles de l'Angleterre. — Forces militaires de la France
avant la guerre. — Force réelle de la France en 1792. — Troupes de la maison du roi. — Quelle fut donc la cause de la Révolution? — Opinion de Sully;
modification dont elle est susceptible. — La haine entre les différentes classes
ne produit pas nécessairement une révolution. — Les classes moyennes aspi-
rent à s'élever. — Ce phénomène ne s'apercevait pas chez les anciens à cause
de la servitude; aujourd'hui c'est la pression exercée d'en bas qui le produit. —
Action générale de ces principes dans les temps modernes. — Leurs effets
remarquables. — Ces causes éloignent l'extinction de l'esprit public par l'effet
des richesses. — Dangers de l'elevation progressive des ordres inférieurs. —
Dans tous les États modernes qui progressent, il y a collision inévitable entre
les classes moyennes et les hautes classes. —Chute de la puissance des nobles. —
Esprit militaire de la nation.—Philosophie et littérature.—Causes des égarements
de l'opinion publique. —Allusions classiques partout en honneur. — Influence
du théâtre sur l'esprit public. — État de l'Église. — Funestes effets de la re-
vocation de l'edit de Nantes. — Affaiblissement de l'Église gallicane. — Il
resulte des disputes entre les jésuites et les jansénistes. — Ces disputes amènent la lutte des parlements contre la royauté. — Pouvoir des parlements. —
Progrès de la lutte. — Suppression des jésuites. — Cessation des disputes
religieuses; naissance des opinions philosophiques. — Vie et portrait de Montesquieu. — Caractère de ses écrits. — Influence de Montesquieu sur la Révolution. — Naissance et origine de Voltaire. — Sa vie. — Il s'élève à la suprématie littéraire. — Il se retire à Ferney, sur le lac de Genève. — Sa dernière
visite à Paris, sa mort. — Caractère de sa philosophie. — Histoire, critique,
poésies de Voltaire. — Ses principes religieux. — Rousseau, son enfance et
ses mœurs. — Actions criminelles de sa jeunesse. — Ses premiers essais littéraires. —Son ingratitude envers madame de Warens. —Ses ecrits, sa mort. —
Caractère littéraire de Rousseau. — Base de ses idées philosophiques. — Importance des détails donnés sur ces grands hommes. — Leurs successeurs

poussent beaucoup plus loin leurs opinions. — Raynal, Diderot et d'Alembert.
— Doctrines pernicieuses des matérialistes. — Incrédulité générale. — Les
principes irréligieux se répandent dans la noblesse. — Frédéric et Catherine
encouragent l'irréligion. — Faiblesse de l'Église de France à cette époque. —
Prophéties remarquables de l'Église française sur les effets de l'irréligion. —
Corruption et vices du clergé. — Les économistes. — Leurs doctrines. —
Réflexions sur ces doctrines. — Privilèges des nobles. — Distinction rigoureuse entre nobles et roturiers. — Composition des classes privilégiées. —
Condition prospère du tiers-état. — Développement considérable de Paris et
des villes principales du royaume. — Éducation du tiers-état supérieure à celle
de la noblesse. — Inégalité dans les charges publiques. — Inégalité dans l'im-
position des taxes directes. — Impôts indirects. — État de la classe des cultivateurs. — Propriétaires non résidants. — Services féodaux, corvées. — Leur
variété, leur caractère oppressif. — Exagérations à ce sujet. — Administration
de la justice. — Prérogative royale. — Inconstance dans l'exercice de cette
prérogative. — La torture encore en usage en France. — Horreur des anciennes pénalités. — Corruption à la cour. — Débauches du régent et de
Louis XV. — Mme de Pompadour et Mme du Barri. — Mœurs dissolues du jeune
Égalité. — Contraste avec les mœurs des classes moyennes à la même époque. —
Embarras des finances. — Vains efforts du gouvernement pour combler le déficit. — Faiblesse de la noblesse tombée sous le mépris. — Incapacité de la noblesse
comme corps politique. — Fatales divisions entre les vieilles familles et les
nouveaux ennoblis. — Le clergé aussi est divisé. — Effets désastreux de l'influence de Paris sur la France. — L'élément fidèle de la noblesse des campagnes
faisait défaut. — Observations remarquables de lord Chesterfield sur l'état de
la France. — Louis XV prévoyait les périls de la monarchie. — Il se décide à
renverser les parlements. — Suppression des parlements. — Réflexions de
M. Burke sur cette mesure. — Conquête de la Corse; elle fait Napoléon citoyen
français. — Mort de Louis XV. — Avantages du système de gouvernement suivi
en France à cette époque. — Excellence des parlements comme cours de justice. — Les charges s'y achetaient; c'était un avantage. — Différence dans la
constitution des cours de justice en France et en Angleterre, avant la Révolution. — Excellence du système des intendants de provinces. — Réflexions sur
les causes de la Révolution. — Causes réelles de la Révolution. — Ce furent les
vices de la nation et non ses souffrances qui la produisirent. — La perte des
vertus d'un peuple produit seule les révolutions.

Plus favorablement située que toutes les autres monarchies de
l'Europe, au point de vue de la force maritime et des ressources
intérieures, la France a reçu de la nature des avantages qui la
mettent à même de marcher à la tête des peuples, tant sous le
rapport des progrès pacifiques que sous celui de la grandeur militaire. Son territoire, compacte, spacieux et fertile, est capable
de nourrir un nombre incroyable d'habitants; il offre tous les
avantages propres à stimuler l'activité industrielle, et à la ré-

compenser par de beaux bénéfices. De vastes côtes baignées par
les flots agités de la baie de Biscaye, et par les vagues de la Manche, produisent ces hommes vigoureux par lesquels on arrive à
la grandeur maritime ; tandis qu'un climat heureux qui tient le
milieu entre la température rigoureuse du nord et la douceur
des latitudes méridionales, produit d'un côté le rude travail, et
de l'autre adoucit les mœurs par l'action d'une vie heureuse. On
trouve dans les diverses provinces de cette belle contrée presque
toutes les productions nécessaires à la subsistance, au bien-être,
au luxe des hommes. Au nord, de vastes plaines qui produisent
le blé et de riches pâturages, offrent d'inépuisables ressources
à l'immense population que peuvent occuper ses mines de char-
bon. Dans les provinces du centre, la vigne et le maïs annoncent
au voyageur qu'il approche des régions du Midi. De vastes usines
de fer le long des rives de la Loire procurent d'abondants matériaux à une fabrication métallurgique qui prend dès aujourd'hui
un rapide développement. Les rives de la Garonne, toujours
éclairées par un beau soleil, et les rives rocailleuses du Rhône
produisent des fruits et des vins d'un goût exquis. La betterave
y est devenue la rivale de la canne à sucre des Indes occidentales.
Enfin, les côtes riantes de la Méditerranée sont couvertes d'oli-
viers qui ne le cèdent ni en vigueur ni en beauté à ceux de la
Grèce et de la Toscane. [illegible]

« Cet échange lucratif entre les produits de l'industrie du Nord
et ceux que la nature répand à profusion dans le Midi, forme le
commerce intérieur de la France : c'est le plus avantageux et le
plus durable que puisse ambitionner un peuple civilisé : pour la
plupart des autres peuples, il constitue leur commerce extérieur.
Les Français recueillent ainsi tous les fruits des productions qui
forment les extrémités de la chaîne, et du transit sur toute son
étendue ; un vaste réseau de canaux intérieurs et la large route
de l'Océan sont pour eux des moyens de transport toujours fa-
ciles ; et la rapidité des retours, également estimée par le commerçant et par la science économique, existe dans ce pays pour
les branches les plus importantes de son commerce. Ses char-
bons sont, sans doute, inférieurs à ceux de la Grande-Bretagne,
et on ne les trouve en quantité considérable que dans les provinces du nord ; mais l'industrie possède une compensation dans
les immenses forêts mises en coupes réglées, qui varient à l'in-

fini l'aspect de ce beau pays, et qui sont encore un des principaux revenus du travail agricole. Enfin, la douceur du climat permet aux Français de récolter le raisin, la pêche et l'olive sur des terrains rocailleux qu'en Angleterre on abandonnerait au genêt et à la bruyère. Ainsi donc il est à peine un coin de cette terre qui ne puisse récompenser l'industrie du laboureur [1].

« La France, en y comprenant la Corse, contient 26,739 lieues marines carrées, ou 156,000 milles géographiques ; elle a environ deux tiers de plus en étendue que la Grande-Bretagne, qui n'embrasse que 91,000 milles. Sa plus grande longueur, de Dunkerque aux Pyrénées, est de 215 lieues, ou environ 600 milles ; sa largeur est de 206 lieues ou 565 milles, du cap Finisterre au Bas-Rhin. Le développement de ses côtes est de 490 lieues ou près de 1,400 milles, ce qui équivaut presque à la circonférence totale de la Grande-Bretagne. Quand éclata la Révolution, en 1789, sa population était d'un peu plus de 25,000,000 d'habitants : elle en comptait 28,500,000 en 1814 ; et lorsqu'en 1827 on put croire avoir récupéré les pertes causées par les guerres de la Révolution, la population s'élevait à 31,820,000 ; ce qui faisait en moyenne 1157 habitants par lieue carrée ou environ 150 par mille. Malte-Brun a fait observer avec raison que si tout le royaume était peuplé dans la proportion des départements du nord, il pourrait contenir 85,000,000 d'habitants, c'est-à-dire beaucoup plus du triple de la population de 1789. Quelque énorme que puisse paraître ce chiffre, il suffira d'une simple réflexion pour se convaincre qu'il est encore au-dessous du nombre d'habitants que les ressources de l'agriculture pourraient nourrir dans l'abondance, et qu'en tenant compte de l'étendue de son territoire et de sa production possible, on verrait que la France pourrait aisément nourrir 120,000,000 d'hommes. Ce calcul surprendra sans doute et rencontrera beaucoup d'incrédules ; mais qu'on veuille bien nous dire ce qu'il y a d'exagéré dans les données sur lesquelles il repose. Ce qui précède nous conduit à une conclusion d'une importance capitale, conclusion qui pèse de tout son poids sur l'histoire de la Révolution. Cela prouve, en effet, que la nation française, au moment où éclata la commotion, était loin d'en être arrivée à la limite extrême de son accroisse-

---

[1] *Observation personnelle.* (Arthur Young, I, 97. 142, 256.)

ment numérique; et qu'en conséquence tous les crimes qui
l'avaient précédée et qui l'ont suivie ne peuvent en aucune
façon être attribués à la Providence, mais doivent être mis
sur le compte de l'égoïsme, des vices et de la corruption des
hommes [1].

Une autre particularité dans la situation physique de la France
se faisait remarquer avant la Révolution, et se remarque encore
aujourd'hui : elle mérite d'être notée, d'abord pour l'influence
qu'elle exerce sur les principes économiques de ce pays, et ensuite parce qu'elle rend plus surprenantes encore les dévastations commises par la Révolution. Avant cette époque, la population agricole du royaume était de 16,500,000 âmes, qui en
nourrissaient 8,500,000 autres vivant dans les villes ou occupées du travail des manufactures. Aujourd'hui, 22,000,000
d'agriculteurs nourrissent 11,000,000 de personnes occupées
de toutes les industries. En d'autres termes, la population agricole se trouve, après comme avant la Révolution, être double
de la population manufacturière. La Grande-Bretagne, au contraire, avait, en 1789, 10,000,000 d'habitants, dont 4,000,000
s'occupaient de l'agriculture et 6,000,000 d'industrie et de commerce : c'est-à-dire que la population agricole n'y était que d'un
peu plus de la moitié de la population manufacturière. Depuis
cette époque, la proportion s'est singulièrement accrue dans le
même sens; et le recensement de 1841 a démontré le prodigieux phénomène d'un quart des habitants du pays fournissant
la subsistance des trois autres quarts, occupés du commerce et
des manufactures. Ces deux faits extraordinaires démontrent
de la manière la plus évidente la supériorité de l'agriculture anglaise sur celle de la France : ils prouvent les vastes ressources
que chaque contrée peut offrir à l'accroissement de la population
la plus dense, si l'on a soin d'y développer les améliorations agricoles; et c'est là ce qui rend inexcusables les crimes et les ravages de la Révolution. Dans tous les États et dans tous les siècles, la population la plus amie de l'ordre est celle des campagnes,
tandis que c'est dans les villes qu'on trouve la portion turbulente
et corrompue des nations. Quel devait être donc le vice de cet
ancien *régime* qui parvint à répandre le mécontentement et l'ir-

---

[1] Malte-Brun, III, 197, 198.—Dupin, *Forces comm. de la France*, I, 37, 46.

ritation dans toute la population des campagnes? Quelle faiblesse
d'un côté, et quels crimes de l'autre, ont pu faire que 16,000,000
d'hommes, livrés aux travaux de l'agriculture, se soumissent sans
résistance à la tyrannie des habitants des villes et des ouvriers
des manufactures, dont le nombre était moindre de moitié!

Avant la Révolution, les manufactures de France, quoique
parvenues, dans certaines branches, à un haut degré de perfection, étaient bien loin, après tout, d'avoir atteint la hauteur que
l'on eût été en droit d'attendre des ressources et des richesses du
pays. Les soies et les velours de Lyon, la bijouterie et l'horlo-
gerie de Paris, les mousselines de Rouen, étaient célèbres dans
toute l'Europe; cependant, quoique le tiers-état, propriétaire de
ces manufactures lucratives, eût prodigieusement grandi en
richesse et en considération, l'industrie manufacturière, considérée dans son ensemble, n'était rien en comparaison de l'industrie agricole. Le génie de ce peuple ardent, impétueux et
passionné, aussi bien que le caractère des institutions féodales
et militaires qui avaient longtemps dominé en France, le rendait incapable des efforts persévérants, de la frugalité sévère,
et de l'abnégation constante, qui sont essentielles pour fonder la
grandeur industrielle. Sa passion dominante était la guerre; la
gloire était l'idole de la nation. Gais, volages et inconsidérés
dans les circonstances ordinaires de la vie, les Français étaient
capables cependant, dans des moments d'excitation, de poursuivre un but avec ardeur, avec une résolution héroïque, avec
toute la véhémence des passions. Aucun peuple de l'Europe ne
s'est montré, dans des circonstances données, plus enthousiaste
dans la poursuite de la liberté civile et religieuse; aucun peuple
n'a fait la guerre avec une plus impétueuse ardeur; et pourtant
leur gouvernement n'avait pas cessé d'être despotique, leur hiérarchie absolue, et leur territoire ne s'étendait pas au delà du
Rhin et de la Flandre française. Leur grand défaut fut toujours
de manquer de fermeté et de persévérance; leurs passions étaient
violentes, mais elles n'avaient point de durée.

Le commerce extérieur de la France, longtemps arrêté dans
son développement par l'énergie supérieure et la valeur des
marins anglais, avait été de la part du gouvernement l'objet
d'une inquiète sollicitude; mais la sagesse de Louis XVI l'avait
élevé à un haut degré de splendeur. Les colonies américaines de

la France, dont les siéges avaient été choisis avec une merveilleuse
sagacité, s'étaient élevées avec une grande rapidité, et déjà elles
étaient devenues redoutables. Mais ce même défaut de constance
dans le caractère national, cause de l'infériorité de ses manufactures, fut aussi la cause de l'affaiblissement de ces colonies, dès le
premier conflit qu'elles eurent à soutenir contre les efforts persévérants d'une puissance rivale, qui était loin d'avoir d'aussi
grandes vues. L'histoire des établissements transatlantiques des
deux pays est véritablement curieuse, et tout à fait caractéristique des dispositions nationales des deux peuples. Quand, pour
la première fois, les Anglais mirent le pied sur la terre américaine, ils s'établirent sur les côtes, dans un sol comparativement
stérile; ils l'améliorèrent graduellement par de constants efforts,
et après un siècle et demi, ils avaient franchi les sommets de
l'Alleghany, et s'étaient répandus sur les champs d'alluvion qui
bordent l'Ohio et le Mississipi, dans le jardin de l'Amérique du
Nord. Les Français, guidés par une pénétration bien supérieure, remontèrent d'abord les grands fleuves, et établirent
tout le long de leurs cours des forts qui, convenablement soutenus, devaient, sans aucun doute, leur donner l'empire du nouveau monde. Remontant le Saint-Laurent, ils y placèrent les
colonies importantes de Montréal, de Toronto et de Québec; de
là, descendant l'Ohio et le Mississipi, ils plantèrent leur drapeau
à Louisbourg et à la Nouvelle-Orléans. Mais, capables de concevoir de grandes idées coloniales, ils n'avaient point la constance
indispensable à l'exécution de leurs plans si bien conçus : ils se
figurèrent pouvoir arriver à la grandeur par la conquête, au lieu
d'essayer d'y arriver par des travaux pacifiques. Ils ne se répandirent point dans les forêts comme nos hommes libres, qui y
allaient dompter la nature par un travail dur et opiniâtre. C'est
là la vraie cause des destinées si différentes des puissances coloniales en Amérique : la puissance anglaise, fondée d'abord sans
dessein bien arrêté, s'éleva lentement, et à force de persévérante
industrie, à un degré de grandeur inouïe; les Français, avec les
plans les mieux conçus, et qui devaient embrasser le nouveau
monde tout entier, succombèrent sous la première attaque sérieuse de leurs rivaux moins prétentieux [1].

[1] Malte-Brun, III, 754.

Une grande colonie demeura cependant à la France, même
après l'issue désastreuse de la guerre de sept ans. Cette colonie
fournissait aux besoins d'un commerce immense, et valait à elle
seule toutes les autres colonies du monde. En 1788, les exportations
de la France à Saint-Domingue étaient évaluées à 119,000,000
de francs, et les importations, bien plus considérables, se mon-
taient à 189,000,000. Ce commerce employait 1,600 navires et
27,000 matelots, ce qui donnait à la France les éléments d'une
puissante marine. Louis XVI, dès le commencement de son
règne, fit de l'augmentation de la marine le principal objet de
ses préoccupations; il croyait ne pouvoir jamais faire trop de
sacrifices au développement de cette force nationale. Lorsque
la reine, ou quelque autre membre de la famille royale, lui
reprochaient les économies qu'il leur imposait, il répondait le
plus souvent : « Eh bien, j'aurai un vaisseau de ligne de plus[1]. »
Cette politique ferme, habilement secondée par ses ministres, et
soutenue par le vaste commerce de la grande colonie, produisit
les plus heureux résultats; pour la première fois, dans l'histoire
des deux nations, les forces navales de la France furent presque
égales à celles de l'Angleterre. Unies à celles de l'Espagne, elles
étaient sans contredit supérieures[2].

. Au commencement de la guerre de la Révolution, en 1792, la
France avait quatre-vingt-deux vaisseaux de ligne et soixante-dix-
neuf frégates; l'Angleterre avait, nominalement, cent cinquante-
six vaisseaux et quatre-vingt-neuf frégates; mais en réalité elle
ne pouvait mettre en ligne que cent quinze vaisseaux et quatre-
vingt-quatre frégates; et si l'on compte le nombre des canons
des deux flottes, la supériorité des Anglais n'était guère que d'un
sixième. Ajoutez à cela que la marine espagnole se composait de
soixante-seize vaisseaux et soixante-huit frégates; de sorte que les
forces navales réunies de France et d'Espagne pouvaient mettre
en bataille cent trente-cinq vaisseaux de ligne contre cent quinze.
Déjà on avait pu constater cette disproportion dans la guerre
d'Amérique, car, à plusieurs reprises, les forces combinées de
France et d'Espagne avaient prouvé leur supériorité numérique,
et le danger auquel était exposée la puissance maritime de l'An-

[1] Weber, I, 124.
[2] Dumas, VIII, 112, 113. — Jom., XIV, 445, 446.

gleterre dans sa lutte contre ses deux rivales; particulièrement
au siége de Gibraltar, le jour où les flottes unies, voguant dans
les eaux de la Manche, vinrent bloquer l'escadre anglaise à Ply-
mouth, en 1781 [1].

Les armées de la France, avant la guerre de la Révolution,
étaient loin d'être en rapport avec la force de sa marine. Elle avait
160,000 hommes d'infanterie, 55,000 hommes de cavalerie, et
10,000 d'artillerie. Mais un grand nombre de soldats avaient
abandonné les drapeaux pendant les événements qui avaient
précédé la guerre. La discipline militaire, durant la période orageuse de la Révolution, avait été considérablement relâchée :
l'habitude de juger les questions politiques avait introduit dans
l'armée un degré de licence parfaitement incompatible avec
l'obéissance du soldat; mais ce vice fut largement compensé par
le nombre considérable d'hommes capables, qui, sortis des rangs
du tiers-état, entrèrent dans l'armée où, par leur vigueur et par
leur audace, ils suppléèrent d'abord à ce qui leur manquait
d'expérience militaire; et cette dernière qualité ne leur fit pas
longtemps défaut. La cavalerie, composée de 59 régiments,
braves, enthousiastes, impétueux, manquait un peu de vigueur
dans son organisation; mais la force de la nécessité fit bientôt
disparaître ce défaut, et cette arme se remplit aussi de bons officiers sortis des rangs inférieurs de la société. L'artillerie et le
génie, armes dans lesquelles les hauts grades n'étaient point
exclusivement réservés à la noblesse, étaient, dès le commencement de la guerre, supérieures en capacité et en intelligence à
toutes les autres armées de l'Europe; et elles contribuèrent
puissamment aux premiers succès des armées républicaines.
Les généraux de l'armée étaient d'une désolante faiblesse [2]; mais
une excellente éducation militaire ayant depuis longtemps été
répandue dans la nation, la France possédait en réalité les éléments du plus bel état-major. Du moment où la carrière fut
ouverte à tous, on vit s'y précipiter une foule de talents d'une
supériorité remarquable.

Mais ce qui vint à cette époque augmenter considérablement
la force numérique des armées françaises, ce fut la création de

[1] James, *Naval hist.*, I, 49, 51, 53, *App.*, n° 6 et n° 7.
[2] Jomini, I, 224. — Carnot, *Mémoires*, 136. — Saint-Cyr, *Introd.*, I, 36.

deux cents bataillons de volontaires, levés par un décret de l'Assemblée constituante : ces bataillons, sans doute, n'étaient point complets ; ils n'étaient pas rompus aux exercices militaires, mais ils étaient animés de la plus vive ardeur, et d'un enthousiasme patriotique au delà de toute expression. Sous ce double rapport, ils étaient très-supérieurs aux vieux régiments, dont la vigueur était paralysée par les divisions et l'insubordination, et affaiblie encore par les habitudes d'indolence et de corruption qu'ils avaient contractées par une longue résidence dans les campements. On se tromperait toutefois en se faisant une idée trop restreinte des forces militaires de la France à cette époque, de même qu'en attribuant aux seules levées révolutionnaires le salut du pays lors de l'invasion de 1792. L'opinion de Napoléon à ce sujet est décisive. « Ce ne furent, dit-il, ni les volontaires ni les recrues qui sauvèrent la République ; ce furent cent quatre-vingt mille hommes des vieilles troupes de la monarchie, et les vétérans que la Révolution poussa aux frontières. Une partie des recrues désertèrent, d'autres périrent, il n'en demeura qu'un petit nombre qui, à la longue, devinrent de bons soldats. Vous ne me verrez jamais aller à la guerre avec une armée de recrues [1]. »

Une partie de l'armée de Louis XVI, malheureusement pour la monarchie, se laissa entraîner dans le tourbillon révolutionnaire : à ce titre, elle mérite une mention spéciale. C'était le corps connu sous le nom de *Maison du roi*, qui formait l'élite de l'armée, au point de vue de la discipline et de la beauté de l'équipement ; les officiers en étaient exclusivement choisis parmi les fils des familles nobles. Ce corps était de douze mille hommes ; et les régiments les plus favorisés, tels que les *gardes du corps*, et les mousquetaires du roi, placés immédiatement près de la personne du souverain, et employés au service intérieur du palais, étaient entièrement composés de gentilshommes.

Les dépenses de ces corps favorisés étaient énormes comme on le conçoit aisément, celles surtout des régiments qui se composaient uniquement des rejetons de la noblesse. Ils faisaient le désespoir de Louis XVI, de Turgot et des ministres qui, comme le roi, cherchaient les moyens de réduire les frais exagérés de cette garde,

[1] Jom., I, 226. — Saint-Cyr, I, 38. — Thib., *Cons.*, 109.

avec autant d'ardeur que les dames de la cour en mettaient à
les conserver. Cependant, ce corps magnifique avait son mérite,
et sur le champ de bataille, et dans le système général de gouvernement fondé par Louis XIV; plus d'une fois il avait décidé
du sort des plus grandes batailles; deux de ses régiments avaient
arrêté à Fontenoy la terrible colonne anglaise. Tous les grands
capitaines ont compris la nécessité d'avoir ainsi une réserve
d'élite, sur laquelle on puisse compter avec confiance dans les
moments critiques : les compagnons d'Alexandre, la dixième
légion de César, la vieille garde de Napoléon, n'étaient que la
même institution sous des noms différents. Son importance politique n'était pas moindre dans le système de la monarchie. La
Maison du roi formait la clef de voûte de la hiérarchie militaire, et elle était en même temps le lien qui rattachait les plus
grandes familles du pays au trône et à l'armée. De toutes les
réformes de Louis XVI, qui précédèrent la Révolution et qui la
servirent le plus efficacement, il n'en fut peut-être point de plus
fatale que cette mesure radicale et peu réfléchie du comte de Saint-
Germain, qui, comme on le verra dans la suite, détruisit à jamais ce puissant boulevard de la royauté [1].

Quelles furent donc les causes de cette Révolution française,
de cette convulsion accompagnée de si sanglantes horreurs, dans
cette contrée si abondamment douée de toutes les richesses naturelles, dans ce pays habité par une race d'hommes si braves,
si actifs, si entreprenants ? La réponse à cette question se trouve
dans l'état antérieur de la France, et dans la dépravation de l'esprit national; dans l'oppression qui pesa si longtemps sur ce peuple, dans les vices de la noblesse, dans la corruption des mœurs,
dans les erreurs qui dénaturèrent la foi chrétienne et dans la
diffusion des sentiments irréligieux. « Le peuple, dit le plus
grand des hommes d'État de la France, ne se révolte point par
pure légèreté, ou par le désir de changer sa condition. L'impatience de souffrances trop prolongées produit seule cet effet [2]. »
Les événements n'ont pas, depuis lors, démenti cette maxime de
Sully; ils ont prouvé seulement qu'elle a besoin d'être modifiée
en ce sens, que, si la condition des classes inférieures en France,

[1] Soulavie, *Règne de Louis XVI*, III, 08, 73.
[2] Sully, I, 133.

avant la Révolution, fait l'objet d'un examen attentif, on ne trouvera pas étonnant qu'elle ait conduit à une convulsion sociale ;
et si l'humanité doit déplorer les calamités qui en résultèrent,
elle trouvera des motifs de consolation dans la suppression des
griefs que cette convulsion a fait disparaître.

L'observation de Sully n'est vraie qu'en ce qui regarde le
commencement de l'agitation révolutionnaire. Jamais le peuple
de toute une contrée n'a passé de l'état de tranquillité parfaite
à une situation tumultueuse, sans avoir longtemps souffert. Les
troubles ne prennent le caractère d'une révolution que quand
les souffrances pèsent sur la grande majorité du corps social ;
mais quand une fois un premier succès a retrempé les esprits, on
en vient à d'autres innovations qui n'ont point été conseillées par
des motifs aussi sérieux : elles sont demandées d'un côté par la
soif d'avantages illicites, et accordées de l'autre par l'erreur ou
la timidité. L'inquiétude des peuples vient à la suite de vives
surexcitations ; la détresse s'empare des hautes classes dont l'autorité a été un instant ébranlée ; l'audace s'accroît parce que le
crime est resté impuni. « Le peuple, disait Robespierre, ne se
soulève pas plus sans oppression que les vagues de l'Océan sans
l'action du vent. — C'est vrai, lui répondait Vergniaud, mais
la vague suit la vague sur la plage, après que les vents se sont
apaisés. » L'universalité de la désaffection qui régnait en France
avant la Révolution, montre suffisamment que des causes secrètes
opéraient sur toutes les classes de la société. Des malheurs passagers ne produisent que des séditions qui durent peu ; des griefs
locaux n'amènent qu'un mécontentement partiel ; mais des souffrances générales et qui pèsent longtemps sur les peuples, produisent une résistance longue et énergique. Il n'y avait en
France, à l'époque de la convocation des états-généraux, que les
classes privilégiées qui n'aspirassent point après un changement
de régime. Plus tard, la cruauté des jacobins et les mesures
précipitées de la Constituante produisirent une grande division
dans les opinions, et allumèrent la guerre civile à Lyon et dans la
Vendée : mais au commencement on n'entendait, d'une extrémité
à l'autre de la France, qu'un cri général en faveur de la liberté.
Les nobles pour la plupart furent députés aux états pour y défendre les intérêts de leur ordre ; il en fut de même des hauts
dignitaires du clergé ; mais le tiers-état et les curés soutinrent

unanimement la cause de l'indépendance. La rancune amère que le clergé voua plus tard aux défenseurs de la Révolution fut la suite des injustes décrets de l'Assemblée ; mais il n'en était pas question alors ; le serment du jeu de paume ne rencontra nulle part de plus chauds partisans que dans les solitudes de la Vendée ; et le premier corps qui s'unit aux communes dans leur lutte contre la couronne fut le corps des représentants du bas clergé [1].

Un philosophe moderne a eu raison de dire, sans doute, que la marche de la civilisation, dans toute nation en progrès, amène nécessairement une collision entre la classe aristocratique et les classes populaires. La puissance fondée sur la conquête, les priviléges transmis depuis les temps barbares, les prérogatives qui ne conviennent qu'à des temps d'anarchie, sont incompatibles avec les désirs d'indépendance que font naître le calme et l'opulence de la vie civilisée. Il faut que l'une des deux forces cède ; il faut que la puissance aristocratique abaisse les communes, ou que le développement des communes vienne modifier l'aristocratie. Mais il n'est pas absolument nécessaire que ces modifications se fassent par une révolution. Elles peuvent s'accomplir graduellement, sans convulsion, et ne faire sentir à la société que leur action vivifiante et salutaire. Les innovations soudaines amènent ces catastrophes, dans lesquelles la rapidité de la pente change le fleuve en cataracte [2].

Placée, comme elle l'est, au centre de la civilisation européenne, la France ne pouvait, au xviii° siècle, se soustraire à la tendance générale des peuples vers les institutions libres. Quel qu'ait été le despotisme de son gouvernement, quelle que fût la puissance des armées, quel que fût l'orgueil de la noblesse, les progrès naturels de la richesse et la puissance des recherches philosophiques devaient répandre dans les classes moyennes le besoin de l'indépendance. La force du gouvernement supprimait, il est vrai, les guerres particulières, elle accordait à l'industrie une sécurité convenable, mais en même temps, et par là même, elle préparait la réaction contre le pouvoir absolu. Les bourgeois, après avoir joui de quelques siècles de repos, après avoir acquis d'assez

[1] Mig., I, 26. — Th., I, 8, 41.

[2] Mig., I, 26. — Th., I, 8, 41. — Guiz., *Hist. mod.*, 321.

grandes richesses, virent avec indignation les barrières qui s'opposaient à ce qu'ils arrivassent aux premiers rangs; les ambitieux, comprenant l'autorité qui s'attache aux positions élevées, se plaignirent d'être exclus des emplois les plus importants de l'État; les philosophes, imbus des idées de la liberté des Grecs et des Romains, comparaient les brillantes carrières réservées au talent dans les républiques de l'antiquité, aux entraves que l'on mettait au génie dans les temps modernes. Toutes les classes, à l'exception des ordres privilégiés, étaient mécontentes du gouvernement, précisément parce que la nation s'était créé ces besoins nouveaux que la civilisation produit nécessairement. Il n'est pas d'institutions qui puissent demeurer stationnaires dans les temps modernes, si ce ne sont peut-être les gouvernements des dynasties orientales, dont le principe est de s'opposer à l'accumulation des richesses, qui seules amènent l'élévation de la classe moyenne; si l'on permet aux classes inférieures d'améliorer leur condition, il faut, en fin de compte, que leur force expansive affecte le gouvernement.

L'esclavage étant universel dans l'antiquité, ce progrès n'y fut jamais apparent. La civilisation de l'antiquité ne fut autre chose que l'ensemble des institutions municipales; la liberté y était le privilége exclusif des habitants des villes. L'accroissement des richesses et la corruption des mœurs dans les hautes classes, diminuèrent insensiblement l'importance des luttes de la liberté, et finirent par amener la suprématie d'un despote. Les siècles les plus libres de l'antiquité furent les siècles les plus reculés; les derniers temps de l'histoire ancienne furent des siècles d'oppression générale. Il n'y avait point de pression des classes infimes sur les ordres privilégiés : le joug de l'esclavage s'y opposait. Insoucieuses de l'avenir, n'ayant point de propriétés, incapables de s'élever à l'état de société, nourries par les grands, les classes laborieuses demeurèrent dans un paisible servage, n'inquiétant jamais les grands par leur ambition, mais également inutiles à leur défense. Dans l'âge moderne, au contraire, l'influence de la religion et la diffusion des lumières ont, par le moyen de la presse, ouvert au peuple le sentier de la grandeur. L'ambition individuelle, le désir d'améliorer sa condition ont pu ainsi concourir aux progrès de la liberté. A mesure que les sociétés progressent, on voit grandir l'effervescence causée par le mécon-

tentement des peuples; l'accumulation des richesses, tout en augmentant la puissance des classes moyennes, favorise aussi l'accroissement des classes ouvrières, qu'elle rend plus formidables
lors des commotions politiques. Dans ce cas, les progrès de l'o-
pulence et de l'industrie favorisent la cause de la liberté, en augmentant l'influence des classes dont les efforts doivent la maintenir. Si l'approche du danger, si l'exemple de l'histoire n'a pas
appris aux gouvernants qu'il est sage de relâcher insensiblement
les liens imposés aux masses, ils les resserrent plus fortement
au moment où la pression d'en bas devient plus forte, et c'est
alors que la lutte des factions se fait le plus cruellement sentir.
Quand ces liens sont relâchés lentement et avec précaution, il y
a réforme : mais s'ils sont soudainement brisés, soit par la manie
des innovations, soit par la fureur de la sédition, alors il y a
révolution [1].

La forme de la société dans les États libres de notre temps
porte l'empreinte de l'action de ces différentes causes. En général,
c'est dans les ordres inférieurs que se trouve la source principale
de la prospérité des nations; l'activité, l'ardeur, l'énergie croissante du pauvre, quand ces qualités sont contenues dans des limites convenables par l'autorité du gouvernement, sont le véritable
fondement de la richesse et de la gloire nationales. Demandez à
l'artisan ce qui fait pour lui la difficulté si généralement sentie
de s'évertuer dans ce monde à se maintenir sur son terrain contre
ses nombreux compétiteurs; il vous répondra sans hésiter que
c'est la pression d'en bas qui l'inquiète; il peut résister à ses
égaux, vaincre ses supérieurs; ce qu'il redoute le plus, ce sont
les efforts de ses inférieurs. Ceux qui s'élèvent dans les professions accessibles à tous, sont originaires des classes moyennes ou
des classes inférieures. Ce sont les hommes endurcis par la pauvreté, que la nécessité a rendus laborieux, et qui, à l'école du
besoin, ont acquis ces vertus plus estimables que toutes les faveurs
que la fortune a accordées à leurs supérieurs. L'histoire de l'Angleterre et son état actuel offrent de nombreux et magnifiques
exemples des grands talents et des grandes actions de citoyens
qui appartiennent par la naissance aux classes aristocratiques;
mais cela ne saurait infirmer la vérité de nos principes; car,

[1] Guiz., *Hist. mod.*, 31, 54.

n'était la nécessité où ils se trouvent de lutter d'énergie avec les
classes moyennes et les ordres inférieurs, il n'y a pas de raison
de croire qu'ils fussent devenus supérieurs à un ordre correspondant en France ou dans les autres États du continent. Ce
sont les efforts combinés de toutes les classes, chacune restant
dans sa sphère d'action, efforts stimulés par une rivalité constante, et par un besoin pressant d'activité, qui mettent en évidence les divers talents, et qui amènent en même temps les merveilles et les monstruosités, la grandeur et la faiblesse des sociétés
modernes.

L'influence de ce principe est si universelle, les effets en sont
si importants sur les progrès et sur l'avenir des nations, qu'on
peut le considérer comme la cause principale de la grande différence qu'on remarque entre les sociétés anciennes et les sociétés
modernes. Toutes les autres causes ne sont rien en comparaison.
Dans un pays libre, la balance du pouvoir est totalement modifiée par le prodigieux accroissement de la puissance des ordres
inférieurs : dans les plus humbles conditions de la vie se trouve
une source intarissable d'activité et de vigueur, et c'est là ce qui
remédie si rapidement aux malheurs d'un désastre national,
pourvu qu'il ne résulte pas de la licence désordonnée de ces
classes elles-mêmes, comme il arrive dans toute république où
le développement excessif de la puissance démocratique fait
sentir la nécessité de la création d'une force nouvelle pour arrêter cette puissance dans ses propres excès. Si les hautes classes
de la société ne possédaient pas certains avantages pour servir
de contre-poids à l'énergie supérieure et aux mœurs plus actives
des classes inférieures, on les verrait, dans tout État prospère, opulent et progressif, tomber victimes de l'ambition populaire. L'indolence naturelle aux riches, l'égoïsme du luxe et l'orgueil de la
naissance ne sont point des obstacles capables de résister à la
pression d'en bas, dirigée par l'abnégation de la nécessité ou par
l'ambition du talent. L'élévation successive des plus heureux ou des
plus habiles d'entre les prolétaires n'est point suffisante à prévenir le danger ; car il est rare que l'énergie dure au delà de la
nécessité qui lui a donné naissance ; nulle part on ne distingue
plus clairement l'influence énervante des richesses, que chez les
descendants immédiats de ceux qui se sont élevés par leurs propres efforts. Le développement continu de vigueur dans les

classes pauvres, s'il est renfermé dans des limites convenables et dirigé dans son objet par l'influence de la religion et la pratique de la vertu, produira toujours assez de talent et d'industrie pour soutenir la fortune de l'État, mais non pour maintenir l'ascendant d'une classe dans son sein. Dans la lutte des ambitions domestiques, l'aristocratie ne trouverait que très-peu de secours dans les fils de ceux qu'une fortune récente a enrichis ou qui viennent d'être ennoblis pour leurs services.

C'est avec raison que les écrivains de l'antiquité déploraient l'effet énervant des richesses sur le caractère national, et la tendance de la fortune à éteindre l'amour de la liberté; mais jusqu'à présent, dans nos États modernes, les mêmes causes n'ont point produit les mêmes effets. La corruption est la suite ordinaire de l'opulence; quand ceux-là mêmes qui se sont élevés par leur propre mérite résistent à la contagion, il est rare que leurs fils y résistent aussi. L'élévation successive et constante de nouveaux citoyens aux classes supérieures, sert pour un temps de contre-poids à l'influence de la dépravation des autres; quelque faibles, quelque indolents que deviennent les rangs supérieurs, ils reçoivent longtemps une dose d'énergie suffisante qui leur est infusée par les nouveaux arrivants. Si vous arrêtez cette marche ascendante des citoyens des rangs inférieurs, ou si vous laissez la corruption s'étendre en descendant jusqu'à eux, alors la nation opulente sera bientôt une nation dégénérée. On peut prédire avec certitude le moment de l'extinction de l'esprit public et, avec lui, de la liberté générale en Angleterre. Cela arrivera le jour où le peuple anglais se fatiguera de maintenir ou de réclamer l'exercice de ses droits, parce qu'il comprendra les malheurs qu'il se sera attirés en voulant les étendre outre mesure, et qu'il sentira qu'ils sont incompatibles avec une vie d'oisiveté et de délices. C'est ce que voulait dire Montesquieu, lorsqu'il écrivait que la constitution anglaise périrait quand la législation serait plus corrompue que le pouvoir exécutif.

Mais l'immortalité et la perfection ne sont pas plus dans la destinée des nations que dans celle des individus. L'élévation et l'instruction des peuples ont ouvert des sources abondantes qui longtemps porteront dans le corps social la vigueur et la jeunesse; mais elles n'ont point purifié les vices de l'humanité, et n'ont point corrigé ses faiblesses. L'arbre de la science a produit, comme toujours, les fruits du bien et du mal; l'instruction, en développant les intelligences, a ouvert la voie aux vices comme aux vertus de notre nature. Les progrès du mal sont aussi sûrs et souvent plus rapides chez les nations les plus éclairées que chez les plus ignorantes.

> — « Et auprès de la vie
> Croît rapidement l'arbre de la science qui est notre mort. —
> Science du bien chèrement achetée par la science du mal [1]. »

« La passion inquiète des grandeurs et des distinctions que la conscience du savoir fait naître dans la classe moyenne, est d'abord un antidote contre la dégénérescence des classes élevées; mais à la longue, elle devient la source d'une corruption tout aussi grande, d'une énervation aussi complète que la basse servilité des États despotiques. Les distinctions nécessaires de la société deviennent insupportables dans des temps d'ambition ; et dans les luttes qui en résultent, les boulevards de la liberté sont renversés autant par le parti qui appelle de tous ses vœux le règne de la puissance démocratique, que par ceux qui en veulent arrêter les progrès. La guerre terminée, on s'aperçoit que c'est l'équilibre même de la liberté qui se trouve rompu, et que si l'indépendance a succombé, c'est parce que toutes les classes intermédiaires, entre le prince et le prolétaire, ont disparu par suite des massacres et des confiscations. C'est alors que les ordres infimes commencent à dégénérer sans retour, car ils comprennent l'impossibilité de rien obtenir pour eux-mêmes en combattant pour l'indépendance. Suivant la condition de la société, l'âge de l'État et le degré de vertu qui y domine, ces luttes sont le commencement ou la fin d'une ère de prospérité et de gloire; c'est le développement d'une végétation luxuriante ou bien c'est la fermentation qui précède la corruption; c'est la révolution qui renversa la tyrannie des Tarquins, ou bien ce sont les luttes désastreuses qui, à la chute de la puissance patricienne, ont déterminé l'asservissement général de l'empire. »

« Ces causes, quelles qu'en soient les conséquences finales, rendent inévitable une collision entre les hautes et les basses classes dans toute société progressive de nos temps modernes. Les nobles tiennent naturellement aux priviléges que leurs ancêtres leur ont

[1] *Paradis perdu*, IV, 220.

transmis d'âge en âge ; les rangs intermédiaires cherchent tout
naturellement aussi à étendre leurs droits dès que leurs richesses
et leur importance semblent les y autoriser ; enfin, les ordres
infimes se mettent à réclamer à grands cris une part des franchises dont jouissent les classes privilégiées, et ils s'appuient sur
le nombre pour arriver à leur but. La cause réelle de ces luttes
réside dans l'accroissement prodigieux de la population des
classes laborieuses, accroissement qui résulte autant de l'opulence des classes moyennes que de l'activité naturelle aux prolétaires, et qui contraste avec l'état stationnaire de la population
des ordres privilégiés, suite de leurs besoins artificiels et de la
corruption de leurs mœurs. Les riches finissent par ressembler
à une garnison assiégée, dont les dépouilles augmentent sans
cesse à mesure que diminue le nombre des défenseurs ; et que
s'accroît la multitude et la vigueur des assaillants. La lutte commença d'abord dans les communes de l'Europe, parce que là la
protection des murailles et la réunion de la multitude produisirent la passion de l'indépendance ; bientôt le même phénomène
se produisit en Angleterre, où la sécurité résultant de la situation
insulaire et les efforts d'un peuple industrieux firent fructifier de
bonne heure les semences de la liberté saxonne ; il se produisit
plus tard en France, parce que le gouvernement de ce pays, soutenu par de puissantes armées, avait longtemps assuré au peuple
et les douceurs de la paix intérieure et l'indépendance nationale.
I. L'abaissement des grands vassaux de la couronne, la consolidation de la monarchie en un vaste royaume, qui s'opéra sous
les règnes successifs de Louis XI, de François Iᵉʳ et d'Henri IV,
furent sans doute une des causes essentielles de la Révolution. Ce
résultat anormal et imprévu, cependant, ne fut pas autant l'effet
de l'oppression que de la protection accordée au peuple par le
gouvernement. Si le pouvoir central eût été plus faible, et que
les priviléges des grands feudataires fussent demeurés intacts, la
France, comme l'Allemagne, se serait partagée en un certain
nombre de duchés indépendants, et toute unité de sentiment ou
d'énergie nationale se fût perdue au milieu des divisions d'intérêts opposés. La révolution y serait devenue tout aussi impossible qu'en Silésie ou en Saxe ; tandis que la destruction de la
puissance des grands vassaux et l'existence d'une armée formidable dans la main du gouvernement, préservèrent l'unité na-

tionale, assurèrent l'indépendance de la France, et protégèrent l'industrie. Pendant un siècle et demi avant la Révolution, la France avait joui des douceurs de la tranquillité domestique. Pas de discussions intérieures, aucune invasion étrangère n'avait interrompu cette longue période de sécurité et de repos; la guerre n'était qu'un moyen d'occuper les esprits ardents et passionnés de la nation, en lui faisant cueillir d'abondantes moissons de gloire; quant aux maux résultant de l'oppression féodale, la suppression des guerres entre les nobles les avait depuis long-temps écartés. Il s'opéra, pendant cette longue paix, de profondes modifications dans la situation relative et dans les idées des différents ordres de l'État. Les efforts incessants de l'industrie accrurent considérablement les richesses des ordres inférieurs; les hautes classes perdirent insensiblement leur puissance, dès qu'elles dépensèrent leurs revenus dans les jouissances du luxe. L'effet de ces modifications se fit voir d'une manière bien évidente quand éclatèrent les dissensions civiles. Ce n'était plus la noblesse territoriale qui entrait en campagne sous la conduite des grands feudataires; ce n'étaient plus les bourgeois des cités soutenant des luttes isolées ou particulières pour la défense de leurs murs; c'était la garde nationale qui, partout, courait aux armes, animée d'un même esprit, et forte de l'idée de la défense commune. Ils n'attendaient plus leurs seigneurs ou leurs magistrats pour les commander; mais, agissant vigoureusement pour eux-mêmes, ils soutenaient la cause de la liberté démocratique contre les pouvoirs auxquels ils avaient obéi jusqu'alors.

II. L'esprit militaire des Français, leur courage naturel, qu'avait entretenu une longue suite de triomphes, les rendaient capables à la fois de la force morale nécessaire pour entreprendre la lutte, et de la patiente constance qu'il fallait pour la soutenir. Ils n'eussent jamais, sans ces qualités essentielles, commencé leur révolution, ou, s'ils l'avaient fait, ils eussent été bientôt écrasés par les forces militaires que le monarque avait à sa disposition. Il y a plus d'une contrée en Europe où les peuples, à la suite d'une paix de plusieurs siècles, ont perdu la vigueur nécessaire pour reconquérir leur liberté : il en est ainsi de l'Italie, du Portugal et de l'Espagne. Ils se plaignent de leurs oppresseurs, ils déplorent leur avilissement, ils pleurent leurs libertés perdues, mais ils n'ont plus le courage qu'il faut pour tenter de les reconquérir. S'ils ne sont conduits par des officiers étrangers, ils sont incapables sur le champ de bataille d'un effort soutenu de courage; privés de ces chefs, ils retombent immédiatement dans leur impuissance. Mais les choses étaient toutes différentes en France. Les guerres longues et désastreuses avec l'Angleterre, les luttes religieuses du xvie siècle, les conflits continuels avec les puissances de l'Europe, avaient répandu dans la nation un esprit belliqueux que n'avaient pu éteindre ni les douceurs de la paix domestique, ni les avantages d'une protection toujours assurée. Dans tous les siècles, le peuple français a été le plus guerrier de tous les peuples de l'Europe, et dans ce pays, l'amour de la liberté civile est étroitement uni à celui des entreprises militaires. La valeur guerrière peut exister indépendamment de la liberté ; mais la liberté ne saurait exister longtemps sans le courage militaire. Les rêves d'une philanthropie inexpérimentée peuvent nourrir d'autres espérances, et attendre de la diffusion des lumières une protection suffisante pour les droits de chacun, sans qu'il soit besoin de recourir à de belliqueuses prouesses; mais l'expérience prouve l'inconsistance de ces idées, et proclame hautement cette éternelle vérité, que si la liberté réglée par les lois est le plus précieux des biens, elle ne peut être défendue, pendant une longue suite de siècles, contre l'absolutisme des rois ou le despotisme démocratique, que par la vigueur et la résolution de ceux qui en jouissent.

III. La réforme fut étouffée en France, il est vrai ; mais la liberté de penser, et l'esprit d'investigation n'y rencontrèrent point d'obstacle dans les régions du goût et de la philosophie. Louis XIV n'essaya pas de courber sous son joug le génie littéraire de son siècle, aussi longtemps qu'on s'abstint de traiter des sujets politiques ; et la vigueur intellectuelle qui brilla sous son règne ne fut jamais surpassée. Dans ces luttes de l'intelligence, qui s'élevèrent pendant la Révolution, on ne rencontre certes pas plus de vigueur de pensées qu'il ne s'en trouve dans les écrits de Corneille et de Pascal. Mais il est difficile que dans un État où les études philosophiques ne rencontrent point d'entraves, la controverse politique ne devienne bientôt le sujet des travaux des écrivains. Les objets qui intéressent le plus la pensée humaine sont toujours la politique, la religion, et la condition sociale de l'homme. C'est ce qui était arrivé en effet sous les faibles successeurs du grand roi. On vit dans les travaux philosophiques du xviiie siècle, dans les écrits de Voltaire, de Rousseau, de Raynal et des encyclopédistes, régner la plus grande liberté de discussion, sinon sur des sujets politiques, du moins sur des questions qui y tiennent de très-près, c'est-à-dire, sur la morale et sur la religion. Par un étrange aveuglement, les autorités constituées, quelque despotiques qu'elles fussent alors, ne tentèrent pas d'arrêter ces discussions, qui, présentées toujours sous une forme générale, ou s'appliquant à d'autres États, ne semblaient devoir altérer en rien la tranquillité du royaume. Fort de l'appui de la noblesse et de l'armée, confiant dans la longue tranquillité dont avait joui le pays, le gouvernement se crut à l'abri de toute atteinte, et ne vit point de danger dans des écrits qu'il considérait comme des rêves, tels, par exemple, que le *Pacte social,* les *Mœurs et l'esprit des nations.* Toute attaque directe contre la monarchie, même contre les ministres ou les maîtresses du roi, eût été suivie immédiatement d'une lettre de cachet; mais les écrits sur les matières générales n'inspiraient d'inquiétude ni à la noblesse, ni au gouvernement. Cette illusion était si universelle, que la jeune noblesse elle-même s'amusait des spéculations les plus hasardées sur l'égalité originelle et sur la condition primitive de l'homme; bien convaincue que de pareilles idées ne pouvaient pas plus menacer leurs intérêts que les mœurs licencieuses d'Otahiti, ou les coutumes des Tartares [1].

Il n'est pas étonnant que les hautes classes se soient trompées sur ces signes du temps. Elles s'avançaient dans des régions où ne s'apercevaient plus les anciens points de repère, où des astres nouveaux, des constellations inconnues allaient guider les hommes d'État. A en juger par le passé, nul danger n'était à craindre; toutes les révolutions d'une certaine importance avaient toujours été dirigées par une partie au moins des classes élevées. Mais à en juger par ce que nous savons maintenant des suites de cette même imprévoyance, on peut affirmer que dès lors il était aisé d'apercevoir à l'horizon le point noir qui devait s'étendre en nuages ténébreux sur le monde civilisé. Les écrits et les idées de ces éloquents philosophes se répandirent rapidement dans les générations nouvelles. Captivée par la nouveauté de ces idées,

----

[1] Ségur, *Mémoires*, I, 62. — Lac., I, 12, 10.

éblouie par, l'éclat de cette éloquence, séduite par la grandeur
des hauts faits de l'antiquité qu'on lui donnait comme modèles,
la jeunesse embrassa chaleureusement, non-seulement les principes libéraux, mais même les principes républicains. L'injustice
de l'oppression féodale, les priviléges exclusifs des hautes classes,
produisirent dans l'esprit public une forte réaction en sens contraire. Les classes moyennes surtout, qui trouvaient plus lourdes
encore les chaînes de la servitude, aspiraient avec ardeur à l'émancipation politique, parce qu'elles devaient être les premières à
en profiter ; et chez elles, la passion de la liberté était poussée
au plus haut degré. Madame Roland [1], fille d'un graveur, élevée
dans une humble condition, pleurait à neuf ans de n'être pas née
citoyenne de Rome, et quand elle allait entendre la messe à la
cathédrale, elle emportait les *Vies de Plutarque* au lieu de son
livre de prières.

On peut déterminer la nature des idées qui dominent une nation
et l'entraînent, par l'examen du genre d'éloquence adopté par les
orateurs qui dirigent les mouvements populaires. Pendant la
grande rébellion en Angleterre, le langage des chefs du mouvement était celui d'une austérité mystique ; les allusions, les images,
ils les tiraient de l'Ancien Testament. Le seul levier par lequel on
pût soulever le peuple à cette époque était celui du fanatisme.
En France, au contraire, le parti populaire ne prononça pas
même le mot de religion, ou, s'il le fit, ce ne fut que pour l'accabler de ses railleries et de ses censures. Les traits empruntés
aux classiques et relatifs aux républiques anciennes, tels étaient
les grands moyens employés pour exciter l'enthousiasme public.
Les noms des Brutus, des Caton, des Scipion et des Thémistocle
revenaient sans cesse ; et l'Assemblée nationale résonnait d'applaudissements tumultueux quand un orateur avait rencontré
quelque allusion heureuse aux héros de la Grèce ou de Rome. Il
suffisait de proposer au peuple l'exemple des patriotes des républiques anciennes, pour l'élever au plus haut degré d'entraînement et d'audace. Dans les moments mêmes d'extrême péril, les
orateurs, voyant la mort inévitable, parlaient encore ce langage
aux images splendides ; et il est impossible de lire sans émotion
l'éloquente expression des sentiments généreux que firent entendre

---

[1] Madame Roland, I. 88, 89.

à leurs derniers moments les victimes de la violence populaire.

L'immense effet produit sur la capitale par les chefs-d'œuvre de la scène française contribua surtout à donner cette direction à l'esprit public. Depuis près d'un siècle, le théâtre français avait été pour les Parisiens ce que la place publique était pour les Athéniens, une grande arène où les sentiments moraux et politiques de la nature la plus élevée étaient exprimés en beaux vers, où toutes les grandes questions étaient développées au moyen des plus beaux arguments qu'il fût possible d'invoquer à l'appui des opinions diverses. La foule du parterre, qui forme généralement la partie la plus éclairée de l'auditoire, écoutait les inimitables tirades de Corneille ou de Racine, avec la même admiration qu'éprouvaient les citoyens de la Grèce assistant aux grandes luttes oratoires d'Eschine et de Démosthènes. La grandeur des pensées, l'élévation des sentiments, l'héroïsme des caractères, si noblement tracés dans ces drames, devaient inévitablement exercer une très-grande influence sur l'esprit public, et d'autant plus grande, que la scène était le seul lieu, dans cet État despotique, où l'on pût entendre la libre discussion ; c'était là seulement, à la représentation des luttes sociales de l'antiquité, que pouvaient se satisfaire les aspirations de l'esprit humain vers cette liberté dont les peuples jouissent aujourd'hui. Mais en même temps cette influence était d'autant plus dangereuse, qu'elle imprimait dans les esprits la pensée d'un type social tout à fait en opposition avec le caractère actuel de l'humanité, et qu'elle répandait la croyance que les hommes pouvaient, dans la vie réelle, être guidés par ces nobles sentiments qui entraînent les héros des fictions dramatiques. Jamais croyance aussi trompeuse ne fut répandue dans une nation. Le grand Condé pouvait bien répandre des larmes * à la représentation des chefs-d'œuvre de Corneille ; mais les vers du grand poëte ne pouvaient guère trouver d'écho que dans ces cœurs héroïques, qui sont toujours une exception dans la race humaine. Cependant, tout homme qui a étudié avec soin l'histoire de la Révolution, et observé les allusions constantes que faisaient les orateurs populaires aux actions héroïques de l'anti-

* Voltaire, dans ses admirables *Commentaires sur Corneille*, dit que le grand Condé répandit des larmes au discours magnanime d'Auguste, dans la dernière scène de *Cinna*, au moment où ce prince lui pardonne. Mais Paris, pendant la Révolution, n'était pas peuplé de grands Condés.

quité, ne saurait douter de l'influence réelle de ces causes qui
contribuèrent beaucoup à produire ces nobles et magnifiques
idées de la vertu républicaine, et excitèrent dans les hommes
affranchis de la tyrannie une foule de sentiments généreux auxquels devaient donner un si cruel démenti, l'égoïsme, la barbarie
et tous les vices de la Révolution *.

IV. L'Église de France éprouva le destin de toutes les forces
qui tendent, dans un siècle de progrès, à arrêter la marche de
l'esprit humain. On résista partout à son autorité, et l'opposition
fut si violente que l'on rejeta sans examen tout ce qu'il y avait de
bon, comme ce qu'il pouvait y avoir de mauvais dans ses doctrines.
Telle est ordinairement la conséquence des tentatives faites pour
imposer à la crédulité des peuples des croyances absurdes. Aussi
longtemps que les esprits des hommes restent plongés dans un
état de torpeur et de marasme, ils embrassent sans scrupule
toutes les opinions de leurs guides spirituels; mais dès que l'esprit d'examen commence à naître et que la lumière de la raison
devient le guide des hommes, la réaction dans le sens opposé
s'opère avec violence, et l'irréligion succède au fanatisme. Les
réformateurs religieux, comme les réformateurs politiques, se
contentent rarement de corriger ce qu'il y a de vraiment défectueux : dans la fureur des innovations, ils détruisent tout l'édifice,
parce qu'une partie en a été trouvée peu solide. Ce fut le sort de
l'Église catholique en France. Soutenue, comme elle l'avait été,
par les plus grands noms, illustrée par les talents les plus remarquables; enseignant, en général, les dogmes les plus simples et
les plus utiles de la foi, elle devint l'objet de la critique générale,
à cause de la nature dangereuse de quelques-uns de ses principes, à cause surtout de l'odieux usage qu'elle fit de sa puis-

---

* Voltaire signale comme un fait remarquable, que dans les tragédies
grecques, qui s'adressaient au peuple le plus ardemment attaché aux institutions démocratiques, on ne rencontre pas une seule allusion à l'importance de ces institutions, tandis qu'on en trouve une foule dans les
tragédies de Corneille, écrites pour la cour des Bourbons, à l'époque de
leur plus grande puissance. La raison en est simple et a été souvent
démontrée depuis la mort de Voltaire : Corneille mettait dans la bouche de
ses héros des déclamations sur les vertus des républiques, parce qu'il n'avait
jamais vu la démocratie; c'était une pure utopie pour tout ce qui l'entourait. Euripide n'en parlait pas, parce qu'il la connaissait trop bien : pour
ses auditeurs c'était la vie réelle.

sance. Quelle que puisse être la force de la superstition, le pouvoir de la raison est plus grand encore; si l'on veut soutenir l'une, il faut enchaîner l'autre.

Si nous voulions rechercher la cause de cette tendance remarquable de l'esprit littéraire et philosophique en France, durant la seconde moitié du xviiie siècle, nous la trouverions dans les actes injustes des règnes antérieurs. La révocation de l'édit de Nantes fut la cause de cette fatale direction : en arrêtant le cours paisible de la réforme, on creusa le torrent impétueux de la Révolution. L'immense cruauté, l'affreuse injustice de cet acte impolitique du despotisme, a été déjà l'objet de notre attention dans l'histoire de France antérieure à la Révolution; mais les effets de cette mesure furent au moins aussi funestes à la religion qu'ils l'avaient été à la prospérité du royaume. Elle détruisit d'un seul coup toute liberté religieuse dans ce pays, et en même temps elle éteignit toute l'énergie intellectuelle de l'Église. Plus de tolérance; l'exil, la confiscation, ou l'emprisonnement frappaient les plus légers symptômes de faveur pour les opinions des huguenots. Cette victoire si complète fut considérée par les champions de la foi catholique comme le plus beau de tous les triomphes; mais il faudrait être aveugle aujourd'hui pour ne point voir que là fut vraiment la cause principale des calamités dans lesquelles se trouvèrent enveloppées à la fois et l'Église gallicane et la monarchie française, à la fin du xviiie siècle.

Aussi longtemps que la foi protestante eut une existence légale dans le pays, aussi longtemps que la discussion demeura libre sous l'empire de l'édit de tolérance d'Henri IV, les abus criants de l'Église dominante n'osèrent se produire, parce qu'on craignait la censure des champions de la foi réformée. Des deux côtés s'étaient élevés de grands talents; des deux côtés brillait l'éloquence, non-seulement à cause de la polémique et de la lutte ardente entre les docteurs des deux sectes opposées, mais à cause surtout de la rivalité généreuse qui s'était établie dans le but de gagner à la foi le plus grand nombre de prosélytes, et d'étendre le plus possible les bienfaits de l'instruction chrétienne. Mais, lorsque cinq cent mille protestants désolés eurent été envoyés en exil, que leur culte eut été proscrit; lorsque les malheureux surpris dans l'exercice secret de leur foi purent être frappés par les supplices, par la confiscation ou par le bannissement, le

culte catholique romain n'eut plus de luttes à soutenir. Les efforts
du clergé se ralentirent. On ne vit plus le vaste génie de Bossuet
soutenant seul par sa puissance la foi des fidèles; le tendre esprit
de Fénelon cessa de vaincre les cœurs par la ferveur de l'Écri-
ture. L'indolence et l'orgueil devinrent le lot des grands dignitaires de l'Église; le bas clergé tomba dans l'ignorance; il conserva
ses erreurs, sa superstition, sa cruauté, mais perdit l'énergie et
les talents dont l'éclat voilait auparavant l'horreur de ses vices.
A une époque où l'esprit d'examen allait se développant tous les
jours, une puissance irrésistible aveuglait les princes de l'Église
sur leurs véritables dangers; et ils commirent l'imprudence de
resserrer plus fortement encore les chaines du despotisme religieux, au moment même où s'affaiblissait la main qui devait les
river.

Mais quand un siècle est en progrès, l'effort du despotisme le
plus énergique ne saurait éteindre le flambeau de la raison. L'esprit d'examen, chassé des chaires protestantes, alla se réfugier
au sein même de l'Église. Les disputes des jansénistes et des molinistes remplacèrent celles des disciples de Luther et des successeurs de saint Pierre. Cette controverse célèbre avait plusieurs
points communs avec le grand schisme protestant. Elle se distinguait, d'un côté, par le même esprit grave et dogmatique, et de
l'autre par la même ferveur et la même hardiesse d'examen :
une autorité vindicative régnait parmi les jésuites; les jansénistes
se sentaient animés par le plus intrépide enthousiasme. Pascal
était l'âme du parti de Jansénius; les jésuites ne se relevèrent
jamais des coups que leur portèrent les célèbres *Lettres provinciales*. « Les comédies de Molière, dit Voltaire, n'ont pas plus
d'esprit que la première partie de ces lettres; et les écrits de
Bossuet ne sont pas plus sublimes que la dernière partie. » Les
jansénistes, suivant les dogmes de leur fondateur, Cornélis
Jansen, évêque d'Ypres, soutenaient les principes de la nécessité
et de la prédestination, ce qui les rapprochait du calvinisme extrême; les jésuites, avec Molina, prêtre espagnol de leur ordre,
soutenaient la doctrine du libre arbitre et la nécessité de l'unité
dans l'Église. « La superstition , dit Hume, est l'ennemie de la
liberté civile : l'enthousiasme en est l'âme. Les molinistes, gagés
par les jésuites, sont grands amis de la superstition, rigides observateurs des formes et des cérémonies extérieures, dévoués

à l'autorité du clergé et à celle de la tradition. Les jansénistes sont enthousiastes, promoteurs ardents d'une dévotion passionnée et de la vie intime; ils ne sont guère sensibles à l'influence de l'autorité, et ne sont en définitive que des demi-catholiques. Les jésuites sont les tyrans des peuples et les esclaves des cours; et les jansénistes conservent précieusement les dernières étincelles de l'amour de la liberté, qui brillent encore dans la nation française[1]. »

Mais ces étincelles devaient bientôt produire un vaste incendie; et la ferveur éteinte des controverses religieuses, échauffée par la vigueur de l'ambition politique, produisit dans le pays cette fermentation d'où sortirent les fureurs de la Révolution. Les parlements de France ne ressemblaient en rien au grand conseil national de l'Angleterre. Ce n'étaient que des assemblées provinciales, uniquement composées de magistrats pris dans les rangs de la noblesse, ou bien de membres du tiers-état, chargés seulement de devoirs judiciaires; mais, en l'absence des états-généraux qui n'avaient pas été réunis depuis 1614, ils formaient le seul pouvoir constitutionnel qui pût tenir en échec l'autorité du souverain. Le parlement de Paris, le plus considérable de ces corps et par le rang et par l'influence, et qui marchait à la tête de toutes les luttes contre la couronne, formait une assemblée nombreuse; elle comptait cent soixante-dix membres, y compris les dix-sept pairs, dont deux étaient princes du sang. Par le nombre de ses membres, par son esprit, par l'importance individuelle de ses magistrats, ce corps acquit de bonne heure une grande considération, qu'il conserva jusqu'au commencement de la Révolution. On le considérait généralement comme le seul rempart encore debout des libertés publiques, depuis que la noblesse avait fléchi sous l'ascendant vainqueur de Richelieu. La persévérance et le courage souvent héroïque, qu'il avait déployés en combattant les mesures despotiques de la couronne, lui avait acquis une popularité bien méritée. Le parlement possédait un grand avantage, depuis longtemps apprécié par tous ceux qui ont éprouvé la dégradante influence du despotisme monarchique aussi bien que du despotisme populaire, sur des magistrats nommés à terme et révocables à la volonté du souverain : les membres du

---

[1] Hume, *Essais*, I, 231. — Smyth, *Lectures on the french Rev*, I, 65.

parlement étaient indépendants. Ils n'étaient nommés, ni par les
intrigues de Versailles, ni par la populace de Paris; ils ne tenaient leur mandat ni des royales maîtresses, ni des démagogues.
Ils achetaient leurs charges, comme on achète un brevet d'officier
dans l'armée anglaise; seulement ils devaient recevoir l'approbation royale, et se soumettre à certaines règles établies par le
parlement lui-même pour empêcher l'introduction de membres
indignes; mais, en fait, la nomination n'appartenait ni à la couronne, ni à la noblesse. Dans les idées anglaises, un pareil
système pourra paraître étrange; une simple réflexion fera voir
cependant, comme l'a fort bien remarqué Burke, qu'il était parfaitement entendu pour assurer à la fois l'indépendance du ma-
gistrat, et garantir la justice de ses décisions. On n'y pouvait
admettre que des hommes d'une condition très-honorable; il fallait une certaine fortune pour acquérir ces charges; l'estime
publique ne s'attachait qu'à l'intégrité et à l'indépendance. Ni
les caprices royaux, ni le despotisme populaire ne pouvaient les
priver de leur office. Il faudrait connaître bien peu la nature humaine, pour ne pas voir que ce sont là de vraies garanties d'intégrité et d'indépendance dans les fonctions judiciaires [1].

Le pouvoir constitutionnel le plus important de ces assemblées,
consistait dans le droit de consentir ou de refuser les édits
royaux qui imposaient des taxes nouvelles; et il était passé en
usage, qu'aucun impôt, même décrété par l'autorité royale, n'a-
vait force de loi que quand le parlement avait consenti à l'enregistrer. Quand les parlements devenaient factieux, ou quand ils
désapprouvaient les mesures de la cour, leur moyen d'opposition consistait à refuser l'enregistrement de l'édit des taxes; et
comme, sans cette formalité, les cours de justice ne faisaient
point exécuter l'édit, ce pouvoir des parlements était souvent
très-efficace. La seule ressource de la couronne était alors de
tenir ce qu'on appelait un *lit de justice;* le roi se rendait au lieu
des assemblées du parlement, et de son autorité souveraine, il
ordonnait l'enregistrement de l'édit. Quoiqu'une pareille mesure
fût impopulaire, on y eut recours assez souvent; le doux et
timide Louis XVI employa lui-même ce moyen. Cependant c'était

---

[1] Soulavie, I, 197. — Mably, I, § 3. — Burke, *Works*, VI, 307. — Grim.,
Corresp., XVI, 83. — Weber, I, 469.

toujours selon l'opinion un pas de plus dans la voie de l'arbitraire; les parlements protestaient hautement contre ces illégalités; un grand nombre de jurisconsultes appuyaient les parlements, parce qu'ils regardaient ces actes comme des abus réels de l'autorité royale, abus qui supprimaient toute espèce de garanties; c'étaient dans tous les cas des actes impopulaires qui devaient mettre en péril les ministres qui les avaient conseillés [1].

Les luttes entre la couronne et les parlements avaient duré deux siècles; mais elles n'avaient jamais pris un caractère bien passionné, jusqu'à ce que vinrent s'y mêler les controverses de Port-Royal. C'était l'héritage légué à la nation par la révocation de l'édit de Nantes; c'était une lutte à demi religieuse, qui succédait à l'extinction apparente de tout dissentiment religieux. On remplirait des volumes des détails de cette lutte; ils appartiennent du reste à l'histoire du XVIIIe siècle et non pas aux annales de la Révolution. Quelques mots cependant en constateront les résultats généraux : dès l'abord, l'archevêque de Paris et le clergé, agissant sous l'influence des jésuites, firent refuser les sacrements à tous les jansénistes. Le parlement censura et poursuivit ceux qui obéirent à ces ordres. La couronne, de son côté, ordonna la cessation des poursuites; le parlement fit des remontrances, mais le roi renouvela la défense. Le parlement répondit par la suspension de toutes les affaires. La couronne publia une ordonnance qui obligeait le parlement à rapporter l'arrêt de suspension; le parlement, de son côté, mit arrêt sur les revenus de l'archevêque de Paris. La cour alors en vint aux mesures de rigueur : on lança des lettres de cachet; on exila tous les membres du parlement; quatre des plus coupables furent jetés dans les prisons d'État, et l'on essaya de remplacer le parlement par de nouvelles cours de justice. Mais les lettres patentes qui les instituaient, ces nouvelles cours, ne pouvaient avoir force de loi qu'après enregistrement par les tribunaux inférieurs; et ceux-ci, épousant la cause du parlement, refusèrent de les enregistrer. La nation était soulevée; les parlements des provinces soutenaient celui de Paris; on décrétait partout les prêtres qui refusaient les sacrements. Le royaume allait se trouver dans

---

[1] Card. de Retz, *Mém.*, II, 117. — Mably, *Obs. sur la cour*, I, § 3. — Soul., I, 197. — Smyth, *Lectures*, I, 67.

la situation la plus embarrassante, si la lutte se poursuivait.
D'un côté les rites les plus saints de la religion étaient suspendus,
de l'autre les premières cours de justice du royaume étaient fermées. L'opiniâtreté de la cour céda devant la nécessité d'apporter
un remède à cet état de choses : le parlement fut rappelé, et on
exila l'archevêque [1].

Les jésuites, à la longue, se brouillèrent avec les plus grandes
puissances de la cour, par leurs intrigues incessantes, et par la
conduite qu'ils tinrent à l'égard des maîtresses et du conseil de
Louis XV. Mme de Pompadour et le duc de Choiseul, premier
ministre, s'unirent pour renverser cette autorité rivale de la leur ;
et ils furent chaudement soutenus par le parlement de Paris, et
par le parti nombreux des jansénistes, qui comptait des adeptes
aussi bien dans le clergé qu'en dehors de ce corps. Louis XV résista longtemps à tous leurs efforts ; il subissait l'influence de
l'archevêque et des membres du haut clergé de la capitale, qui
presque tous étaient molinistes. Il savait la valeur des jésuites
comme agents ecclésiastiques de la couronne ; il se rappelait ce
mot du cardinal Fleury : « S'ils sont mauvais maîtres, vous les
trouverez excellents serviteurs. » Mais enfin, lorsque le monarque,
au déclin de sa vie, se livra tout entier aux plaisirs sensuels, et
s'aperçut que les jésuites auraient bien pu à la cour se préoccuper des orgies du *Parc-aux-Cerfs* [2], il consentit à la persécution
dont le parlement avait longtemps menacé cette compagnie célèbre,
et par une ordonnance royale, rendue au mois de novembre 1764,
leur ordre fut entièrement supprimé en France [*].

L'expulsion des jésuites eut pour effet immédiat de calmer la fureur des controverses religieuses ; mais elle était loin de terminer
la lutte entre la couronne et le parlement. Cette lutte continua
sans interruption jusqu'à la fin du règne de Louis XV. Toutefois,
la cessation des querelles religieuses avait ralenti la vigilance et

[1] Soulavie, *Décad. de la monarch. franç.*, II, 249, 258. — Smyth, I, 65,
67. — Lac., xviiie *siècle*, III, 194, 200, 260, 288.

[2] Lac., IV, 18, 38. — Soul., *Décad.*, III, 279, 285.

[*] Frédéric le Grand, qui, malgré sa partialité pour les philosophes
libres penseurs, savait bien où se trouvaient les véritables soutiens du
trône, s'écria, quand il apprit que le gouvernement français avait banni les
jésuites : « Pauvres gens, ils ont détruit les renards qui les défendaient des
loups, et ils ne voient pas qu'ils vont être dévorés. » — Weber, *Mémoires*,
I, 94.

paralysé les forces de l'Église. Les jansénistes, délivrés de leurs oppresseurs, n'eurent plus à exercer leurs talents : les molinistes s'endormirent dans une fausse sécurité au milieu des délices de leurs palais; le clergé inférieur oublia à la fois son zèle et son fanatisme. Ainsi commençait l'ère de la tolérance; bientôt ce fut le tour de l'indifférence, qui n'est en général que le précurseur de l'incrédulité. L'esprit du temps se prononçait fortement en faveur des opinions nouvelles, des idées libérales d'une philosophie large, et des séduisantes théories de la perfectibilité sociale. Le clergé, sentant son infériorité à la fois intellectuelle et politique, assista avec un laisser-aller tout philosophique à la dissolution des mœurs et des opinions qui se répandait autour de lui. Mais les membres de ce même clergé retrouvèrent toute leur dignité, et s'élevèrent à toute la hauteur des anciens martyrs, pendant les orages de la Révolution [1].

« Toute une phalange de talents prodigieux fut engagée dans ces disputes philosophiques du xviiie siècle, qui finirent par ébranler le monde. Trois hommes surtout apparurent comme des géants dans la bataille; par l'originalité autant que par la grandeur de leur talent, ils parvinrent à imprimer le cachet de leur génie, non-seulement aux événements de leur siècle, mais encore à ceux des âges suivants. Ces hommes furent Montesquieu, Voltaire et Rousseau.

Charles de la Brède, baron de Montesquieu, naquit au château de la Brède, près de Bordeaux, le 18 janvier 1689. Dès l'âge le plus tendre, il fit prévoir les grands talents qui l'ont rendu si célèbre dans la suite. Il fut élevé avec soin pour la magistrature; la haute position de son père lui permettait d'y entrer de bonne heure. Enfant encore, il avait déjà une soif insatiable de savoir; cette soif ardente, il la posséda pendant toute sa vie, à tel point qu'il avait coutume de dire, « que jamais il n'avait éprouvé de chagrin qui ne cédât à une heure de lecture. » Histoire, antiquités, voyages, telles étaient ses études favorites; les classiques, avec lesquels il était familier, lui servaient de délassement au milieu des détails arides de la science du droit. Mais il posséda de bonne heure cette rare faculté, qui est la marque distinctive du génie, d'extraire de cette infinité de détails un petit

[1] Soulavie, I, 99, 200.

nombre de principes régulateurs. Ses collections étaient aussi
nombreuses que les quatre-vingt mille observations de Kepler;
mais, de même que l'immortel astronome, il sut de ces observations déduire le petit nombre de lois qui régissent l'ordre social.
En 1716, à l'âge de vingt-sept ans, il fut fait président du parlement de Bordeaux; et le travail qu'exigeaient la dignité et la
responsabilité d'une telle charge, le sauvèrent heureusement des
vices et des séductions de la société parisienne. Il employa vingt
années à rassembler les matériaux de son grand ouvrage de
l'*Esprit des lois* [1]. C'est ainsi que sa vie tout entière a laissé à
l'histoire trop peu de faits pour en remplir une biographie, et
moins de faits encore de nature à produire le moindre scandale. Il voyagea beaucoup, et il étudia en observateur philosophe
les principales contrées de l'Europe, sur chacune desquelles il
écrivit des notes qui malheureusement n'ont pu être publiées,
à cause de l'état incomplet dans lequel elles ont été trouvées après
sa mort. De même que Corneille, Boileau et Pascal, de même
que tous les grands hommes de son siècle, et, disons-le, de tous
les temps, il passa dans la retraite la plus grande partie de sa
vie; il trouva dans le commerce des grands hommes de l'antiquité et dans l'étude de leurs œuvres une compensation, plus
peut-être qu'une compensation à tous les charmes de la société
de son temps. Cependant, comme il le dit lui-même, son grand
ouvrage avançait *à pas de géant*, et après vingt ans de labeur
l'immortel *Esprit des lois* parut. Montesquieu avait le cœur généreux, le caractère doux; sa vie fut calme et paisible; plongé dans
de grandes pensées, dans la contemplation des vérités éternelles,
il n'éprouva aucune des traverses ordinaires de la vie, et il ter-
mina une existence très-heureuse, dans la sérénité d'une âme
reconnaissante, le 10 février 1755, après une courte maladie.
Voltaire a fait de lui ce magnifique éloge : « La race humaine
avait perdu ses titres; Montesquieu les retrouva et les lui rendit. »

Montesquieu fut un des plus grands penseurs que le monde
ait jamais produits; à ce titre il faut le placer à côté de Bacon et
de Machiavel, et au-dessus de Cicéron et de Tacite. Moins éloquent, moins orné que le prince des écrivains latins, moins serré
et moins mordant que Tacite, il comprit plus largement que ces

[1] *Biog. univ.*, XXIX, 501, 520. — D'Alembert, *Éloge de Montesquieu.*

deux auteurs les choses humaines, et il déduisit avec plus de sagesse des conclusions générales d'une variété infinie d'observations détachées qui, au premier abord, semblent n'avoir pas de points de contact. Comme philosophe, il est plus grand que l'historien romain; il lui est inférieur comme écrivain et comme annaliste. Son principal ouvrage, l'*Esprit des lois*, est sans contredit celui qui a le plus contribué à la réputation colossale de cet écrivain; et cependant on peut se demander si la *Grandeur et Décadence des Romains* n'est pas une œuvre plus profonde et ne renferme pas un plus grand nombre de conclusions philosophiques remarquables par leur justesse. On n'y trouve pas cette sagacité pratique que le sage Florentin avait acquise par une longue expérience de la malignité humaine; on n'y trouve pas non plus cette incomparable sagesse qui avait découvert à l'homme d'État anglais les sources secrètes des actions des hommes; mais pour les généralisations philosophiques et les déductions lumineuses, il est peut-être supérieur à Machiavel et à Bacon. L'*Esprit des lois* abonde en profondes pensées; on y remarque d'un bout à l'autre une vaste érudition; mais on y voit souvent une disposition trop marquée à chercher des analogies imaginaires, et à expliquer les différences tranchées entre les institutions des peuples divers, plutôt par des causes accidentelles et triviales, que par l'action permanente des grandes forces de l'humanité. Mais c'est là le défaut commun des esprits ingénieux et philosophiques, lesquels portent jusqu'à l'excès le goût de la généralisation, qui est cependant le fondement de toute sagesse politique. Quoi qu'il en soit, ce noble ouvrage a fait faire un pas immense aux progrès des connaissances humaines; il a donné naissance à une science nouvelle, la *philosophie de l'histoire*, science dont l'antiquité n'avait aperçu que quelques pâles lueurs; et, plus peut-être qu'aucun autre ouvrage du dix-huitième siècle, il a contribué à donner à l'esprit humain et aux événements la direction qu'ils ont suivie depuis.

Il serait un peu sévère de dire d'un aussi grand homme que ses travaux ont amené, avec ceux d'autres écrivains, la Révolution française; il serait injuste de prétendre qu'en apprenant aux hommes à réfléchir sur des sujets politiques, ses ouvrages concoururent à produire cette convulsion sociale; et cependant il est certain qu'ils y eurent leur part d'action. Il est vrai de dire que les révolutions ne se font point par ceux-là mêmes qui pensent, mais par ceux qui ne méditent pas sur les choses humaines; cependant les forces physiques de la multitude sont toujours dirigées par l'intelligence du petit nombre ; et les idées de ce petit nombre prennent leur source dans les replis de la pensée individuelle. La doctrine célèbre de Montesquieu, que l'honneur est le principe du gouvernement dans les monarchies, que la crainte est le principe du gouvernement despotique, et la vertu celui du gouvernement républicain, a bien en effet quelque fondement; mais elle est trop générale, et elle était chez lui le résultat d'une opinion erronée de la tendance de l'homme dans l'état d'indépendance. On vit se répandre cette idée, que la vertu pouvait être le principe dirigeant dans les républiques, tandis que ce que voulait dire Montesquieu, c'est que la vertu en est la sauvegarde, le principe préservateur, et cela est vrai, sans contredit. Mais il oublie d'ajouter, ce qui est également vrai, que dans un état avancé de civilisation, l'égoïsme est le démon tentateur, la corruption l'agent destructeur de la démocratie, et que ce gouvernement, dont la vertu devrait être la théorie, met trop souvent le vice en pratique. Ce fut là la grande erreur des philosophes du xviiie. siècle, erreur prédite par la religion, démontrée par la Révolution française, et qui consistait dans une fausse appréciation de la vertu des hommes. C'était l'erreur d'esprits nobles et généreux qui, jugeant des autres par eux-mêmes, ne pouvaient se faire une juste idée de cet ascendant universel de l'égoïsme et de la timidité qui, dans toutes les convulsions sociales, font de la grande masse des hommes les victimes de quelques méchants et de quelques ambitieux. Cette erreur cependant fut la cause de la Révolution, de cette révolution qui, dans toutes ses phases, depuis les rêves de Necker et les échafauds de Robespierre jusqu'aux carnages de Napoléon, ne fut qu'un commentaire des doctrines opposées de la perfectibilité humaine d'un côté, fondement de la philosophie nouvelle, et de la corruption générale de l'autre, pierre angulaire de la Révolution *.

---

* Seul peut-être des hommes illustres de son temps, Montesquieu n'attaqua jamais dans ses écrits, dans ceux du moins qui portent son nom, les vérités de la religion. Dans les *Lettres persanes*, il n'attaqua que les abus de la religion catholique. Il était trop grand pour n'être pas chrétien sincère. « J'ai toujours respecté la religion, disait-il à son lit de mort; la

François-Marie Arouet de Voltaire, naquit à Châtenay, près de Sceaux, le 20 février 1694. Son père, homme respectable, n'était cependant que notaire du Châtelet, de sorte que le jeune Arouet ne possédait aucun des avantages de la naissance, quoique, par sa mère, il descendît d'une ancienne famille du Poitou. Sa constitution était si délicate qu'on eut beaucoup de peine à le conserver; il vécut cependant jusqu'à l'âge de quatre-vingt-quatre ans, mais il fut toujours d'une complexion très-faible, et ses infirmités contribuèrent beaucoup à augmenter l'irritabilité naturelle de son tempérament. Il fut initié de bonne heure aux mystères de l'infidélité par son parrain, l'abbé de Châteauneuf, qui lui apprenait à réciter, à l'âge de trois ans, *la Moïsade*, parodie impie de la vie du législateur des Hébreux. A quatorze ans, on l'envoya au collége Louis-le-Grand, où il se distingua bientôt par la finesse et la variété de ses talents; mais tel était dès lors son penchant décidé au scepticisme, que les jésuites, ses maîtres, furent enchantés de se débarrasser de lui en l'envoyant à Paris. Un des hommes les plus intelligents de cette compagnie prédit qu'Arouet serait un jour le drapeau du déisme en France. Quelques vers pleins de vivacité et de mordant contre les prêtres, crayonnés sur les bans du collége, lui ouvrirent les cercles légers et spirituels de la métropole, où la noblesse polie et prodigue se consolait des austérités de la fin malheureuse du règne de Louis XIV, en se livrant aux débauches d'un scepticisme licencieux. Ce fut au milieu de ces réunions séduisantes et dangereuses, composées d'hommes qui auraient dû être les colonnes de l'ordre et de la moralité, que le jeune Arouet apprit l'art de saper les fondements de ces deux grandes vertus sociales. Le prince de Conti, le duc de Vendôme, le duc de Sully, le marquis de la Fare, l'abbé de Chaulieu, l'abbé Courtius, l'abbé Servier, l'abbé de Châteauneuf étaient à cette époque les beaux esprits [*] d'une

morale de l'Évangile est le plus noble présent que Dieu ait fait à l'homme. » Son confesseur le pressant de désavouer quelques expressions de ses *Lettres persanes* dont on s'était scandalisé : « Je suis prêt à tout sacrifier à la religion, dit-il, mais rien aux jésuites; parlez-en à mes amis, ajouta-t-il, ils en décideront. » Puis il reçut l'extrême-onction, et le prêtre lui dit : « Vous sentez, monsieur, combien Dieu est grand? — Oui, répondit-il, et combien l'homme est petit. » Ce furent ses derniers mots. (*Biogr. univ.*, XXIX, 519, 520.)

[*] Il fallait la plus haute distinction littéraire pour être admis dans ce

société qui n'eut jamais son égale pour le charme de la politesse,
la distinction des manières, ainsi que pour la dépravation et la
licence des principes [1]. Arouet, tout jeune encore, fut introduit,
par le dernier de ces abbés libertins, chez la célèbre Ninon de
l'Enclos, qui, déjà sur le déclin, recevait encore les plus nobles
personnages et les plus beaux esprits de la capitale. Ninon fut
si frappée de la vivacité de repartie de ce jeune homme, qu'elle
lui laissa par son testament un legs de deux mille francs destiné
à lui acheter des livres. Il y avait dans ce fait quelque chose de
curieux et de prophétique ; le legs d'une vieille courtisane servait
à former le fonds de la bibliothèque du grand apôtre du déisme ; et
l'apôtre avait été présenté à la courtisane par un prêtre apostat.
Ces scènes de dissipation, et les pièces fugitives que le jeune
homme était obligé d'écrire pour y conserver sa place, n'absor-
baient pas entièrement les instants d'Arouet : déjà en 1712, à
l'âge de dix-huit ans, il travaillait à sa belle tragédie de *Mérope*.
Envoyé ensuite en Hollande comme page du marquis de Châteauneuf, ambassadeur près du gouvernement des Provinces-Unies,
il eut avec une jeune dame protestante, à la Haye, une intrigue
qui provoqua son rappel en France. Rentré à Paris, il parvint à
persuader aux jésuites et aux évêques qu'il était indispensable
de faire venir cette dame en France, pour la sauver de l'hérésie
des huguenots et de la corruption protestante. Ce projet édifiant
ne fut pas exécuté cependant, et il se rejeta dans la société dissolue des nobles de la capitale. Là, son penchant irrésistible à la
satire, et son caractère irritable, lui attirèrent un jour un châtiment personnel qui l'entraîna dans un duel et le fit enfermer deux
fois à la Bastille, où il passa un an d'abord, puis six mois ensuite.
Ces emprisonnements n'arrêtèrent point l'activité de son esprit :
dans les murs de la forteresse il acheva *Mérope*, et avança beaucoup sa *Henriade*. Mis en liberté par le régent, il changea son
nom, qui n'était connu que par le scandale, et prit le nom de Voltaire ; bientôt le succès de *Mérope* commença sa prodigieuse
réputation. Pendant quarante ans il mena une vie active et agitée, mais toujours occupé de travaux littéraires qui accrurent

cercle magique. « Nous sommes tous ici princes ou poëtes, » disait un soir
Voltaire à un souper chez le prince de Conti.

[1] *Biogr. univ.*, XLIX, 464, 465. — *Vie de Voltaire*, par Condorcet. — Voltaire, I, 1, 17.

à la fois sa renommée et sa fortune ; rarement il eut une demeure
fixe, et presque toujours il se trouva enveloppé dans des difficultés que lui attiraient et son humeur satirique et ses libelles.
Obligé de quitter le royaume à cause de sa satire contre le duc
de Sully, satire accompagnée d'une déclaration d'amour à la
maîtresse du duc, il se retira en Angleterre, où il demeura plusieurs années, et se lia étroitement avec les hommes politiques
et les philosophes les plus distingués de ce pays. Ce fut à leur
école, ce fut dans la société de Bolingbroke, de Tindal, de
Toland, et d'autres déistes célèbres, membres distingués d'une
secte, qui comptait alors en Angleterre une foule de talents
remarquables, que Voltaire puisa les arguments au moyen desquels il attaqua plus tard le christianisme. Après deux ans
d'exil, on lui permit de rentrer en France, où il commença ses
travaux historiques par la *Vie de Charles XII*, ouvrage qui lui
valut beaucoup de célébrité; bientôt après il publia la *Vie de
Pierre le Grand* et le *Siècle de Louis XIV*. Ensuite, pendant vingt
ans d'une vie mêlée de beaucoup de traverses, il s'occupa alternativement de comédies, de tragédies, de philosophie, d'histoire, de
satires, de libelles et de poëmes épiques; ce fut pendant cette période de sa vie qu'il se retira au château d'Airy, sur les confins de
la Lorraine et de l'Alsace, avec la marquise du Châtelet, femme
d'esprit et d'érudition, avec laquelle il vécut dans une intimité
peu platonique jusqu'en 1749, époque de la mort de cette dame.
Après cette perte, il alla à Berlin, sur l'invitation de Frédéric le
Grand, avec qui il avait été plusieurs années en correspondance,
et habita longtemps le palais du célèbre monarque, dont il était
l'hôte et le commensal de tous les jours.

Malgré son admiration pour les talents du héros, et bien qu'il
partageât les principes de ce monarque libre penseur, Voltaire se
dégoûta bientôt des formes impérieuses de Frédéric. Ces deux
caractères, également irritables, ne pouvaient se convenir toujours; ils eurent de fréquentes querelles, et après trois ans de
cette splendide captivité, le philosophe français fut heureux de
s'échapper clandestinement des chaînes de son royal geôlier, et
d'aller retrouver la liberté comparative dont il pouvait jouir sous
le despotisme français. Enfin, en 1759, il se retira à Fernéy,
sur les bords du lac de Genève, et immortalisa cette retraite.
Possesseur d'une belle fortune, fruit de spéculations heureuses

qu'il avait faites comme fournisseur des armées, fruit de ses succès littéraires et de son économie, il passa dans ce séjour les
vingt dernières années, les années les plus honorables de sa
longue carrière. Il y continua ses travaux littéraires; mais alors
ses grands ouvrages étaient terminés, et l'activité merveilleuse
de son esprit se manifesta par cette prodigieuse correspondance, qui forme aujourd'hui une des parties les plus intéressantes, en même temps que les plus volumineuses, de ses œuvres.
Sa manière de vivre dans cette retraite était celle d'un grand
seigneur de la vieille école. Il dépensait un revenu considérable
à l'amélioration de sa propriété ; des actes nombreux de bienfaisance répandaient le bien-être autour de sa demeure ; il apparut,
dans le monde littéraire, comme le défenseur de l'humanité en
matière de pénalité. L'inscription célèbre qu'il fit placer sur
l'église du village, reconstruite à ses frais, *Deo erexit Voltaire*,
prouva que, malgré sa haine contre le christianisme, il n'avait
point abjuré les dogmes de la religion naturelle. Les obsessions
de sa nièce, Mme Denis, qui s'ennuyait à mourir dans la retraite
de Ferney, le décidèrent enfin à quitter ce séjour. A l'âge de
quatre-vingt-quatre ans, il franchit le Jura, et se dirigea vers
Paris où le précédait son immense réputation, et où ses principes avaient acquis une autorité presque universelle.

Il y arriva au mois de février 1778; il fut accueilli partout,
aux théâtres, aux académies, sur les places publiques et jusque
dans les rues, avec un enthousiasme qui tenait de l'adoration.
Voltaire, profondément ému de ces manifestations qui flattaient
au plus haut degré sa passion dominante, demanda si l'on voulait l'étouffer sous le poids des guirlandes de roses et le faire
mourir de joie; mais l'émotion produite par ces transports fut
trop forte pour sa faible organisation : il fut atteint d'une maladie grave qui le conduisit rapidement aux portes du tombeau.
Craignant qu'on ne lui refusât la sépulture religieuse, il fit appeler un prêtre, et, abjurant ses erreurs, il demanda pardon
à Dieu et à l'Église de toutes ses offenses *. Cependant, et contre

---

* « Je ne veux pas qu'on jette mon corps à la voirie, » dit-il, quand il
se vit en danger ; il envoya chercher l'abbé Gauthier, qui obtint de lui la
déclaration qu'il mourait dans la foi catholique, dans laquelle il était né,
et qu'il demandait pardon à Dieu et à l'Église des offenses qu'il pouvait
avoir commises. (*Biogr. univ.*, vol. XLIX, 487.)

toute attente, il se remit pour quelque temps, et se replongea dans toutes les vanités du monde ; il fut couronné de lauriers sur la scène, et ramené chez lui en triomphe par une foule immense d'admirateurs passionnés. Mais cette dernière ovation fut enfin fatale à sa santé épuisée ; son mal lui revint avec un redoublement de violence, et il retomba sur son lit de mort. Pressé, dans ce moment, par le curé de Saint-Sulpice, de reconnaître la divinité de Jésus-Christ, il se retourna et dit [1] : « Pour l'amour de Dieu, ne me parlez pas de cet homme ; laissez-moi mourir en paix ! » puis il expira. Ses restes furent inhumés dans une chapelle de l'abbaye de Scellières : cet acte de tolérance fut, à la honte de l'Église de France, puni par la destitution du prieur de ce couvent ; mais il était trop tard pour empêcher l'inhumation, et les restes de Voltaire y reposèrent en paix, jusqu'à ce que, douze ans après, ils fussent transférés au Panthéon, pendant la fièvre révolutionnaire.

Le caractère de la philosophie de Voltaire se retrouve tout entier dans la vie privée de cet écrivain. Ami des nobles, flatteur des maîtresses, courtisan des rois, panégyriste de ses patrons, détracteur satirique de ses ennemis, il fut à la fois annaliste infatigable, pamphlétaire prodigieux, grand poëte, défenseur ardent de l'humanité, ennemi persévérant et acharné de la foi chrétienne. Il n'avait guère de sympathie pour la cause populaire, et s'inquiétait peu des droits de la nation ; ce qu'il voulait, c'était arracher les âmes à ce qu'il appelait les fers de la religion. Personne ne sentait aussi vivement que lui les dangers de la puissance démocratique ; personne n'avait mieux compris, dans le grand livre de l'histoire, les leçons fréquentes qu'on peut tirer des ruineux effets de cette puissance sur les intérêts les plus précieux de la société. Cette tirade inimitable contre les institutions démocratiques, que Corneille met dans la bouche de Cinna, faisait l'objet de son admiration exclusive [*]. Mais il voyait dans

---

[1] 30 mai 1778, *Biogr. univ.*, XLIX, 488, 480. — Condorcet, *Vie de Voltaire*, 124, 136.

[*]
Lorsque le peuple est maître on n'agit qu'en tumulte ;
La voix de la raison jamais ne se consulte ;
Les honneurs sont vendus aux plus ambitieux ;
L'autorité livrée aux plus séditieux :
Ces petits souverains qu'il fait pour une année,
Voyant d'un temps si court leur puissance bornée,

la ruine de la religion l'unique remède à tous les maux de l'humanité. Il combattit souvent, et avec éloquence, en faveur de l'adoucissement de l'horrible barbarie de l'ancienne pénalité ; mais ces horreurs ne devenaient l'objet de toute son indignation que quand elles étaient ordonnées par des prêtres ; si elles émanaient de l'autorité civile, il les voyait avec beaucoup plus de calme. La philanthropie était l'objet ostensible de sa philosophie, mais elle admettait des exceptions importantes quand il s'agissait des prêtres ou des femmes ; et l'on peut dire de lui, avec plus de vérité peut-être qu'on ne l'a dit du grand historien anglais : « Son humanité ne faiblissait que quand on torturait des chrétiens ou quand on outrageait des femmes. »

Il ne fut point historien profond, mais annaliste plein de mouvement et d'intérêt ; il fut le premier cependant qui, dans les temps modernes, dirigea l'attention des lecteurs vers les progrès des arts et de la civilisation, et sur d'autres objets que les événements de la guerre ou les intrigues des cours. La prodigieuse abondance des connaissances qu'il possédait fut appliquée, avec un merveilleux succès, dans ses autres écrits en prose, à faire connaître presque toutes les contrées du monde, et à éclaircir une foule de questions qui intéressent l'esprit humain. Souvent superficiel en matière de sciences, toujours partial en fait de religion, jamais cependant il ne manquait de donner un air de vérité plausible aux paradoxes les plus dangereux, par l'inimitable clarté, par l'extrême naturel avec lesquels il établissait ses opinions. Beaucoup d'écrivains l'emportent sur Voltaire pour l'exactitude et la profondeur de vues sur des sujets spé-

> Des plus heureux desseins font avorter le fruit ,
> De peur de le laisser à celui qui les suit.
> Comme ils ont peu de part au bien dont ils ordonnent,
> Dans le champ du public largement ils moissonnent,
> Assurés que chacun leur pardonne aisément,
> Espérant à son tour un pareil traitement :
> Le pire des États, c'est l'État populaire.

(Cinna, acte II, scène 1.)

« Quelle prodigieuse supériorité, dit Voltaire, de la belle poésie sur la prose ! Tous les écrivains politiques ont délayé ces pensées ; aucun a-t-il approché de la force, de la profondeur, de la netteté, de la précision de ce discours de Cinna ? Tous les corps de l'État auraient dû assister à cette pièce pour apprendre à penser et à parler. »

ciaux; aucun ne l'a égalé pour la variété des connaissances qu'embrassent ses travaux. Comme critique, il n'est pas toujours à l'abri du reproche d'envie ; mais il est clair, judicieux, et souvent il se laisse aller à la plus vive, à la plus généreuse admiration. Quoique sa muse, dans *la Henriade*, n'arrive jamais à un bien haut degré d'inspiration, cet ouvrage n'en est pas moins le meilleur poëme épique écrit en français. Le drame a été le grand théâtre de sa gloire; et il est impossible de lire ses immortelles tragédies, pleines de belles peintures de caractères, de nobles sentiments, de combinaisons habiles, d'incidents pathétiques, de discours éloquents, et d'une action toujours animée, sans reconnaître que, pour le bien comme pour le mal, cet homme avait reçu en partage les fruits les plus riches de l'arbre de la science. Vous n'y trouverez pas ce majestueux langage et cette pensée profonde de Corneille, ni l'heureuse expression de la délicieuse harmonie du style de Racine ; mais ses tragédies sont plus impétueuses, plus variées ; elles ont plus de couleur locale ; elles ont une sphère plus étendue et peignent la nature humaine dans un bien plus grand nombre de situations diverses. La *Pucelle d'Orléans* sera sa honte éternelle : quand on pense aux mauvaises passions qui l'engagèrent à cacher ce qu'il savait de vrai sur cette femme extraordinaire *, et à couvrir l'héroïne française du honteux manteau de la débauche, et tout cela parce que ses exploits avaient jeté un certain éclat sur la cause de la religion, nous sentons que l'offense, trop grande pour être individuelle, a été une injure nationale, et qu'elle fut dignement punie le jour où les étendards anglais entrèrent en triomphe dans les murs de Paris, conséquence extrême des doctrines de l'impudent diffamateur.

Voltaire cependant n'était pas athée, car il eût fait beaucoup moins de mal. Celui qui nierait publiquement l'existence d'un Être suprême n'acquerrait jamais une influence universelle sur les hommes, quel que pût être du reste son ascendant sur quelques cercles particuliers. Les athées avoués furent de la part de Voltaire l'objet de sarcasmes plus mordants encore que le clergé

---

* Il résulte de ce que Voltaire lui-même a écrit sur la pucelle d'Orléans, dans son *Essai sur les mœurs et l'esprit des nations*, que personne n'appréciait mieux que lui les grandes et nobles qualités de l'héroïne française.

catholique lui-même ; c'est à lui que nous devons cette sentence remarquable, que Robespierre, instruit par l'expérience, se vit forcé de répéter au milieu des sanglantes horreurs de la Révolution : « *Si Dieu n'existait pas, il faudrait l'inventer.* » Il voila, sous les apparences trompeuses du déisme, ses premières attaques contre le christianisme ; mais ce qui donna à ses principes un ascendant fatal, ce fut leur tendance philosophique en ce qui concerne l'action de l'Être suprême et le gouvernement des hommes ; car cette tendance fit se ranger de son côté tous les sentiments généreux. Malheureusement, le sens de la responsabilité morale lui faisait défaut ; il n'avait pas la conscience du sentiment du devoir ; et il paraît même douteux qu'il crût à l'immortalité de l'âme.

L'homme, dans sa pensée, était fait pour le bonheur, non pour le devoir : il avait été envoyé ici-bas pour jouir et non pour mériter des jouissances. Innocent et pur, doué d'une nature et d'instincts élevés, l'homme ne devait ses vices qu'à l'oppression des prêtres, à la bigoterie des croyances ; il ne devait ses misères qu'aux funestes restrictions imposées par les dogmes de l'Église à la jouissance des plaisirs que la nature avait préparés pour lui. Le grand'objet de la philosophie de Voltaire fut d'abattre ce système égoïste de contrainte artificielle. Il pensait que l'homme, en suivant les préceptes et les impulsions de la nature, devait arriver tout d'un coup au bonheur suprême, à la plus haute destinée de son être. C'est pour cela que l'auteur de *Zaïre* fut en même temps l'auteur de *la Pucelle ;* c'est pour cela que l'historien de Louis XIV composa le roman de *Candide.* Dans ces ouvrages si différents et si opposés en apparence, il peignait, d'une main également habile, les inclinations diverses et les passions irrésistibles du cœur humain, et en même temps, il satisfaisait sa passion dominante à lui, celle d'obtenir l'admiration universelle. Il était tout pour tous les hommes : également prêt à faire de la générosité pour les généreux, de la bravoure pour les braves, de la sagesse pour les sages, de l'égoïsme pour les égoïstes, de la volupté pour les voluptueux, de la dissolution pour les dissolus.

Voltaire, sans ménagement pour l'Église, ne s'avisa jamais d'attaquer le palais. C'était à l'ombre de la monarchie, émancipée des fers de la superstition, qu'il contemplait la perfection de la

société *. Mais ceux qui détruisent l'autel soutiendront difficilement le trône; et bientôt parut un génie *prédestiné* qui appliqua
à la théorie du gouvernement les principes que l'apôtre du
déisme n'avait dirigés que contre les vérités du christianisme.

Jean-Jacques Rousseau, fils d'un humble horloger de Genève,
était né le 28 juin 1712, et le trône de Louis XIV tomba sous
ses coups. De même que Voltaire, Rousseau est tout entier dans
sa vie privée. Doué par la nature d'une imagination ardente et
capricieuse, et d'une grande susceptibilité d'humeur; gauche
dans ses manières, d'un esprit très-vaniteux, réservé mais ambitieux; défiant, quoique ayant la conscience de sa force; il passa
ses premières années à rêver à des romans, ou à dévorer les *Vies
de Plutarque;* et, suivant ses propres aveux, il se laissa quelquefois aller à des actions déshonorantes et criminelles. Il quitta
de bonne heure le toit paternel, et, encore enfant, il fut formé
à Annecy, par Mme de Warens, bonne vieille dame catholique,
qui fut si choquée du relâchement de ses principes religieux,
qu'elle l'envoya dans un monastère à Turin pour y faire corriger ses opinions. Trop heureux d'échapper à ces rigoureuses
austérités pour entrer comme laquais au service de la comtesse
de Vercelli, où il commit un vol, il eut la bassesse, d'après ses
propres aveux, d'en accuser une jeune domestique de la maison
qui en était tout à fait innocente. Renvoyé pour cette affaire,
il entra au service d'une autre noble maison de Turin; mais,
bientôt dégoûté des ennuis de la domesticité, il revint chez
Mme de Warens, qui, au début de la vie, l'avait sauvé du malheur
de l'abandon, et qui, dans son infortune, lui accorda encore un
abri. Elle le mit en pension chez le maître de chapelle de la

* Il contemplait

<blockquote>
La liberté publique,
Sous l'ombrage sacré du pouvoir monarchique.
</blockquote>

(*Brutus,* acte II, scene 1.)

« Pourquoi, disait M. de Choiseul aux nouveaux philosophes, ne vous
arrêtez-vous pas où s'est arrêté Voltaire? Nous le comprenons, lui; au
milieu de toutes ses saillies il respecte toujours l'autorité; mais vous, vous
êtes mystérieux et obscurs, et vous développez vos maximes avec rudesse
et pédantisme. Nous vous abandonnons la religion et le clergé; cela ne vous
suffit-il pas? Nous vous livrons beaucoup de nos préjugés; mais ne sauriez-
vous au moins respecter les préjugés utiles? » (Smyth, *Lectures on the
french Revolution,* I, 86, 87.)

cathédrale, que Rousseau, suivant le désir de cette dame, accompagna plus tard à Lyon. Mais son compagnon étant tombé dans une rue de cette ville, frappé d'une attaque d'épilepsie, Jean-Jacques profita de l'occasion pour s'enfuir, et s'épargner tout embarras en laissant ce malheureux, comme il nous le dit lui-même, « abandonné du seul ami sur lequel il pût compter au monde [1]. » Cette honteuse inhumanité fut récompensée comme elle le méritait : Rousseau, de retour à Annecy, n'y trouva point Mᵐᵉ de Warens ; les gens de la maison ne purent lui dire quelle route elle avait prise ; et il fut obligé de s'en aller à l'aventure, abandonné à son tour comme son malheureux ami, qu'il avait laissé dans les rues de Lyon. Ne sachant trop où il allait, il atteignit Lausanne ; puis il alla à Neufchâtel, et vécut dans ces deux villes d'une existence précaire, en donnant quelques leçons de musique, art dans lequel, à cette époque, il n'avait qu'une instruction très-superficielle. De là il alla visiter Paris ; mais, s'y trouvant confondu dans les rangs infimes de la société, il reprit le chemin d'Annecy, où Mᵐᵉ de Warens l'accueillit encore une fois. Sa passion pour la musique se développant d'une façon extraordinaire, il résolut de se faire une profession de l'enseignement de cet art. Cependant, impétueux dans tous ses desseins, il ne put rester longtemps dans cet emploi ; il s'éprit d'une passion extravagante pour les jeux de hasard, et il faillit se tuer par la violence avec laquelle il s'y livra pendant plusieurs mois. Le latin, la géométrie, l'astronomie et la médecine l'absorbèrent successivement, pendant quelques mois d'un travail opiniâtre : telle était sa facilité, que pendant ce court espace de temps, il acquit un haut degré de savoir dans ces branches diverses des connaissances humaines. Il faudrait des volumes pour dire toutes les folies et les vices de cet homme extraordinaire. Qu'il nous suffise de rappeler qu'il fut pendant quelques mois précepteur dans la famille du frère du célèbre abbé de Mably : ce frère était grand prévôt de Lyon. Là, Rousseau, négligeant les devoirs de son emploi, passait son temps à rêver à des romances, buvant les vins exquis qu'il volait dans les caves du prévôt, ou faisant la cour à sa femme. Plus tard, il conçut un attachement passionné pour une jeune fille vulgaire du nom de

[1] Rousseau, *Confessions*, part. I, 1, 3. — *Biogr. univ.*, XXXIX, 126, 127.

Thérèse, qu'il avait rencontrée servant dans une hôtellerie obscure de Paris, et laquelle, pendant plus de trente ans, exerça sur l'esprit de Rousseau un empire absolu. Bientôt cette femme le rendit père; mais il envoya son fils à l'hôpital des enfants trouvés, après avoir pris toutes les précautions imaginables pour empêcher qu'il pût être jamais reconnu : il se trouva si bien de cette façon expéditive de se décharger de tout fardeau de famille, qu'il continua à y avoir recours pendant toute sa vie. L'auteur de tant de déclamations éloquentes contre les sentiments dénaturés des mères qui n'allaitent pas leur progéniture, eut l'infamie d'envoyer cinq de ses enfants à l'hospice des enfants trouvés, et en prenant des mesures si bien combinées que jamais il ne put lui-même en entendre parler[1].

Et cependant, malgré tous ces actes honteux d'égoïsme et de turpitude, le génie de cet homme était si puissant, qu'il brisa tous les obstacles, et s'éleva à la plus sublime hauteur de la gloire littéraire. Son premier essai dans cette carrière, où il devait acquérir tant de célébrité, fut à la fois caractéristique de la trempe de son génie, et de la tendance future de tous ses ouvrages. C'était un travail qui devait concourir à un prix proposé par l'Académie des sciences de Dijon, sur cette question : « Les arts et les sciences ont-ils contribué à corrompre ou à purifier les mœurs? » Sur l'avis de Diderot, il entra dans la lice, soutint hardiment que les arts et les sciences n'avaient fait qu'accroître la corruption des hommes, et il remporta le prix. Dès ce moment, son destin fut fixé. Il se résolut, comme il le dit lui-même, à rompre brusquement en visière aux maximes de son siècle[2]. Telle était cependant sa passion pour la musique, que son premier essai après cela fut un opéra, *le Devin du village,* dont le langage simple et pathétique charma la cour et obtint un succès extraordinaire. Les idées et les manières de la capitale étaient devenues si artificielles, que le langage imagé de la nature fit sur les Parisiens l'effet d'une nouveauté : ils connaissaient aussi peu les sentiments de la vie champêtre que l'harmonie des sphères célestes[3].

Les succès littéraires de Rousseau n'améliorèrent cependant ni ses principes ni son cœur. Il passa peu de temps après par Cham-

<hr>

[1] *Biogr. univ.,* XXXIX, 120, 131.
[2] *Confessions,* II, 124.
[3] Lac., *Hist. de France,* III, 102, 105. — *Biogr. univ.,* XXXIX, 131, 136.

béry, où il visita Mme de Warens, qui avait été pour lui une seconde
mère, pendant sa jeunesse et ses malheurs : il la trouva si chan-
gée par les chagrins résultant de la ruine de sa fortune, et des
pertes que son imprudence lui avait fait éprouver, qu'il la reconnut à peine dans l'état de désolation où il la vit. Il se hâta de
s'éloigner de cette triste scène, et il ne laissa qu'un léger secours
à celle qui avait été sa providence dans ses mauvais jours. Au
milieu de l'affliction où il la voyait plongée, il eut la barbarie
de s'occuper de la succession de cette dame et osa lui dire qu'il
espérait hériter d'un habit noir dont il était amateur. De chez
Mme de Warens il se rendit à Genève, et l'ardeur républicaine dont
ce petit État était le théâtre lui fit tourner la tête, il en convient
lui-même; il eut un moment la pensée de s'établir pour le reste
de ses jours dans les environs de cette ville. Mais il fut détourné
de ce dessein par sa haine contre Voltaire, qui venait de se fixer
récemment dans la splendeur seigneuriale de Ferney, non loin de
Genève [1]. Il retourna donc à Paris et se retira chez Mme d'Epinay,
qui le reçut avec empressement dans cette demeure si connue
sous le nom de *l'Ermitage,* dans la vallée de Montmorency.
Ce fut là qu'il écrivit ses principaux ouvrages, *le Contrat social*
et la *Nouvelle Héloïse.* Mais alors il devint éperdument amou-
reux de la comtesse d'Houdetot, belle-sœur de Mme d'Epinay et
maîtresse du marquis de Saint-Lambert, laquelle dédaigna l'hommage de sa passion. Dès lors il eut des démélés avec ses bienfai-
teurs; et après une série d'aventures peu honorables pour son
caractère, il obtint enfin de la bonté du duc de Luxembourg un
appartement au château de Montmorency. Il avait alors cinquante
ans, mais ses nombreux échecs en amour avaient si peu guéri sa
vanité, qu'il conçut encore une passion ridicule pour une dame
du grand monde, la comtesse de Boufflers. Du reste, il avait si
peu la conscience de l'étrangeté de sa conduite, que lui-même il
avoue dans sa correspondance avoir toujours cru qu'aucune
femme, même du plus haut rang, ne pouvait lui résister. Toutes
ces faiblesses nous sont révélées par ses *Confessions;* et c'est de
cet ouvrage que nous avons tiré principalement les détails qui précèdent : ce livre prouve que Rousseau ne se repentait d'aucune
de ses actions; les hommes ne confessent pas hautement les

----

[1] *Confessions,* p. 1, 15. — *Œuvres,* XIII, 329, 345, édit. 1817.

fautes dont ils rougissent. Après cela, il se retira à Neufchâtel, et bientôt il alla habiter une chaumière dans la petite île de Saint-Pierre, au milieu du beau lac de Bienne; mais un ordre du sénat de Berne l'obligea enfin à quitter cette charmante retraite. Il épousa alors Thérèse Levasseur, après vingt-trois ans d'une union illégitime, et d'un rude despotisme de la part de cette femme. Enfin il mourut soudainement à Ermenonville, le 5 juillet 1778, soupçonné d'avoir hâté sa fin par le poison [1].

Quelle fixité de principes, quelle fermeté pouvait-on attendre d'une vie si désordonnée et souvent si honteuse? Et cependant, tel fut le génie de Rousseau, qu'on peut se demander si aucun autre écrivain a produit sur son siècle et sur le siècle suivant une impression aussi incontestée. Ses écrits, plus que ceux de Voltaire même, provoquèrent la Révolution. Il s'empara, en les appliquant à la vie sociale, des idées que ce grand philosophe n'avait dirigées que contre la religion. Ses ouvrages durent principalement leur succès à leur entraînante éloquence. Les Parisiens, plongés dans les vices et dans la corruption d'un genre de vie tout artificiel, se sentirent entraînés par le charme nouveau et pour eux tout à fait irrésistible de ce langage naturel, passionné sans affectation. Leur enthousiasme ressemblait à cet engouement soudain qui, un demi-siècle plus tard, s'empara des zélés de la fashion, quand lord Byron fit paraître ses forbans de mélodrame. Les œuvres de Rousseau se distinguaient surtout par des descriptions brillantes de la nature, par la vivacité des mouvements passionnés exprimés avec une rare vigueur de coloris ; c'est là ce qui leur donne une grande supériorité sur tous les écrits du même genre. Son pinceau avait été littéralement trempé dans les couleurs du ciel de l'Orient. Si ses ouvrages n'avaient eu que ce mérite, on ne les considérerait que comme une peinture intéressante de son temps, comme un grand progrès littéraire ; et au point de vue de l'histoire générale, ils n'eussent offert qu'une médiocre importance. Mais ils avaient une toute autre portée; et la doctrine philosophique de Rousseau renferme à la fois le principe ennemi de la foi chrétienne et la source des révolutions; car c'est la doctrine de l'innocence humaine et de la perfectibilité sociale.

[1] *Confessions,* part. II, 1, 9, 12. — *Biogr. univ.,* XXXIX, 141, 144. — Lac., III, 102, 112.

Partout il affirme que l'homme était né innocent, et n'avait de disposition que pour la bonté ; que le sauvage était le modèle de toutes les vertus, et que la société ne devait tous les vices et toutes les misères de l'humanité qu'à la tyrannie des rois, aux fourberies des prêtres, à l'oppression des nobles, et aux maux de la civilisation. Il soutenait que la propriété était le grand abus qui avait ruiné la société humaine ; que le raisonnement était la source de toute iniquité.*. Cette philosophie séduira toujours les visionnaires ; toujours aussi elle sera condamnée par l'expérience des siècles ; cependant elle fut accueillie avec un indicible enthousiasme par une génération qui, plongée elle-même dans la frivolité et dans la corruption des plaisirs sensuels, embrassait avec bonheur une doctrine qui rejetait sur d'autres la responsabilité de toutes ses faiblesses ; une doctrine qui proclamait que, dans l'état de nature, on pouvait sans danger et sans crime satisfaire ses inclinations et ses désirs. Ces principes sont la base du *Contrat social,* comme du système d'éducation que Rousseau a développé dans son *Émile ;* on les retrouve à chaque page dans les *Lettres écrites de la Montagne ;* et les passions ardentes de la *Nouvelle Héloïse* en sont le développement pratique. Il ne fallait pas les pages de sa brûlante éloquence, ni les couleurs brillantes dont il embellit le vice aussi bien que la vertu, pour populariser un système qui proclamait l'impunité des passions et qui déclarait innocente la satisfaction de tous les penchants ; un système qui décorait du nom de liberté l'indulgence pour le mal, et du nom de bonheur la dissolution des mœurs, qui stig-

----

* « L'homme qui raisonne est l'homme qui pèche. » Telle était sa maxime favorite. Rousseau et Diderot proclamaient hautement la doctrine que la propriété était l'origine de tous les maux de la société, et que le seul remède était de l'abolir. « Le premier qui dit, ce champ est à moi, introduisit dans la société le germe de toutes les calamités ; une voix courageuse devait lui crier : Ces fruits sont à tous, et la terre à personne. » (Rousseau.)

« La propriété, dit Diderot, est la cause générale et permanente de tous les désordres ; par elle tout est bouleversé. Voulez-vous régénérer le monde ? laissez pleine liberté aux vrais sages d'attaquer les erreurs et les préjugés qui soutiennent l'esprit de propriété. J'indique le coup qu'il faut porter à la racine de tous les maux : de plus habiles que moi réussiront peut-être à persuader. » — La doctrine des babouvistes en 1797, celle des socialistes et des chartistes en Angleterre, en 1840 et 1841, n'étaient que l'application pratique de ces principes.

matisait les lois de la conscience comme une violation de la nature, et qui dénonçait toute loi restrictive comme un empiéte-
ment sur la bonté du Tout-Puissant.

. Ces détails pourront paraître à quelques-uns minutieux et
frivoles, mais le lecteur qui a l'habitude de la réflexion ne les
trouvera pas déplacés même dans un ouvrage d'histoire générale.
C'est l'intelligence et non la force matérielle qui gouverne l'humanité; les maîtres de la pensée ont seuls le pouvoir de déchaîner
les tempêtes : Voltaire et Rousseau ont fait la Révolution française bien plus que Danton et Mirabeau; leur autorité sur les
esprits des hommes a eu une bien autre durée que celle de Robespierre et de Napoléon sur les corps. Les encyclopédistes qui
professaient au grand jour les doctrines de l'athéisme, les démocrates qui commencèrent cette grande convulsion, les jacobins
qui la continuèrent, ne firent que pousser à leurs inévitables
conséquences les principes de ces puissants magiciens. Il est
bon d'étudier la vie privée de ces hommes par qui les trônes
ont été renversés; il est quelquefois instructif de donner une
idée de la moralité des hommes qui ont entrepris de purifier le
monde. Rien n'est plus caractéristique de l'état de la société en
France à cette époque, que la vie de ces hommes extraordinaires : on y retrouve en effet ce mélange inouï de la politesse
des mœurs avec une extrême indulgence pour le vice, du talent
de la conversation avec la frivolité de la conduite, de l'élégance
des manières avec la bassesse des penchants, de la générosité dans
les écrits avec l'égoïsme dans les actes, des sentiments délicats
avec des habitudes corrompues, de liberté dans la pensée avec
le servilisme des actions, de déclamations sur l'indépendance
avec des dispositions à la soumission des esclaves. Que pouvait-
on attendre d'une révolution qui s'annonçait par le legs d'une
bibliothèque fait à un jeune incrédule par une vieille courtisane,
et par les déclamations sur l'affection paternelle, écrites de la
main d'un père libertin, qui envoyait sa progéniture à l'hospice
des enfants trouvés?

Les doctrines de ces intelligences puissantes, poussées jusqu'à
l'extrême par les écrivains qui les suivirent, produisirent dans
l'opinion publique des changements plus considérables qu'eux-
mêmes ne l'avaient voulu sans doute. De même que tous les écrivains profonds et originaux, ils furent suivis d'une foule de dis-

ciples qui portèrent jusqu'au plus haut degré d'extravagance aussi
bien les erreurs que les vérités de leurs doctrines. Les gens de
lettres étaient devenus si puissants à Paris, vers la fin du règne de
Louis XV, qu'ils aspiraient hautement à opérer une révolution
complète dans presque toutes les connaissances humaines, et à
refondre le monde, ses institutions, ses habitudes, ses opinions,
d'après un modèle de leur invention. Pour arriver à ce but, ils mirent en commun toutes leurs forces dans cette immense entreprise
de *l'Encyclopédie*, le premier travail de ce genre qui eût jamais
été tenté, et qui aspirait à exercer son influence sur toutes les
classes de la génération suivante, aussi bien par le nombre des
talents qui y travaillaient, que par la diversité des branches des
connaissances humaines qui devaient y être traitées. Les principes
de cet ouvrage, justes quelquefois, souvent généreux, étaient
bien de nature à séduire une génération superficielle. Ils dénon-
çaient toute contrainte extérieure, toute espèce de sévérité; ils
condamnaient toutes les rigueurs de l'ascétisme religieux; ils déclamaient contre la torture et contre la barbarie des anciennes
lois pénales, et se déchaînaient contre le joug odieux de la puissance féodale; ils réclamaient à grands cris la liberté de conscience en matière de foi, défendaient la liberté des relations de
toute espèce entre les hommes, et ils proclamaient que le plus
sûr remède contre tous leurs griefs réels ou imaginaires serait
l'adoption générale du gouvernement représentatif et des institutions populaires. Mais il manquait à tous ces projets philanthropiques une condition essentielle, sans laquelle de pareilles
théories ne sauraient, dans la pratique, produire que des résultats
éphémères. Ces philosophes n'avaient pas songé à la nécessité de
mettre un frein aux passions égoïstes de notre nature. Au milieu
de toutes leurs réformes, ils avaient oublié la plus importante,
la réforme du cœur humain. Ils cherchèrent la solution d'un pro-
blème essentiellement insoluble, et dont voici l'énoncé : « Étant
donné un monde de misérables, produire le bonheur de la combinaison de leur action commune [1]. » Ils se déclarèrent les ennemis acharnés de l'influence religieuse, seule capable dans tous
les temps de mener à bien ce travail d'Hercule : ils crurent que
les vertus de l'humanité seraient une sauvegarde suffisante

[1] [illegible] Carlile. [illegible]

contre les tentations que produisent à chaque pas les changements importants dans le corps social : la Révolution française fut la conséquence de leurs erreurs.

Une foule d'hommes pleins d'habileté et de savoir prirent une part active à la guerre contre l'Église, à cette guerre qui est un des caractères les plus saillants de la littérature française à la fin du xviiie siècle. L'abbé Raynal, dans son *Histoire philosophique des deux Indes,* emploie tous les efforts de son éloquence, tous les charmes de ses tableaux historiques, pour peindre l'innocence et la vertu des premiers hommes, et les incroyables calamités que la bigoterie des prêtres et l'amour de l'or, avaient apportées dans leurs mœurs pures jusque-là. D'Alembert, Helvétius et Diderot, avec plus de hardiesse, sans s'arrêter aux moyens obliques de l'insinuation, nièrent ouvertement l'existence de Dieu ; ils attribuèrent tout l'univers physique et moral au concours fortuit des atomes, aux lois inhérentes et immuables de la matière, ou à la sujétion forcée et non moins rigoureuse de l'esprit aux lois de la nécessité. Ces effrayantes doctrines tendaient à détruire chez l'homme tout sens de responsabilité morale, toute raison de se contrôler soi-même ; elles tendaient à réduire la société à un simple jeu du hasard, dans lequel le succès seul prouvait la supériorité. Mais ce qui en faisait surtout le danger, c'était le talent et l'admirable lucidité avec lesquels les deux premiers de ces hommes si bien doués développèrent les mystères les plus cachés de l'analyse moderne ; c'était l'art prodigieux et varié, le goût délicat des deux autres, à traiter également les genres de littérature les plus légers et les plus enchanteurs, de même que les plus profonds et les plus abstraits.

Ces écrivains, réellement habiles et supérieurs, quoique dangereux par la séduction de leurs sophismes, furent suivis d'une foule d'autres, dont les noms sont déjà tombés dans l'oubli, mais dont les écrits exercèrent alors, et longtemps après, une très-grande influence sur l'esprit public de la France et d'une grande partie de l'Europe. Défendant ouvertement la doctrine du matérialisme, niant l'existence d'un Être suprême et d'une vie future, ils employèrent toute l'énergie de leur talent à accroître la force des passions existantes, et à étendre la variété des plaisirs sensuels. Les *Nouvelles* de Crébillon et de Laclos, les *Mémoires du chevalier de Faublas,* par Louvet, et d'innombrables madrigaux appartiennent à cette classe d'écrits. Les aventures licencieuses, les scènes voluptueuses peintes avec toute la séduction du talent, les poëmes érotiques, l'obscénité la moins déguisée, tels étaient les stimulants au moyen desquels on voulait émanciper les hommes. Le seul but raisonnable de la vie, c'était de gagner assez d'argent pour se procurer de pareilles jouissances. Il ne fallait pas se préoccuper des châtiments de l'autre vie ; les prêtres les avaient inventés pour effrayer les hommes. Ce n'est point par des études de ce genre que l'homme peut arriver à la préparation morale nécessaire pour se rendre capable de la liberté. Telle fut la cause principale de la marche rétrograde, de l'incroyable perversité, et enfin de la chute de la Révolution. Le caractère de ces écrivains a été tracé de main de maître par un homme qui sera un éternel monument des conséquences de leurs doctrines. « Il y avait, parmi les encyclopédistes, dit Robespierre, quelques hommes estimables, mais un bien plus grand nombre de charlatans ambitieux : plusieurs de leurs chefs sont devenus des hommes d'État considérables; ceux qui ignorent l'influence de leur politique, ne se font qu'une idée très-incomplète de notre Révolution. Ils prêchèrent les effrayantes doctrines de l'athéisme : cette secte, en matière de politique, resta toujours au-dessous des droits du peuple ; en matière de morale, elle alla beaucoup au delà de la destruction des préjugés religieux : ses coryphées déclamaient quelquefois contre le despotisme, et ils étaient pensionnés par les despotes ; ils faisaient tantôt des livres contre la cour, et tantôt des dédicaces aux rois ; des discours pour les courtisans et des madrigaux pour les courtisanes; ils étaient fiers dans leurs écrits et rampants dans les antichambres. Cette secte propagea avec beaucoup de zèle l'opinion du matérialisme ; on lui doit en partie cette espèce de philosophie pratique qui, réduisant l'égoïsme en système, regarde la société humaine comme une guerre de ruse, le succès comme la règle du juste et de l'injuste, la probité comme une affaire de goût ou de bienséance, le monde comme le patrimoine des fripons adroits [1]... »

Les écrits de Montesquieu, de Voltaire, de Rousseau, de Raynal, de Diderot, d'Helvétius et de leurs continuateurs, exercèrent sur les opinions des classes éclairées de la France une influence

---

[1] *Disc. de Robespierre sur l'Être suprême,* 7 mai 1794.

dont l'histoire du monde n'avait pas offert d'exemple. Les écrivains philosophes et littérateurs de Paris, pendant le quart de siècle antérieur à la Révolution, étaient tous franchement irréligieux ; le grand objet de leurs travaux était de charger la religion d'outrages, ou de la tourner en ridicule, ce qui en France était un moyen plus sûr encore de la détruire. David Hume, invité à Paris à une réunion de dix-huit des littérateurs les plus célèbres de ce pays, se trouva tout étonné d'être le moins sceptique de tous : il était le seul de cette assemblée qui crût au moins à la probabilité de l'existence d'un Être suprême [1]. Tous les efforts de ces hommes, et dans leurs chaires, et dans leurs écrits, et dans leurs conversations, tendaient à la propagation de ces principes. Ce n'est pas que de pareilles productions puissent nuire longtemps et d'une manière générale à la cause de la religion dans le monde, mais souvent elles la détruisent dans un état déterminé : la réaction arrive à son tour avec une certitude infaillible ; et le christianisme, purifié de ses imperfections humaines dans la fournaise des révolutions, en sort dans tout l'éclat de sa simplicité primitive et avec l'acquisition de forces nouvelles. Déjà la réaction a commencé en France et en Angleterre. Déjà, comme dans ses meilleurs jours, la religion est redevenue la base de la haute littérature anglaise ; et, dans la capitale de la France,' l'œil calme de l'observateur philosophe, insoucieux aujourd'hui des sarcasmes empruntés à un siècle d'infidélité, présente aux regards charmés de la multitude le tableau historique des bienfaits des institutions religieuses [2]. Cependant les effets immédiats de ces écrits sceptiques furent désastreux. En habituant les hommes à ridiculiser ce que d'autres vénèrent ; en les amenant à rejeter les principes et la foi de leurs aïeux, ils préparaient les voies à la dissolution générale, non-seulement des liens religieux, mais encore des liens sociaux. Quand une fois on a secoué le joug des préceptes de la religion, on est bien près de mépriser l'autorité civile.

Les doctrines sceptiques des philosophes, en autorisant, comme elles le faisaient, la satisfaction absolue des sens, sans leur imposer la moindre contrainte dans ce monde, sans les menacer du moindre châtiment dans l'autre, ces doctrines étaient trop agréa-

[1] Romilly, *Mémoires*, I, 179.
[2] Guizot, *Civilisation en Europe.*

bles à un siècle corrompu et libertin, pour ne pas être universellement accueillies dans la capitale de la France. Vers la fin du règne de Louis XV, il n'y avait personne à la cour qui professât le moindre respect pour la religion, à l'exception du roi, du dauphin et de la dauphine, et d'un petit nombre de membres de la plus ancienne noblesse. Les actes extérieurs du culte étaient même laissés aux artisans et au bas peuple. Quelques personnes. du plus haut rang, qui, par suite d'un certain respect pour les idées anciennes, ne tournaient pas ouvertement la religion en ridicule, s'en tenaient à l'observance simulée de trois préceptes de peu d'importance. On faisait des visites le dimanche pour ne pas aller à la messe et paraître y avoir été. On passait la moitié du carême à Paris et l'autre moitié dans ses terres; de cette façon personne ne pouvait s'enquérir si l'on observait ou non certaines pratiques ordonnées pendant ce temps de pénitence. Enfin, quand une personne mariée était à son lit de mort, on tenait le confesseur à distance ; on ne voulait pas que le prêtre fût mis au courant des infidélités de l'époux expirant, à une époque où la régularité de la conduite était regardée comme un ridicule. Les enfants ou les parents les plus proches cachaient au prêtre la nature dangereuse du mal, et ne l'appelaient que quand il était impossible d'obtenir une confession. La religion, bannie des palais des grands, ne trouva d'abri que sous les toits de chaume ; aussi ne fut-ce que là, et surtout dans les provinces de l'ouest, que la Révolution rencontra de sérieux obstacles [1].

Preuve remarquable de l'ignorance complète où étaient les esprits les plus éclairés de l'Europe, des effets possibles de l'esprit d'irréligion, c'est que les plus grands encouragements que reçurent les philosophes sceptiques de France leur vinrent des monarques absolus et habiles du Nord. Frédéric le Grand, de Prusse, et l'impératrice Catherine de Russie, non-seulement correspondaient régulièrement avec Voltaire, d'Alembert et Diderot, mais témoignaient dans leurs lettres du plus vif intérêt pour les progrès du grand œuvre de la destruction de l'Église de France. Le premier de ces souverains donna un asile à Voltaire et un logement magnifique dans son palais de Berlin ; Catherine faisait une pension à Diderot, et lui écrivait dans des termes si flatteurs, qu'il se consola

---

[1] Soulavie, *Règne de Louis XVI*, I, 207, 299.

facilement de toutes les persécutions que lui faisait subir le gouvernement de Louis XV. Personne ne savait mieux que Frédéric combien en général les esprits accoutumés aux abstractions sont peu faits pour le gouvernement des peuples : on lui doit ce mot caustique, dont la vérité sera reconnue par tous ceux qui ont quelque habitude des choses humaines : « Si je voulais, disait-il, détruire une de mes provinces, j'en confierais le gouvernement aux philosophes. » Malgré cela, il était si enchanté de la guerre que les *savants* de Paris faisaient à la religion chrétienne, que, de même que Catherine, jamais, dans ses lettres à Voltaire et à d'Alembert, il ne désigna l'Église de France que sous le nom de l'*Infâme*. Ce nom, ils l'avaient imaginé à cette seule fin ; et les initiales dont ils se servaient pour l'abréger intriguèrent longtemps la police française, qui ouvrait leurs lettres [1][*]. Catherine, dans les dernières années de son règne, comprit si bien la faute

[1] Soulavie, *Règne de Louis XVI*, I, 205, 207.

[*] En 1759, Voltaire écrivait au roi de Prusse : « Votre Majesté me reproche de caresser quelquefois l'Infâme. Eh ! mon Dieu ! non ; je ne travaille qu'à l'extirper, et j'y réussis beaucoup parmi les honnêtes gens. » *Voltaire au roi de Prusse*, 9 juin 1759. — Le 8 juin 1766, Frédéric écrivait à Voltaire : « L'Infâme ne donne que des herbes vénéneuses ; il vous est réservé de l'écraser avec votre redoutable massue, avec les ridicules que vous répandez sur elle, et qui portent plus de coups que tous les arguments. » Puis le 25 février 1766 : « Votre vieillesse est comme l'enfance d'Hercule ; ce dieu écrasait des serpents dans son berceau, et vous, chargé d'années, vous écrasez l'Infâme. » En 1767, Frédéric et Voltaire se félicitaient mutuellement sur le succès des efforts des philosophes contre l'Infâme : « J'ai lu, dit le monarque prussien, toutes les pièces que vous m'avez envoyées ; vos pièces contre l'Infâme sont si fortes que, depuis Celse, on n'a rien publié de plus frappant. Il ne reste plus de refuge au fantôme de l'Erreur ; il a été flagellé sur toutes ses faces, sur tous ses côtés. Il est temps de prononcer son oraison funèbre et de l'enterrer. » Le 16 mars 1771, Frédéric écrivait au même : « J'approuve fort la méthode de donner des nasardes à l'Infâme, en la comblant de politesses. » Cette Église qu'ils appelaient l'Infâme, et l'objet de leur horreur philosophique, était l'Église de France, l'Église de Bossuet et de Fénelon, de Fléchier et de Bourdaloue, de Pascal et de Sausin ! Pendant une longue suite d'années, Voltaire et d'Alembert finissaient toutes leurs lettres par ces initiales *Écr. l'Inf.* (Écrasez l'Infâme), qui déroutèrent longtemps la police qui ouvrait ces lettres. Quel tableau ! quel siècle ! Le premier des rois et le premier des philosophes unis dans leurs efforts pour détruire la foi chrétienne, et leurs lettres décachetées par la police d'un monarque absolu ! (*Voyez* Soulavie, *Règne de Louis XVI*, I, 206 et suiv.)

qu'elle avait faite en encourageant les opinions sceptiques en France, quand elle en vit les désastreux effets, qu'elle craignit sérieusement que l'histoire ne la comptât un jour parmi les promoteurs de la Révolution. Le clergé de France était loin de s'aveugler sur les dangers de ce torrent d'irréligion qui s'étendait sur ce pays, et il éleva la voix pour le dénoncer à grands cris ; mais il n'avait plus dans ses rangs de talents capables d'en arrêter le cours ; sa seule ressource alors était d'en appeler à la puissance du gouvernement, pour le prier de renforcer les lois qui s'opposaient à ces tendances, et obtenir que l'exécuteur des hautes œuvres brûlât les écrits des philosophes. Alors l'Église romaine sentit les conséquences du renversement de la foi protestante dont elle s'était si longtemps applaudie ; l'injustice barbare de la révocation de l'édit de Nantes retombait enfin sur la tête de ceux qui l'avaient provoquée. La victoire avait amolli leurs courages, la cessation de toute controverse avait affaibli l'énergie de leurs talents ; indolence et luxure chez les hauts dignitaires, ignorance et pauvreté dans les rangs inférieurs de l'Église, comment combattre avec cela le pouvoir gigantesque des nouvelles doctrines de l'incrédulité ! La race des Bossuet et des Bourdaloue, des Pascal et des Fénelon était éteinte ; la foi catholique romaine ne croyait plus avoir besoin de ces bras puissants pour défendre ses dogmes ; les sectateurs de Molina et de Jansénius avaient cessé de lutter ; ces grandes disputes ne divisaient plus l'univers religieux. Ces ardents antagonistes avaient suspendu leurs querelles à l'approche des luttes civiles, et les controverses de Port-Royal s'étaient perdues dans les orageux conflits entre le trône et les parlements. L'Église de France était tombée si bas quant aux talents oratoires et littéraires, que, dans la dernière partie du XVIIIe siècle, il n'y eut pas dans ses rangs un seul champion de marque, à une époque cependant où elle était attaquée dans les principes mêmes de sa vitalité. Lorsque en 1770 l'Assemblée du clergé publia son fameux manifeste contre les dangers de l'incrédulité, et qu'elle offrit une récompense au meilleur ouvrage pour la défense de la foi chrétienne, les travaux qui parurent étaient d'une faiblesse telle qu'ils nuisirent réellement à la cause de la religion [1].

[1] Soulavie, I, 219, 223.

Cependant, quoique sa défense fût faible, les prophéties de
l'Église de France sont bien dignes d'attention comme documents
historiques. Elles démontrent une vérité souvent éclatante dans
les affaires humaines, c'est que toutes les fois qu'il se produit
une grande transformation dans la société, les conséquences
extrêmes en sont prévues et prédites par le parti de la conservation, avec autant de force qu'elles sont niées et ridiculisées
par le parti opposé, et qu'en ces sortes d'affaires, les préjugés
sont plus à craindre que l'ignorance. Dans une assemblée générale du clergé, tenue en 1770, on fit les plus vigoureuses
remontrances contre la multiplicité des livres irréligieux, et
l'on répéta les anathèmes d'Isaïe et de Jérémie contre l'abandon que faisait le peuple français de la foi de ses pères. « L'impiété, disaient-ils, s'est étendue de la capitale aux provinces;
on la trouve sous le toit de l'artisan et sous le chaume du laboureur; elle séduit à la fois leur ignorance et corrompt leur
simplicité. L'impiété s'attaque à Dieu et aux hommes; elle ne
sera satisfaite que quand elle aura détruit toutes les puissances, l'autorité divine comme l'autorité humaine. L'anarchie et
la licence, voilà les deux abîmes dans lesquels l'irréligion plon-
gera les peuples. Pour accomplir ce dessein infernal, elle re-
lâche par degrés tous les liens qui attachent l'homme à ses
devoirs : elle contemple la société et les chefs qui la gouver-
nent, et ne voit en eux qu'un vil troupeau d'hommes ignorants
et corrompus, prosternés devant des prêtres qui les trompent
et devant des princes qui les oppriment. Elle enseigne qu'il n'y
a ni Être suprême, ni âme, ni monde à venir. Elle ne voit
dans le clergé qu'une ligue méprisable contre la vertu et le
bonheur de la race humaine. Elle enseigne que les rois n'ont
d'autre pouvoir que celui qu'il a plu aux nations de leur confier; que les peuples ont le droit de limiter et de modérer ce
pouvoir, d'en demander compte au prince, et enfin de l'abolir
quand il convient à leur souveraine puissance. C'est cet esprit
qui a donné naissance, chez nos voisins d'Angleterre, à cette
multiplicité infinie de sectes; mais il est destiné à produire
en France des effets plus désastreux encore : en France, l'impiété trouvera dans l'inconstance de la nation, dans son activité,
dans son amour de la nouveauté, dans son ardeur inconsidérée,
des moyens de susciter les plus effrayantes révolutions, et de

précipiter le peuple dans toutes les horreurs de l'anarchie » [1] [*].

Cependant l'Église de France, avec sa constitution temporelle, était absolument incapable d'écarter ces dangers politiques; de même que, dans l'état de ses forces intellectuelles, elle était incapable de soutenir la lutte contre ses puissants ennemis. Au sein même de l'Église, et dans tout ce qui tombait dans la sphère de son influence, se trouvaient les germes d'un mécontentement profond. Ce mécontentement provenait de l'exclusion odieuse de toute personne de naissance roturière, des dignités et des grands revenus de l'Église. Dans quelques cas extraordinaires, sans doute, la force du talent avait pu tenir lieu de l'avantage de la naissance; mais, en général, les dignitaires de l'Église étaient choisis dans la même classe que les maréchaux et les princes du royaume. Pendant que les évêques et le clergé supérieur vivaient dans l'opulence et brillaient au soleil de la faveur royale, le clergé inférieur, sur qui retombaient toutes les charges du ministère, languissait dans sa vertueuse obscurité, et occupait dans la société un rang qui élevait à peine ses membres au-dessus des paysans composant leur troupeau [**]. La classe des abbés, prêtres à situation incertaine, faisait du tort à l'Église, par la conduite déréglée d'un grand nombre d'entre eux, et par l'amour qu'ils affichaient en général pour les intérêts mondains et pour

---

[1] Soulavie, *Regne de Louis XVI*, I, 218, 223.

[*] Ces mêmes dénonciations furent répétées dans une assemblée d'évêques, tenue deux ans après, en 1772. « L'impiété, disaient-ils, abuse audacieusement de l'art d'écrire pour rompre tous les liens qui nous unissent à la foi chrétienne. Les livres irréligieux sont devenus une peste générale qui infeste toute la nation. De là l'effervescence générale des esprits et cette affligeante révolution dans les mœurs que nous voyons s'opérer tous les jours sous nos yeux. Dans beaucoup de provinces, les protestants recommencent à tenir leurs assemblées, non plus secrètement, mais au grand jour. » (Soul., *Louis XVI*, I, 224.)

[**] Le revenu total que l'Église retirait des dîmes s'élevait à 130,000,000 de francs, dont 42,000,000 seulement étaient dans les mains du clergé des paroisses; et le nombre des ecclésiastiques était de 80,000. Ce revenu cependant était peu considérable en raison de l'étendue des propriétés territoriales de ce corps, lesquelles embrassaient à peu près un tiers de toutes les terres de France. Les nobles et le clergé possédaient près des deux tiers du sol du royaume : l'autre tiers était dans les mains du tiers-état sur qui tombait la plus grande proportion des charges publiques. (Chateaubriand, *Études hist.*, III, 284. — Thiers, I, 34.)

les plaisirs. La piété simple du clergé des campagnes, le rude service qu'il faisait sans ostentation, rendaient les curés chers à leurs paroissiens, et formaient un contraste frappant avec les habitudes de luxe et la vie dissipée des nobles dignitaires de l'Église. Leurs immenses richesses excitaient l'envie, non-seulement des autres membres du corps, mais encore des classes inférieures de la nation. D'un autre côté l'indolence de leur vie les mettait dans l'impossibilité de justifier cette scandaleuse disproportion dans les fortunes. Les philosophes sceptiques prirent avantage de ces abus réels dont souffrait l'Église établie, pour prévenir l'esprit public contre toute institution ecclésiastique, et ils représentèrent la destination d'une part quelconque des propriétés du royaume au soutien d'une religion, comme l'abus le plus flagrant qui pût exister dans la société. De là vint, en 1789, l'indignation universelle contre les vices et la corruption de l'Église; de là la facilité avec laquelle, dès le commencement de la Révolution, on sacrifia les propriétés du clergé pour parer aux embarras des finances [1].

V. Une secte s'était élevée à cette même époque, qui exerça une influence remarquable sur l'histoire politique de la France, quoique, à vrai dire, cette influence ait été bien inférieure à celle de la phalange d'athées dont le but était la ruine des fondements de la foi chrétienne : nous voulons parler de la secte des économistes, fondateurs de cette école philosophique qui la première appliqua aux choses humaines les idées les plus abstraites, et chercha à énoncer, en un petit nombre de propositions, les principes de la prospérité sociale. De grands traits de lumière ont été jetés sur cette noble science dans le magnifique ouvrage que Fénelon composa pour instruire son royal pupille dans la science du gouvernement; mais le chef de la secte des économistes proprement dits fut Quesnay, médecin de Mantes, qui, vers l'année 1761, commença à développer les idées simples et originales qui firent plus tard la célébrité de leurs doctrines. Ses maximes étaient, qu'il y a pour la société un ordre naturel, réglé par la Providence; que si cet ordre est observé dans les institutions humaines, tout prospère et l'humanité est heu-

[1] Rivarol, 93.— De Staël, I, 13. — Siéyes, 81. — *Bibliothèque d'un homme public,* par Condorcet, III, 132.

reuse; que s'il est méconnu, au contraire, les peuples sont
misérables. Suivant lui, l'agriculture était la source unique des
richesses; le commerce et les manufactures ne créaient pas les
richesses; elles en changeaient la forme en les faisant passer de
l'état de produit brut à l'état de produit manufacturé : l'artisan
ou le marchand occupé à opérer cette transformation consommait
une quantité de denrées égale à la plus value du produit trans-
formé *.

La conséquence de ces principes était qu'il fallait en venir à
la liberté illimitée du commerce tant extérieur qu'intérieur; et
que le gouvernement n'avait à s'occuper, lui, que de la source
principale et unique de la richesse nationale, en favorisant les
progrès de l'agriculture. Ils poussèrent si loin les principes du
libre échange, qu'ils prétendirent les appliquer à toutes les relations de la vie sociale, et proposèrent d'abolir les corporations, les métiers, les facultés, les apprentissages, et les restrictions de toute espèce, à commencer par les facultés de médecine
et de théologie, jusqu'aux derniers degrés de l'échelle, et de
permettre à chacun d'exercer toute profession, tout commerce,
dans toute l'étendue du royaume. La religion n'était point ex-
ceptée de cette concurrence générale; l'État ne devait soutenir
aucun culte déterminé : chacun devait payer son pasteur comme
on paye son boucher et son boulanger. En conséquence, Quesnay
voulait qu'on établît une forte taxe sur la rente de la terre; c'était
la seule charge publique qu'il autorisât dans l'État, parce qu'elle
atteignait réellement et sans beaucoup de frais l'unique revenu
du pays. Ces doctrines attirèrent bientôt l'attention générale par
leur nouveauté et leur simplicité; elles formèrent la base des
opinions politiques des hommes d'État et des philosophes qui
arrivèrent aux affaires immédiatement avant la Révolution; et
elles méritent une place dans cette histoire, par cela seul que Turgot, ministre de Louis XVI, les avait embrassées, et qu'il essaya
de les mettre en pratique. Une des causes les plus puissantes de
cette grande convulsion, qui renversa en si peu de temps toutes
les institutions de la vieille monarchie, fut la croyance répandue

---

* Quesnay était fort bien vu de Mme de Pompadour; ce fut dans le salon
de cette favorite que se tinrent les premières réunions des économistes. À
cette époque, les idées des philosophes ne pouvaient être mieux accueillies
nulle part que dans les boudoirs des maîtresses.

par ces doctrines dans toutes les classes éclairées de la France, que la constitution de la société était essentiellement vicieuse, et que le plus grand bonheur social devait suivre la destruction radicale de tout ce qui existait alors.

Certes, dans ces doctrines considérées abstraction faite de leur fatale erreur quant à la religion, il y a des vérités qui doivent faire l'admiration des philosophes ; il en est que l'homme d'État pourrait embrasser, quoique avec prudence ; mais il faut qu'elles soient essentiellement modifiées avant d'être mises en pratique. Adoptées sans contrôle, elles ne sauraient manquer, à cause même des grands intérêts qu'elles froissent, de produire une grande misère ou d'affreuses convulsions sociales. Il est vrai que toute richesse dans le monde provient originairement du sol ; mais il n'en est pas moins vrai qu'un État déterminé, tel que Venise ou la Hollande, peut atteindre à la plus grande prospérité et à la plus grande importance politique avec un territoire relativement restreint, et cela par le seul échange de ses produits industriels contre les ressources agricoles des autres nations. Il est vrai que tous les statuts des corporations et des métiers sont autant de restrictions apportées à la libre activité des hommes ; mais il n'en est pas moins vrai aussi qu'ils offrent l'avantage de classer les hommes suivant leurs professions et la nature de leur travail, et que c'est là le meilleur système qu'ait inventé l'humaine sagesse, pour étendre la légitime influence de chacun, et pour venir en aide au malheur. Il est vrai de dire encore, qu'en dernière analyse, tout impôt se paye par les produits du sol de la nation imposée, ou par les produits du sol des nations avec lesquelles nous avons pu échanger nos fabricats ; mais il n'en est pas moins vrai que, dans un État commerçant, les richesses produites par les échanges peuvent être plus considérables que celles qui dérivent de la première source, de sorte que cet État peut en définitive payer des taxes plus considérables que le revenu réel de son territoire *. Il est vrai qu'il doit y avoir dans la société humaine un certain ordre où tend la nature et qu'approuve la sagesse ; mais il est constant, d'un autre côté, que cet ordre ne saurait

---

* Ce phénomène se présente depuis longtemps dans la Grande-Bretagne. Le revenu de cette île est aujourd'hui d'environ 35,000,000 de livres, et les taxes sont de 50,000,000 ; et elles ont été de 70,000,000 pendant les dernières années de la guerre : c'est-à-dire le double du revenu total.

être établi partout, par cela même que partout aussi, des intérêts considérables ont été créés sous l'influence de systèmes différents. Aussi tout philosophe qui, dans un premier chapitre, aura développé les intentions bienveillantes de la Providence, dont la sagesse a su approprier l'esprit humain aux diverses exigences de la société, fera bien de consacrer le chapitre suivant à déterminer les modifications que devra subir le principe eu égard aux extravagances, aux vices et à l'égoïsme des hommes *.

VI. On ressent plus vivement l'outrage que l'injustice. L'orgueil de la noblesse est plus difficile à supporter que tous les priviléges exclusifs de cet ordre. « Quelque nombreux, quelque sérieux que fussent les griefs de la nation française, dit un des meilleurs écrivains royalistes, ils ne furent point la cause de la Révolution. » Ce ne furent ni les taxes, ni les lettres de cachet, ni les autres abus de l'autorité, ni les vexations des intendants, ni les délais ruineux de la justice qui irritèrent le peuple ; ce fut le prestige de la noblesse qui excita toute cette fermentation : cela prouve que ce furent les boutiquiers, les gens de lettres, les hommes d'argent, en un mot tous ceux qui étaient jaloux de la noblesse, qui soulevèrent contre elle les basses classes des villes et des campagnes. « En vérité, n'est-ce pas un fait étrange qu'une nation puisse dire à un enfant possesseur d'un parchemin : Tu seras un jour, à ton choix, prélat, maréchal de France ou ambassadeur ; et que cette même nation n'ait rien à offrir aux autres enfants. » En effet, les hommes de talent et ceux qui avaient de la fortune

---

* Les doctrines des économistes, qui méritent beaucoup plus d'attention qu'on ne leur en a accordé jusqu'ici dans la communauté mercantile de la Grande-Bretagne, sont développées dans un certain nombre de bons ouvrages. La *Physiocratie ou Constitution naturelle des gouvernements*, par Quesnay, publié et édité par Dupont de Nemours, renferme tous leurs principes en trois petits volumes ; mais cet ouvrage est excessivement rare. Les mêmes doctrines sont traitées avec beaucoup d'habileté dans l'*Ordre des sociétés*, par Mercier de la Rivière ; elles sont plus complétement développées encore dans l'*Ordre social* de La Troue, en un gros volume. Le comte de Mirabeau, père du grand Mirabeau, a, dans son livre célèbre intitulé l'*Ami des Hommes,* en cinq volumes, exposé les mêmes vues avec talent et méthode. Le grand défaut qui frappe le lecteur anglais dans tous ces ouvrages, c'est l'ignorance des affaires et du travail pratique des sociétés ; il n'en pouvait être autrement chez ces esprits ingénieux, qui, sous un gouvernement despotique, méditaient sur un pareil sujet, sans posséder l'avantage de l'expérience.

trouvaient cette distinction tellement insupportable, que tous achetaient un titre de noblesse aussitôt qu'ils pouvaient le faire; mais il en résulta une nouvelle difficulté et de nouveaux dangers pour la monarchie. La fortune qui achetait le titre ne pouvait conférer la considération; elle ne donnait point un nom historique, elle n'effaçait point la tache originelle. De là une distinction entre les anciennes familles et les nobles de fraîche date; de là une division au sein de l'aristocratie même, division qui mit ce corps dans l'impossibilité d'adopter des mesures d'ensemble pour le salut général. Les grandes familles en voulaient plus aux *parvenus* qu'aux classes inférieures du peuple, dont elles ne redoutaient aucun danger [1]. Mais les nobles de création récente menaçaient de trop près ce que les vieilles familles regardaient comme leur domaine exclusif, pour que celles-ci songeassent à combiner avec eux des mesures de défense commune.

La distinction entre la noblesse et les gens de basse naissance était devenue si tranchée en France qu'il nous est difficile, dans notre libre pays, de nous en faire une idée exacte. On était noble ou roturier; pas de classes moyennes, pas l'ombre d'une nuance. D'un côté se trouvaient 150,000 individus privilégiés; de l'autre la nation française tout entière. Toutes les charges importantes de l'Église, de l'armée, de la cour, de la magistrature et de la diplomatie, étaient exclusivement occupées par l'ordre de la noblesse. Un pareil système suffirait à lui seul pour provoquer une révolution dans un État florissant et prospère. Les gens riches ne sauraient subir longtemps l'orgueil aristocratique, et les hommes de talent finissent bientôt par mépriser les chaînes dorées du patronage qui daigne condescendre à les honorer. Dès qu'il y a un esprit public, dès qu'il y a des moyens d'arriver à la distinction sans le secours de la noblesse, le génie inclinera toujours à se ranger du côté de l'opposition au gouvernement. On peut observer cette tendance dans tous les États libres, et surtout en Angleterre, comme le démontre l'histoire récente de ce pays [2]. On la doit à l'indépendance de la pensée qui accompagne toujours la force intellectuelle; c'est un contrepoids naturel à l'influence du gouvernement, qui, sans cela, pour-

---

[1] Rivarol, 93, 94. — De Staël, I, 44, 198.
[2] « Lords et ladies n'aiment pas qu'on leur ferme la bouche. » (Johnson.)

rait être envahisseur. Ce phénomène s'était donc produit en France avant la Révolution. Les classes industrielles, les hommes de talent, les riches, tous étaient unanimes dans leur haine contre la noblesse; le cri général était liberté et égalité, cri presque inconnu pendant la grande rébellion d'Angleterre. Égalité de rang, abolition des priviléges, admission égale aux emplois, tels étaient les vœux de toute la nation, parce que de l'exercice exclusif de ces droits par une classe privilégiée étaient venus tous les maux qui avaient excité le mécontentement des peuples; parce que ces priviléges blessaient la vanité, qui, de l'aveu des Français eux-mêmes, a toujours été la passion dominante de cette nation. L'insurrection se fit donc moins contre le trône que contre la noblesse, contre le fardeau de l'oppression féodale, trop opposée à l'esprit du siècle, et reste suranné de la conquête des barbares [1].

- Les nobles familles de France étaient parvenues, durant une longue suite d'années, à accaparer tous les offices par les dons successifs de la couronne. Les fonctions les plus élevées de la magistrature appartenaient à 50 familles, dans lesquelles elles étaient devenues à peu près héréditaires, et ces familles pouvaient compter au nombre de leurs ancêtres les plus grands hommes et les patriotes les plus purs de France. Et cependant, quoique leurs titres à cet égard fussent généralement reconnus, c'était avec justice qu'on se plaignait du grief très-sérieux que constituait ce monopole des plus hautes charges judiciaires [2]. Dans l'armée, tous les grades au-dessus de celui de lieutenant n'étaient donnés qu'à des hommes de naissance noble; dans la *maison du roi*, qui formait une garde royale de 12,000 hommes, les grades étaient réservés à la plus haute noblesse, et même, dans les compagnies privilégiées de ce corps, les simples gardes devaient être gentilshommes. Malgré ces avantages remarquables, la noblesse était singulièrement déchue de son ancienne splendeur. Il y avait en France 80,000 familles qui se vantaient d'une noble origine; elles se composaient de 150,000 individus qui formaient la classe privilégiée. Quatre mille emplois civils conféraient ou transmettaient la noblesse; mais rarement on les

[1] Thiers, I, 34, 35. — Nap. d'Abrantès, VII, 169. — Rivarol, 7.
[2] Soulavie, IV, 21.

donnait au tiers-état. De ces 80,000 familles, un millier environ pouvaient faire remonter leur origine aux premiers temps de la monarchie; mais telles avaient été les extravagances des générations successives, tels avaient été les malheurs de beaucoup de ces familles, qu'il n'en restait guère que 500 qui fussent dans une situation prospère quand éclata la Révolution. Deux cents seulement avaient des noms historiques, ou pouvaient se glorifier de services rendus à l'État par leurs aïeux; le reste, aussi peu connu dans le passé que dans le présent, ne jouissait d'autres avantages que de l'exemption des taxes les plus lourdes, et de la faveur de la cour pour l'obtention des grades dans l'armée. La plupart étaient fort pauvres, et leur orgueil de caste, aussi bien que l'opinion publique, les empêchait de s'engager dans ces spéculations commerciales qui enrichissaient le tiers-état. A l'exception d'un très-petit nombre de grandes maisons, beaucoup de bourgeois étaient supérieurs aux nobles en richesses, en talents et en considération; et cependant ces roturiers ne pouvaient aspirer aux grandes charges de la magistrature, de l'Église et de l'armée; ils ne pouvaient même pas, *en droit strict*, obtenir une charge dans aucun des parlements de province. Il y avait dans la noblesse elle-même une cause de jalousie excessive de la part des plus vieilles maisons contre les *nouveaux anoblis*, dont les titres avaient été récemment acquis à prix d'argent, ou au moyen de charges qui conféraient cette distinction, et dont la fortune éclipsait la splendeur déchue des anciennes familles. La plus grande partie des domaines qui conféraient des titres étaient tombés dans les mains des fermiers généraux, ou de riches marchands, tandis que l'héritier titré des anciens possesseurs s'attachait à la cour, méprisable et inutile fardeau pour l'État. Ainsi le pouvoir et l'influence appartenaient à une classe d'hommes qui avaient peu de titres à les exercer, tandis que l'immense majorité du nombre, et une partie considérable des propriétaires du sol étaient exclus de tout concours dans les affaires du pays [1].

VII. Pendant que la noblesse perdait ainsi sa considération, et se trouvait divisée par la morgue des vieilles maisons, le tiers-

---

[1] Bouillé, *Mémoires*, 50, 51. — Rév., *Mém.*, VII, 51. — Smyth, *Rév. franç.*, I, 166.

état avait fait des progrès immenses durant le xviiie siècle, croissant à la fois en nombre, en richesses et en capacités. La fin malheureuse des guerres de Louis XIV avait, pendant un quart de
siècle, détourné la France de l'ambition des conquêtes; les
guerres suivantes, terminées par la paix d'Aix-la-Chapelle en
1749, et par la paix de Paris en 1765, n'avaient été ni assez
longues, ni assez sérieuses pour affecter d'une manière sensible
la prospérité du royaume. Durant cette longue période, l'industrie et l'activité du tiers-état avaient amené dans la condition sociale et dans les idées de cette classe un changement considérable.
La France venait de fonder des colonies en Amérique. Elle avait
étendu immensément son commerce maritime, au point que,
comme on l'a dit déjà, la seule île de Saint-Domingue occupait
1,600 vaisseaux et 27,000 marins *. Les manufactures s'étaient
singulièrement développées à l'intérieur; le commerce extérieur
était florissant; la marine marchande ne le cédait qu'à celle de
l'Angleterre; la marine militaire, comme le prouve la guerre
d'Amérique, était, pour la première fois, presque au niveau de
la marine de la grande rivale de la France. Toutes les richesses
qu'avait fait affluer dans cet État ce prodigieux accroissement de
l'activité commerciale, s'accumulaient dans les mains du tiers-
état. La noblesse, dédaignant le vil trafic, restait enveloppée dans
son orgueil, également étrangère à l'opulence, fruit de l'industrie, et aux changements que cette opulence avait produits dans
les idées du tiers-état [1].

Comme conséquence naturelle de cet état de prospérité commerciale, les ports principaux et les villes manufacturières de
France avaient singulièrement grandi en richesse, en population et en importance. Lyon, Rouen, Bordeaux, Marseille,
Nantes, étaient des villes plus considérables que les capitales de
beaucoup de royaumes voisins : Paris s'était accru à un point
alarmant; cette ville comptait alors 600,000 habitants, et cette

* Les exportations de la France à la colonie espagnole et à la colonie
française de Saint-Domingue, en 1789, ne s'élevèrent pas à moins de
250,000.000 de francs, ou 10,000.000 de livres sterl.; elle importait de cette
île pour 189,000.000, ou 7,487,000 livres. Aujourd'hui les exportations de
la Grande-Bretagne pour toutes ses îles des Indes occidentales ne s'élèvent
qu'à 3,600,000 livres. (*Voy.* Dumas, *Guerre de* 1799 a 1808, VIII, 112; 113.)

[1] Necker, *Rév. franç.*, I, 93, 94, 151. — Bouillé, 52, 53.

capitale était moins influente encore par le nombre que par l'intelligence et l'activité des esprits. Pendant une suite de siècles,
Paris avait beaucoup gagné par la politique de Richelieu et
de Louis XIV, qui attirèrent toute la noblesse dans la métropole. L'extravagance et la prodigalité de ces orgueilleux seigneurs
avaient fait passer insensiblement, mais d'une manière certaine,
toutes leurs richesses dans les coffres des joailliers et des usuriers.
Les villes de province étaient devenues le siége d'une branche
florissante de manufacture, ou bien elles étaient habitées par
une multitude de gens de justice attachés aux parlements et aux
tribunaux, ou par les intendants des grands seigneurs qui se partageaient les dépouilles d'une noblesse absente et insoucieuse de
ses intérêts *. Dans un ordre plus élevé, les fermiers des fiefs
royaux, ou des revenus de la couronne, avaient accumulé, pour
la plupart, de belles et quelquefois de très-grandes fortunes.
Il est difficile de dire ce qui contribua le plus à diminuer la puissance royale, ou de la perte immense que ces gens avides firent
supporter au trésor public, ou de la considération qu'y gagna le
tiers-état, qui, s'il n'était pas encore en hostilité ouverte contre la
couronne, s'en détachait tous les jours davantage *.

Une autre conséquence naturelle de cette condition prospère
des classes moyennes, c'est qu'en général elles recevaient une
éducation de nature à faire rougir les privilégiés, s'ils avaient réfléchi à la supériorité des moyens qu'ils possédaient d'acquérir
une plus grande part de connaissances. C'était pour les classes
moyennes la conséquence inévitable de leur nouvelle situation;
elles élevaient leurs enfants pour certaines professions, telles
que le barreau, la médecine, le commerce, ou les charges du
bas clergé. Mais il fallait un certain degré d'instruction pour le
plus humble de ces emplois; on n'y pouvait atteindre sans une
culture intellectuelle peu commune. Depuis longtemps on remar-

* Si l'on recherche la naissance ou l'origine de la plus grande partie des
hommes qui ont joué un rôle important dans la Révolution, on trouvera
qu'ils étaient fils ou petits-fils d'intendants, de baillis, d'agents, ou de domestiques, de valets de chambre qui avaient servi dans les châteaux des
propriétaires voisins, et dont les descendants s'étaient élevés au rang d'a-
vocats, de médecins, de procureurs, ou de chirurgiens dans les villes de
province où ils étaient nés. (Bouillé, 55, note.)

* Bouillé, *Mém* , 52, 53. — Necker, *Rév. franç.*, 1, 150, 152.

quait en France que, sauf quelques brillantes exceptions, les classes moyennes étaient supérieures à la noblesse et au clergé, non-seulement en savoir, mais encore en capacités : la plus grande partie des hommes littéraires et des philosophes, qui dirigèrent l'esprit public pendant un demi-siècle avant la révolution, étaient sortis des classes moyennes. Dans tous les États où ce phénomène se produit, le tiers-état penche en général vers les idées démocratiques, par la raison toute simple que, sortis des rangs du peuple, les hommes qui le composent sympathisent avec ses opinions, et s'identifient avec ses intérêts réels ou supposés. Si cette tendance est déjà visible dans la Grande-Bretagne, où la carrière du talent est ouverte à tous, où le fils du bourgeois est si souvent élevé jusqu'au sac de laine ou jusqu'au siége archiépiscopal, on peut concevoir avec quelle puissance elle a dû agir en France, où une ligne de démarcation tranchée s'opposait à l'élévation des talents les plus distingués des classes moyennes ; où toutes les hautes dignités de la cour, de l'armée, de la magistrature, de l'Église et de la diplomatie étaient rigoureusement réservées aux hommes de la plus haute naissance, quelle que fût du reste leur aptitude [1].

VIII. Le système des impôts en France était aussi l'objet de griefs sérieux, griefs rendus plus sensibles encore par l'injustice qui présidait à la répartition des charges publiques. Les deux ordres privilégiés, le clergé et la noblesse, étaient exempts de plusieurs des impôts les plus oppressifs. Ce privilége était basé sur la fiction féodale, que le noble défendait l'État par son épée, et que le prêtre intercédait pour la nation par ses prières. Ces motifs n'avaient pas la moindre valeur après une longue paix, pendant laquelle la noblesse s'était exclusivement occupée des frivolités de la cour, tandis que beaucoup des plus hauts dignitaires du clergé étaient suspectés, non sans cause, de partager les vices des seigneurs. Le mal était autant dans l'augmentation des charges résultant pour le peuple d'un si grand nombre d'exemptions, que dans le sentiment amer de l'injustice elle-même. Cependant on est tombé à ce sujet dans beaucoup d'erreurs, et on a représenté les immunités des classes privilégiées en matière d'impôt, comme beaucoup plus étendues qu'elles ne

[1] Bouillé, 53, 55.

l'étaient réellement. Sans doute ces deux classes n'étaient imposées ni d'une façon égale, ni de la même manière que les communes ; mais elles contribuaient largement toutes deux aux services publics. Ni la noblesse, ni le clergé n'avaient de privilége en matière d'impôts indirects, impôts qui, en France comme dans beaucoup d'autres pays, constituaient une partie considérable du revenu de l'État. Les nobles payaient une capitation et de plus l'impôt du vingtième ; et ces deux taxes réunies s'élevaient quelquefois à la proportion de quatre schellings par livre sterling. Dans les provinces annexées par la conquête et qui comprenaient la huitième partie du territoire et environ le sixième de la fortune de tout le royaume, le clergé payait aussi la capitation et le vingtième ; et si, dans les anciennes provinces de la monarchie, il ne payait point la capitation, c'est qu'il avait racheté cet impôt par le payement de 24,000,000 de livres : il ne payait pas le vingtième, mais il faisait des dons volontaires, et il était soumis à d'autres charges qui élevaient à peu de chose près l'impôt qu'il payait à la proportion des autres ordres. Toutefois le grief le plus fondé et le plus réel consistait dans l'exemption des *tailles* dont jouissaient les deux ordres privilégiés : c'était un impôt direct sur le produit de la terre, impôt odieux et impolitique, dont le poids était uniquement supporté par le tiers-état, ce qui conduisit à cette opinion généralement reçue, que les ordres privilégiés étaient exempts de toute espèce de taxe [1].

Non-seulement les taxes étaient lourdes, non-seulement elles admettaient d'odieuses exemptions, mais elles étaient inégalement réparties sur les classes qui les payaient ; elles étaient surtout oppressives pour les cultivateurs du sol. La taille et l'impôt du vingtième affectaient exclusivement le travail agricole et croissaient proportionnellement aux bénéfices de la culture. Ils s'élevaient, avec quelques autres charges légères, à 170,000,000 de francs ou 7,500,000 livres sterling, somme à peu près équivalente à 15,000,000 de livres en Angleterre. Ce fardeau imposé à l'agriculture était si excessif, qu'un observateur très-compétent a calculé que, dans certains districts où la taxe se levait avec toute la rigueur des lois fiscales, en supposant le produit d'une acre de terre

---

[1] Burke, *Considérations, Œuvres*, V, 222, 223. — Duc de Gaëta, II, 311. — De Staël, I, 150. — Monthion, 154. — Thiers, I, 34.

égal à 5 livres 2 schellings 7 deniers, la part qui revenait au roi
était de 1 livre 18 schellings 4 deniers; celle du propriétaire de
18 schellings, et celle du cultivateur de 5 schellings. Dans le cas où
le propriétaire cultivait lui-même, sa part n'était que de 1 livre
4 schellings 5 deniers, tandis que celle du roi était de 1 livre
18 schellings 4 deniers. En d'autres termes, si l'on avait divisé en
douze parties le produit d'une acre de terre, sept parties et demie
revenaient au roi, trois et demie au propriétaire, et une seulement
au cultivateur ; tandis qu'en Angleterre, à la même époque, le
produit d'une acre étant évalué à 8 livres, l'impôt foncier prenait
avec la taxe des pauvres 10 schellings, le loyer 1 livre et demie, de
sorte que la part du fermier était de 6 livres, c'est-à-dire les trois
quarts du produit au lieu d'un douzième comme sous la monarchie française. A cette époque, un tiers à peu près du sol de la
France était possédé par de petits propriétaires sur qui tombaient
ces impôts iniques; et beaucoup d'entre eux, particulièrement
dans le Limousin, les Cévennes, les Basses-Pyrénées et le Dau-
phiné, abandonnaient toute culture, découragés par la pesanteur
des taxes auxquelles ils étaient soumis [1].

Les impôts sur la consommation s'élevaient à 260,000,000 de
francs, ou 10,400,000 livres sterling, et le revenu total à
469,000,000 ou 18,750,000 livres; mais cette charge immense
se répartissait sans égalité entre les provinces. Quelques-unes
avaient obtenu des traités extrêmement favorables ; d'autres, pour
avoir fait preuve d'un esprit réfractaire, avaient été imposées au
delà de toute proportion raisonnable. Celles qui n'avaient point
obtenu de traité se trouvaient exposées à un accroissement progressif de taxes très-vexatoires. Les intendants des provinces en
fixaient la quotité; ils exerçaient l'autorité la plus arbitraire, et
leurs décisions étaient ordinairement sans appel. On avait établi
des commissions royales chargées d'examiner les questions relatives aux revenus de l'État, questions qui étaient du ressort
des tribunaux ordinaires [2]. Quelques-unes étaient jugées par le
roi en son conseil, sorte de tribunal duquel on devait attendre

---

[1] Arthur Young, 1, 332, 574, 575. — *Rap. du comité de l'imposit.*, *Pièces
just.*, n° 1. — Marshall, *Voyages*, IV, 332, 333. — Soulavie, I, 196.

[2] Marshall, *Voyages*, IV, 332, 333. — Monthion, 155. — Thiers, I, 34. —
De Staël, I, 152. — Young, I, 332, 571, 575, 576, 598. — *Rap. du comité
de l'imposit., Pièces just.*, n° 1.

peu de justice dans des causes entre la couronne et les sujets.

IX. Quand on considère la pesanteur des impôts sous lesquels gémissait la France, on n'est pas surpris que les cultivateurs y fussent dans un état misérable. M. Young a calculé qu'en 1789, eu égard au prix des denrées dans les deux pays, le paysan français était de 76 pour cent plus pauvre que le cultivateur anglais ; c'est-à-dire qu'il avait 76 pour cent en moins des nécessités et des agréments de la vie que le paysan de notre pays ; le travail des champs rapportant 76 pour cent de moins en France qu'en Angleterre, il s'ensuit que la classe des laboureurs, qui est la plus nombreuse dans presque tous les États, était dans la même proportion, moins à l'aise, plus mal nourrie, plus mal logée, plus mal habillée que ses frères de ce côté-ci du détroit. Donc, à très-peu d'exceptions près, les habitants des campagnes étaient dans une condition indigente ; leurs demeures étaient sombres, sans confort, sans mobilier ; leurs vêtements, déguenillés et misérables, leur nourriture grossière. « Ils me rappelaient, dit M. Young, la misère de l'Irlande. » La condition du peuple n'était pas meilleure dans les provinces où se trouvaient un grand nombre de petites propriétés ; on y voyait au contraire une population plus nombreuse et plus misérable encore, et cela n'a rien de surprenant : l'extrême division des propriétés et un gouvernement oppressif, conduisent nécessairement à une population surabondante : les peuples y possèdent des moyens de subsistance, mais aucune des jouissances de la vie [1].

X. Un autre fléau de la France, fléau qui se rencontre ordinairement avec celui dont nous venons de parler, c'était un corps de propriétaires non résidant. Il y avait là un vice d'une gravité extrême, qui toujours a pour résultat nécessaire, inévitable, des tenanciers mécontents et une culture négligée. Tous les grands propriétaires couraient à Paris pour y chercher les plaisirs, ou y briguer des faveurs ; et à l'exception de la Vendée, où un tout autre système avait prévalu, la campagne n'était presque jamais visitée par les propriétaires du sol. Aussi, aucun sentiment de bienveillance, aucun intérêt commun n'attachaient le seigneur à ses tenanciers. Le premier regardait le cultivateur à peu près comme une bête de somme, dont le travail devait produire le plus de

[1] Young, I, 98, 148, 413, 447. — Marshall, I, 232, IV, 101.

bénéfices possible; les laboureurs considéraient leurs maîtres comme des tyrans qu'ils ne connaissaient que par leurs visites vexatoires et par les exactions sans fin de leurs baillis. Les classes attachées à la glèbe, négligées par leurs gardiens naturels, ne recevant de ce côté ni encouragements ni profits, sentaient s'accumuler en elles des sentiments d'aigreur et de désaffection. Elles étaient prêtes à grossir les bandes incendiaires qui leur promettaient le pillage des châteaux des seigneurs et le partage des propriétés. Mais ce n'était pas tout : on ne connaissait en France aucune de ces entreprises utiles et bienfaisantes, si communes en Angleterre, et qui attachent l'aristocratie territoriale à ses tenanciers, en augmentant la valeur des terres et en développant l'industrie du fermier. Point d'améliorations agricoles, point d'avances de capitaux; routes, ports, canaux, ponts, tout cela se faisait par le gouvernement, et la noblesse française perdait toute cette influence, qui résulte pour le propriétaire, des spéculations industrielles et de l'avance des capitaux. Dans la Vendée seulement, les seigneurs, vivant avec leur simplicité primitive, consommaient dans leurs terres les produits abondants du sol : aussi dans la Vendée seulement, les paysans défendirent leurs seigneurs à l'heure du danger, et engagèrent contre les forces républicaines une guerre dont le succès fut longtemps douteux [1].

XI. Les prestations et les services que les paysans devaient à leurs supérieurs féodaux étaient au plus haut point vexatoires et oppressifs. Presque tous les paysans du pays croupissaient dans l'ignorance; pas un sur cent ne savait lire, et dans chaque province on ignorait absolument ce qui se passait dans les provinces voisines. A vingt lieues de Paris, les habitants de la campagne ne savaient pas les événements les plus importants de la Révolution. Ils se soulevaient à l'instigation des démagogues des villes voisines, pour brûler les châteaux de leurs seigneurs; mais jamais leurs idées ne s'étendaient au delà de la sphère de leur voisinage immédiat [2]. Ils n'avaient ni réunions publiques, ni presse périodique pour étendre et généraliser le mécontentement; et cependant, l'esprit de résistance était universel, il régnait d'un bout de la France à l'autre. Cela démontre clairement l'existence

---

[1] Barante, *Madame de la Rochejaquelein*, p. 45, 46. — Walter Scott, *Napoléon*, I, 31. — Young, I, 598.

[2] Young, I, 58. — Marshall, IV, 68.

antérieure de griefs qui devaient être extrêmement graves pour avoir produit une désaffection si générale et d'aussi implacables haines. Les plus sérieux de ces griefs étaient les droits féodaux des propriétaires. Les travaux les plus importants de l'agriculture étaient arrêtés ou interdits par les lois sur la chasse. Les animaux les plus destructeurs, tels que les sangliers et les cerfs, pouvaient errer en liberté dans de vastes cantons appelés *capitaineries,* sans que les moindres clôtures protégeassent les moissons. Le dommage qu'ils causaient aux fermiers dans quatre paroisses du Montceau s'élevait à 184,000 francs par an. De nombreux édits défendaient de faner et de sarcler, de crainte qu'on ne détruisît les jeunes perdrix; on défendait d'enlever le chaume, de peur que les oiseaux ne fussent privés d'abri; de se servir de certains engrais, de peur que le gibier ne perdît son fumet délicat [1]. Toute infraction à ces édits était portée devant la justice seigneuriale, où le malheureux paysan devenait l'objet de toute espèce de chicanes, de fraudes et d'arbitraire. Rien ne peut égaler la force des expressions employées dans les cahiers des assemblées provinciales, où ces services féodaux se trouvent dépeints dans tout leur odieux arbitraire [2].

Des droits venaient frapper tout transfert de propriété dans la ligne directe et dans la ligne collatérale, comme tout transfert par suite de vente. On était obligé d'aller moudre son blé au moulin du seigneur, de presser ses grappes à sa presse, de cuire son pain à son four [3]. Des corvées, fondées sur la coutume, sur les édits, ou sur la servitude, étaient imposées avec la plus cruelle rigueur pour l'entretien ou la réparation des routes [4]. Dans beaucoup d'endroits, on ne permettait même pas l'usage des moulins à bras; et le seigneur était investi du droit de vendre aux paysans la permission de moudre, entre deux pierres, leur orge ou leur sarrasin [5]. C'est en vain qu'on essayerait d'énumérer les services féodaux qui pesaient si lourdement sur l'industrie agricole dans toute la France. Nous ne trouverions pas en anglais des termes propres à les rendre [6] [*]. Longtemps avant la

[1] Young, I, 600. — [2] *Cahiers,* Rennes, art. 12. — Nivernais, art. 43.
[3] Young, I, 601. — [4] *Tiers-état,* Rennes, 159.
[5] Rennes, 57.
[6] *Résumé des cahiers,* III, 316, 317.
[*] Nous ne saurions vraiment faire entendre ce que signifiaient les ex-

Révolution, tout le pays faisait entendre des plaintes très-vives contre la tendance funeste de ces exactions féodales *. Les clameurs que poussa la noblesse quand on abolit tous ces droits des seigneurs, prouvèrent qu'elle comprenait, mais trop tard, la valeur de ces plaintes. Les corvées ruinaient chaque année un grand nombre de fermiers; trois cents laboureurs, obligés de combler une vallée de la Lorraine, furent réduits à mendier leur pain [1]. Les enrôlements pour l'armée étaient aussi l'objet de plaintes universelles; et les cahiers les appelaient « une injustice sans exemple [2]. » Mais plus tard, la nation trouva qu'elle n'avait point gagné au change par l'établissement de la terrible loi de la conscription.

Tous ces services féodaux, sans aucun doute, constituaient des griefs nombreux et réellement vexatoires; mais, en définitive, ils n'étaient point aussi épouvantables que nous les représente l'indignation des rédacteurs des cahiers provinciaux. « Les habitants de l'Écosse, dit Walter Scott, étaient soumis autrefois à une multitude de redevances, toutes réunies aujourd'hui sous le nom magique de *rente*. » La même chose eut lieu pour le paysan français. Leur condition en général était celle de *métayers*, c'est-à-dire qu'ils recevaient du seigneur les instruments et les semences, et qu'ils partageaient avec lui le produit brut, après que le collecteur avait été satisfait. Les nombreuses redevances féo-

pressions de *chevauches, quintaines soule, saut de poisson, baiser de mariés, chansons, transports d'œufs sur charrette, silence de grenouilles, corvee a misericorde, mélods, lesde, couponage, cartilage, barage, fouage, maréchassée, ban veu, ban d'août, troussé, gilinage, civirage, taillabilité, vingtaine, stertage, bordelage, mérlage, ban de vendanges, droit d'accepté*, si la voix de toute la France, si tous les cahiers des états-généraux n'avaient proclamé bien haut que tout cela signifiait oppression et tyrannie. (Young, *Voyages en France*, I, 206.)

* Une vieille loi, depuis longtemps en désuétude, mais caractéristique de la condition du peuple aux temps féodaux, fut rappelée dans les débats de la Constituante; elle défendait au seigneur, dans certaines provinces, de faire mourir plus de deux serfs pour se réchauffer les pieds, au retour de la chasse, en les plongeant dans leurs entrailles fumantes Cela paraît à peine croyable : mais le *Mercheta mulierum* était commun à la France et à d'autres contrées, et fut longtemps exercé par les seigneurs dans quelques parties de ce pays. (Voy. *Hist. de la Rév.*, par Deux Amis de la Liberté, II, 212.)

[1] Rennes, I, 598.

[2] Nob. Briey, 6, 7. — Young, II, 598.

dales étaient précisément un payement de la rente en nature,
une espèce de liquidation universelle et inévitable dans tous les
districts ruraux à une certaine époque de la civilisation, alors
que, vu la rareté des grandes villes et le manque de moyens
de communications, il n'y avait point de marchés à la portée
du cultivateur. Quand la Révolution abolit tous les services
féodaux, le peuple se figura que ce serait autant d'ajouté à son
bénéfice d'autrefois; mais bientôt il s'aperçut que le revenu
du propriétaire était seul augmenté, et que, pour lui, les anciennes redevances avaient été transformées en une lourde taxe
territoriale, rigoureusement perçue par le gouvernement, et
qu'en somme, sa condition n'était pas du tout meilleure. Sans
aucun doute, la multiplicité des exactions était au plus haut
degré vexatoire, mais il n'est pas prouvé que le poids en ait été
réellement allégé par l'établissement d'un impôt unique; il est
douteux que les mots de *rente* et de *taxe* n'inspirent pas aujour-
d'hui au moins autant de terreur que toute la nomenclature des
redevances féodales *.

XII. L'administration de la justice en France était sujette à
beaucoup d'abus, de même que dans tous les États où l'influence
de l'opinion publique est nulle et où les juges n'ont point à en
redouter le contrôle. La justice était souvent partiale, et quelquefois se vendait; souvent les décisions des juges dans les tribunaux
inférieurs étaient influencées par la fortune, par les présents,
par la faveur de la cour, par le sourire d'une jolie femme, par la
promesse d'un emploi. Ce mal existait dans maintes parties du
pays. On croyait communément, quoique cette opinion fût souvent peu fondée, que vouloir obtenir justice d'une cour de province était une vaine prétention. On ne respectait même pas toujours la probité des arrêts des parlements, pas plus de celui de
Paris que de ceux des provinces. Ces corps nombreux, dépositaires de l'esprit public, n'étaient pas toujours purs, malgré leurs
bruyantes professions de patriotisme; et du reste, la diversité
des coutumes s'opposait à toute espèce d'uniformité dans la jurisprudence de ces tribunaux suprêmes [1]. Les parlements, comme

---

* En France, aujourd'hui, l'impôt foncier est de 25 pour cent au moins
des bénéfices nets de l'agriculture, et souvent de 40 et 50 pour cent des
bénéfices du propriétaire.

[1] Monthion, 154. — Thiers, I, 35. — Young, I, 508, 602.

toutes les autres institutions de la monarchie, avaient besoin d'être réformés. Cependant, quelques principes de leurs constitutions étaient dignes de la plus haute approbation, et avaient fait de ces assemblées le berceau de la liberté, durant la corruption et la tyrannie des règnes antérieurs. Ils possédaient un avantage fondamental : ils étaient indépendants. La condition la plus équivoque dans le mode de leur nomination, nous voulons dire la vénalité des charges, était une des causes principales de leur indépendance. Les membres de ces cours tenaient leurs siéges à vie ; pour beaucoup d'entre eux, on peut dire même que les charges étaient héréditaires. Nommés par le monarque, ils échappaient à l'action de son pouvoir, par la raison qu'il n'avait pas le droit de les révoquer. Depuis longtemps, du reste, ils jouissaient du droit d'élire les membres de leur corps, et leurs élections étaient simplement soumises à l'approbation royale ; de sorte que, de fait, ils étaient indépendants. Plus l'autorité royale s'évertua contre les parlements, plus devint manifeste leur esprit de liberté et d'indépendance. Dès ce moment ils ne cessèrent plus d'être des corps politiques, et leurs constitutions étaient parfaitement propres à garantir la stabilité et la certitude des lois. Ils avaient été l'asile des lois, dans toutes les révolutions de l'opinion et malgré toutes les colères du pouvoir. Ils avaient sauvé ce dépôt sacré de la nation sous le règne des princes les plus arbitraires, et au milieu des luttes des factions. Ils étaient la grande sauvegarde de la propriété privée ; leurs décisions, quoique variant suivant les diverses coutumes, étaient généralement honnêtes et fondées sur le bon droit, et ils avaient été un puissant correctif des vices de la monarchie. La conduite courageuse de ces assemblées, dans leur lutte d'un demi-siècle contre la couronne, donna naissance à cet esprit d'indépendance qui produisit la Révolution ; et l'une des preuves les plus évidentes du véritable délire qui s'empara de l'esprit public, c'est que l'un des premiers actes du parti démocratique, dès qu'il fut arrivé au pouvoir, fut l'abolition de ces vénérables boulevards qui si longtemps avaient mis le peuple à couvert des excès du despotisme [1].

---

[1] Michelet. *Hist. de France,* IV, 221. — Ordonn. 1388, 1400, 1413. — Burke, *Considér., Œuvres,* VI, 367.

XIII. Par une suite d'heureuses usurpations, la prérogative royale en était arrivée à une hauteur inconciliable avec toute liberté réelle. Les droits les plus chers du citoyen, celui de délibérer sur les lois et celui de voter l'impôt, étaient tombés en désuétude. Pendant près de deux siècles, les rois, de leur propre autorité, avaient publié des ordonnances ayant toute la force des lois, mais qui, dans le principe, ne pouvaient être sanctionnées que par les représentants de la nation. Le droit d'approuver ou d'enregistrer, comme on disait, ces ordonnances, avait été transféré des états-généraux, que l'on convoquait rarement, aux parlements et cours de justice; mais les délibérations de ces corps pouvaient être suspendues par les *lits de justice*, c'est-à-dire par l'intervention personnelle du souverain. Elles pouvaient aussi être arrêtées par l'emprisonnement arbitraire des juges. On avait souvent recours aussi au moyen légal des décisions prises par le roi en son conseil sans l'intervention du parlement; et l'on en abusait au point que dans certains départements ce mode de procéder était passé en habitude. On imposait des taxes sans le consentement de la nation ou de ses représentants. Des impôts primitivement établis dans les formes légales se percevaient encore après l'expiration du terme fixé; on les augmentait même arbitrairement au delà des limites consenties par la nation. On instituait des commissions criminelles, composées de personnes nommées par le souverain seul, et l'on détruisait ainsi toutes les garanties de la liberté individuelle et de la propriété. Des ordres d'emprisonnement, délivrés sans accusation ni procédure, privaient des citoyens de leur liberté et les enfermaient pour le reste de leurs jours dans des prisons d'État. On avait contracté sans l'aveu de la nation, on avait laissé s'accumuler, à son insu, une dette publique énorme qui absorbait plus de la moitié des revenus du royaume. Les créanciers de l'État, ignorant la véritable situation des finances, et inquiets sur la sûreté de leurs créances, doutaient tous les jours de plus en plus de la solvabilité du trésor. Les dépenses personnelles des rois s'étaient élevées, sous Louis XIV et sous Louis XV, à des sommes fabuleuses, et on ne pouvait les distinguer des dépenses ordinaires de l'État, excepté dans des comptes secrets, dont le peuple ne savait jamais rien. Les salaires de tous les serviteurs civils de la couronne étaient excessifs, aussi bien que ceux des di-

gnitaires de l'armée ; et toutes ces hautes fonctions étaient ; le
plus souvent, ou négligées ou remplies par délégation [1].

« Ce pouvoir redoutable d'emprisonner n'importe qui, sur un
simple caprice du roi, d'un ministre ou d'une maîtresse, devenait
d'autant plus odieux qu'il ne s'exerçait d'après aucun principe
fixe, et qu'il était impossible de prévoir si, dans un temps donné,
on n'allait pas adopter telles doctrines dont les conséquences
pouvaient être l'emprisonnement à vie des personnages les plus
éminents de France. Pendant les longues luttes du souverain
contre le parlement, pendant les disputes plus vives encore des
jésuites contre les jansénistes, chacun des partis avait été victorieux à son tour et avait invariablement appliqué, sans merci,
l'arme terrible de l'emprisonnement, pour abattre ses adversaires. Les ministres de la couronne ouvraient avec le même
empressement les portes de la Bastille pour y enfermer les ennemis des hommes qui se succédaient dans la confiance du souverain.
Lorsque M. de la Vrillière remit à Malesherbes, en 1775, les sceaux
de la maison du roi, qu'il avait tenus pendant un demi-siècle, il
n'y avait pas en France un parti religieux ou politique dont il n'eût
exilé ou emprisonné les chefs. Les jésuites et les jansénistes, les
partisans de la cour et les meneurs du parlement, les chefs de
l'Église et les philosophes avaient subi sans distinction cette terrible pénalité. Il avait signé une masse incalculable de *lettres de
cachet* [2] ; il avait fait arrêter les molinistes, amis du pape, à la
demande du régent, qui s'appuyait sur les parlements ; bientôt
après il avait envoyé à la Bastille un grand nombre de jansénistes, pour faire sa cour à l'abbé Dubois, qui intriguait à Rome
dans le but d'obtenir le chapeau ; sous le cardinal Fleury et sous
M. Arguella, il avait enfermé, dans les mêmes donjons, les
chefs du parlement qui faisaient de l'opposition à la cour ; et
tout récemment il venait d'exiler l'abbé Terray et M. de Maupeou, les ministres mêmes qui avaient ordonné les dernières

---

[1] De Staël, I, 130, 151. — Monthion, 153, 154. — *État de la dette publique*, 1790, 8, th. I, 154.

[2] On en a évalué le nombre à 50,000, ce qui paraît exagéré ; on serait à
peu près dans la vérité en adoptant le chiffre de 25,000, ce qui ferait 500
par année. C'est comparativement beaucoup moins en cinquante ans, que
les emprisonnements qui se faisaient en un mois sous la Convention.
(*Voy.* Boissy d'Anglas, *Vie de Malesherbes*, II, 23, 26.)

arrestations. Enfin, il avait mis en prison bon nombre des philosophes qui, peu de temps après, le supplantèrent dans sa charge; et M. de Malesherbes, à qui il remettait les sceaux en 1775, avait été lui-même, et par l'ordre de M. de la Vrillière, enfermé quatre ans à la Bastille [1].

XIV. L'un des restes les plus hideux de la féodalité, la torture, fut conservée en France jusqu'à la fin du règne de Louis XV. On l'appliquait non-seulement pour arracher des aveux aux prévenus avant leur procès, mais encore pour aggraver les souffrances des condamnés et l'horreur des exécutions Cette barbarie, héritage des siècles de violence et d'anarchie, fut maintenue en France avec un aveuglement qui paraît incroyable, après l'établissement d'un gouvernement régulier, qui l'avait rendue au moins inutile, après surtout que les progrès de l'humanité et l'adoucissement des mœurs en avaient fait une pénalité insupportable. Toute l'Europe avait frémi, à la nouvelle de l'atrocité des souffrances infligées à Damiens, qui, en 1757, avait attenté à la vie de Louis XV. Quel contraste éclatant avec la clémence admirable de Georges III d'Angleterre! il voulut, lui, conserver la vie sauve aux nombreux assassins qui avaient tenté de le faire mourir sous leurs coups [*]! Et ce n'était pas seulement pour punir des crimes d'État qu'on infligeait ces horribles tourments, ce n'était pas seulement pour punir le parricide, ce crime stigmatisé par tous les âges comme le plus noir des forfaits; la barbarie de l'Église, car il faut bien appeler les choses par leur nom, avait infligé des peines semblables pour des offenses envers la religion, offenses qui étaient

---

[1] Soulavie, II, 326, 327. — Boissy d'Anglas, *Vie de Malesherbes*, II, 23, 24.

[*] Le 28 mars 1757. à quatre heures de l'après-midi, commença cette terrible exécution. D'abord, on lui brûla la main droite, puis on lui déchira les chairs au moyen de tenailles rougies au feu. On versa du plomb en fusion dans ses blessures, et enfin on le roua. (*Voy.* Lacretelle, *Histoire de France pendant le* XVIIIe *siècle,* III, 285.)

Le 9 mai 1766, l'héroïque Lally, tout à fait innocent des crimes qu'on lui imputait, et qui avait si bravement défendu Pondichéry contre les Anglais, après avoir été emprisonné pendant quatre ans, et soumis plusieurs fois à la torture, fut, par sentence du parlement de Paris, traîné sur une claie jusqu'au lieu de l'exécution, où il fut décapité; on lui avait mis un bâillon dans la bouche pour l'empêcher de parler au peuple. (*Biographie universelle,* au mot LALLY, XXIII, 252, 253.)

plutôt des désordres que des crimes, et que quelques mois de
prison eussent convenablement expiées [1].

« En 1766 encore, deux jeunes officiers, après une folle débauche,
insultèrent, pendant la nuit, un crucifix de bois élevé sur le pont
d'Abbeville. Pour cette offense, qui méritait peut-être une amende
de vingt louis, ou un emprisonnement de trois mois, tous deux
furent décrétés d'accusation : l'un des deux s'échappa, et obtint
un grade dans l'armée du roi de Prusse ; le second, nommé la
Barre, enfant de dix-sept ans, fils d'une ancienne famille de robe,
fut condamné à la torture, à avoir la langue coupée, et ensuite
la tête tranchée, sentence barbare, qui fut mise à exécution.
Voltaire, de sa retraite de Ferney, éleva sa voix puissante contre
cette abominable procédure : on peut assurer cette fois qu'il eut
pour lui tous les bons esprits de la France. Comme si l'on avait
voulu exciter au plus haut degré l'indignation publique, on ne se
contentait pas d'infliger la torture aux criminels dans les sombres
donjons de la Bastille, mais on l'infligeait au grand jour dans
les rues de Paris : ainsi, en 1790, les bourgeois de la capitale
furent profondément émus par les cris d'un malheureux être
humain, qui, pendant plusieurs heures, demeura exposé sur
la roue, en place de Grève. La plume de l'historien se refuse à
transcrire les affreux détails des souffrances de ces tristes victimes ; mais il faut, quand on veut écrire ou lire l'histoire de la
France, s'endurcir à la contemplation de ces scènes d'horreur :
et avant d'aborder les atrocités du règne de la Terreur, il est
bon de s'y préparer en lisant le récit des barbaries de l'ancien régime, barbaries auxquelles on peut attribuer, du moins en partie,
les cruelles vengeances de la Révolution [*]. Mais l'honneur de

[1] Lac., xviiie siècle, III, 285. — Condorcet, *Vie de Voltaire*, 101.

[*] La peine de la roue, supprimée en 1790, était le supplice le plus épouvantable qu'on puisse imaginer. On étendait le criminel sur une croix de
Saint-André ; on lui faisait huit entailles, une sous chaque bras, entre le
coude et le poignet, une autre entre le coude et l'épaule, une sous chaque
cuisse, et une au bas de chaque jambe. L'exécuteur, armé d'une lourde barre
de fer triangulaire, appliquait un coup violent sur chacune de ces entailles,
et naturellement brisait les os du patient, après quoi il lui appliquait un
neuvième coup sur la poitrine. On enlevait alors de la croix la victime
ainsi déchirée et on l'étendait sur la partie supérieure d'une roue, en laissant pendre la tête et les pieds. La sentence portait qu'il demeurerait dans
cette position « aussi longtemps qu'il plairait à Dieu de lui prolonger la

cette révolution, c'est qu'elle mit fin, espérons-le, pour toujours, à ces épouvantables cruautés; et malgré les crimes de ses
auteurs, il faut dire à leur louange que jamais ils ne revinrent
aux anciennes barbaries, si ce n'est peut-être au commencement
de la Révolution, à l'époque même de la plus grande véhémence
des passions politiques; et que leurs victimes, si l'on en excepte
quelques violences populaires, périrent au moins sous le tran-
chant de la guillotine [1].

XV. La corruption, sous ses formes les plus hideuses, avait
depuis longtemps souillé les mœurs de la cour et de la noblesse,
et empoisonné les sources de leur influence. La faveur des maîtresses royales et les intrigues de cour disposaient ostensible-
ment des plus hauts emplois dans l'armée, dans le clergé et dans
les services publics. Depuis le règne des empereurs romains,
la dissolution des mœurs ne s'était jamais si peu déguisée que
sous Louis XV et le régent. Les Mémoires secrets de ce temps,
publiés aujourd'hui, prouvent à l'évidence que les romans licencieux qui, à cette époque, déshonorèrent la littérature française, n'étaient que la peinture fidèle des mœurs de ce siècle, et
qu'il n'y a rien de chargé dans les scènes de *Faublas*, dans les
Liaisons dangereuses et dans *Crébillon*. Souvent le bourgeois

vie. » Beaucoup y agonisaient pendant cinq ou six heures, d'autres plus
longtemps. Le fils d'un joaillier de la place Dauphine, qui avait assassiné
son père, ne mourut qu'après vingt-quatre heures. Ces infortunés pro-
nonçaient d'horribles blasphèmes; tourmentés par une soif brûlante, ils
demandaient à boire à grands cris : un homme de Dieu, un prêtre se tenait
toujours à leurs côtés, pendant cette affreuse agonie, humectait sans cesse
leurs lèvres altérées, essuyait la sueur qui coulait de leur front brûlant, et
leur montrait sur l'échafaud le Dieu de miséricorde étendant ses bras pour
les recevoir. Ce saint devoir était toujours rempli par un docteur de la Sorbonne. (Duval, *Souvenirs de la Terreur*, I, 157, 158)—En lisant ces navrants
détails, on est tenté d'oublier toutes les cruautés de la Révolution, et de
s'écrier avec Byron, quand il vient de raconter les jeux inhumains de l'am-
phithéâtre de Rome : « *Levez-vous, Goths, et avalez votre colère.* » Et cependant, chose extraordinaire! et qui prouve bien qu'un agent infernal dirigeait cette Révolution; ces horribles cruautés n'excitèrent pas autant de
colères que la religion qui les adoucissait; les révolutionnaires excusaient
le gouvernement, qui brisait sur la roue les membres des malheureux condamnés, et n'excusaient point le prêtre, qui essuyait la sueur des tempes de
l'agonisant.

[1] Condorcet, *Vie de Voltaire*, 100, 102. — Duval, *Souvenirs de la Terreur*, I, 157.

favori d'une noble dame était envoyé à la Bastille, quand la traitresse Messaline était fatiguée de ses embrassements [*]. De toute l'histoire de France, le règne de Louis XV est l'époque la plus déplorable. Pour trouver les hommes qui gouvernaient ce pays, il nous faudra pénétrer dans l'antichambre du duc de Choiseul, ou dans le boudoir de Mme de Pompadour. La société semblait décomposée; les hommes d'État avaient l'ambition de passer pour hommes de lettres; les gens de lettres voulaient être hommes d'État, et les grands seigneurs banquiers, tandis que le fermier général tranchait du grand seigneur. Les modes étaient aussi ridicules que l'art était sans goût. Des groupes de bergères en paniers étaient représentés dans des salons où des colonels faisaient l'amour; rien n'était à sa place, ni dans les idées ni dans les mœurs : c'était le symptôme le plus sûr d'une convulsion prochaine. La société en était arrivée à cet état de décrépitude où l'invasion des Goths surprit les Romains : Paris, c'était Constantinople sous les empereurs byzantins; on ne faisait plus de vers dans la retraite, mais dans les salons; une heureuse épigramme faisait plus d'honneur à un général qu'une bataille gagnée [1].

Comment entrer dans les détails d'un sujet aussi scabreux sans s'exposer à faire rougir la vertu, sans provoquer le sourire du vice? Et cependant, le lecteur le plus sérieux est peu touché de quelques observations générales; il lui faut des faits qui prouvent la justesse des observations de l'historien. Un seul exemple authentique des mœurs de la cour et des cercles aristocratiques de Paris avant la Révolution, produira une impression plus profonde que tout un chapitre de vagues assertions. Tout ce que nous trouvons dans les historiens de l'antiquité sur les orgies de l'ancienne Babylone, couvertes encore du voile protecteur d'un langage décent, tout cela fut égalé, dépassé peut-être, par les débauches

---

[*] Telle était la dissolution des mœurs de la cour que la dette publique s'était accrue de 500.000,000 de dépenses, tellement ignominieuses, que jamais il n'en fut rendu compte dans un acte public. Les dépenses de cette nature furent dix fois plus considérables sous Louis XV qu'elles ne l'avaient été sous Louis XIV. Il résulte d'un document authentique, rapporté par Soulavie, que dans les seize mois qui précédèrent la mort de Louis XV, Mme du Barry avait tiré du trésor royal non moins de 2,450,000 francs. (Voyez *Histoire de la Décadence de la Monarchie française*, par Soulavie l'aîné, III, 330.)

[1] Chateaubriand, *Études historiques*, I, 118, *Préface*.

nocturnes du régent, du cardinal Dubois et de leurs compagnons
dissolus. On n'y voudrait pas croire, si elles n'étaient appuyées
par les récits trop véridiques d'une foule de témoins oculaires *.
Les choses n'allèrent pas mieux quand Louis XV fut monté sur
le trône. Dans sa jeunesse, ses mœurs étaient pures, et les Français l'adoraient **. Mais, plus tard, il tomba sous l'empire d'une
série de courtisanes favorites, toutes plus dissolues et plus éhon-
tées, jusqu'à ce qu'enfin on poussa si loin à la cour l'oubli de tout
décorum, que les cercles les plus corrompus de Versailles étaient
scandalisés d'une pareille impudeur 1. La société des femmes
en était arrivée à réaliser ce tableau prophétique de Milton.
« Car cette belle troupe de femmes que tu as vue, qui semblaient des divinités, si enjouées, si attrayantes, si gaies, sont
cependant vides de ce bien, dans lequel consiste le bonheur domestique de la femme, et sa principale gloire; nourries et accom-

* Les soupers du régent étaient toujours avec des compagnies fort
étranges, avec des maîtresses, quelquefois des filles de l'Opéra, souvent
avec la duchesse de Berry, quelques dames de moyenne vertu, une douzaine
d'hommes que sans façon il ne nommait autrement que roués, et quelques
gens sans nom, mais brillants par leur esprit et leur débauche. La chair
était exquise; et les convives, et le prince lui-même mettaient souvent la
main à l'œuvre avec les cuisiniers; et dans les séances, chacun était
repassé, les ministres et les familiers comme les autres, avec une licence
affreuse. On buvait beaucoup et du meilleur vin; on s'échauffait; on disait
des ordures à gorge déployée, et des impiétés à qui mieux mieux; et
quand on avait fait du bruit, et qu'on était bien ivre, on s'allait coucher.
(*Mémoires du duc de Saint-Simon* (témoin oculaire). — Lacretelle, I, 147,
148.)

** Lorsque Louis XV fit une maladie mortelle à Metz, en 1744, la douleur et la consternation furent extrêmes à Paris. La capitale ressemblait à
une ville prise d'assaut, les églises retentissaient de plaintes et de gémis-
sements; les prières étaient entrecoupées de sanglots : cet intérêt si tendre
pour le monarque lui fit donner le surnom de *Bien-aimé*, titre plus glorieux
que n'en mérita jamais le plus grand prince. (Hénault, *Abrégé chronologique
de l'Hist. de France*, p. 701. — Volt., *Siècle de Louis XV*, chap. 5.) — Mais
quand, trente ans après, ce même roi fut réellement étendu sur son lit de
mort, on ne vit plus le moindre signe de douleur; et le peuple vit passer
ses funérailles sans la moindre émotion : tant cette affreuse dissolution des
dernières années lui avait aliéné les cœurs. (*Voy.* Besenval, *Mémoires*, II,
59, 90.) — Les Parisiens étaient fatigués de Louis XV, et cela n'avait rien
d'étonnant : Le Parc-aux-cerfs seul avait coûté à la nation cent millions
de francs. (Lacretelle, III, 172.)

1 Lac., III, 170, 172. — Soulavie, I, 101, 103.

plies seulement pour le goût d'une appétence lascive, pour
chanter, danser, se parer, remuer la langue et rouler les yeux.
Cette sobre race d'hommes, dont les vies religieuses leur avaient
acquis le titre d'enfants de Dieu, sacrifièrent ignoblement toute
leur vertu, toute leur gloire, aux amours et aux sourires de ces
belles athées; ils nagent maintenant dans la joie, et ils nageront
avant peu dans un plus large abîme : ils rient, et pour ce rire,
la terre avant peu versera un monde de pleurs [1]. »

Mᵐᵉ de Pompadour [*] rachetait ce que sa situation avait d'équivoque par l'élégance de ses manières, par la discrétion qu'elle
mettait dans l'exercice de son pouvoir et par les encouragements
qu'elle accordait aux arts et à la littérature. Mais lorsque Mᵐᵉ du
Barry [**], plus jeune et plus séduisante, et aussi plus libre de

[1] *Paradis perdu*, liv. XI, v. 615. Traduction de Chateaubriand.

[*] Jeanne-Antoinette Poisson, depuis marquise de Pompadour, était née
en 1722. Son père était boucher. La vivacité et la grâce de la jeune fille
engagèrent ses parents à spéculer sur les attraits de sa beauté. Elle avait
si bien la conscience du pouvoir de ses charmes, qu'elle avoua plus tard
avoir nourri le secret pressentiment qu'elle captiverait un jour le roi. On
la maria de bonne heure à un propriétaire du nom de Lenormand; mais
ses dispositions à la galanterie étant bien décidées, après avoir été pendant
quelque temps la favorite de quelques cercles choisis d'admirateurs, elle
se résolut à essayer sur le roi lui-même l'effet de ses charmes. Dans ce
dessein, elle sortit en calèche découverte, et en toilette élégante, et se dirigea
vers la forêt de Sénart, où le roi chassait, et fit en sorte de se trouver sur
le passage du monarque. Louis XV fut si charmé de sa beauté qu'il lui
envoya les dépouilles de sa chasse; mais la duchesse de Chateauroux,
favorite alors en crédit, réussit à tenir quelque temps cette rivale loin de
la cour. Après la mort de la duchesse, en 1744, le roi rencontra une seconde fois Jeanne Poisson à un bal masqué à Paris, et dès ce moment
son triomphe fut assuré. Bientôt après on lui donna des appartements à
Versailles, avec une pension de 240,000 francs. On la fit dame d'honneur
de la reine; puis on la créa marquise de Pompadour, et bientôt elle vit
toute la France à ses pieds. Les jésuites et les jansénistes, la noblesse et le
parlement, éprouvèrent alternativement sa faveur et ses persécutions. Elle
conserva son pouvoir presque jusqu'à sa mort, arrivée en 1764, à l'âge de
42 ans. Ses goûts dispendieux étaient élégants et délicats; et, en définitive,
elle usa mieux de sa puissance illimitée qu'on ne pouvait s'y attendre.
(*Biographie universelle* (POMPADOUR), 283, 290.)

[**] Mᵐᵉ du Barry était née à Vaucouleurs, en 1744, de parents d'humble
condition. Elle avait vu le jour dans la patrie de Jeanne d'Arc, ce champion
intrépide du trône. Elle fut placée à Paris chez une marchande de modes.
Bientôt elle passa de là dans une maison célèbre dont elle fit la fortune

manières, eut obtenu la faveur royale, la licence et la corruption n'eurent plus de bornes. Chose remarquable, cette favorite dut surtout son ascendant à l'adresse et au bon goût avec lesquels elle se choisissait des rivales ; et les nombreuses beautés du Parc-aux-cerfs, qui partagèrent successivement la couche du roi, ne purent jamais amoindrir son influence. Resplendissante elle-même de tous les charmes de la beauté, jamais elle n'oublia de faire tous ses efforts pour empêcher que la satiété ne vînt au roi par le manque de variété, et elle s'étudiait à offrir sans cesse à ses sens amortis de nouveaux objets de désir [*]. Et pourtant, au milieu de ces scènes scandaleuses, on lui rendait à la cour les plus grands honneurs ; elle avait réussi par ses intrigues à détruire l'influence que le duc de Choiseul avait longtemps exercée sur l'esprit du roi. Louis XVI et Marie-Antoinette furent forcés de se soumettre à la plus poignante de toutes les humiliations, en s'asseyant à table avec elle. Enfin, le désir du monarque d'arriver à une présentation en forme de la favorite amena la suppression des parlements ; cette mesure insensée fut le premier symptôme d'une lutte ouverte entre la couronne et le pays, et elle fut prise en faveur de cette femme éhontée, qui, après avoir épuisé personnellement tout l'art de la séduction, s'était faite la directrice du sérail de son amant [1].

Il est difficile de concevoir une corruption plus effrénée dans une position sociale aussi haute : et cependant, la famille d'Orléans, sauf quelques exceptions honorables, montra que le premier prince du sang pouvait surpasser la royauté elle-même

sous le nom de Mlle Lange. Elle fut remarquée par Lebel, valet de chambre de Louis XV, qui la fit voir au roi. En peu de temps elle le captiva par ses charmes et par son adresse. Elle fut présentée à la cour en 1769 ; son influence à cette époque fut assez puissante pour faire sortir du ministère le duc de Choiseul, et pour le remplacer par ses créatures, le duc d'Aiguillon et Maupeou. Le nom de cette femme se représentera dans le cours de cette histoire. (Voy. *Biographie universelle* (BARRY), III, 431, 432.)

[*] L'indignation s'accroît encore, quand on songe que rien n'était épargné pour découvrir, jusque dans de respectables familles, de nouveaux objets capables d'exciter les désirs du roi, et que l'on abandonnait ensuite à la misère et à l'opprobre, après qu'elles avaient satisfait le royal caprice. « La corruption, dit Lacretelle, entrait dans les plus paisibles ménages, dans les familles les plus obscures. Elle était savamment et longtemps combinée par ceux qui servaient les débauches de Louis.... »

[1] Lac., III, 172, 173. — Weber, I, 37.

par ses mœurs licencieuses. La tache imprimée à cette famille par le régent s'étendit jusqu'à la quatrième génération. Nous ne voulons point souiller ces pages des détails de la vie privée de quelques-uns de ses membres. Qu'il nous suffise de dire que les débauches du duc de Chartres, si connu ensuite à Paris sous le nom de duc d'Orléans et qui finit sur l'échafaud, avaient été portées à un excès d'infamie dont l'Europe moderne n'avait pas vu d'exemple. On peut croire, après cela, à tout ce que rapportait Suétone et les historiens de Rome sur les mœurs des anciens maîtres du monde. Il faut laisser aux écrivains français la pénible tâche de raconter des scènes que le lecteur anglais ne supporterait pas, s'il les voyait écrites dans la langue de notre pays. L'histoire cependant ne peut pas se taire absolument sur ces faits. Il est indispensable de connaître les mœurs et la conduite des hommes qui prirent la direction de cette régénération sociale tant vantée; car ces détails ne peignent pas seulement un individu, mais une époque tout entière; et le débauché le plus audacieux ne peut guère aller au delà des vices de la société dans laquelle il vit *. Ce n'est cependant pas une raison de croire que les mœurs du jeune duc de Chartres fussent les mœurs de tous ses compatriotes; cela n'était même pas absolument vrai de l'aristocratie, qui comptait encore de beaux et de nobles caractères; leur conduite dans le malheur l'a bien prouvé. Mais on peut se faire une idée de l'étendue du mal, par le grand nombre de témoins qui assistaient sans dégoût à ces scandaleuses orgies.

* M. le duc de Chartres avait réussi à épouser Mlle de Penthièvre; et la cour et la ville s'accordaient à dire que toutes les vertus étaient réunies dans cette princesse, comme tous les vices et toutes les erreurs l'étaient dans l'esprit et le cœur de son mari. Uni à cette femme aussi vertueuse que belle, le duc de Chartres continua de vivre en libertin, de parcourir les lieux de débauche de la capitale, et d'y commander des soupers fins. Il avait élevé près de Paris un temple à la prostitution, où sa cour se permettait des scènes incroyables; il avait donné à ce mauvais lieu le nom de *Folies de Chartres*. (Soulavie, *Règne de Louis XVI*, II, 103, 104.)

Weber dit aussi dans ses mémoires : « Époux de l'incomparable fille du duc de Penthièvre, il se dérobait à ses chastes embrassements pour se livrer à des orgies dont la description étonnerait encore, si elle n'avait eu, dans toutes les classes de la société, d'aussi nombreux témoins qui en déposent encore aujourd'hui. Aux acteurs seuls appartient la tâche de dévoiler ces honteux mystères. » (Weber, *Mémoires*, I, 317. — *Rév., Mém.*, vol. XIV. — Voy. *Mém. du baron de Besenval*, I, 264, 279.)

Pendant que les mœurs des classes les plus élevées tournaient ainsi à la frivolité et à la corruption, les classes moyennes gagnaient en noblesse et en générosité, par suite du progrès des lumières et du développement de la civilisation ; ce fut là une des particularités les plus remarquables de ce siècle extraordinaire. Mme Roland, fille d'un bourgeois de Paris, nous a donné une idée exacte de l'horreur qu'inspiraient la corruption et les vices des grands, au moment où l'ambition du tiers-état grandissait avec la conscience du talent. « Jeune encore, je m'étonnais, dit-elle, qu'un pareil état de choses n'occasionnât point la chute immédiate de la monarchie, et ne provoquât point la vengeance céleste. Et cependant le renversement de l'aristocratie ne fit pas disparaître le mal. L'exemple du vice est contagieux ; il est rare qu'il ne descende pas jusque dans les derniers rangs de la société. Les classes moyennes, avec le pouvoir qu'elles ont enlevé aux nobles, ont succédé aussi à leurs vices, et aujourd'hui la licence à Paris et dans les grandes villes de France est descendue jusque dans les classes les plus humbles de la nation. La noblesse française est généralement devenue religieuse. L'irréligion n'est plus de bon ton depuis que la classe des artisans, du moins dans les villes, semble avoir perdu ses croyances. Les effets de ce relâchement général des principes ont apparu d'une manière frappante dans les habitudes de la nation et dans sa littérature. De là ce torrent de dépravation qui a si longtemps déshonoré les lettres françaises ; de là cette dissolution générale des mœurs, et cette diffusion des principes du scepticisme, poussé si loin de notre temps, que bientôt peut-être nous verrons à Paris le nombre des naissances illégitimes égaler celui des enfants nés dans le mariage : aujourd'hui déjà, sur trois enfants que vous rencontrez dans les rues de cette grande ville, vous êtes certain qu'il y a au moins un bâtard [1] [2]. »

XVI. L'embarras dans les finances fut la cause immédiate de la Révolution. Il obligea le roi à convoquer les états-généraux ;

[1] Dupin, *Force commerciale de la France*, I, 99. — Roland, *Mém.*, I, 112.

[2] En 1824, sur 28,812 naissances, 18,591 seulement étaient légitimes ; 10,221 étaient illégitimes. La proportion des enfants illégitimes est plus forte aujourd'hui. En 1831, elles ont été de 19,152 légitimes contre 10,378 illégitimes. (*Ann. du Bur. des Long.*)

c'était le seul moyen d'éviter la banqueroute. Les ministères précédents avaient essayé des expédients temporaires ; on avait tout tenté pour éviter le désastre : mais l'accroissement des dépenses résultant de l'énormité du service annuel de la dette, avait fait avorter tous les plans *. Le déficit annuel, à l'époque de la convocation. Le revenu net de l'année 1789 s'élevait à 469,938,245 francs, ou 18,800,000 livres sterling. La dette s'élevait à 6,500,000,000 de francs, ou 244,000,000 de livres sterling ; le service de la dette exigeait 259,000,000, ou 10,400,000 livres sterling. La dépense annuelle à cette époque s'élevait à 400,000,000, soit 16,000,000 de livres sterling, sans compter le service des intérêts de la dette. Ainsi donc la dépense annuelle étant :

	fr.	liv. st.
	400,000,000 soit	16,000,000
L'intérêt de la dette,	259,000,000	10,400,000
	659,000,000	26,400,000
Le revenu annuel étant	470,000,000	18,800,000
Le déficit était	189,000,000	7,600,000

Le tableau suivant fait voir le progrès constant du déficit sous les diverses administrations qui précédèrent la Révolution.

1783. Ministère de d'Ormesson.

	fr.	liv. st.
Recettes,	510,000,000	20,400,000
Dépenses,	610,000,000	24,400,000
Déficit,	100,000,000	4,000,000

1786. Ministère de Calonne.

	fr.	liv. st.
Recettes,	474,047,649	18,800,000
Dépenses,	580,184,995	23,600,000
Déficit,	115,137,346	4,800,000

1787. Ministère de Calonne.

	fr.	liv. st.
Recettes,	474,048,239	19,000,000
Dépenses,	599,135,795	24,000,000
Déficit,	125,087,556	5,000,000

1788. Ministère de Brienne.

	fr.	liv. st.
Recettes,	472,415,549	18,804,000
Dépenses,	527,255,089	21,100,000
Déficit ordinaire,	54,839,540	2,296,000
Déficit extraordinaire,	76,502,367	3,024,000
	29,293,585	1,166,000
Total.	160,635,492	6,486,000

(Voyez *Comptes rendus*, par Calonne et Necker, 1781, 1787 et 1788, 2 vol. in-4°.)

(Voyez aussi Necker, *Sur les finances de France*, I, 92 ; II, 517, 518.)

vocation des états-généraux, était de 189,000,000 de francs, au delà de 7,000,000 sterling. On n'avait pas créé de ressources pour la liquidation ou pour la réduction de la dette, pas même pour le payement régulier des intérêts. Il est vrai qu'une partie notable des charges publiques consistait en rentes viagères; mais le trésor était tellement épuisé que, même pour satisfaire les demandes des rentiers, il fallait avoir recours à des moyens extraordinaires. La seule mesure praticable parut être la convocation des états-généraux; tous les partis en attendaient un grand soulagement par la vente d'une partie des biens de l'Église : ainsi la cause immédiate, déterminante de la Révolution, se trouve dans l'imprévoyance et la prodigalité des règnes précédents, et dans la résistance obstinée des parlements à l'établissement de nouvelles taxes.

Les souverains de la France devaient, avec un trésor épuisé, satisfaire aux besoins d'une cour dispendieuse, d'un vaste établissement militaire et d'une noblesse insatiable; aussi, comme on l'admettra facilement, avaient-ils fait les derniers efforts pour augmenter les revenus de l'État, et combler le déficit qui avait pesé si lourdement sur le trésor depuis plus d'un siècle. Mais deux causes principales avaient fait échouer toutes leurs tentatives. En premier lieu, la noblesse, toujours prête à accaparer toutes les charges lucratives de l'État, ne voulut jamais consentir à se dépouiller du privilége de l'exemption des *tailles*, qui formaient le plus productif de tous les impôts directs : elle était chaudement soutenue dans cette résistance par le clergé, qui jouissait de la même exemption et qui ne payait pas non plus le *vingtième*. Leurs moyens d'opposition étaient parfaitement simples et toujours efficaces. Quand une ordonnance royale imposait une taxe nouvelle, et qu'il fallait l'enregistrer pour lui donner force de loi, les nobles avaient assez d'influence sur les parlements pour empêcher l'enregistrement de l'édit s'il faisait peser sur eux la moindre charge. Ces cours de justice, quoique composées en partie de descendants du tiers-état, formaient toutefois une sorte de noblesse de second ordre, toute dévouée aux intérêts de la vieille aristocratie, dont beaucoup de membres étaient fiers d'occuper un siége au parlement, et ne dédaignaient pas de s'allier par des mariages à la noblesse de robe. Pendant un siècle avant la Révolution, l'histoire politique intérieure de la France n'est guère que la série des efforts tentés par la couronne, pour obtenir l'enregistrement de nouveaux impôts, et des refus des parlements de satisfaire à ces demandes. Un autre obstacle aux tentatives des rois était que les anciennes taxes que le tiers-état supportait sans distinction, et dont la noblesse ne payait qu'une partie, pesaient déjà si lourdement sur la nation qu'il était devenu impossible de les augmenter sur les mêmes bases; les épreuves qu'on en avait faites n'avaient pas accru les revenus du trésor public. Aussi l'emprunt était-il devenu la ressource unique de la couronne, pour parer à l'augmentation constante des dépenses. On eut si largement recours à ce système, que pendant les quatre années de l'administration de Necker, finissant à 1781, les sommes empruntées s'élevaient à 550,000,000 de francs, soit 21,250,000 livres sterling. L'intérêt annuel de cette somme, intérêt payable pour la plus grande partie en viager, n'était pas moindre de 45,000,000 de francs, soit 1,800,000 livres sterling, fardeau immense pour une nation dont le revenu total à cette époque n'excédait pas 18 millions sterling [1] [*].

' Soulavie, III, 116, 117. — Smyth, *Révolution française*, I, 116, 117. — Necker, *Sur les finances*, I, 54, 67.

* *Extrait du compte rendu de Necker. État du revenu en 1784.*

Le signe * indique les impôts dont les nobles et le clergé étaient exempts, le signe +, ceux que le clergé seul ne payait pas.

	fr.		liv. st.
Vingtièmes +,	55,000,000	soit	2,200,000
Troisième vingtième +,	21,500,000		900,000
Taille *,	91,000,000		3,550,000
Capitation +,	41,500,000		1,660,000
Impositions locales,	2,000,000		80,000
Fermes générales,	166,000,000		6,640,000
Régie générale,	51,500,000		2,060,000
Domaines royaux,	41,000,000		1,640,000
Postes royales,	10,300,000		412,000
Messageries,	1,100,000		44,000
Loterie royale,	11,500,000		460,000
Contribution du clergé,	11,000,000		440,000
Octrois des villes,	27,000,000		1,080,000
Aides de Versailles,	900,000		36,000
Corvées,	20,000,000		800,000
Contraintes,	7,500,000		300,000
A REPORTER.	558,800,000		22,302,000

« Pendant que tout conspirait à affaiblir le gouvernement, à mécontenter le peuple, et à changer les idées chez les chefs de l'opinion publique, l'aristocratie et le clergé, ces défenseurs naturels du trône, s'affaiblissaient et se divisaient tous les jours de plus en plus, et cela par des causes toutes particulières. La politique si longtemps pratiquée avec succès par Richelieu et par Louis XIV, et qui consistait à attirer la haute noblesse à Paris

REPORT.	fr.	558,800,000	soit 22,302,000 liv. st.
Objets divers,		2,500,000	100,000
Corse,		600,000	24,000
Gardes françaises et suisses,		300,000	12,000
Princes et engagistes,		2,500,000	100,000
Droits des pays d'État,		10,500,000	420,000
Marcs d'or,		1,700,000	68,000
Poudres,		800,000	32,000
Monnaies,		500,000	20,000
Fermes royales,		1,100,000	44,000
Revenus casuels,		5,700,000	228,000
REVENU TOTAL.		585,000,000	23,350,000

(Necker, *Sur les finances*, I, 35, 91.)

A déduire :

Frais de recouvrement, etc.,	fr.	58,000,000	2,320,000 liv. st.
Corvées employées sur les routes,		27,000,000	1,080,000
		85,000,000	3,400,000
REVENU TOTAL.		585,000,000	23,350,000
REVENU NET.		500,000,000	19,950,000

État des dépenses.

Intérêts de la dette,	fr.	207,000,000	8,280,000 liv. st.
Remboursements,		27,500,000	1,100,000
Pensions,		28,000,000	1,120,000
Guerre,		105,600,000	4,224,000
Affaires étrangères,		8,500,000	340,000
Maison du roi (gardes),		13,000,000	520,000
Bâtiments et prévôté,		3,400,000	136,000
Maisons royales,		1,500,000	60,000
Maison de la reine,		4,000,000	160,000
Frères du roi,		8,300,000	332,000
Frais de recouvrement,		58,000,000	2,320,000
Ponts et chaussées,		8,000,000	320,000
Secrétaire d'État, etc.,		4,000,000	160,000
A REPORTER.		476,800,000	19,072,000

par l'appât des honneurs et des prodigalités de la cour, avait en même temps amoindri l'influence des nobles dans les provinces : ils étaient devenus étrangers aux petits propriétaires restés dans les campagnes, et ils avaient ainsi perdu aux yeux du peuple leur importance et leur considération. Il était impossible que les paysans de ces vastes possessions territoriales conservassent longtemps le même attachement à des familles nobles qu'ils ne voyaient que par hasard, pendant un jour ou deux, après des absences de plusieurs années. Ils auraient oublié jusqu'au nom de leurs seigneurs, si ces noms n'avaient été toujours associés dans leur pensée au souvenir des exactions et des corvées de toute nature qu'ils avaient à subir. La noblesse de campagne, dont la fortune n'était pas assez considérable pour lui permettre de suivre le courant qui entraînait l'aristocratie vers la capitale, n'avait rien de commun avec ces seigneurs élégants et frivoles qui la méprisaient et qui passaient leur temps dans les salons de Paris et les antichambres de Versailles. La nation, à cette époque de diffusion des lumières et de généreuses aspirations,

Report.	fr. 476,800,000	19,072,000 liv. st.
Intendants de provinces,	1,400,000	56,000
Police,	2,100,000	84,000
Pavé de Paris,	900,000	36,000
Justice,	2,400,000	96,000
Maréchaussée,	4,000,000	100,000
Mendicité,	1,200,000	48,000
Prisons,	400,000	16,000
Aumônes,	1,800,000	72,000
Dépenses ecclésiastiques,	1,600,000	64,000
Routes,	20,000,000	800,000
Villes, hôpitaux, etc.,	26,000,000	1,040,000
Provinces,	6,500,000	260,000
Trésor royal,	2,000,000	80,000
Palais de justice,	800,000	32,000
Ile de Corse,	800,000	32,000
Dépenses diverses,	61,300,000	2,452,000
Total.	610,000,000	24,340,000

(Necker, II, 517, 518.)

Dette publique.

Intérêts perpétuels,	fr. 125,600,000	5,024,000 liv. st.
Intérêts viagers,	81,400,000	3,256,000
Total.	fr. 207,000,000 soit	8,280,000 liv. st.

(Necker, II, 356.)

ne pouvait professer le moindre respect pour un corps privilégié d'aristocrates, qui monopolisaient toutes les charges élevées du royaume, sans autre titre que l'élégance de leurs manières et leur talent pour l'intrigue, et qui, par les pensions que leur faisait la couronne, augmentaient les charges du pays, sans contribuer eux-mêmes, au moins directement, à l'accroissement des revenus de l'État [1].

L'influence de la noblesse allait s'affaiblissant tous les jours, et d'une manière très-grave, par le nombre toujours croissant de nobles ruinés que l'on rencontrait dans toutes les parties du royaume, ou bien inoccupés, ou employés à des fonctions très-subalternes. Les quatre cinquièmes des 80,000 familles nobles de France se trouvaient dans une extrême pauvreté : les fils de ces familles étaient ignorants, paresseux et immoraux, traînant leur ignoble existence dans les théâtres de province, dans les cafés et les salles de billards; les filles, pour la plupart, en étaient réduites à la réclusion du couvent. Toute considération publique était perdue pour un corps dont l'immense majorité se composait de pareils éléments, dont les prétentions et l'orgueil excluaient des premiers emplois toute personne de basse naissance. Sans doute, les vieilles maisons, dont les noms étaient historiques et les possessions considérables, jouissaient toujours d'une grande influence, et fournissaient encore à la France quelques-uns de ses plus grands hommes; cependant, la haute aristocratie, considérée comme corps, était loin de posséder les talents, l'instruction et les habitudes de travail capables de leur donner sur les affaires publiques une influence décisive, et surtout utile à la nation. Élevés dans les antichambres d'un palais, formés de bonne heure à la perfection de l'élégance, aux grâces des salons, les nobles étaient peu faits pour lutter au grand jour avec ces chefs ambitieux d'une démocratie robuste, accoutumés aux débats des parlements. Ils n'avaient point été habitués au travail des affaires, ni au talent de l'élocution, ni à cette froide puissance des arguments, que l'aristocratie d'Angleterre acquiert soit sur les *hustings*, soit en dirigeant les affaires des comtés comme grands-jurés, soit dans les chambres du parlement, soit enfin

[1] Necker, *Révolution française*, I, 158, 161. — Walter Scott, *Napoléon*, chap. I, vol. I, 37, 42. — Ségur, I, 76.

dans les *meetings*, qui sont de l'essence des libres institutions. De là l'infériorité marquée de la noblesse française, quand vint pour elle le moment de l'épreuve ; de là l'extrême facilité avec laquelle fut renversée la monarchie. Quel contraste avec la lutte glorieuse que soutint pendant des siècles l'aristocratie anglaise contre les ennemis du trône [1] !

Mais ce n'était pas tout : les divisions les plus déplorables existaient dans la noblesse elle-même ; les anciennes familles voyaient d'un mauvais œil la noblesse de création nouvelle, dont les membres avaient obtenu leurs parchemins, soit en remplissant certains emplois qui conféraient de plein droit le blason [*], soit en achetant des titres, lorsque la couronne appauvrie se trouvait dans la nécessité de se créer des ressources financières. Maintes fois, et surtout pendant la guerre de la succession, la détresse du trésor royal avait été si grande, que l'on vendit publiquement, à raison de deux mille couronnes (500 livres sterling), des titres de noblesse à des banquiers et à de riches marchands. *Les nouveaux anoblis*, comme on les appelait, étaient loin de jouir de la considération et de l'influence des grandes familles ; mais ils avaient en partage les mêmes priviléges. Ils avaient fini par former la moitié de toute la noblesse du pays, et leur nombre, ainsi que leurs richesses, en faisaient un corps trop important pour que la vieille aristocratie pût se contenter de les mépriser en silence. Il en résulta une haine implacable, une extrême jalousie entre ces deux classes de la noblesse ; aussi, jamais ne purent-elles s'entendre sur les mesures à prendre pour leur commune défense, pas même en présence des dangers qui les menaçaient de destruction l'une et l'autre. Les vieilles familles voyaient avec aversion ces nobles parvenus dont quelques-uns descendaient des intendants ou des vassaux de leurs ancêtres, et qui venaient non-seulement partager leurs priviléges,

[1] Necker, I, 161, 163. — Walter Scott, *Napoléon*, I, 39, 41. — De Staël, *Rév. franç.*, I, 81.

[*] Les plus hautes charges de la magistrature commencèrent à conférer la noblesse à ceux qui les remplissaient et à leurs descendants, à partir de 1644, et ce, par un édit royal publié sous le ministère de Mazarin. Sous les règnes suivants, les mêmes prérogatives furent successivement accordées, sous certaines restrictions, à des emplois de moindre importance. (Necker, *Sur la Révolution française*, I, 165.)

mais encore les éclipser par la fortune : les nouveaux anoblis, de leur côté, étaient jaloux de cette origine historique dont le lustre assurait à leurs ennemis une considération que ne sauraient donner des richesses récemment acquises. Les moyens d'arriver à la noblesse avaient été tellement multipliés, pendant les deux derniers siècles *, que le roi se vit obligé, par considération pour les grandes familles, d'établir à la cour certaines distinctions entre la noblesse ancienne et la nouvelle, et cette mesure produisit un inconvénient plus sérieux encore. Ces distinctions n'étaient relatives, il est vrai, qu'à l'ordre de présentation aux levers du roi, aux entrées, à l'admission dans les voitures royales, et autres règlements de pure étiquette ; mais tout cela donnait naissance à des aigreurs et à des divisions fâcheuses entre deux fractions d'un même parti dont toutes les forces réunies auraient suffi à peine à contre-balancer la puissance toujours croissante du tiers-état [1].

Les divisions étaient peut-être encore plus profondes dans le clergé que dans la noblesse, à l'approche de la grande crise nationale. On voyait, dans toute leur fatale évidence, les effets de ce système désastreux qui imposait aux plébéiens toutes les fatigues du culte, et réservait tous les honneurs aux aristocrates. La grande majorité des prélats, tous de haute naissance, vivaient habituellement à Paris, négligeaient leurs diocèses, et gaspillaient leur temps et leur fortune dans les dissipations de la capitale. Le prestige de leur dignité, le respect dû à leur sacré caractère, s'affaiblissait nécessairement, et bientôt on considéra l'aristocratie de l'Église comme sujette aux mêmes faiblesses que la noblesse laïque. Les siéges épiscopaux, les charges élevées de la hiérarchie étaient toutes entre les mains du clergé noble, qu'on ne voyait qu'à Paris ou dans les grandes villes de province, tan-

---

* Près de la moitié de l'ordre de la noblesse, tel qu'il existait à l'approche des derniers états-généraux, était composée de familles anoblies depuis deux siècles, par des charges de conseillers aux parlements, de conseillers à la cour des aides, d'auditeurs, de collecteurs et de maîtres des comptes, de conseillers au Châtelet, de maîtres des requêtes, de trésoriers de France, de secrétaires du roi, du grand et du petit collége, et par d'autres charges encore, comme aussi par des places de capitouls, d'échevins, et par des brevets émanés de la faveur des rois, des ministres et des premiers commis. (Necker, *Sur la Rév. franç.*, I, 164, 165.)

[1] Necker, I, 165, 166.—Bouillé, 51, 54.—De Staël, *Rév. franç.*, I, 217, 219.

dis que le corps nombreux des curés, ou du clergé des campagnes, travaillaient péniblement dans leur obscure utilité au milieu de leur troupeau, et étaient, au point de vue de la fortune et de l'éducation, à peine à la hauteur des bourgeois et des paysans qui les entouraient. Cette classe nombreuse, dont les députés formaient les trois quarts de la représentation du clergé aux états-généraux, appartenait tout entière au tiers-état, et n'avait avec le haut clergé du royaume aucune communauté de sentiments ni d'intérêts. Au contraire, ils considéraient les privilégiés de l'Église comme leurs plus cruels ennemis, parce qu'ils monopolisaient les honneurs et les revenus du clergé, sans en remplir les devoirs les plus pénibles. Les évêques ne pouvaient avoir d'influence sur des curés que leur naissance plébéienne condamnait à ne jamais aspirer aux hautes dignités. On verra, dans la suite de cette histoire, quelles furent les fatales conséquences de la prépondérance du bas clergé aux états-généraux. Mais le mal était inhérent à la constitution même de l'Église de France, et l'on n'y eût point remédié en séparant la chambre du clergé de celle du tiers-état. En effet, le nombre des curés y était si considérable qu'ils l'emportaient de beaucoup sur tout le clergé noble réuni [*].

La prépondérance extraordinaire de la capitale sur le reste du pays contribua puissamment aussi à placer le gouvernement dans une situation très-dangereuse, et à affaiblir les forces nationales que le roi eût pu appeler à la défense du trône. Dans tous les temps, les grandes cités ont été les centres et les foyers de la démocratie ; et quoiqu'on ne dût point s'y attendre *à priori*, les tendances démocratiques se sont toujours montrées plus fortes dans les villes où l'aristocratie et la cour ont fait leur résidence habituelle [**]. La raison en est que les classes moyennes y coudoient

[*] Necker, 1, 156, 157.

[*] Il y avait à l'Assemblée constituante dans l'ordre du clergé :

Archevêques et évêques.	48 Curés. 210
Abbés et chanoines	35
	83 (*Voir* plus bas, chap. IV.)

[**] L'universalité de cette tendance dans un État libre est clairement démontrée par l'état actuel de la représentation anglaise résultant de la réforme. Sur vingt députés, Londres y envoie dix-sept démocrates ; à Brighton et à Bath, tous les membres sont libéraux. Windsor n'envoie qu'avec peine un député ami de la couronne. Édimbourg, qui fut longtemps le siége

en quelque sorte, l'aristocratie, dont l'orgueil les blesse et les outrage, tandis qu'elles sont à même d'apprécier sa faiblesse et toujours disposées à jalouser sa supériorité. Les profits que la bourgeoisie retire de leurs dépenses de luxe et de toilette ne suffisent point à arrêter cette tendance; au contraire, ils l'augmentent plutôt; parce que, pour un qui s'enrichit de ces profits, on en compte cent qui sont mécontents de n'avoir pas eu la même faveur. S'il est reconnu que cette tendance est générale, à toutes les époques d'effervescence démocratique, on se fera facilement une idée de la force prodigieuse et jusqu'alors inouïe avec laquelle cette tendance se fit sentir à Paris, pendant les années d'inquiétude qui précédèrent la Révolution et pendant les années sanglantes qui la suivirent. Paris avait concentré dans son sein toute l'énergie de la nation française; la politique des règnes précédents en avait fait un foyer révolutionnaire où se confondait une population nombreuse, ou gorgée de richesses, ou réduite à la plus hideuse misère : puissante par les talents, livrée à la débauche, dévorée par l'ambition, et morte aux principes religieux [1].

Lorsque, dans d'autres États, les passions révolutionnaires ont bouleversé la société, c'est en général dans la fermeté, dans la loyauté d'une partie de la nation, dans son attachement opiniâtre aux anciennes coutumes, que les gouvernements ont trouvé un contre-poids à la violence de la démocratie des cités. En Angleterre, au temps de Charles Ier, les comtés soutinrent une lutte longue et brillante contre les forces du parlement, forces recrutées dans les grandes villes. Ce fut dans les montagnes de l'Écosse qu'un siècle après, la famille exilée trouva ces héroïques partisans, qui se jetèrent bravement dans une lutte qui semblait désespérée, et dont le dévouement chevaleresque faillit tout renverser, jusqu'à la puissance de la famille de Hanovre. Mais ce

de la propriété territoriale et de l'aristocratie écossaise, nomme des libéraux à une écrasante majorité. A Glascow, les principes conservateurs sont plus généralement répandus dans les classes laborieuses, parce que d'un côté l'aristocratie y est inconnue, et que, de l'autre, les vices de l'ascendant démocratique y frappent périodiquement les esprits les plus prévenus, sous la forme des grèves des travailleurs qui, à chaque crise industrielle, obligent des milliers d'ouvriers courageux à se croiser les bras pendant des mois entiers, sur l'ordre d'on ne sait quel comité secret et toutpuissant.

[1] Necker, I, 160, 162. — De Staël, *Rév. franç.*, I, 80.

précieux élément faisait défaut dans le système social de la France ; et, s'il existait dans quelques provinces, on en méconnut l'importance. La noblesse, absente de ses terres, n'avait pas d'influence sur ses vassaux ; rien n'excitait ces paysans opprimés et misérables à se lever pour la défense de leur gouvernement. La monarchie en était donc réduite à s'appuyer sur la capitale. La grande distinction, fondée sur la représentation du pays, entre l'ancienne et la moderne civilisation, avait disparu ; de même qu'à Athènes et à Rome, une émeute dans la capitale devenait une révolution dans l'État. Dans la Vendée et dans la Bretagne seulement la société était autrement constituée ; et c'est là que le roi aurait pu trouver peut-être les moyens de sauver la monarchie ; mais la capitale ne connaissait même pas la *noblesse campagnarde* du Bocage ; elle n'avait jamais figuré à Versailles ; et la France, ignorant ses seuls moyens de salut, négligea ces héroïques provinces de l'ouest, et se laissa entraîner par la capitale dans le gouffre révolutionnaire.

Lorsque tant de causes concouraient en France à exciter le mécontentement de la nation, et à paralyser en même temps la résistance du gouvernement, il n'est pas étonnant que les écrivains les plus distingués de cette époque aient prévu l'arrivée de la tempête, qu'ils aient aperçu des raisons de craindre, là où une multitude inconsidérée ne voyait que des motifs d'espérance et de bonheur. Rousseau avait prédit depuis longtemps que la guerre d'Amérique ouvrirait une ère nouvelle, l'*ère des révolutions*. Vingt ans auparavant, un noble anglais, lord Chesterfield, versé dans la connaissance de l'histoire et dans celle du cœur humain, s'exprimait ainsi sur les symptômes de désorganisation sociale qui se produisaient en France. Il écrivait à son fils : « Observez avec soin les affaires de la France ; elles deviennent graves, et, dans mon opinion, cela ne fera que croître de jour en jour. Le peuple y est pauvre et mécontent : ceux qui ont de la religion sont divisés sur les croyances, c'est-à-dire qu'ils se haïssent mutuellement : le clergé ne pardonnera pas au parlement, ni le parlement au clergé : l'armée, sans aucun doute, selon l'opinion de chacun, suivra des partis différents dans les luttes qui peuvent éclater à l'occasion. Les armées, il est vrai, sont toujours les appuis et les instruments du pouvoir absolu, mais ce sont elles aussi qui le détruisent, en changeant souvent la main à laquelle elles le confient. La nation française raisonne librement, ce qu'elle n'avait jamais fait autrefois, sur les matières de religion et de gouvernement, et elle commence à devenir, comme disent les Italiens, *spregindicando,* pour se débarrasser de tous ses préjugés. Les officiers en font de même : en un mot, tout ce que j'ai jamais rencontré dans l'histoire de symptômes de grands changements et de révolutions dans les gouvernements, se retrouve aujourd'hui en France et s'y développe tous les jours[1]. » Les hommes d'État de notre pays n'étaient pas les seuls à se préoccuper de ces noirs pressentiments; les mêmes symptômes s'observaient de l'autre côté du détroit, et on les signalait ouvertement : il existe une lettre, écrite sur ce sujet à Louis XV, en 1761, laquelle mérite bien une place dans l'histoire, par la netteté des vues qu'elle présente sur l'imminence du danger[2].

Louis XV qui, au milieu de ses désordres et de ses habitudes sensuelles, était loin de manquer de pénétration, et qui savait au besoin s'élever jusqu'à la plus grande fermeté pour l'exécution de ses desseins, et faire preuve d'un sens très-droit en présence des plus grandes difficultés; Louis XV sentait parfaitement ce que l'état social de la France présentait de dangereux, et par les tendances irréligieuses des philosophes, et par l'esprit d'indépen-

---

[1] *Lettres de Chesterfield,* 25 décembre 1753.

[2] « Vos finances, Sire, sont dans le plus grand désordre ; la plus grande partie des États ont péri par cette cause. Vos ministres n'ont ni génie, ni capacités. Une flamme séditieuse s'est élevée au sein même de votre parlement; vous cherchez à le corrompre, et le remède est pire que le mal. On fait ouvertement la guerre à la religion : les encyclopédistes, sous le prétexte d'éclairer la société, en sapent les fondements. Toutes les libertés se lient; les philosophes et les protestants vont à la république, de même que les jansénistes. Les philosophes arrachent la racine, les autres coupent les branches, et leurs efforts, sans qu'il soit besoin qu'ils s'entendent, finiront par abattre l'arbre. Ajoutez-y les économistes qui veulent la liberté politique comme les autres veulent la liberté des cultes; et dans vingt ou trente ans le gouvernement pourra se trouver miné dans tous les sens, et tomber avec fracas. Ne perdez pas de temps à rétablir l'ordre dans les finances; les embarras financiers nécessitent des taxes nouvelles qui froissent les peuples et les conduisent à la révolte. Un jour viendra, Sire, où le peuple sera éclairé, et ce jour approche probablement. » Ce n'était pas un homme ordinaire que celui qui, en 1761, écrivait cette lettre anonyme. Elle produisit une grande impression sur le roi, sur le duc de Choiseul son ministre et sur Mme de Pompadour. (Voy. *Mém. de Mme de Hausset,* femme de chambre de Mme de Pompadour, p. 37.)

dance qui animait les parlements. Il disait souvent, faisant allusion à Voltaire et aux encyclopédistes : « Ces gens-là détruiront la monarchie. » Il dit un jour, « que le duc d'Orléans avait eu tort de restituer aux parlements le droit de pétition, et qu'ils finiraient par ruiner l'État. — Sire, lui répondit le duc de Choiseul, l'État est trop fort pour être renversé par une assemblée de magistrats. — C'est une assemblée de républicains, reprit le monarque ; au reste les choses dureront probablement aussi longtemps que moi. » Il disait encore, dans les dernières années de son règne : « J'ai éprouvé beaucoup de difficultés à me tirer d'affaire dans mes débats avec le parlement, pendant tout mon règne ; mais, que mon petit-fils y prenne garde, car il est plus que probable qu'ils mettront sa couronne en danger. » Toutefois, indolent de sa nature, ennemi de tout ce qui tendait à restreindre ses coûteuses débauches, irrité de la longue résistance opposée par les parlements à son autorité, Louis XV ne crut pouvoir se délivrer de tous ces embarras que par un *coup d'État,* en dissolvant tout à fait ces assemblées séditieuses. Il avait trop de pénétration pour ne pas voir que, dans l'état actuel de la nation, cette mesure violente ne pouvait pas arrêter pour *longtemps* le mouvement de l'opinion ; mais il pensa, et l'événement justifia ses prévisions, que l'effet de cette mesure durerait au moins aussi longtemps que lui ; et, de même que d'autres voluptueux systématiques, il se souciait peu de ce qui pouvait arriver lorsqu'il aurait cessé de porter sa part du fardeau des affaires de ce bas monde [1].

Il se présenta, avant la fin de son règne, une occasion d'exécuter son dessein. Le duc de Choiseul, qui avait été longtemps son premier ministre, avait eu pour politique de s'attacher le parti des parlements, et de rendre ces compagnies dociles à ses volontés, en y faisant entrer en majorité des nobles dévoués à ses intérêts. Mais, après la chute et l'exil de ce ministre, en 1771, le duc d'Aiguillon, son successeur, homme sans principes, mais plein d'audace et de vigueur, résolut d'abolir ces assemblées récalcitrantes : il espérait, du même coup, détruire le plus ferme appui du ministre dépossédé et le seul obstacle sé-

---

[1] De Staël, *Rév. franç.*, I, 43. — Smyth, *Rév.*, I, 81. — Soulavie, II, 23, *Introduction.*

rieux que rencontrât l'autorité de la couronne. Ce plan fut chaudement appuyé par Mme du Barry, qui souhaitait vivement d'être débarrassée de ces obstacles fâcheux, et qui prévoyait qu'elle pourrait se livrer à sa passion effrénée pour la dépense, du moment où il serait possible au roi d'imposer de nouvelles taxes, sans être soumis à l'obligation de les faire enregistrer par une autorité quelconque [1] [*]. Le chancelier Maupeou, courtisan habile et intrépide, et en même temps très-arbitraire [**], soutenait le projet de tout le poids de son savoir et de son expérience. Tel était le trio qui consomma la ruine du seul reste de la constitution de la France : un ministre tyrannique, une prostituée, et un chancelier sycophante.

On fut bientôt d'accord sur le mode d'exécution. Maupeou conseilla un coup d'État, qui devait délivrer subitement et à jamais l'autorité royale de l'opposition constante qui n'avait cessé de traverser ses volontés pendant cinquante-cinq ans. Le roi avait eu à soutenir, en 1770, une lutte très-vive contre les principaux parlements du royaume pour garantir le duc d'Aiguillon, son favori, des suites de ses malversations dans sa province; aussi, dès que ce grand seigneur fut arrivé au pouvoir, la destruction de ces cours de justice fut résolue. La cour commença par porter ses prétentions à ce point, d'exiger de tous les parlements de France d'enregistrer une résolution par laquelle il était déclaré que tous étaient légalement tenus d'enregistrer tout édit qu'il plairait au roi de leur adresser. C'était en fait, pour les parlements, se déclarer dépouillés de toute autorité, et ils refusèrent très-nettement de se soumettre à une telle exigence. Le roi renouvela son commandement; les parlements persistèrent dans leur refus, et firent cette noble réponse : « Votre édit, Sire, est destructif de la loi : votre parlement est chargé de maintenir la loi, et si la loi périssait, le parle-

[*] Soulavie, *Règne de Louis XVI*, I, 99, 103. — *Ann. Reg.*, 1770, 47, 51.

[*] Mme du Barry apportait au roi toutes les remontrances du parlement, en disant : « Sire voici encore une remontrance qui veut vous priver insensiblement de toute votre autorité, et vous détrôner à la fin. (Soulavie, *Règne de Louis XVI*, I, 103.)

[**] Maupeou, pour faire sa cour à Mme du Barry, s'abaissait à jouer avec Zamore, son nègre favori. Zamore, vingt ans après, trahit le secret de l'asile de sa maîtresse et la fit mener à l'échafaud. (Weber, *Mémoires*, I, 46, note.)

ment périrait avec elle. Ce sont là, Sire, les derniers mots de votre parlement. » Le parlement ne se rassembla plus et l'administration de la justice fut, suspendue dans la capitale. Le roi menaça le parlement de le dissoudre s'il ne reprenait ses fonctions; et comme il ne se montra pas disposé à céder, le coup d'État fut résolu pour la nuit du 19 janvier. A minuit, tous les magistrats du parlement de Paris furent réveillés en même temps, par des officiers royaux accompagnés de mousquetaires de la garde. On remit à chacun un ordre écrit de reprendre ses fonctions, et l'on requit de chacun une réponse formelle par *oui* ou par *non*. Quelques-uns cédèrent dans un premier moment d'alarme; mais le lendemain, s'étant réunis, tous se rétractèrent. En conséquence, le jour suivant de grand matin ils furent tous arrêtés; on déclara leurs charges supprimées, et on les dispersa en les exilant dans différentes villes assez distantes de Paris *. On institua, pour remplir les fonctions du parlement, une nouvelle cour de justice composée des créatures du gouvernement; et bientôt après, le roi tint un lit de justice, dans lequel on divisa en six ressorts nouveaux l'ancienne juridiction du parlement de Paris, qui auparavant s'étendait d'Arras à Lyon. Peu de temps après, les parlements de Rouen, de Besançon, de Bordeaux, d'Aix, de Toulouse et de Bretagne, qui avaient adhéré à l'opposition du parlement de Paris, furent supprimés et les conseillers exilés; on créa de nouvelles cours pour les remplacer '.

« Ainsi, dit M. Burke, les nobles efforts de ce corps, fidèle dépositaire des lois, de ce corps destiné à rappeler les anciens droits du royaume, eurent pour résultat final sa propre dissolution. Sa

* La conduite noble et désintéressée du parlement de Paris et des autres parlements de France, à cette occasion, ne saurait être bien appréciée, si l'on ne se rappelait que ces assemblées, quoique nombreuses, étaient des cours de justice, qui avaient à traiter presque toutes les affaires judiciaires du pays, et que beaucoup des charges ainsi sacrifiées sur l'autel du patriotisme, rapportaient des bénéfices considérables, et avaient été achetées pour des sommes énormes. Gilbert de Voisin, clerc principal du parlement de Paris, avait acheté sa charge 1,000,000 de francs, et elle lui rapportait 100,000 francs par an. Le roi lui ordonna de reprendre ses fonctions dans la nouvelle cour, mais il répondit qu'il avait prêté serment au parlement, et qu'il ne pouvait agir qu'avec le parlement. Sa charge fut confisquée, et il fut exilé dans le Languedoc. (*Ann. Reg.*, 1771, p. 91.)

' Soulavie, I, 104, 110. — *Ann. Reg*, 1771, 90, 93.

chute fut glorieuse, et par son motif et par les circonstances qui l'accompagnèrent : plusieurs des autres parlements s'offrirent en victimes sur le tombeau du parlement de Paris. Cet ancien esprit, d'où les Francs tiraient leur nom, quoique vivant glorieusement encore dans le cœur de quelques hommes, n'existe plus dans la masse de la nation. Longtemps éblouis par la splendeur d'une cour magnifique et voluptueuse, par l'éclat d'une grande gloire militaire, et par la renommée de quelques grands monarques, les Français ne peuvent aujourd'hui, à travers le faux jour qui les environne, distinguer l'état naturel dés choses ; un peuple qui s'est habitué pendant longtemps à se soumettre sans contrôle à tous les actes d'un pouvoir arbitraire, un peuple qui a été élevé à l'école de la dissipation, et à qui l'on a appris à dédaigner les choses les plus importantes, ne peut acquérir tout à coup cette puissance de volonté qui seule est capable de former de grandes résolutions et d'entreprendre des choses difficiles et dangereuses. C'est pour cela qu'un coup d'État aussi audacieux a pu s'opérer en France sans la moindre commotion, et sans rencontrer cette opposition qui, à d'autres époques, aurait suivi la plus légère infraction à la juridiction héréditaire d'un simple vassal [1]. » Telles étaient les tristes réflexions du plus grand philosophe politique, de l'homme d'État le plus prévoyant des temps modernes ; jamais peut-être ne s'est offert un exemple plus mémorable du danger qu'il y a de juger du résultat final d'un événement par ses conséquences immédiates, et d'appliquer à la marche lente des choses humaines, les conclusions prématurées d'une impatiente observation. A vingt-deux ans, jour pour jour, de l'exil du parlement, le petit-fils du monarque absolu, Louis XVI, montait à l'échafaud [2].

La fin du règne de Louis XV vit se produire un autre événement, d'une importance générale peu apparente, digne d'intérêt cependant par l'héroïsme qu'il développa, et par la grandeur incalculable de ses conséquences finales. La Corse était depuis longtemps l'objet de l'ambition du gouvernement français : cette île, voisine des côtes de la Provence, semblait promettre à la France l'empire de la Méditerranée. Le duc de Choiseul crut voir

____

[1] *Ann. Reg.*, 1771, 89, par Burke.
[2] 21 janvier 1793.

en 1768 une occasion favorable d'arriver à son but. Les Génois
exerçaient sur cette île une sorte de souveraineté, mais ils
éprouvaient beaucoup d'obstacles au maintien de leur autorité, dans le caractère indépendant des habitants de la Corse,
dont les montagnes sont de véritables forteresses, et ils furent
heureux de céder à la France leur droit de souveraineté pour
une somme considérable. Quand le marché fut conclu et que
les troupes françaises vinrent prendre possession de l'île, les
Corses s'indignèrent d'avoir été cédés ainsi à leur insu à une
puissance étrangère, et se défendirent longtemps dans leurs
montagnes, sous la conduite du brave Paoli. Mais la lutte était
trop inégale entre une île de la Méditerranée et la monarchie
française. L'Angleterre, inquiète pour ses possessions d'Amérique, demeura neutre, quoique la cause des braves montagnards
excitât les plus vives sympathies de la nation, et l'Autriche éprou-
vait peu d'intérêt pour un peuple qui osait résister à un changement de maître. Paoli, après d'incroyables efforts, fut obligé
de s'embarquer pour l'Angleterre, et la Corse fut soumise. Mais
le gouvernement français ne se doutait guère du fruit qu'il
devait retirer de cette agression ; il ne soupçonnait pas l'existence d'un citoyen qu'il faisait entrer dans la nation par cet
accroissement de territoire. Dix-sept mois avant la conquête,
était né en Corse un enfant que l'annexion de cette île fit citoyen
français, qui plus tard fut admis dans l'armée française, et qui
enfin devint le maître absolu de toute la France. Cet enfant s'appelait Napoléon Bonaparte[*][1].

Louis XV ne survécut pas longtemps à la ruine des parlements, ses vieux et persévérants antagonistes. Sa constitution,
affaiblie par de longs excès, ne pouvait plus résister au moindre
désordre organique ; il prit la petite vérole, d'une fille de quatorze ans morte au *Parc-aux-cerfs*, et fut enlevé, après une courte

[*] Napoléon naquit à Ajaccio, le 5 février 1768. Il prétendit dans la suite
qu'il était né le 15 août 1769, pour faire croire qu'il était né citoyen français, puisque la Corse avait été annexée à la France au mois de juin 1769.
Il fut baptisé sous le nom de *Napolione Buonaparte*. Cela résulte de l'extrait
de l'acte de son baptême qui se trouve encore à la municipalité du deuxième
arrondissement de Paris, depuis son mariage avec Joséphine en 1796.
(*Voyez* Salgues, I, 64, 65. — *Quarterly Review*, XII, 239.)

[1] *Ann. Reg.*, 1769, 46. — Salgues, I, 42, 43, 64, 65. — Smyth, *Lectures*,
I, 68, 70.

maladie, le 10 mai 1774. Ses débauches avaient réduit son corps à un tel état de désorganisation que ses membres étaient en putréfaction avant même qu'il expirât. L'infection était telle, que ses serviteurs abandonnèrent toute l'aile du palais où il était agonisant. A l'approche de la mort, il sentit sa conscience profondément troublée au souvenir de la vie dissolue qu'il avait menée, et il exprima les craintes les plus vives d'un châtiment sévère dans l'autre monde. Le lit de mort du débauché mourant fut visité par les terreurs de l'abime de flammes qu'il croyait ouvert pour le recevoir [*]. Toute sa conduite avait été un singulier mélange de superstition et de sensualité; lorsqu'il était épuisé par ses orgies du *Parc-aux-cerfs*, il avait coutume de prier avec toutes ces jeunes filles, demandant au Ciel qu'il leur fit garder leurs principes orthodoxes [1]. Pas un de ses favoris ne parut près de sa couche funèbre : du Barry elle-même avait fui. La crainte de l'infection avait chassé tous les habitants du harem; mais la terreur ne gagna point les princesses, ses trois filles, qui depuis longtemps étrangères à la cour, furent trouvées, à l'approche de la mort, auprès de ce chevet abandonné, bravant courageusement l'épidémie jusqu'au moment où le monarque expira. Cependant les courtisans s'éclipsaient en foule pour aller faire leur cour au dauphin. Les sons de leurs pas empressés à travers l'OEil-de-bœuf, pour annoncer la mort du roi, furent terribles, et retentirent comme le tonnerre, suivant l'expression d'un témoin de cette scène. Mais Louis XVI et Marie-Antoinette sentirent tout autrement la grandeur des devoirs et des difficultés qui les attendaient. Quand la fatale nouvelle leur fut apportée, ils tombèrent à genoux, et, les yeux baignés de larmes, ils s'écrièrent : « Guidez-nous, protégez-nous, ô mon Dieu ! car nous sommes trop jeunes pour régner [2]. » De tout ce que nous avons dit du gouvernement français, il résulte évidemment que, malgré son caractère inique et oppressif, il avait plusieurs institutions vraiment dignes d'admiration, et dont quelques-unes même étaient réellement supérieures à ce que nous

[*] Le roi ne voyait que la mort en perspective, et ne parlait que de l'abîme de feu qui allait s'ouvrir, disait-il, pour punir une vie jusqu'à la fin si luxurieuse. (Soulavie, I, 160.)

[1] Dulaure, VIII, 217.

[2] Soulavie, I, 160, 162. — Besenval, I, 209, 308. — Dulaure, VIII, 217

avions en Angleterre. Parmi ces institutions, quelques-unes méritent d'être citées.

Et d'abord, les parlements, ou cours de justice de France, étaient tout à fait supérieurs aux tribunaux ambulatoires de Westminster-Hall, et aux juges sans traitement de notre pays. Il y avait dans les cours françaises un défaut remarquable, résultant de l'annexion à des époques très-éloignées des différentes provinces à la monarchie de Clovis ; tous les parlements n'étaient point soumis à l'autorité de la cour suprême de Paris, en matière de jurisprudence : ainsi les parlements de Bordeaux, d'Orléans, d'Aix, de Lyon et de Rouen suivaient, sur certaines matières, des usages et des coutumes très-différents ; ces coutumes acquéraient force de loi, et il en résultait un manque d'uniformité entre les diverses provinces du royaume ; mais, à cette exception près, les parlements de France étaient une admirable institution. L'ordre des magistrats, dans lequel on en choisissait presque tous les membres, se trouvait placé entre la noblesse et le peuple, au-dessus du tiers-état, mais au-dessous de l'aristocratie, et constituait peut-être le corps le plus respectable et le plus éclairé de toute la nation. Il était infiniment supérieur à la magistrature gratuite d'Angleterre, où cette dignité n'était point une profession acquise par des études spéciales. Quoique les décisions des parlements sur différents points de droit ne fussent pas uniformes dans toutes les provinces, cependant, comme elles étaient basées plutôt sur l'usage coutumier que sur la lettre de la loi, et tirées de cette mine inépuisable de sagesse de l'ancien droit romain, elles avaient le mérite de s'accorder entre elles et de former un monument très-remarquable de jurisprudence. Si l'on en pouvait douter, qu'on lise les incomparables traités de Pothier sur les contrats et les différents droits personnels, conformes à la jurisprudence des parlements ; on se convaincra bien vite de leur supériorité sur les lois anglaises, à l'exception peut-être des lois commerciales. Une preuve décisive de cette supériorité, quelle que soit du reste la répugnance des Anglais à en faire l'aveu, c'est que le *Code Napoléon*, qui est aujourd'hui le code de la moitié de l'Europe, et qui, dans les États où il fut imposé, a survécu même à l'empire de son auteur, c'est que ce code, au moins en ce qui concerne les relations civiles, n'est guère que la transcription des décisions des parlements de

France, telles que Pothier les avait rédigées et mises en ordre.
Cela démontre clairement que ces décisions étaient fondées
sur les principes de la justice et sur la connaissance des
besoins et des convenances de la société. Nous ne croyons pas
qu'il soit jamais arrivé à l'Angleterre de voir ses lois adoptées
par un État indépendant, à moins qu'il n'y ait eu communauté
d'origine.

« Comme nous l'avons dit, les charges au parlement s'achetaient ; quoique ce mot soit très-malsonnant pour des oreilles anglaises, il n'en est pas moins vrai que ce fut peut-être là une des
causes principales de la supériorité de la magistrature de France.
En effet, par cela même, les magistrats étaient inamovibles.
Sans prétendre que ce mode d'acquérir les charges de judicature
soit préférable au système suivi dans les États libres, où ces emplois sont la récompense d'une habileté éprouvée et d'un savoir
bien connu, on peut affirmer que l'Angleterre n'avait point, avant
la Révolution, un système comparable à celui de la France. Il ne
faut pas confondre cette espèce de vénalité des charges avec la
corruption ; ici c'est le juge qui se vend, tandis que l'acquisition de
son emploi pour une somme déterminée consacre et garantit son
indépendance. La France n'ayant point alors de représentation
nationale, et la prérogative de la couronne n'y étant soumise pour
ainsi dire à aucune restriction, on ne sait trop où l'on eût trouvé
un contre-poids au pouvoir du souverain, si ce n'eût été dans l'indépendance, dans l'autorité et dans le patriotisme des cours de
justice. En Angleterre, avant 1688, le roi, ne pouvant de son autorité emprisonner ou faire mourir un citoyen redoutable pour
la couronne, n'avait d'autre ressource que de faire des cours
de justice les instruments de ses craintes ou de ses vengeances.
Aussi, pendant longtemps, les juges ne conservèrent leur office
qu'autant qu'il plaisait au roi ; et les procès d'État en Angleterre
offrirent, comme le remarque Hallam, « la somme la plus prodigieuse d'iniquités judiciaires qu'on puisse rencontrer dans les
annales du monde. » En France, une simple lettre de cachet faisait l'affaire, et souvent même sacrifiait la victime ; mais au
moins les tribunaux n'étaient point prostitués ; les membres du
parlement, qui avaient acheté leurs charges de leurs deniers,
restaient fiers et indépendants, et généralement incapables de se
laisser gagner par la cour ou d'aller au-devant de ses séductions.

L'histoire des deux pays offre des exemples très-remarquables de la différence des deux systèmes. Jusqu'à la révolution de 1688, les cours de justice en Angleterre furent toujours les instruments de la tyrannie royale ou parlementaire. Chaque parti, dès qu'il arrivait au pouvoir, en faisait ses moyens d'oppression ou de terreur. Les iniquités de la *conspiration des catholiques* et du *tonneau de farine* furent commises par des juges et des jurés; et le nom de Jeffrey restera comme un monument éternel pour montrer à la postérité que la Révolution qui vint pour la première fois purifier l'hermine de notre magistrature, fut provoquée par le honteux servilisme de juges exaltés servant les passions de la couronne. En France, au contraire, durant deux siècles avant la Révolution de 1789, les parlements avaient été presque toujours en opposition avec l'autorité royale; leurs jugements furent quelquefois contraires à l'équité, souvent ils infligèrent des supplices inhumains; c'était une conséquence des mœurs du temps, de la sévérité excessive du clergé et des préjugés de l'aristocratie, mais non point d'une vile obéissance aux volontés du souverain. Les luttes les plus graves et les plus périlleuses dans lesquelles la couronne se trouva engagée, furent celles qu'elle soutint contre les parlements du royaume. La cause déterminante de la Révolution fut l'impossibilité de forcer le parlement de Paris à enregistrer même les nouveaux impôts indispensables pour payer les créanciers de l'État; car ce refus obstiné ne laissait au roi d'autre ressource que la convocation des états-généraux. Donc, la Révolution d'Angleterre fut provoquée par une honteuse soumission à l'autorité royale, et la Révolution française par une résistance énergique à cette même autorité.

Enfin, le système des intendants de provinces, qui prévalut en France, et la coutume de choisir les ministres de la couronne parmi les plus habiles de ces intendants, étaient admirablement imaginés pour faire arriver aux affaires des hommes d'État capables et expérimentés. Les intendants de provinces étaient choisis parmi les officiers les plus distingués de la magistrature, et après vingt ou trente ans employés au service public, ils arrivaient au ministère. De cette façon, chaque département ministériel était dirigé par des hommes qui connaissaient le pays; ce qui est une qualité inestimable dans ces hautes fonctions. A ce point de vue, la monarchie constitutionnelle d'Angleterre, et la nouvelle monarchie constitutionnelle de nos voisins pourraient avoir beaucoup à envier à la vieille coutume de France. La direction des affaires appartenant chez nous à la chambre des communes, les votes de cette assemblée adjugent le pouvoir au parti dominant, et c'est le talent oratoire qui conduit aux grandeurs. L'habileté dans les débats étant une qualité essentielle à un ministre, les hommes d'État de l'Angleterre ont acquis, à cet égard, une puissance de talent vraiment extraordinaire. Mais le talent oratoire ne fait pas seul l'homme d'État, quoiqu'il puisse se rencontrer uni à la sagesse politique. Il semble, au contraire, que l'éducation d'un orateur parlementaire s'oppose à l'acquisition de cette connaissance pratique des affaires, seule base assurée d'une bonne législation. Les hommes d'État français du xviiie siècle, formés dans le gouvernement des provinces, apportaient au timon des affaires le fruit de leur expérience et de leurs observations; nos ministres, au contraire, habitués aux débats du parlement, n'acquéraient que plus tard, et par la voie peu sûre des commissions parlementaires, les talents nécessaires à une bonne administration. La France peut nommer avec orgueil des hommes d'État, tels que Sully, Colbert, Louvois, Turgot, Calonne, Vergenne, Necker, avec lesquels l'Angleterre n'a rien à opposer à la même époque. Ce qui manquait à nos voisins, ce n'était donc point la sagesse qui enseigne la marche à suivre, ni le patriotisme qui corrige le mal; il leur manquait une force nationale à opposer à l'influence aristocratique, qui avait la prétention de gouverner au profit exclusif des classes privilégiées.

Beaucoup de lecteurs pourront regarder comme trop minutieux peut-être les détails dans lesquels nous venons d'entrer; ils pourront ne pas les trouver dignes d'un livre d'histoire générale. Il n'en sera pas de même de l'observateur attentif : loin de les considérer comme déplacés, il en saura tirer des conclusions d'une importance beaucoup plus réelle que des catastrophes les plus saisissantes et les plus tragiques, qui terminent si soudainement le grand conflit social du xviiie siècle. Quand une fois la lutte est engagée, quand d'un côté l'on a commis d'irrémédiables fautes, quand, d'un autre côté, on s'est souillé de crimes impardonnables, alors est passée la période instructive pour l'homme d'État et pour le patriote : c'est au soldat, dès ce moment, d'apprendre à oser de grandes choses, c'est le tour du citoyen d'apprendre à souffrir noblement. La période, véritablement utile à l'instruction des citoyens d'un État libre, et plus encore d'un État qui marche à la conquête de la liberté, c'est précisément la période qui précède la collision : ce qu'ils ont besoin d'étudier, ce sont les maux et les vices qui amènent des divisions entre les différentes classes de la société et qui rendent les hommes incapables d'accomplir leurs devoirs; ce qu'ils doivent étudier, c'est l'action continue des causes qui produisent d'un côté la soif des révolutions, qui de l'autre côté détruisent la force nécessaire à la résistance, et finissent par conduire les peuples à d'inévitables convulsions. A ce point, le mal n'est pas sans remède, on peut guérir les membres malades et fermer les blessures; mais si on laisse passer le moment favorable à l'application du remède, il est presque certain que plus tard toute la sagesse humaine ne suffira point à prévenir la catastrophe; c'est surtout à ceux qui possèdent qu'il appartient de porter leurs investigations sur cette période de la maladie, afin de rechercher les moyens d'éloigner les maux qui menacent leurs propriétés et qui ruinent sourdement leur influence : il n'est pas besoin d'insister sur l'importance d'une pareille étude; mais on peut affirmer qu'elle est surtout un devoir pour les amis de la liberté, car c'est à eux qu'il appartient de prévenir, avant qu'il ne soit trop tard, le naufrage de toutes leurs espérances dans la mer orageuse des révolutions. ...

L'égoïsme et la tyrannie des classes élevées, les exactions oppressives de la couronne, les priviléges odieux de la noblesse, l'obstination avec laquelle on prétend maintenir des institutions faites pour un autre temps et pour d'autres mœurs, telles sont les causes auxquelles on attribue communément les révolutions. Que ces abus concourent à rendre plus terribles les convulsions sociales, personne ne le niera sans doute, après avoir étudié l'état de la France avant 1789, tel que nous avons essayé de l'esquisser, mais ils n'en sont pas les causes principales. Toute révolution est le résultat d'une perturbation du caractère national, perturbation qui prend sa source dans un profond égoïsme du cœur humain; ce n'est pas du tout ce vif attachement à la liberté qu'inspirent les affections généreuses, et les aspirations les plus nobles de notre nature. L'un est basé sur la vertu et l'autre sur le vice ; l'un consiste dans l'amour de la liberté, l'autre dans la passion de la licence ; l'un est généreux, l'autre est égoïste. L'hypocrisie est le caractère invariable du principe révolutionnaire ; mais il emprunte les traits de la générosité pour couvrir la noirceur de son égoïsme ; parlant toujours le langage de la liberté, ses actes sont ceux du despotisme. Le principe de la liberté vraie a toujours eu pour base un sentiment religieux profondément enraciné, et cela, depuis les temps de la république romaine jusqu'aujourd'hui ; tandis que, depuis Catilina jusqu'à Robespierre, l'irréligion avouée a été la base du principe révolutionnaire. Le véritable ami de la liberté est toujours prêt à faire à son pays le sacrifice de sa vie ; le révolutionnaire ne poursuit d'autre but que le sacrifice de sa patrie à ses propres intérêts : du moment où il aperçoit les moyens de s'élever, il est toujours prêt à tomber à genoux pour adorer la plus odieuse tyrannie, dût-elle décimer l'humanité tout entière. Si donc nous voulons déterminer les causes de l'établissement de la liberté dans un pays donné, examinons avant tout quelles circonstances ont pu faire dominer dans le caractère national, la vertu ou le vice : s'il en est qui ont donné l'ascendant au vice sur la vertu, c'est dans ces circonstances que nous trouverons le secret des révolutions.

Il est clair, même pour l'observateur le plus superficiel, que la France avait à se plaindre de griefs très-sérieux, à l'époque où éclata sa grande révolution ; il est clair qu'elle souffrait d'une foule de maux qui appelaient des remèdes prompts et énergiques ; mais jamais de tels griefs n'ont produit et ne produiront une révolution. Souvent ils ont amené la guerre civile, et non pas le bouleversement absolu de toutes les institutions, de tous les principes sociaux, comme cela est arrivé en France par suite du triomphe des jacobins. L'énergie de la démocratie romaine lutta pendant trois siècles contre le joug de fer des orgueilleux patriciens ; mais les Gracques, Marius et César ne parvinrent à consommer la révolution démocratique, que quand les vertus publiques et privées eurent été sapées à Rome par la déplorable influence des riches dépouilles enlevées aux peuples conquis. Les abus flagrants de l'Église romaine excitèrent la ferveur de la réforme et l'insurrection des paysans ; mais cette affreuse convulsion, éclatant à la veille d'un schisme religieux qui devait déchirer le monde, n'affecta point la constitution de la société germanique. Au temps de Richard II, l'oppression des barons provoqua en Angleterre l'explosion du jacobinisme le plus fanatique ; mais les bandes armées de Wat Tyler ébranlèrent à peine la monarchie féodale des Normands. Les dévastations exercées en France par les armées anglaises, les divisions et les cruautés de la noblesse, furent cause des horreurs de la jacquerie ; mais, en définitive, il n'y eut de massacres et de ruines que dans quelques provinces, et il n'en résulta pas la moindre modification des institutions du pays. La ferveur religieuse et l'amour invétéré de la liberté amenèrent la grande rébellion d'Angleterre ; toutefois les rêves des hommes de la cinquième monarchie furent emportés par le vent, et l'usurpation de Cromwell put faire méconnaître un moment la constitution fondamentale du pays, mais ne parvint pas à la bouleverser. Le changement de dynastie nécessité par la tyrannie religieuse de Jacques II ne peut s'appeler une révolution ; ce ne fut que le rétablissement du gouvernement sur son ancienne base, et qui plus est, comme l'événement le prouva, sur une base beaucoup plus aristocratique.

Les luttes de la liberté deviennent des révolutions quand les nations ont perdu leurs vertus antiques, quand l'amour de la liberté s'est changé chez les pauvres en amour du pillage, et lorsque les riches, au milieu des jouissances de la fortune, ont laissé s'éteindre l'énergie dont ils s'étaient servis pour l'acquérir. Ce ne furent ni la taille, ni les lettres de cachet, ni les priviléges de la noblesse, ni les souffrances des paysans, ni le désordre des finances, ni l'opposition des parlements qui furent les causes de la Révolution française : tous ces maux étaient grands, sans doute ; toutefois on pouvait y remédier sans bouleverser la société ; ces souffrances étaient profondes, mais le peuple en avait subi de plus cruelles sans qu'il en résultât la moindre perturbation dans l'ordre public. Mais tous ces maux coïncidaient avec la corruption des mœurs et la perte des sentiments religieux ; là fut la vraie cause du désastre : la perte de ces deux bases fondamentales de toute société avait produit, dans les classes inférieures, la soif égoïste d'acquérir la fortune par le crime, et, dans les classes élevées, avait éteint l'énergie nécessaire à la résistance. Voltaire et Rousseau, voilà les véritables auteurs de la Révolution ; eux et leurs disciples furent la cause du naufrage de la liberté, de la plus noble des causes, dans la première monarchie de l'Europe : pourquoi? parce qu'ils souillèrent, de cette fatale gangrène appelée *égoïsme*, les esprits et le cœur, tant des assaillants que des défenseurs de l'ordre social. Les mœurs dissolues de Louis XV, la corruption du régent, les orgies d'Orléans Égalité et l'infamie de la du Barry, avaient été les dissolvants de la force de résistance. La tyrannie des prêtres et la révocation de l'édit de Nantes firent disparaître le seul contrôle qui s'exerçât sur les vices du haut clergé, et amenèrent contre la religion elle-même une réaction qui renversa les autels.

CHAPITRE III.

CAUSES IMMÉDIATES DE LA RÉVOLUTION.

Quel était l'auteur de ces troubles? — Vues de Necker sur la réunion des ordres. — Louis XVI les adopte. — Leurs funestes effets. — Qui se trompa à cette époque? — Le roi forcé à la guerre d'Amérique. — Faute des nobles et du clergé en s'opposant à l'égalité des charges publiques. — Faute des parlements en refusant les édits. — Erreur fatale de Necker. — Effet de ses concessions. — Limites de la conciliation et des concessions. — Ce qui constitua la grande erreur des mesures de Necker. — Leurs effets. — L'habileté politique est lente à se développer. — Distinction entre l'amour de la liberté et la passion du pouvoir. — Révolution dirigée par les hautes classes.

[illegible]
[illegible]

Louis XVI, né le 23 août 1754, était le petit-fils de Louis XV. Son père, le dauphin, fils de ce monarque, était mort à trente-six ans, en 1765, et l'avait laissé héritier présomptif de la couronne de France. Le caractère de Louis XVI tenait beaucoup de celui de son père, pour qui toujours il avait éprouvé une profonde vénération, et cette ressemblance exerça une influence considérable sur les destinées du pays. Ses habitudes offraient le contraste le plus frappant avec la licence générale de tout ce qui l'entourait. Louis XV, malgré tous ses vices, n'était pas absolument dénué du sentiment des convenances, du moins si l'on en excepte les dernières années de son règne : il avait tenu son fils loin de lui, et surtout loin de la corruption à laquelle il se livrait lui-même avec tant d'abandon. Le dauphin vivait comme un ermite au milieu des magnificences de Versailles ; entouré de livres, heureux seulement dans la société de quelques amis qu'il avait choisis presque tous plus âgés que lui, il avait acquis du talent et de l'instruction. Son étude favorite était celle de l'histoire : le livre de l'*Esprit des lois* ne le quittait jamais. « L'histoire, disait-il, enseigne aux enfants des leçons qu'elle n'eût pas osé donner à leurs pères. » De même que tous les princes de sa famille, il était fermement attaché à la religion catholique romaine ; peut-être même était-il trop rigide observateur des formes extérieures de ce culte. Le bannissement des jésuites l'avait profondément affecté. On peut douter d'après cela que la tournure de son esprit fût bien propre aux scènes orageuses que son fils fut obligé d'affronter. La sévérité de ses mœurs, la pureté de ses principes restèrent à l'abri de tout reproche, au milieu des séductions d'une cour dissolue, à laquelle il sut demeurer étranger. Il avait élevé son fils dans le même éloignement de la cour, et les premières années du futur monarque s'étaient écoulées doucement dans l'intimité de la famille, sous le toit de la magnifique résidence de Versailles [1].

Le dauphin laissa trois fils, qui tous montèrent sur le trône de France : le duc de Berry, depuis Louis XVI; le comte de Provence, qui régna après la chute de Napoléon, sous le nom de Louis-XVIII; et enfin le comte d'Artois, qui monta sur le trône à la mort de son frère, en 1826; et en fut précipité, en 1850, par la révolution des barricades. L'aîné avait onze ans lorsqu'il prit le titre de dauphin à la mort de son père; déjà les exemples qu'il avait reçus de l'auteur de ses jours avaient fait sur lui une impression assez profonde pour ne plus s'effacer. Le choix qu'on avait fait pour lui d'un précepteur n'était pas très-heureux : le duc de la Vauguyon, chargé de ces fonctions importantes, avait plus de dévouement que de lumières, il était plus adroit courtisan qu'homme d'État habile. Les jeunes princes furent tous trois instruits avec les mêmes soins dans les éléments généraux des connaissances humaines; mais on distingua bientôt la différence de leurs caractères. Le dauphin, comme son père, était studieux et réservé; ses manières étaient froides, pleines de timidité; sa figure était grave et peu sympathique, et il avait une grande défiance de lui-même. Le comte de Provence, également ami des livres, était en même temps observateur; il avait plus de vivacité dans l'esprit, et il fut bientôt en faveur chez les courtisans. Le comte d'Artois, léger, ardent, impétueux, semblait avoir hérité de son aïeul la passion des plaisirs; il se jeta dans les fêtes de la cour avec toute l'insouciante avidité d'un jeune homme. Détrôné, exilé sur un sol étranger, que de sérieuses réflexions durent l'occuper avant sa mort [2]!

La jeunesse de Louis XVI vit se dessiner plus nettement son caractère. Doué d'un goût décidé pour l'étude, il lisait le latin et l'anglais avec facilité; il était excellent géographe; il avait une mémoire heureuse et sûre, faculté qu'il conserva toute sa vie à un très-haut degré. Mais ses souvenirs étaient relatifs aux faits, aux dates, aux personnes bien plus qu'aux idées : de bonne heure on remarqua chez lui une grande facilité à se reposer sur le jugement des personnes qui l'entouraient, et à leur sacrifier

[1] Droz, *Hist. de Louis XVI.* I, 115, 116. — Soulavie, II, 1.
[2] Soul., II, 42, 43. — Droz, I, 116, 117. — Camp., I, 123.

ses opinions personnelles. Malheureusement, le premier de ses ministres, Maurepas, l'entretint dans cette fâcheuse disposition, qui fut la cause principale des malheurs au milieu desquels il fut enveloppé quelque temps après. Tout jeune encore, il avait conçu une véritable horreur pour les plaisirs dissolus de son aïeul et pour l'insatiable avidité des courtisans. Aussi, quand on vint lui dire que le peuple l'appelait Louis *le Désiré,* « j'aimerais mieux, répondit-il, qu'on m'appelât *Louis le Sévère.* » Il n'avait aucune disposition à la galanterie, et il s'était toujours tenu à distance des beautés les plus séduisantes de la cour; c'est ce qui lui valut la haine ouverte de Mme du Barry, et ce qui étonnait singulièrement les dames de la capitale *. Cependant les Parisiens n'oubliaient pas que Louis XV avait été tout aussi vertueux dans sa jeunesse, et ils disaient : « Après tout, c'est un Bourbon, et comme les autres il le prouvera à quarante ans, quand il sera fatigué de la dauphine. » Fortement constitué, Louis XVI était doué d'un grand courage physique, et passionné pour la chasse, plaisir auquel il se livra régulièrement jusqu'à l'époque de son emprisonnement. Il avait un goût extraordinaire pour les exercices qui exigeaient de la vigueur corporelle, et principalement pour les arts mécaniques. Il lui arrivait souvent de travailler quelques heures de suite avec un serrurier du nom de Gamin, qui lui montrait l'art de manier le marteau et d'allumer la forge. Il s'amusait extrêmement de ce travail, et comblait Gamin de ses bontés. Cet homme le trahit en dévoilant à la Convention le secret d'une armoire de fer qu'ils avaient établie ensemble, dans un mur du cabinet du roi, pour y déposer les papiers les plus secrets, durant les orages de la Révolution.**

De tous les monarques qui occupèrent le trône de France, Louis XVI était bien le moins capable de provoquer une révolution et aussi le moins propre à la réprimer. Ferme dans ses principes, ayant les mœurs les plus pures et les sentiments les plus humains, aimant à faire le bien, il avait toutes les qualités qui

---

* Mme du Barry l'appelait *le gros enfant mal élevé.* (Droz, I, 117, note.)

** Le roi, disait Gamin, était bon, tolérant, timide, curieux, ami du sommeil. Il aimait avec passion la serrurerie, et se cachait de la reine et de la cour pour limer et forger avec moi. Pour porter son enclume et la mienne à l'insu de tout le monde, il nous fallait user de mille stratagèmes dont l'histoire ne finirait pas. (Soulavie, *Règne de Louis XVI,* II, 47.)

peuvent faire l'ornement du trône dans les temps de calme, toutes les vertus qui font aimer et estimer un homme dans la vie privée; mais il n'avait ni le génie qui prévient une révolution, ni la fermeté qui lui résiste. Il avait toutes les qualités propres à modérer le mécontentement de la nation; mais il ne possédait pas celles qu'il faut pour le maîtriser. Les peuples étaient fatigués du pouvoir arbitraire de leurs souverains : Louis XVI était disposé à y renoncer. Les débauches coûteuses de la cour provoquaient l'indignation publique, et ce prince était de mœurs pures et n'avait point de goûts dispendieux. On demandait une réforme dans l'administration, et ce prince mettait sa gloire à aller au-devant des désirs de la nation. Il désirait si ardemment de devancer les intentions des réformateurs, qu'il fit placer à la porte de son palais une boîte destinée à recevoir les plans de tous ceux qui avaient à émettre des vues sur ce sujet. Mais, quand on veut accomplir de grandes réformes sociales, il ne suffit pas de faire des concessions à un parti, il faut encore en arrêter les violences et contrôler en même temps la conduite du parti contraire; la difficulté de la tâche du monarque français était celle-ci : ou bien il fallait obliger la nation à se soumettre aux abus existants, ou bien forcer l'aristocratie à accepter les réformes. Louis XVI n'avait pas la fermeté de caractère nécessaire à l'accomplissement de cette tâche. L'irrésolution était son grand défaut; et aux époques les plus difficiles de son règne, il balança toujours entre la noblesse et le peuple, et il finit par être abandonné des deux partis : les nobles l'abandonnèrent parce qu'ils ne crurent point à sa constance, et le peuple parce qu'il ne crut pas à sa sincérité. Son administration, depuis son accession au trône jusqu'à la réunion des états-généraux, ne fut qu'une suite d'améliorations diverses qui ne parvinrent point à calmer l'effervescence publique; ces concessions ne faisaient qu'accroître les prétentions ambitieuses du peuple. Il eut le malheur de vouloir sincèrement le bien public, sans être doué de l'énergie nécessaire pour l'assurer; et l'on peut dire de lui avec vérité, que les réformes lui furent plus fatales que ne l'eût été à un autre souverain la continuation des abus [1].

Il ne faut pas croire, cependant, que cette irrésolution de ca-

[1] Mignet, I, 12, 13. — Thiers, I, 6, 8. — Lab., II, 4, 5.

ractère, si fatale dans la suite à ce prince vertueux, fût le résultat d'un défaut de tempérament ou d'une disposition naturelle à la timidité. Au contraire, il était d'un caractère prompt,
et quelquefois emporté et brusque dans ses manières; il ne se
corrigea même jamais entièrement de ce défaut; mais sa ligne de
conduite une fois tracée, il ne manquait ni de fermeté ni de
résolution. Son éducation avait été négligée, et malgré la pureté
de ses intentions et sa bonté naturelle, c'est à cette circonstance qu'il faut attribuer une partie de ses malheurs. Il avait lu
beaucoup de livres, mais ne les avait guère étudiés. Il n'avait
jamais appris à réfléchir ni à se fier à son propre jugement :
ses précepteurs, et Maurepas surtout, avaient cherché, dans leur
propre intérêt, à lui persuader que le premier devoir d'un souverain est de se laisser guider par la majorité de son conseil; ils n'y
avaient que trop bien réussi. Aussi arriva-t-il souvent que le roi
cédait, quoique sa raison ne fût pas convaincue. Souvent aussi
il lui manquait les lumières indispensables pour combattre les
arguments de ses ministres, lorsque son bon sens naturel
lui montrait leur erreur; mais il était trop honnête homme
ou plutôt trop scrupuleux pour s'arrêter à ses propres idées,
quand il n'avait pu combattre les leurs par des raisons péremptoires. Maurepas, d'ailleurs, lui avait inspiré une extrême défiance des hommes en général : et ce prince, d'un naturel déjà
si réservé, et environné de cet excessif égoïsme qui régnait à la
cour, n'eut jamais, dans tout le cours de son règne, une confiance sans bornes dans aucun de ses ministres, pas même dans
la reine. Cependant, doué d'une grande sagacité naturelle, il
percevait par intuition le juste et l'injuste, le bien et le mal, et
souvent il donna des preuves d'une pénétration remarquable
dans les discussions du conseil, ainsi que dans les notes qu'il
écrivait sur les mémoires que lui soumettaient ses ministres *.
Ce qui lui manquait donc, ce n'était pas la force intellectuelle,
mais la force de volonté, et cela provenait chez lui d'une con

---

* Souvent, au conseil, pendant que l'on discutait, il tirait de sa poche
un mémoire qu'il lisait, en y inscrivant à mesure des notes marginales, et
prouvait à la fin de la discussion qu'il n'en avait rien perdu. C'est là, comme
le remarque Bertrand de Molleville, la preuve d'une grande force d'attention : que d'autres en fassent l'épreuve s'ils en doutent. (Bertrand de Molleville, I, 221, 222.)

science trop scrupuleuse. L'excessif désir de bien faire l'induisit souvent en erreur; cet honorable défaut le porta à céder maintes fois à l'opinion d'hommes qui ne l'égalaient ni par l'intelligence, ni par la droiture des intentions [1]. Il eût été le roi constitutionnel le plus parfait; mais c'était peut-être le monarque le moins propre à diriger l'État au moment critique d'une constitution à faire. L'histoire doit avouer, quoique à regret, que ce prince, avec moins de bonté, eût été à cette époque un bien meilleur roi [2].

Louis XVI fut marié le 16 mai 1770, à Marie-Antoinette-Josèphe-Jeanne, archiduchesse d'Autriche, fille de François Ier, empereur d'Allemagne, et de l'illustre Marie-Thérèse. Cette princesse, que son héroïsme et ses malheurs ont immortalisée, était née le 2 novembre 1755, le jour même du tremblement de terre de Lisbonne : elle n'avait donc pas seize ans lors de son mariage. Cette union avait fait l'objet de longues et laborieuses négociations entre les cabinets de Vienne et de Paris : elle fut regardée comme un chef-d'œuvre de politique de la part du duc de Choiseul, alors premier ministre de Louis XV. C'était la base d'une alliance de famille entre la France et l'Autriche : ce mariage unissait, à leur mutuel avantage, les forces des deux monarchies. Afin de préparer la jeune princesse à ses futures destinées, on commença par confier le soin principal de son éducation à l'abbé de Vermont, ecclésiastique adroit et accompli, et choisi par le duc de Choiseul. Cet abbé de Vermont ne quitta plus Marie-Antoinette, et conserva toujours un grand crédit auprès d'elle. Sous cette habile direction, la princesse apprit rapidement le français, le latin, l'allemand et l'italien : elle contracta malheureusement à cette école un esprit de légèreté, un dédain des formes et de l'étiquette, qui lui firent beaucoup de mal en France. Elle avait de la gaieté naturelle, possédait des talents remarquables; elle avait le cœur bon, et sa mère avait imprimé de bonne heure dans son esprit la nécessité de se former un caractère ferme et décidé. C'était par là que l'impératrice s'était montrée supérieure à tous

----

[2] Bertrand de Molleville, I, 23, 26, 221.

[1] Malesherbes disait, avec autant de vérité que de sentiment : « Cette extrême sensibilité, cette humanité si tendre, et presque toutes les vertus modérées qui, dans les temps ordinaires, font les bons rois, deviennent, dans les temps de révolution, autant et plus funestes que des vices. » (Bertrand de Molleville, *Mémoires sur le règne de Louis XVI*, I, 24.)

les coups de la fortune; et souvent elle répétait à sa fille : « Dans l'adversité, souvenez-vous de votre mère. » Marie-Antoinette n'oublia point ce conseil lorsque vinrent ses mauvais jours, et ne se montra pas indigne de sa race [*]. Les manières ouvertes et gracieuses, la beauté ravissante de la jeune princesse l'avaient rendue si chère aux Viennois, que le jour de son départ fut pour la capitale de l'Autriche un jour d'affliction et de deuil; la pensée qu'ils ne la verraient plus leur faisait oublier le plaisir qu'ils avaient éprouvé en apprenant qu'elle devenait la dauphine de France. Son entrée dans son futur royaume fut pour elle un véritable enchantement; sa marche de Strasbourg à Paris fut un triomphe. Partout les paysans quittaient leurs travaux et bordaient en foule la grande route pour voir leur future souveraine; on élevait des arcs de triomphe dans toutes les villes et dans tous les villages; les rues étaient jonchées de fleurs; des essaims de jeunes filles vêtues de blanc et coiffées de guirlandes lui offraient les bouquets les plus choisis. Sa jeunesse, sa beauté, sa douceur, la joie qui brillait dans ses traits, tout enchantait les peuples des provinces qu'elle traversa « Qu'elle est belle, notre dauphine! » Tel était le cri général [**]. L'admiration s'accrut encore quand on l'entendit répondre dans le français le plus pur aux députations des villes, et

[*] Weber, I, 1, 17. — Soulavie, I, 72. — Campan, I, 35, 45.

[**] Quand Marie-Antoinette quitta Vienne, Marie-Thérèse adressa la lettre suivante à Louis XVI alors dauphin : « Votre épouse, mon cher dauphin, vient de se séparer de moi : comme elle faisait mes délices, j'espère qu'elle fera votre bonheur. Je l'ai élevée en conséquence, parce que depuis longtemps je prévoyais qu'elle devait partager vos destinées. Je lui ai inspiré l'amour de ses devoirs envers vous, un tendre attachement, l'attention à imaginer et à mettre en pratique les moyens de vous plaire. Je lui ai toujours recommandé, avec beaucoup de soin, une tendre dévotion envers le Maître des rois, persuadée qu'on fait mal le bonheur des peuples qui nous sont confiés quand on manque envers Celui qui brise les sceptres et renverse les trônes comme il lui plaît. Aimez donc vos devoirs envers Dieu. Je vous le dis, mon cher dauphin, je le dis à ma fille, aimez le bien des peuples sur lesquels vous régnerez toujours trop tôt. Adieu, mon cher dauphin, je suis baignée de larmes. » (Weber, I, 17. — 20 avril 1770.)

[***] Un curé de village, à la tête de son troupeau, l'attendait auprès de Châlons sur la grande route. Le digne pasteur avait préparé une harangue, mais à la vue de la dauphine, il oublia tout son discours, et ne put que tomber aux genoux de la princesse en s'écriant : « Madame, ne soyez pas surprise de mon peu de mémoire : *pulchra es et formosa!* » (Weber, I, 21.)

dans le latin le plus correct aux députations des écoles et des colléges. On la reçut à Compiègne avec d'indicibles démonstrations de joie. Ce fut là que le roi vint à sa rencontre. On avait préparé à Versailles tout ce que l'art et le génie peuvent imaginer pour rehausser la splendeur de son mariage, qui fut célébré dans la chapelle du palais avec une magnificence extraordinaire, que relevait encore l'éclat du plus beau soleil [1]. Cependant, peu d'instants après sa sortie du temple, le ciel s'obscurcit, les nuages s'amoncelèrent, la pluie tomba par torrents, les violents éclats de la foudre dispersèrent la foule qui assiégeait les abords du château, et ébranlèrent les murailles de cette auguste demeure. C'était l'emblème de la destinée de la jeune épouse; ses premiers pas dans la vie avaient suivi un sentier parsemé de fleurs, et sa carrière devait finir au Temple, à la Conciergerie, à l'échafaud!

La ville de Paris donna, à l'occasion du mariage, une fête splendide à laquelle assistaient le dauphin et la dauphine. Ce fut pour la princesse un jour de triomphe; rien ne semblait plus pouvoir ajouter à sa félicité. Sa beauté ravissante, sa grâce lui gagnaient tous les cœurs. Le char brillant où elle se trouvait avec le dauphin avançait péniblement au milieu des masses compactes du peuple, qui ne pouvait se lasser de la contempler, de l'admirer, de la bénir. De Notre-Dame, où elle alla rendre au Ciel ses actions de grâce, elle se rendit à l'hôtel de ville, où l'attendait le vieux maréchal de Brissac à la tête d'un état-major magnifique. Elle monta l'escalier qui conduisait à cette salle des assemblées municipales, qui devint plus tard le centre de la Révolution et d'où partirent les ordres qui envoyèrent son mari, puis elle-même à l'échafaud. « Madame, dit le vieux maréchal en lui montrant de la main ces flots innombrables de têtes découvertes qui inondaient la place de Grève, au moment où elle parut au balcon, le dauphin a bien le droit d'être jaloux. Vous voyez là deux cent mille personnes qui vous adorent. » Ce mot heureux courut dans la foule avec la rapidité de l'éclair : l'air retentit d'acclamations enthousiastes : c'était l'expression du sentiment universel. Aux Tuileries, la dauphine se promena dans les jardins avec son mari; elle paraissait ravie de l'enthousiasme qu'elle exci-

[1] Weber, I, 17, 21. — Campan, I, 45, 53.

tait. Louis était heureux aussi ; mais inquiet qu'il n'arrivât quelque accident au milieu de cette foule, il ne cessait de répéter aux gardes de prendre bien soin de ne faire mal à personne. Les deux époux se répétèrent plus d'une fois, au milieu des acclamations générales : « Quel bon peuple ! comme il nous aime [1] ! »

Un événement funeste troubla ces scènes de bonheur et vint ajouter aux sinistres pressentiments qu'on avait conçus déjà au jour de la naissance de Marie-Antoinette, à l'occasion du tremblement de terre de Lisbonne, et plus tard à la suite de l'orage qui avait éclaté immédiatement après la bénédiction nuptiale. Une malheureuse prétention à propos d'un ancien privilége fut la cause de cette catastrophe. Le prévôt des marchands avait réclamé, suivant l'ancien usage, le droit de régler la circulation dans la ville ; charge difficile ce jour-là, et qui eût mieux été remplie par l'habileté et l'expérience de M. de Sartines, chef de la police. On avait accédé à la demande du prévôt, dans la crainte d'offenser les bourgeois dans une circonstance si heureuse ; et les fonctionnaires de la cité, couverts de leurs costumes splendides, et presque tous sans expérience, parurent pour maintenir l'ordre sur la place Louis XV, où devait être tiré un feu d'artifice. Ils se montrèrent d'une incapacité complète. Déjà la foule des gens qui voulaient s'en aller, et celle du peuple qui débordait du côté du boulevard des Italiens, avaient rompu la faible barrière des agents municipaux, et une lutte violente s'était engagée entre ces deux torrents roulant en sens contraire, lorsque, par accident, le feu se mit à l'échafaudage préparé pour le feu d'artifice. Les fusées placées horizontalement se déchargent sur la foule : les pompes arrivent au galop de leurs chevaux à travers les masses en désordre, dans le but d'éteindre le feu [2]. Une panique universelle s'empare du peuple amassé autour de l'échafaudage ; il se précipite avec une violence frénétique vers l'entrée de la rue Royale, où il rencontre une cohue tout aussi compacte, et qui, ne sachant ce qui arrivait et voyant tant de monde s'éloigner de la place, cherchait à y pénétrer à son tour. Cependant, la terreur des fuyards l'emporta sur la force de la colonne envahissante, qui céda enfin, mais après une lutte

[1] Weber, I, 49, 51.
[2] *Ibid.*, I, 27, 28.

désespérée : un grand nombre de personnes furent renversées et foulées aux pieds de la multitude, roulant sur leurs corps comme un torrent furieux. Cinquante-trois victimes périrent sur la place, deux cent cinquante autres, mortellement blessées pour la plupart, furent retirées à grand'peine de dessous les pieds de la foule. La consternation fut universelle quand on vit rangées le long des boulevards ces malheureux restes ensanglantés qui attendaient que leurs parents ou leurs amis vinssent les reconnaître. Le dauphin et la dauphine firent preuve en cette occasion d'une sensibilité qui leur conquit l'estime générale[*]. Ils soulagèrent tant de souffrances avec une libéralité splendide. Mais cette funeste catastrophe, arrivée dans une pareille fête, jeta dans tous les cœurs les plus sombres pressentiments. On ne manqua pas de remarquer ensuite que la présomption et l'inexpérience des chefs du tiers-état de la capitale avaient été la cause principale du désastre; on blâma la facilité avec laquelle la haute direction de la fête leur avait été abandonnée par les autorités constituées. Les cadavres des victimes écrasées sur la place Louis XV furent déposés dans cette même église de la Madeleine, qui, peu d'années plus tard, reçut les restes décapités du prince et de la princesse, objets alors d'une adoration universelle[1].

Le temps toutefois fit oublier ce malheur : mais bientôt Marie-Antoinette put se convaincre que pour elle le sentier de la vie ne serait pas toujours semé de fleurs. Les épines ne tardèrent pas à se montrer. Mme du Barry, jalouse de la beauté de la dauphine, et redoutant sa naissante influence, n'épargna rien pour lui faire perdre les bonnes grâces du vieux roi[**]. On vit se ma-

---

[*] Marie-Antoinette fut si affectée de cette catastrophe, que pendant plusieurs jours il lui arriva fréquemment de fondre en larmes. Elle envoya, pour soulager les victimes, sa pension de tout un mois. Le dauphin en fit de même, et joignit à son offrande une lettre très-touchante adressée au chef de la police. (Weber, I, 29.)

[1] Weber, I, 26, 28. — Campan, I, 55, 56.

[**] Au dîner donné à Versailles, lors de la première réception de la dauphine, Mme du Barry fut assise à la même table que Marie-Antoinette. Ignorant qui elle était, et frappée de sa beauté, la dauphine dit que cette dame était *charmante*. Mais le dauphin, au courant des mystères du palais, tint son épouse à distance de la séduisante favorite que toute la cour entourait de ses hommages. Un jour la dauphine demanda à la duchesse de Noailles : « Voulez-vous me dire quelles sont les fonctions de Mme du

nifester les animosités ordinaires à la cour contre les nouveaux
venus; de vaines querelles d'étiquette retinrent loin de Marie-
Antoinette les noms les plus illustres de la noblesse; et bientôt
elle s'aperçut que l'*Autrichienne*, comme on l'appelait dans les
cercles les plus élevés de Versailles, aurait bien des difficultés
à rencontrer, bien des jalousies à vaincre à la cour de France.
L'ascendant reconnu de Mme du Barry, sa présence à toutes les
fêtes qu'on semblait ne donner que pour l'amuser, et pour multiplier les occasions de faire éclater au grand jour les hommages
qu'on lui rendait, tout cela décida les jeunes époux à vivre très-
retirés pendant les premières années de leur mariage. Cette
détermination du reste était parfaitement conforme aux goûts et
aux désirs du dauphin : elle était bien en harmonie avec la sévérité de ses principes et la netteté de son jugement[*]. La dauphine,
quoique passionnée pour les plaisirs et pour toutes les distrac-
tions de son âge, se soumit sans murmure à ce que voulait son
mari. Les Parisiens, habitués à la série non interrompue des
fêtes de la cour, s'étonnaient de voir les jeunes héritiers de la
couronne goûter les douceurs de la vie de famille, se promener
ensemble dans leurs jardins, entourés seulement d'un cercle
d'amis choisis, entrer sous le chaume du pauvre, où ils ne se faisaient connaître aux malheureux que par des bienfaits [**].

Barry? — Plaire au roi et l'amuser, répondit la duchesse. — En ce cas je
veux essayer d'être sa rivale, repartit la jeune princesse. » On se figure
aisément combien cette réponse ingénue amusa la cour. (Soulavie, II,
67, 68.)

[*] Dans les premiers temps de son mariage, Louis XVI, guidé par les
artifices de son précepteur, le duc de la Vauguyon, qui était dans les intérêts de Mme du Barry, manifesta longtemps un grand éloignement pour
la dauphine; il se conduisait à son égard avec une froideur qui l'offensait
vivement. Mais ce malheureux éloignement, fruit de basses intrigues, céda
aux grâces, au caractère aimable et toujours égal de la princesse, qui jamais n'avait fait entendre un murmure : et lorsqu'elle devint mère, on peut
dire que Louis aimait la reine d'une affection passionnée. (Mme Campan, I,
60, 72, 186.)

[*] Soulavie, II, 60, 76. — Weber, I, 37, 39. — Campan, II, 42, 63. —
Biogr. univ., XXVII, 73 : *Marie-Antoinette*, par Michaud.

[**] Louis XV chassait à Fontainebleau : un cerf blessé et furieux franchit
la clôture de la forêt, et s'attaquant à la première personne qu'il rencontre,
il plonge ses cornes dans les entrailles d'un jardinier occupé à tailler ses
vignes. Sa femme, alarmée par ses cris, accourt et tombe sans connaissance

284

Le pinceau du génie, guidé par un esprit chevaleresque, nous a laissé le portrait de Marie-Antoinette à l'époque de son avénement au trône de France. « Il y a maintenant seize ou dix-sept ans, dit M. Burke, dans un passage qui vivra aussi longtemps que la langue anglaise, que je vis pour la première fois à Versailles la reine de France, alors dauphine ; et certes jamais n'apparut sur ce globe, qu'elle semblait toucher à peine, une plus délicieuse vision. Je la vis au moment où elle s'élevait sur l'horizon, ornant et égayant la sphère élevée dans laquelle elle venait de commencer à se mouvoir ; étincelante comme l'étoile du matin, pleine de vie, de splendeur et de joie. Oh ! quelle révolution ! et quel cœur il faudrait pour contempler sans émotion, et cette élévation et cette chute ! Pouvais-je m'imaginer, quand je la vis commandant la vénération, et cet amour enthousiaste, mais discret et respectueux, qu'elle pût être jamais obligée à se défendre contre le malheur dont le germe était caché dans son sein. Pouvais-je penser que je devais vivre pour voir tomber sur elle de pareils désastres, au milieu d'un peuple de braves, au milieu de la nation de l'honneur et des sentiments chevaleresques. Je croyais alors que dix mille épées seraient sorties à la fois du fourreau pour châtier le téméraire qui l'eût insultée, même du regard. Mais le siècle de la chevalerie est passé ; et nous sommes au siècle des sophistes, des économistes et des calculateurs ; la gloire de l'Europe est à jamais éteinte. Non, nous ne verrons plus cette généreuse loyauté qui se dévouait au rang et au sexe, cette fière soumission, cette obéissance pleine de dignité, cette subordination du cœur, qui conservait vivace, jusqu'au sein de la servitude, la noble passion de la liberté. Il n'est plus cet ornement naturel de la vie, elle n'est plus cette défense désintéressée des nations,

auprès de son mari tout sanglant. Elle fut toute surprise, en rouvrant les yeux, de se trouver dans les bras d'une jeune et belle femme qui, des larmes dans les yeux, lui prodiguait toutes les consolations possibles en pareil cas. C'était la dauphine, qui, passant en calèche découverte, avait entendu les cris : faisant arrêter sa voiture, elle s'était élancée, avait franchi la haie et était arrivée auprès de la malheureuse femme avant tous ses serviteurs. Elle emmena dans sa voiture le jardinier blessé et sa compagne, et les fit traiter au château avec la plus touchante bonté. Le brave homme se rétablit contre toute attente : on lui fit une pension, et on le mit à la tête d'une jolie ferme qui fut souvent dans la suite le but des promenades du couple royal. (Weber, I, 32, 36.)

cette nourrice des sentiments humains. Elle n'est plus cette délicatesse de sentiment, cette chasteté de l'honneur, qui ressentait
une tache comme une blessure, qui inspirait le courage en
adoucissant la barbarie, et qui ôtait au vice même la moitié de
sa laideur, en lui faisant perdre toute sa grossièreté [1]. »

Ces paroles brûlantes du génie, ces pensées du profond observateur ont quelque chose de prophétique; et bien froid en effet
serait le cœur qui voudrait effacer un trait de ce tableau. C'est
une belle peinture, et vraie, non pas seulement d'un individu,
mais d'une époque tout entière qui descend avec la reine dans la
tombe. Et cependant, il faut qu'à quelques égards la sévérité de
l'histoire dissipe toute illusion, et nous montre Marie-Antoinette,
malgré tant de belles et intéressantes qualités, tant de grandes et
héroïques vertus, sujette aux faiblesses de l'humanité. Contem-
plée à distance, c'était bien en effet la resplendissante vision qui
avait charmé M. Burke; mais vue de plus près, la femme se révé-
lait en elle, et laissait apercevoir les imperfections de son sexe.
Son cœur était pur, ses manières charmantes, sa conduite droite,
son esprit plein de noblesse; mais ces vertus mêmes, en lui inspirant la conscience de sa pureté, la conduisirent à des imprudences qui deviennent des fautes dans une position aussi élevée.
On l'avait peu instruite sur les matières d'une portée sérieuse;
mais elle était accomplie pour tous les talents qui séduisent les
hommes. Elle avait le goût délicat, possédait un véritable talent
musical, dansait avec grâce, et aimait le théâtre avec passion.
Mais elle ne lisait guère que des romans ou des comédies; et une
reine qui devait rencontrer des difficultés à faire reculer un ange,
n'avait jamais eu dans les mains un livre d'histoire [*]. Aussi igno-
rait-elle, au milieu des hommages dont elle était entourée, combien les grands sont les objets de l'envie de leurs inférieurs;
elle ne savait pas les jalousies qui les assiègent incessamment;

[1] Burke, *Œuvres*, V, 149. — *Réflexions sur la Révolution française*.

[*] L'abbé de Vermont venait chez elle tous les jours, mais évitait de
prendre le ton imposant d'un instituteur; et ne voulait même pas, comme
lecteur, conseiller la lecture si utile de l'histoire. Je crois qu'il n'en a pas
lu un seul volume, dans toute sa vie, à son auguste élève; aussi n'a-t-il
jamais existé de princesse qui eût un éloignement plus marqué pour toutes
les lectures sérieuses. (Mme Campan, I, 73. — Baron de Besenval, II, 207,
208.)

elle ne savait pas avec quelle avidité, surtout dans des temps de troubles, on saisit les plus légères, les plus innocentes imprudences, et comme la malignité publique sait s'en emparer habilement pour détruire à jamais le bonheur des princes, qu'ils semblent environner de toutes les marques d'un profond respect [1].

Cette pureté de cœur, jointe à cette inexpérience du monde, l'entraîna à une foule d'imprudences, qu'eût soigneusement évitées toute personne mieux au courant des vices de la société, ou moins innocente que Marie-Antoinette. Pendant les premières années de son mariage, aussi longtemps que dura la froideur de Louis à son égard, toute sa conduite fut d'une circonspection parfaite; jamais une plainte ne sortit de sa bouche, quoique souvent une larme vînt mouiller sa paupière. Mais dès qu'elle se sentit assurée de l'affection de son époux, dès qu'elle eut le bonheur d'être mère, sa nature vive et légère l'entraîna dans les plaisirs avec une ardeur, toujours innocente, mais souvent indiscrète, et blâmable parfois. Accoutumée à la vie simple du palais impérial de Vienne, elle avait en horreur toutes les minuties de l'étiquette de Versailles, qui réglait tyranniquement jusqu'aux actions les plus indifférentes du roi et de la reine. Aussi était-elle heureuse quand elle pouvait échapper aux froides cérémonies de ces cercles ennuyeux, pour jouir dans ses appartements privés des plaisirs d'une conversation sans apprêts, et des charmes d'une confiante amitié [2]. Certaines intimités auxquelles la reine s'abandonna, et surtout sa liaison avec la comtesse de Polignac, excitèrent la jalousie de la vieille noblesse; on glosa sur ces représentations théâtrales dont elle s'amusait tant et dans lesquelles il lui arrivait de jouer un rôle; la calomnie publique fit de cette charmante retraite de Trianon, où Marie-Antoinette

[1] Mᵐᵉ Campan, I, 40. 41, 73. — Lac., V, 8. — Weber, 1, 63, 68.

[2] Voyez, sur l'étiquette et sur le cérémonial de Versailles, les détails laissés par Mᵐᵉ Campan, I, 309, 320. — Dès qu'elle eut pris le parti de se soustraire à l'ennui du cérémonial, cette princesse se livra sans contrainte à tous les charmes de la vie privée. « Enfin, je ne suis plus reine! » disait-elle avec délices en rentrant au milieu de ses amis, après de longues cérémonies qui l'en avaient éloignée trop longtemps. Elle venait de se dépouiller à la hâte de ses ajustements, et l'activité de ses femmes ne répondant point à son impatience, elle les avait arrachés de ses mains et dispersés dans l'appartement. (Michaud, *Biographie universelle*, XXVII, 74.)

allait chercher des compensations aux ennuis de la royauté, de
véritables jardins d'Armide, où le rang prodiguait ses faveurs et
la beauté toutes ses séductions. Mais si la nation y avait réfléchi,
elle eût compris que le vice ne se montre pas ordinairement à
découvert, et ne se révèle pas par des plaisirs enfantins comme
ceux que l'on se permettait à Trianon. Le vice se cache, ou s'il
se montre, c'est en payant à la vertu l'hommage de l'hypocrisie.
Ceux qui aimaient la reine ont dû souvent déplorer la légèreté
et l'imprudence qu'elle montrait quelquefois dans ces petites
réunions privées; tous ceux qui l'ont connue attestent que
toujours sa conduite fut irréprochable. Tout en elle était trop
décent et trop pur pour autoriser seulement le soupçon. Elle
fut aimée de tous, personne n'osa songer à la souiller [*]. [1]

. Lorsque les dangers du royaume, et les périls plus graves encore de la royauté l'eurent arrachée à ces scènes de divertisse-
ment pour la jeter dans la vie active des affaires, elle se montra
la digne fille de Marie-Thérèse. D'un courage invincible, d'un
discernement prompt, d'une résolution énergique, elle était faite
pour l'action, et seule, à la tête de serviteurs fidèles, elle eût été
une autre Zénobie; elle eût été la rivale d'Agrippine, par son
dévouement à son mari et à ses enfants. Et pourtant, dans la
situation où elle se trouvait, ces grandes qualités devaient lui
être plus fatales que la faiblesse même : en effet, il en résulta
que la reine faisait décider des mesures de sévérité lorsque le roi
était disposé à la conciliation; il en résulta des conseils pleins

---

* Elle disait un jour, à propos du célèbre Garat : « Je devais entendre
chanter Garat, et ne jamais chanter de duo avec lui. » Elle déclarait
qu'elle ne permettrait jamais que ses filles chantassent avec un acteur de
profession.

« Sa prétendue galanterie, dit le prince de Ligne, ne fut jamais qu'un
sentiment profond d'amitié pour une ou deux personnes, et une coquet-
terie ordinaire de femme et de reine, pour plaire à tout le monde. Dans
le temps même où la jeunesse et le défaut d'expérience pouvaient engager
à se mettre trop à son aise vis-à-vis d'elle, il n'y eut jamais aucun de
nous, qui avions le bonheur de la voir tous les jours, qui osât en abuser
par la plus petite inconvenance. Elle faisait la reine sans s'en douter ; on
l'adorait sans songer à l'aimer. » (Prince de Ligne, cité par Weber, I, 462,
463.)

[1] Senac de Meilhan, 74. — Wraxall, I, 115. — Weber, I, 461, 464. —
Campan, I, 143, 195.

d'audace quand la prudence eût exigé de la modération : souvent elle prétendit tirer l'épée, et ses serviteurs infidèles n'étaient pas prêts à se ranger à ses côtés. Au reste, elle ignorait les affaires, et connaissait peu les hommes publics; le roi avait négligé long-temps de l'entretenir de l'administration, et l'intervention de la reine, souvent mal interprétée, fut très-funeste à la royauté. Cependant, son bon sens lui fit découvrir plus d'une fois la meilleure marche à suivre, quand tout le monde s'égarait à la cour; et si, dans quelques occasions importantes, on eût suivi ses conseils, peut-être eût-on échappé aux malheurs de la Révolution *. Mais elle était grande surtout dans la vie privée, dans ces scènes d'angoisses intimes : oh! alors ce caractère était irréprochable! Elle aimait la toilette, et n'était pas insensible aux charmes de la magnificence imposée à son rang dans les occasions solennelles; cependant, il n'y eut jamais rien d'excessif dans sa manière de se mettre; la plus stricte économie régnait dans sa maison; et les sommes considérables qu'elle épargna souvent sur sa dotation comme reine de France, furent toujours consacrées à des actes de bienfaisance **. Dans l'intimité, elle était affable et facile, quelquefois au delà des bornes; elle oubliait jusqu'à la distinction des rangs; mais c'était chez elle l'effet de la vivacité des affections; elle s'était formé, dans son propre sexe, quelques liaisons d'étroite amitié; mais ces femmes qu'elle honorait ainsi abusèrent parfois de sa bonté en obtenant d'elle des faveurs pour leurs protégés, faveurs que la reine ne demandait jamais pour les siens propres : ce fut souvent pour elle l'occasion de regrets

---

* Elle s'opposa toujours à la guerre d'Amérique, comme injuste envers l'Angleterre, alors puissance amie; comme dangereuse pour la France, parce qu'elle était de nature à encourager la révolte. Elle s'opposa fortement au projet de Necker d'assembler les états-généraux à Versailles; elle prétendait qu'ils devaient se réunir à quarante lieues au moins de Paris. (Mme Campan, I, 234; II, 35.)

** Lors de l'effrayante famine de l'hiver de 1783-1784, Calonne, alors premier ministre, proposa à la reine de faire distribuer en son nom un million de francs sur les trois millions que le roi avait ordonné de réserver pour le soulagement des malheureux. Elle refusa cette offre, et donna aux pauvres 300,000 francs, fruit de ses économies, et 600,000 francs qu'elle prit sur l'argent de ses épingles. Dans le but d'inspirer à sa fille les mêmes sentiments, elle mit à sa disposition 10,000 francs, voulant que la jeune princesse les distribuât elle-même aux pauvres. (Campan, I, 270.)

bien vifs *. Elle avait une affection sans bornes pour son mari et
ses enfants; cette affection ne fit qu'augmenter avec les malheurs qui les accablèrent dans la suite, et brilla surtout dans la
solitude du Temple. Enfin, elle conserva toute sa vie, aussi bien
sous les tristes voûtes du donjon, qu'au milieu de la splendeur
des palais, l'attachement le plus ferme aux principes religieux;
ce fut son appui dans tous les malheurs de sa vie agitée; sa foi
l'aida à supporter, avec un héroïsme sans égal, des revers de fortune inouïs.

Le premier acte du roi à son avénement fut la distribution de
200,000 francs qu'il fit faire aux pauvres de Paris; le second,
la défense qu'il fit à ses frères de l'appeler roi ou majesté.
« Je perdrais trop, leur dit-il, à renoncer au nom de frère. »
Il fit à la nation la remise d'une somme considérable, espèce
de tribut qu'on payait au souverain, lors de son accession au
trône, sous le titre de *Joyeux avénement*. Marie-Antoinette
renonça aussi à ce qu'on appelait la *Ceinture de la reine*, et
qui consistait en une forte somme d'argent qui lui était offerte
à la même occasion. Elle avait appris qu'on faisait peser sur
les classes les plus humbles l'impôt destiné à l'acquittement de
cette somme, et elle supplia le roi d'y renoncer pour elle, ce
à quoi Louis consentit volontiers. On vit paraître à ce propos un

---

* Notre jeune et charmante reine, en se résolvant à vivre sans cérémo-
nie, a aboli toute l'ancienne étiquette de la vie privée à la cour. Tous les
soirs, cette aimable princesse traverse les appartements du palais, appuyée
sur le bras du roi, et suivie d'un seul serviteur. La mode nouvellement
introduite des petits soupers, où sont admis des seigneurs et leurs dames,
titrés ou non, a été adoptée non-seulement d'après le désir particulier de la
reine, mais encore dans le but d'éviter au roi ces soupers après la chasse,
en compagnie des nobles qui l'y ont suivi, et auxquels les princesses n'étaient
point admises; car c'est à cette coutume qu'il faut attribuer tous les désordres du règne précédent. A présent, le roi ne quitte plus la reine que pour
aller au conseil ou à la chasse; de sorte que les vils courtisans qui voudraient le corrompre n'en trouvent pas l'occasion. (*Corresp. secrète de la
cour, pendant le règne de Louis XVI*, p. 99.)

Tel était le sans-gêne de la charmante retraite de Trianon, que quand la
reine entrait dans les salons, les dames ne quittaient point le clavecin, ou
les ouvrages de tapisserie qui les occupaient, et que les hommes n'inter-
rompaient même pas leurs parties de billard. (Campan, I, 227.)

' *Corresp. secrète de la cour de Louis XVI*, 99.—Campan, I, 227, 257, 270.
— Weber, I, 270, 271, 201, 298.

joli madrigal dans lequel on disait à Marie-Antoinette, qu'elle n'avait que faire de la *ceinture de la reine,* puisque déjà elle avait celle de Vénus *. Le choix d'un premier ministre était une chose plus difficile; on vit à ce propos commencer les intrigues à la cour. On croyait généralement que le choix du roi tomberait sur le duc de Choiseul, qui avait été longtemps le ministre favori de Louis XV, et qui n'avait été renversé par Mme du Barry et le duc d'Aiguillon, que dans les dernières années de ce monarque. On croyait d'autant plus à son rappel, qu'il avait été le négociateur de l'alliance autrichienne; et l'on se figurait assez naturellement que la reine userait de son influence en faveur d'un ministre auquel elle devait son élévation. Ce qui contribuait à confirmer cette opinion, c'est que déjà l'on savait que Mme du Barry avait reçu l'ordre de rester à sa résidence de Pont-aux-Dames, où elle s'était retirée pendant la maladie du feu roi **. Mais Marie-Antoinette n'eut aucune part à cette affaire; le roi était mécontent du duc de Choiseul; ses tantes lui avaient fait des représentations au sujet de ce choix, et le dauphin son père lui avait laissé un mémoire secret, dans lequel il faisait une fâcheuse peinture des mœurs de l'ancien ministre. On s'arrêta d'abord à M. de Machault, ancien garde des sceaux, et déjà on lui avait expédié sa nomination, lorsque, sur les observations de la princesse Adélaïde, le choix s'arrêta sur M. de Maurepas qui avait été ministre de la marine : on fit courir après le page chargé de porter la lettre adressée à M. de Machault et qui n'avait pas encore quitté les écuries royales [1]. Voilà donc à quelle circonstance tinrent les destinées de la France et celles de l'Europe : M. de Machault, en effet, était un homme profond et éclairé; sans doute il eût contribué à empêcher la Révolu-

---

*
  Vous renoncez, charmante souveraine,
   Au plus beau de vos revenus;
 A quoi vous servirait la ceinture de reine?
   Vous avez celle de Vénus.   (Weber, I, 3.)

** Il était indispensable d'écarter Mme du Barry, et pour l'honneur de la cour, et pour briser l'influence de cette femme sur les affaires publiques. Mais on lui laissa sa fortune et ses bijoux, dont la valeur était considérable. Tout en la tenant éloignée de Versailles, on la traita avec beaucoup de bonté et d'égards : elle en ressentit pour le roi et la reine une vive reconnaissance, qu'elle exprima plus d'une fois. (Mme Campan, I, 83, note.)

[1] Weber, I, 42, 45. — Soulavie, II, 139, 147. — Campan, I, 79, 80.

tion, autant au moins que Maurepas servit à la provoquer *.
« A tous égards, le choix de ce dernier comme premier ministre devait être préjudiciable au roi. Ce vieillard, qui cependant ne manquait pas de bonnes qualités, était parfaitement im-
propre à ces fonctions élevées dans les circonstances difficiles où
se trouvait la monarchie. Il accoutuma le roi à un système de
temporisation et de demi-mesures, et contribua ainsi à augmenter encore, chez Louis XVI, cette malheureuse irrésolution à laquelle il n'était que trop porté déjà par sa nature. Après être resté
vingt ans exilé de la cour, à cause de quelques vers satiriques
contre Mme de Pompadour, il revenait au pouvoir, avec la seule
pensée de conserver son ascendant. N'ayant sur le gouvernement
que des idées sans consistance, il ne formait point son opinion
sur les hommes d'après leur conduite; il ne considérait pas les
mesures au point de vue de l'utilité; il n'attachait de valeur aux
hommes et aux actes qu'en tant qu'ils pouvaient servir à accroître
sa propre influence. Il était en arrière d'un demi-siècle sur les
idées de son temps, vieux courtisan de Versailles, mais non pas
ministre de France. La plume habile d'un observateur a tracé
[illegible]

* La reine, dans le même temps, donna une preuve remarquable de la générosité de son caractère. Le marquis de Pontécoulant, major des gardes
du corps, l'avait offensée, sur un point d'étiquette, peu de temps après son
arrivée en France, et l'irritation de la princesse avait été si grande qu'elle
s'était écriée qu'elle ne l'oublierait jamais. Le marquis, qui avait appris
cette menace, envoya sa démission, à l'avénement de Marie-Antoinette, par
le prince de Beauveau, son chef. Le prince alla trouver la reine pour lui
expliquer les motifs de la résolution si inattendue du marquis. « Dites à
M. de Pontécoulant, répondit la princesse, que la reine ne se souvient pas
des querelles de la dauphine, et que je veux qu'il garde son emploi. »
(Weber, I, 44.)

La reine aimait beaucoup le duc de Choiseul, à qui elle attribuait avec
raison son élévation au trône de France. « Je n'oublierai jamais, lui dit-
elle, quand elle le vit pour la première fois à la cour après la mort de
Louis XV: Je n'oublierai jamais que vous avez fait mon bonheur. — Et
celui de toute la France, » reprit le duc avec esprit. Il fut très-malheureux
pour Louis XVI que la nomination de M. de Machault n'eût point de suite :
cet homme était le contraste de Maurepas; il avait les qualités nécessaires
pour suppléer à ce qui manquait au roi et pour donner de la vigueur et
de la solidité à ses desseins. Il se distinguait par la profondeur de l'esprit,
par des vues larges et par une fermeté inébranlable, qualités qui man-
quaient au roi dans ces rudes épreuves. S'il eût été le premier ministre de
Louis XVI, il en fût devenu bientôt le Mentor. (Weber, I, 116.)

ainsi le caractère de Maurepas. « Superficiel et incapable d'une application sérieuse et profonde, mais doué d'une facilité de perception et d'intelligence qui démêlait dans un instant le nœud le plus compliqué d'une affaire, il suppléait dans les conseils, par l'habitude et la dextérité, à ce qui lui manquait d'étude et de méditation. Aussi accueillant, aussi doux que son père était dur et brusque; un esprit souple, insinuant, flexible, fertile en ruses pour l'attaque, en adresses pour la défense, en faux-fuyants pour éluder, en détours pour donner le change, en bons mots pour déconcerter le sérieux par la plaisanterie, en expédients pour se tirer d'un pas difficile et glissant; un œil de lynx pour saisir le faible ou le ridicule des hommes; un art imperceptible pour les attirer dans le piége ou les amener à son but; un art plus redoutable encore à se jouer de tout, et du mérite même, quand il voulait le dépriser; enfin, l'art d'égayer, de simplifier le travail du cabinet, faisait de Maurepas le plus séduisant des ministres [1]. » On le regardait comme un grand homme, parce qu'il avait écrit quatre vers mordants contre une favorite. Le roi, quand il le nomma, n'ignorait pas la faiblesse de ce ministre, mais il comptait que l'âge, le malheur, l'exil devaient avoir trempé son caractère, quand en réalité le contraire avait été produit. Ce n'était point un de ces esprits qui gagnent et se fortifient dans l'adversité et l'isolement. Indolent de nature, aimant ses aises, la seule détermination qu'il eût prise en revenant à la cour était de ne plus retomber dans l'erreur qui l'en avait fait exclure. Regardant la politique comme un simple jeu de hasard, il considérait comme duperie ou comme orgueil, comme absurdité, ou comme calcul, toute profession de foi désintéressée. Avide de tenir pour le reste de ses jours le timon des affaires, et de les diriger sans choc ni collision, son étude principale consista dans les signes extérieurs du temps; et se réglant toujours sur les convenances du moment, jamais sur les principes, il s'abstint avec soin de toute mesure qui pût laisser prévoir la plus petite opposition, le moindre embarras, quelles que pussent être du reste les conséquences d'un pareil système [2].

[1] Marmontel, *Mémoires*, II, 196.
[2] Weber, I, 115. — Boissy d'Anglas, *Vie de Malesherbes*, II, 37. — Michaud, *Biogr. univ.*, XXVII (MAUREPAS).

Avec ces talents et ces dispositions, Maurepas ne fut pas long-temps à s'emparer de l'entière direction de l'esprit du roi. Tout son système consistait à sonder les dispositions de Louis, à découvrir secrètement ce qu'il désirait : jamais il ne voulait le contredire ouvertement, et il voulait qu'il parût toujours que c'était le roi qui décidait, tandis qu'en réalité-il ne faisait que céder aux observations et aux arguments que son ministre lui soumettait avec un art infini. Il s'était habitué dans l'exil à une simplicité remarquable, de sorte qu'il lui était aisé de ne point affecter le train d'un premier ministre ; aussi était-il d'un accès agréable et facile pour tout le monde. En ce qui le regardait, il adoptait avec empressement les plans d'économie que le roi avait si fort à cœur. Il n'ignorait pas l'influence naissante de l'opinion publique, il savait que les idées philanthropiques étaient à la mode, il connaissait la sincérité des désirs de réforme que le souverain nourrissait dans son cœur. Il n'hésita point à encourager ces dispositions ; partout il représentait le roi comme ami de l'ordre, de la justice et de la paix, comme animé d'un amour profond pour son peuple, et prêt à tout sacrifier au bien public. Son grand objet était d'éviter les difficultés, de prévenir les luttes, en tâchant de mettre le système du gouvernement à l'unisson de l'esprit du siècle. A ce point de vue, il alla même au delà des désirs de la nation ; il fit correspondre les ministres avec les principales sociétés savantes de Paris et des autres grandes villes, dans le dessein de se faire suggérer des mesures qui pussent satisfaire l'opinion, sans se préoccuper le moins du monde de leurs conséquences finales. Ce changement de système était radical sans que cela parût au premier abord, et les résultats en furent très-graves. Ce n'était plus la cour de Versailles qui gouvernait la France, mais la France qui gouvernait Versailles. C'était le système le mieux entendu pour assurer la tranquillité du moment et pour faire naître les dangers de l'avenir [1].

Les mesures du gouvernement firent bientôt voir que le principe en était changé. A peine le roi fut-il monté sur le trône, que le duc d'Orléans et son fils le duc de Chartres lui présentèrent des mémoires dont l'objet était le rappel des anciens parlements exilés par Louis XV. Louis ne savait quel parti prendre sur cette

[1] Soulavie, II, 151, 156.

importante affaire : il hésitait. D'un côté, le rappel des parlements était chaudement soutenu par la famille d'Orléans, par une partie de la noblesse, par Maurepas, par tous les philosophes de la capitale, et enfin par la reine, que l'influence de Choiseul avait décidée à épouser la même cause. D'un autre côté, les princesses Adélaïde et Louise, ainsi que les frères du roi, s'y opposaient de toutes leurs forces. Les princesses se jetèrent aux pieds de leur royal neveu, le supplièrent de ne point ternir la mémoire de leur père par une condamnation aussi éclatante de ses actes, et lui représentèrent le rappel de ce corps séditieux et détesté comme l'équivalent de la destruction de la monarchie. Elles étaient soutenues dans leurs remontrances par la grande majorité des courtisans, par le chancelier Maupeou et par M. Vergennes, lequel venait d'entrer au ministère, où son habileté l'avait déjà fait remarquer. Maurepas, voyant le roi assiégé de tous côtés, et pourtant indécis ; voyant que la majorité du conseil allait se prononcer contre les parlements, prit la résolution hardie de renverser tous les ministres de Louis XV. L'abbé Terray, M. de la Vrillière et le chancelier Maupeou, opposés à Maurepas, furent renvoyés, et le rappel des parlements fut décidé. Ce coup décisif fut frappé le jour anniversaire de la Saint-Barthélemy. Les Parisiens, transportés de joie, l'appelèrent la Saint-Barthélemy des ministres, et insultèrent dans les rues les hommes d'État disgraciés. Cependant, la résistance continuait de la part de la cour : le comte d'Artois et les princesses renouvelèrent leurs supplications, leurs remontrances ; ils invoquaient les ombres des augustes ancêtres du roi pour le décider à ne pas prendre une mesure qui devait être fatale à sa maison. Turgot, Miroménil et Malesherbes, qui venaient d'entrer au ministère à la place de Terray, la Vrillière et Maupeou, défendaient fortement l'opinion contraire. Le roi sentait toute la gravité de la question, et ne sachant se former une idée bien nette à ce sujet, l'avait discutée maintes fois dans le conseil, aussi bien de vive voix que dans des mémoires écrits [1][*]. A la fin, Maurepas, Malesherbes et Turgot l'emportèrent : le roi signa le 21 octobre 1774 la lettre

[1] Soulavie, II, 180, 229. — Weber, I, 115, 120.

[*] L'abbé Mably et ceux qui soutenaient le parlement disaient : que la noblesse du royaume, les pairs et les princes du sang royal ne pouvaient être jugés que par un premier corps de magistrature nationale, inamovible,

circulaire qui rappelait à Paris les membres du parlement
exilé.

Cette grande victoire du parti populaire est digne de fixer tout
spécialement l'attention ; ce fut le premier anneau de cette chaîne
de causes et d'effets qui amenèrent enfin le renversement de la

indestructible ; que cette magistrature, sous quelque forme, et sous quelque
nom qu'elle eût existé en France, champ-de-mai, cour plénière, états-
généraux, ou parlement, avait été dans tous les siècles une partie essentielle de la monarchie, dont l'intervention avait toujours été indispensable
pour compléter et publier les lois ; que l'inamovibilité était de l'essence
d'une magistrature revêtue de fonctions suprêmes aussi importantes ; que
dans tous les temps elle avait été regardée comme la sauvegarde des
libertés publiques, comme un rempart contre le pouvoir arbitraire, en un
mot, comme partie inhérente des lois fondamentales de l'État. Que des
fonctions aussi augustes exigeaient impérieusement que les magistrats, les
pairs et les princes du sang, jouissent de la plus grande sécurité dans l'exercice de leurs charges, afin d'être mieux à même d'administrer la justice au
peuple, et de n'avoir pas à craindre l'intervention du pouvoir lorsqu'ils
décidaient suivant leur conscience ; que la partie la plus importante du
droit public de la France était celle qui garantissait à des corps inamovibles
reconnus en tout temps par les rois et par la nation, la stabilité nécessaire
pour la conservation des lois générales du royaume. D'après ces principes,
l'exil des parlements avait été un abus du pouvoir arbitraire, auquel on
n'aurait jamais dû avoir recours ; la confiscation des charges avait été une
mesure plus inique encore ; les pairs et les princes du sang ne pouvaient
siéger légalement qu'au parlement de Paris ; leur présence dans toute
autre assemblée était forcée, illégitime ; le nouveau parlement de M. de
Maupeou n'avait point été légalement établi. Le vrai, le seul parlement
était celui qui se composait du roi, des princes du sang, des pairs et des
membres dont on avait arbitrairement confisqué les offices, sous le dernier
roi, sans qu'il y eût eu forfaiture, ni procès régulier.

A ces arguments solides et habiles, il fut répondu par Monsieur et par le
comte d'Artois : Que la magistrature exilée avait élevé dans l'État une autorité rivale pour contre-balancer celle du roi, et établir un monstrueux équilibre, ou plutôt un obstacle permanent qui devait nécessairement paralyser
l'administration et plonger le royaume dans l'anarchie. Qu'adviendrait-il
de l'autorité du roi, si ces magistrats ligués dans toutes les provinces par une
association générale, allaient former un corps bien uni, décidé à suspendre
à son gré la prérogative royale, arrêter l'enregistrement et l'exécution des
lois, et suspendre même l'administration de la justice d'homme à homme ?
On dit que le renvoi du dernier parlement fut un acte arbitraire ; en admet-
tant que cela soit vrai, qui donc l'avait rendu nécessaire ? La résolution
générale qu'ils avaient prise de cesser de remplir leurs fonctions, et de
paralyser par là l'administration de la justice dans tout le royaume.
Faut-il blâmer le dernier roi d'avoir résisté à une faction si opiniâtre par

monarchie. Pour la première fois, depuis le cardinal de Richelieu, la cour venait de reculer ouvertement : on sentit que l'autorité souveraine était ailleurs qu'à Versailles : il venait de s'élever
un pouvoir plus fort que celui de la couronne. Et cette victoire,

un acte de vigueur extraordinaire, que réclamaient les circonstances?
Pendant des siècles, le parlement avait fait aux rois une guerre sourde
mais incessante. Leur prétexte a toujours été le bien public et l'intérêt du
peuple, objets qu'ils ont toujours sacrifiés; et l'on vient aujourd'hui proposer sérieusement de rétablir ces magistrats dans des fonctions dont ils
ont scandaleusement abusé, et dont on les avait si justement dépouillés.
Pourra-t-on convaincre le roi d'avoir exilé et dépouillé des magistrats
fidèles, quand il n'a fait que briser une conspiration dont le but était d'enlever la couronne de dessus sa tête en arrêtant partout l'administration de
la justice? Quel exemple n'a-t-il pas donné à la fermeté des rois! Quel
encouragement prétend-on donner à la violence populaire! Louis XV, dans
le but de sauver sa couronne et de continuer le gouvernement des affaires,
a créé de nouveaux magistrats aux lieu et place de ce corps factieux qu'il
avait supprimé; veut-on leur reprendre leurs offices pour les récompenser
d'avoir replacé la couronne sur la tête du roi? Le royaume devra-t-il être
exposé encore aux malheurs qui sont la suite de l'ambition de la magistrature, de ces ennemis du clergé, ces rivaux de la noblesse, seul véritable
soutien du trône; d'une magistrature qui porta la passion politique jusque
sur le siége du juge, et alla jusqu'à suspendre l'exercice de ses fonctions
pour extorquer des concessions de la couronne? Ne croyez pas que les magistrats exilés se montrent reconnaissants et raisonnables, si vous les
replacez dans leurs charges. Ils reviendront doux comme des agneaux,
mais bientôt ils seront redevenus des lions; et pour justifier tous leurs
actes de désobéissance, ils invoqueront l'intérêt de l'État, celui du
peuple, l'intérêt même du roi leur seigneur. Au milieu des actes les plus
flagrants d'opposition, ils diront qu'ils obéissent à leurs constitutions : la
populace s'élancera à leur secours, et l'autorité royale tombera un beau
jour sous l'effet de leur résistance. Telles seront les conséquences d'un acte
qui sacrifiera une magistrature soumise et faisant son devoir, à une magistrature rebelle qui ne fait pas le sien. (*Mémoires de M. le duc d'Orléans, et
de Monsieur,* frère du roi.)

Rien n'est plus curieux et plus instructif que ces arguments qui jettent
tant de jour sur les grandes questions constitutionnelles qui se débattaient
alors en France. Monsieur, frère du roi, concluait en ces termes : « Je
résume les services du parlement actuel et les crimes du parlement exilé.
Le parlement actuel a remis sur la tête du roi la couronne que le parlement en exil lui avait ôtée, et M. de Maupeou, que vous avez exilé, a fait
gagner au roi le procès que les rois vos aïeux soutenaient contre les parlements depuis deux siècles : le procès a été jugé, et vous, mon frère, vous
cassez le jugement pour recommencer la procédure. » (*Monsieur au Roi;*
28 sept. 1774; Soulavie, II, 221, 222.)

le pouvoir nouveau l'avait remportée de haute lutte, en combattant face à face l'autorité royale. Le roi, comme on se l'imagine bien, acquit par cette mesure une immense popularité. Son nom fut acclamé avec enthousiasme dans les rues de Paris ; la reine fut plus populaire que jamais ; le parlement exilé fut reçu avec un véritable délire, et l'on accabla les ministres renvoyés de sarcasmes et de couplets satiriques. Cependant, il n'était pas difficile d'entrevoir tout ce qu'il y avait de dangereux pour la couronne, dans une concession de cette nature, faite dans de telles circonstances : ce n'était pas reculer qu'il fallait ; mais faire disparaître ces griefs dont la nation se plaignait à si juste titre : les plus sages n'hésitèrent point à prédire que le rappel du parlement équivalait, de la part du roi, à une renonciation éventuelle de ses droits à la couronne. Il est positif, du reste, que les membres de ce corps ne tardèrent pas à prouver leur peu de gratitude envers leur bienfaiteur ; que leur ambition augmentait avec leur succès, et qu'ils se regardaient comme vainqueurs dans un conflit où le roi n'avait eu d'autre alternative que la soumission à leur volonté [1].

Le premier acte du parlement de Paris fut de protester, le lendemain de son rétablissement, contre l'édit même qui le rappelait, contre le *lit de justice* qui lui avait rendu la vie, contre toutes les précautions et les restrictions au moyen desquelles Miroménil se plaisait à croire qu'il avait élevé un obstacle éternel aux empiétements de ce corps redoutable. Peu de temps après le parlement rappela les princes et les pairs ; cette décision lui rendit toute la considération dont il avait joui antérieurement. Maurepas lui-même eut bientôt la mesure de leur reconnaissance. La veille de leur réinstallation, il avait paru à l'Opéra, où la foule des spectateurs l'avait reçu par un tonnerre d'applaudissements. Le lendemain, il se rendit dans la salle du parlement, où il s'attendait à la même réception. « Retirez-vous, monsieur, lui dit d'Aguesseau, leur premier président, vous n'avez pas le droit de demeurer ici. — Soyez tranquille, répliqua l'imperturbable ministre, je ne viens pas ici pour siéger, je ne veux qu'arriver à cette tribune. » Les adversaires de cette irréparable faute en appréciaient parfaitement les graves con-

[1] Weber, I, 118, 120. — Soulavie, II, 172, 221.

séquences. Lisez, disaient-ils, l'histoire d'Angleterre; vous y
verrez le parlement longtemps en lutte avec le roi; là aussi le
parti populaire finit par l'emporter. De lâches ministres persua-
dèrent le monarque d'abandonner les défenseurs de son autorité :
ils furent abattus. Le parlement n'en devint que plus audacieux :
le roi commença à comprendre qu'il lui fallait à tout prix res-
saisir ses droits, mais il était trop tard; et le trône tomba sous
les coups de l'ambition républicaine. Lorsque les dépositaires de
l'autorité royale abusent du pouvoir qui ne leur a été confié que
pour se faire obéir au nom de la loi, le gouvernement monarchique, s'il donne le premier l'exemple de récompenser la désobéissance, ne peut manquer de devenir un gouvernement républicain [1].

Il s'opéra dans le système du gouvernement, à la suite du rappel du parlement, une révolution bien plus importante que ne
l'était cette mesure en elle-même, qui n'était en définitive qu'un
symptôme, qu'un premier effet d'un changement déjà opéré. Le
système suivi jusqu'alors consistait, suivant les paroles mêmes
du cardinal Fleury, « à permettre à la France de suivre sans
contrainte la pente naturelle de son génie national, en prenant
garde seulement de ne pas laisser s'altérer ce génie. » Mais ce
système n'était plus praticable ; l'esprit de la nation s'était trans-
formé, et cela au point de rendre impossible le gouvernement
fondé sur les anciennes maximes. La nécessité prescrivait un
changement, la sagesse le conseillait ; mais elle conseillait en
même temps de ne changer que ce qu'indiquaient l'expérience et
l'observation, et de s'écarter le moins possible des habitudes
et des institutions existantes. Au lieu de cette prudente réserve,
Turgot et les économistes proposaient de refondre la France sur
un modèle emprunté aux écoles de philosophie; ils ne s'inquié-
taient ni des coutumes, ni de l'expérience, ni des préjugés; ils
prétendaient réorganiser une monarchie qui datait de mille ans,
comme ils eussent fait d'une colonie nouvellement établie sur
une côte inhabitée. Il ne faut pas s'étonner que dans un pareil
essai, ils aient renversé la royauté [2].

Turgot, le chef de ces grands promoteurs de réformes, né à

---

[1] *Mémoire du maréchal de Richelieu*, janv. 1775.—Soulavie, II, 263, 264.

[2] Soulavie, II, 267, 269.

Paris l'an 1729, avait quarante-sept ans quand il entra au ministère. Il était fils d'un fonctionnaire public qui s'était fait un nom honorable par la probité dont il avait fait preuve dans une charge importante de la capitale. Dès les premières années de son enfance, le futur ministre s'était distingué par son ardent désir de s'instruire, par la gravité et la sévérité de ses manières. Destiné d'abord à l'Église, il avait suivi avec distinction les leçons de la Sorbonne ; il y avait prononcé un discours fort éloquent sur les bienfaits dont l'humanité était redevable au christianisme *. C'eût été un bonheur pour lui et pour la France, qu'il fût resté toute sa vie fidèle aux principes sages et éclairés qu'il professait alors. Un autre discours, qu'il prononça deux ans plus tard, montra sur quelle pente nouvelle glissait son esprit ; le sujet de ce morceau était : *Des progrès de l'esprit humain*. Il y faisait preuve d'une grande vigueur de pensée, mais en même temps d'une connaissance erronée de la nature de l'homme. Il se dégoûta bientôt de la profession à laquelle il s'était destiné d'abord ; il prétendit qu'il ne pourrait se résoudre à porter un masque toute sa vie : il laissa donc l'Église pour entrer dans la magistrature, et se mit à l'étude de toutes les connaissances humaines avec une application, une ardeur peu commune. En 1752, il devint conseiller au parlement, et, pendant le cours des violentes disputes entre les jésuites et les jansénistes, il publia un pamphlet sous le titre de *Lettres sur la tolérance*. Cet écrit eut beaucoup de retentissement et ouvrit à Turgot les cercles littéraires de la capitale. Il continua ses travaux philosophiques, traduisit un grand nombre d'ouvrages en prose et en vers, et en diverses langues. Malgré cela, la tendance naturelle de son génie le portait surtout vers la culture des sciences politiques : il devint bientôt un des partisans les plus zélés de Quesnay et de la secte des économistes. Il fut fait intendant du Limousin en 1761, et

---

* La morale des païens, disait-il dans ce discours, n'avait connu que l'art de former des citoyens d'une telle nation, ou des philosophes distingués par la prééminence de leurs maximes, supérieures à celles de leurs contemporains. La morale chrétienne, au contraire, avait pour base des maximes et des devoirs obligatoires, et créait dans l'homme un nouvel homme. Elle était la protectrice de l'égalité des droits ; elle travaillait à la destruction de l'esclavage domestique et des chaînes de la glèbe ; elle contribuait par la douceur de ses maximes à fléchir l'esprit inquiet et turbulent des peuples de l'antiquité. (*Mémoire de l'abbé Turgot*, cité par Soulavie, II, 274.)

garda cette charge jusqu'en 1773 : ses fonctions lui offrirent plus
d'une fois l'occasion d'appliquer ses nombreux projets de réforme
et de philanthropie. Cependant, l'éloignement de la capitale devenait à charge à un homme qui, comme lui, avait un besoin aussi
impérieux de société intellectuelle. Il revint donc à Paris, où il
succéda à l'abbé Terray dans la charge de contrôleur général des
finances [1].

Les mesures que Turgot fit adopter ou qu'il tenta de faire pré-
valoir, et plus encore les principes qui en formaient la base,
eurent sans contredit une fatale influence sur l'autorité royale.
Cependant, les principes de cet homme d'État n'étaient point républicains; il n'appartenait lui-même en aucune manière au parti
séditieux du parlement, à ce parti qui lutta si longtemps contre
le trône. Au contraire, dans ces querelles, il soutint invariablement la royauté, chercha les moyens de modérer l'ardeur générale, et se tint à l'écart de toutes les oppositions qui excitaient un
intérêt si vif dans les différentes classes de la société. Et il le faisait par conviction, non point par intérêt personnel. D'après la
constitution française, un édit royal, à ses yeux, était une chose
sacrée, et il respectait d'autant plus la sainteté de ces décrets,
qu'il espérait les faire servir un jour à l'accomplissement de ses
grands desseins. Il ne voulait pas, comme les Gracques, abaisser,
par une guerre systématique, la puissance exécutive au profit du
parti populaire : ce qu'il voulait, de même qu'Antonin, c'était
organiser le pouvoir d'après les principes larges de la philosophie. Malesherbes a dit de lui qu'il avait la tête de Bacon et le
cœur de l'Hôpital; et en effet le caractère de son génie était bien
propre à faire de lui un ministre patriote. Profondément versé
dans la science sociale, comme dans presque toutes les branches des connaissances humaines; sévère dans ses principes,
irréprochable dans ses mœurs; ardent à poursuivre ses projets
de réforme, capable en même temps de s'occuper des plus petits
détails des affaires, comme il l'avait prouvé dans son administration du Limousin; ami passionné du progrès, et en même
temps ferme défenseur de la justice, il était précisément
l'homme sur lequel comptait le cœur généreux de Louis, pour

[1] Dupin, *Mémoire sur Turgot*, en tête des *OEuvres de Turgot*, I, 28. —
Biogr. univ., XLVII, 63, 71. — Soulavie, II, 276, 278.

mettre en pratique tout le bien qu'il voulait faire à ses peuples.
Aussi Turgot acquit-il en peu de temps une influence considérable
sur l'esprit de son maître : souvent le roi, dans ses malheurs,
répéta tristement ces paroles : « Il n'y avait que Turgot et moi
qui fussions les amis du peuple[1]. »

Si cet homme de mérite avait pu joindre à tant de grandes et
bonnes qualités une connaissance exacte de la nature humaine et une idée plus juste du lieu d'où doivent partir les réformes pour être utiles et salutaires, il eût fait un ministre inestimable, et mieux que tout autre il eût pu, sans faiblesse,
prévenir la Révolution par des réformes prudentes et salutaires.
Malheureusement il avait un grand défaut, qui le conduisit lui-
même à sa perte et qui fit de lui le guide le plus dangereux
à qui l'on pût confier la direction de cette crise. Ce défaut
tenait précisément à tout ce qu'il y avait d'estimable dans son
caractère, de bienveillant dans ses intentions. Il ne connaissait
pas les hommes. Rigide et exclusif dans ses idées, il poursuivait
ses desseins sans s'inquiéter des effets que devaient produire les
mesures du gouvernement, aussi bien sur ceux qui devaient en
souffrir que sur les citoyens qui devaient en profiter. « Il
opérait sur le corps politique, dit Senac de Meilhan, comme
l'anatomiste sur un cadavre, et jamais il ne semblait s'apercevoir
qu'il avait sous la main des êtres vivants et sensibles. Il pensait
aux choses, aux principes et non aux hommes : les hommes, il
les regardait ou comme vertueux et pouvant être conduits par la
raison, ou comme des faquins qu'il fallait mener par la force.
Croyant sincèrement à la perfectibilité, aux progrès indéfinis de
l'esprit humain guidé par la lumière de la philosophie, il oubliait
que la corruption, inhérente à notre espèce, si de hautes influences ne viennent s'y opposer, l'emporte toujours sur la puissance des lumières, et fait du flambeau même de la science une
flamme trompeuse qui conduit les hommes à leur perte. En un mot,
Turgot le philosophe avait entièrement perdu de vue les principes
de l'abbé Turgot; il crut trouver des moyens d'amélioration dans
des changements qui n'atteignaient que la surface de la société,
tandis qu'il devait les chercher dans la pureté de cœur de ses mem-

---

[1] Senac de Meilhan, 98. — Weber, I. — *Biogr. univ.*, XLVII, 63, 65. —
Monnier, II, 34, 62. — Dupont, *Notice sur Turgot*, 54, 67.

bres. Il était secrètement ligué avec ceux qui vouloient l'anéantissement du christianisme; il prétendait que chacun fût libre de se choisir un culte, et que chaque religion fût soutenue seulement par ses sectateurs. Il s'en rapportait, pour le progrès social, et pour la guérison de tous les maux qui affligent l'humanité, à la lumière de la philosophie, à la puissance de la raison et de la justice [1] [*].

Son système financier était irréprochable en principe; il l'avait développé dans sa fameuse lettre adressée au roi, lors de son entrée au ministère. « Point de banqueroute, point d'augmentation d'impôts, point d'emprunts; » telles furent les idées qu'il développa dans cette lettre, qui mérite une place dans l'histoire, pour le système de sévère économie et de prévoyance qu'elle propose [**]. Que ce soient là les vrais principes en matière de finances, c'est une assertion qui rencontrera peu de contradicteurs : la difficulté est toujours de savoir si l'on pouvait alors les mettre en pratique. L'un des premiers soins du nouveau ministre fut de constater dans quelle situation il avait trouvé les finances.

[1] Soulavie, II, 277, 279. — Condorcet, *Vie de Turgot*, 36, 57. — Senac de Meilhan, 78, 84. — *Biogr. univ.*, XLVII, 73, 75.

[*] On se fera facilement une idée de l'enthousiasme que produisit chez les philosophes l'arrivée au ministère d'un homme animé de pareilles doctrines; il y a quelque chose d'instructif dans l'expression de leur joie : on en trouve plus d'un exemple dans leur correspondance du temps. Voltaire écrivait au roi de Prusse, le 3 août 1775 : « Nous perdons le goût, mais nous acquérons la pensée Il y a surtout un M. Turgot qui serait digne de parler avec Votre Majesté. Les prêtres sont au désespoir. *Voilà le commencement d'une grande révolution.* Cependant on n'ose pas encore se déclarer ouvertement. *On mine en secret le vieux palais de l'imposture* fondé depuis 1775 années. »

[**] « Pour accomplir ces trois points, il n'y a qu'une méthode, c'est de diminuer la dépense de façon qu'elle soit inférieure au revenu, de telle sorte que nous ayons chaque année vingt millions à consacrer à la réduction de la dette. Jusqu'à ce qu'il en soit ainsi, le premier coup de canon peut réduire l'État à la banqueroute. On me demande sur quoi je ferai des économies; chaque fonctionnaire affirmera que les dépenses de son département sont réduites au taux le plus bas possible. Ils peuvent être dans le vrai, mais il faut s'incliner devant la nécessité. J'aurai de nombreux ennemis à combattre, je le prévois, et je devrai les combattre tout seul; je verrai s'ameuter contre moi la classe nombreuse des gens qui profitent des abus, etc. — Je reculerais devant de pareils obstacles si je ne comptais pas sur Votre Majesté, qui m'a promis de me soutenir, et je compte plus encore sur la promesse de l'homme que sur celle du roi. » (*Turgot à Louis XVI,* 24 août 1774; Soulavie, II, 284.)

Il établit que les recettes étaient inférieures aux dépenses de
22,000,000 de francs, et qu'en outre le revenu de l'année suivante se trouvait engagé pour une somme de 78,000,000,
de sorte qu'en réalité l'année 1775 présentait un déficit de
100,000,000. Ce n'est pas un médiocre honneur pour Turgot
d'être parvenu, en une année, à combler à peu près ce vide ef-
frayant, et cela, sans accroître les charges de la nation et sans
recourir à l'emprunt; mais seulement à force d'économies et de
réductions dans les dépenses. Il donna en même temps une
preuve de la fidélité avec laquelle il voulait tenir les engagements
de l'État, en ordonnant le payement immédiat de 15,000,000
aux créanciers du trésor public, qui, depuis quatre ans, n'avaient
pas touché les intérêts de leurs capitaux. Pendant les dix-neuf
mois de son ministère, il paya 100,000,000 de dettes : certes,
c'était là, pour un si court espace de temps, une réduction considérable, et qui prouvait à l'évidence et la facilité avec laquelle les
finances de la France pouvaient être améliorées, ramenées à une
situation normale, si, restant fidèle à ce système de rigoureuse
économie, on avait su éviter la guerre étrangère [1].

La seconde des grandes mesures de Turgot fut la déclaration de la liberté absolue du commerce des grains dans tout l'intérieur du royaume, commerce qui était autrefois soumis, de
province à province, à de nombreuses restrictions, presque équi-
valentes à la prohibition. Cette mesure, sans doute, était juste et
utile; cependant elle donna lieu immédiatement à des plaintes violentes, de la part des personnes engagées dans des spéculations
sur la foi des anciens règlements. Les populations s'indignèrent
en voyant transporter loin des lieux de production, les grains
qu'ils payaient déjà un prix très-élevé. Ces impressions furent ag-
gravées encore par la mauvaise récolte de 1774, dont les effets se
firent sentir dans toute l'Europe. Le peuple, au lieu d'attribuer
la cherté du grain à ses causes réelles, l'imputait généralement
aux manœuvres des marchands et des accapareurs, qui, disait-on,
avaient acheté des masses de blé pour en faire hausser le prix.
Les denrées ayant continué à renchérir pendant tout l'hiver, l'irritation publique s'accrut au printemps d'une manière alarmante :

[1] Soulavie, II, 284, 288. — *Tableau de M. Turgot,* 1775; Droz. I, 159. —
Bailly, *Hist. fin. de la France,* 194.

aux mois d'avril et de mai, des troubles sérieux éclatèrent sur
différents points de la France. Il se commit beaucoup de désordres en Bourgogne. Pontoise, près de Paris, devint le centre
d'une révolte qui s'étendit jusqu'à Versailles, où le roi essaya en
vain, en parlant aux insurgés, d'apaiser la multitude, qui récla-
mait à grands cris une réduction dans le prix des subsistances.
On ne put les calmer qu'en leur accordant leur demande [1].
Cette concession, comme on pouvait s'y attendre, ne fit qu'augmenter les désordres. Le tumulte s'apaisa à Versailles, mais la
populace de Paris saccagea les boutiques de tous les boulangers,
pilla le blé et en répandit de grandes quantités dans les rues. Le
lendemain, de forts détachements de troupes rétablirent l'ordre
dans la capitale, mais les troubles continuèrent dans les environs : il y eut quelques personnes tuées dans un combat que les
troupes livrèrent aux émeutiers sur le chemin de Versailles. Turgot et Malesherbes obtinrent difficilement du roi l'adoption de
mesures rigoureuses. On porta à 25,000 hommes la force de
la garnison de Paris, que l'on plaça sous le commandement du
maréchal Biron ; on proclama la loi martiale ; le maréchal prévôt
fut revêtu de l'autorité, et deux des chefs des pillards pris en
flagrant délit furent pendus sommairement à un gibet de quarante pieds de haut. Le jour suivant, on proclama une amnistie
générale : le roi, tourmenté par des scrupules de conscience à la
pensée de ces actes de vigueur, ne cessait de répéter à Turgot :
« N'avons-nous rien à nous reprocher dans les mesures que
nous avons prises ? » Cette sévérité bien entendue arrêta cependant les désordres, après toutefois qu'on leur eût laissé prendre
un caractère formidable, après qu'on leur eût laissé faire beaucoup de mal. On remarqua pendant les troubles deux particularités importantes et d'un sinistre augure pour l'avenir. Le parlement de Paris prit ouvertement le parti des émeutiers ; il fit une
adresse au roi pour lui demander la réduction du prix du blé.
On fut obligé de tenir un lit de justice pour lui faire entendre
raison et lui ôter la connaissance de cette affaire. D'un autre
côté, les mouvements populaires avaient été dirigés avec une
unité et un ensemble qui ne permettaient pas de douter qu'ils
n'eussent été suscités par une pensée commune, et dirigés par

[1] Soulavie, II. 289, 293. — Droz, I, 164, 165.

des chefs d'une certaine habileté *. On put voir déjà pendant
ces troubles, avec quelle facilité les Parisiens se précipite-
raient dans les plus violents désordres. Les théâtres furent ou-
verts pendant tout le temps des troubles : on fit une foule de
couplets satiriques sur la *campagne des farines* du maréchal
Biron, et les couturières se mirent à fabriquer des *bonnets à la
révolte* ¹.

Guillaume de Malesherbes, dont la fermeté contribua beaucoup à la répression de ces dangereux désordres, était né en
1721, d'une ancienne famille de robe : il avait donc cinquante-
cinq ans lorsque Louis XVI l'appela au ministère. Il avait été
élevé par les jésuites. Tout jeune encore, il fut destiné à la magistrature, dans laquelle il entra à vingt-trois ans; il ne tarda pas
à être nommé substitut du procureur général auprès du parlement de Paris. En 1760, lorsque son père, Lamoignon de Malesherbes, fut fait chancelier, il lui succéda dans la charge de président de la *cour des aides :* c'était la chambre du parlement
qui connaissait des affaires de finances et des poursuites en matière d'impôt. Dans cette haute position, qu'il occupa vingt-six ans,
il eut de nombreuses occasions de déployer l'intégrité et la fermeté de son caractère; et ce qui le prouve, c'est que Louis XV,
en 1771, l'exila pour quatre ans, parce qu'il refusait de reconnaître la légalité de la suppression du parlement. Il écrivit, pen-

---

¹ * Dans une adresse aux curés, et qui devait être lue au prône dans toutes
les églises, le roi se servait des expressions remarquables que voici :
« Lorsque le peuple connaîtra les auteurs de la sédition, il les verra avec
horreur. » Cela confirma l'opinion que les troubles avaient une autre cause
encore que la cherté des subsistances. — Le garde des sceaux disait au
parlement de Paris, que les brigands semblaient être organisés; que leur
approche était annoncée avant qu'on pût en avoir connaissance, et que la
rumeur publique indiquait le lieu et l'heure où ils devaient commettre
leurs violences. Il semblait qu'on eût formé un plan général de pillage
dans tout le pays; qu'on voulût interrompre partout les communications,
arrêter le transport des blés, afin d'affamer les grandes villes et surtout
Paris. Ce qui confirma ces soupçons, c'est que les brigands mêlaient les
signes de l'ivresse aux cris de la faim. Quoiqu'ils pillassent toutes les boutiques de boulangers, ils avaient si peu besoin de pain, qu'ils le distri-
buaient au peuple et répandaient le blé sur le pavé. (Droz, *Hist. de
Louis XVI*, I, 168. — *Biogr. univ.;* XLVII, 76, art. Turgot.)

¹ Droz, I, 164, 167, 170. — Soulavie, II, 296, 298. — *Biogr. univ.*, XLVII,
77, art. Turgot.

dant sa longue carrière judiciaire, une foule de mémoires. Toujours il fit les plus honorables efforts pour protéger l'innocence contre l'oppression, pour délivrer les malheureux retenus injustement dans les cachots. Ce fut dans une de ces nobles démarches qu'il dit ce mot célèbre, si caractéristique de la France sous l'ancien régime : « Personne n'est assez grand pour être à l'abri de la haine d'un ministre, ni assez petit pour échapper à l'œil d'un fermier général *. » Lorsque le parlement fut ramené en triomphe en 1774, il voulait résigner sa charge de président de la cour des aides et passer dans une studieuse retraite le reste de ses jours ; ce ne fut qu'aux sollicitations réitérées de Turgot, pour lequel il professait une grande estime, qu'il consentit à accepter le ministère de l'intérieur, en remplacement de la Vrillière, au mois d'août 1774 [1].

Turgot et Malesherbes étaient convaincus tous deux qu'il fallait de grandes réformes pour rendre de la stabilité à la monarchie, et pour déraciner les nombreux abus, fruit du règne despotique des derniers souverains. Mais ces deux ministres avaient des principes tout opposés sur le gouvernement. S'ils fussent restés longtemps ensemble aux affaires, il y aurait eu bientôt rupture entre eux. Tous deux étaient intègres, sincères et passionnés pour le bien public. Tous deux sentaient la nécessité de grandes réformes, et la nature les avait doués également du courage et du patriotisme indispensables pour faire face à l'opposition intéressée des personnages les plus importants de la cour et des plus puissantes corporations. Animés tous deux de principes libéraux, liés avec les philosophes de la capitale, ils appartenaient à la secte des déistes et des ennemis du christianisme, dont l'influence était alors malheureusement très-considérable. L'unité de leurs vues s'arrêtait là : ils avaient des opinions fort différentes sur le gouvernement qu'il fallait substituer à l'*ancien régime*. Malesherbes voulait des réformes, non des innovations. Issu d'une famille de robe, fait à des habitudes de légalité, il ne voulait pas bouleverser les institutions fondamentales de l'État; il désirait seulement en faire disparaître les abus, leur rendre

* Ses premiers mots, à son retour de l'exil, furent ceux-ci : « Oublions le passé, excusons les faiblesses, sacrifions les ressentiments. » (Droz, I, 174.)

[1] Boissy d'Anglas, *Vie de Malesherbes*, I, 225, 249. — *Biogr. univ.*, XXVI, 359, 361. — Droz, I. 177.

ce qu'elles avaient primitivement de favorable au bien public, leur donner tous les développements dont elles étaient susceptibles. Ce qu'il proposait donc, c'était d'ôter aux anciennes lois ce qu'elles avaient d'oppressif, d'assurer des garanties contre le retour des abus, sans altérer toutefois la constitution fondamentale de la monarchie. La première condition qu'il mit à son entrée au ministère, ce fut que le roi ne signerait de *lettres de cachet* que celles que lui demanderait Malesherbes. Il visita les prisons, et délivra une foule de malheureux qui gémissaient depuis longtemps dans les cachots. Il voulait ramener les réunions des états-généraux; accorder aux accusés le droit de se choisir un conseil; abolir les restrictions apportées à l'exercice du culte protestant; supprimer la torture et le supplice de la roue; rappeler l'édit de Nantes; supprimer la censure en matière de presse; et, sans vouloir absolument abolir les lettres de cachet, il demandait que l'usage en fût limité aux circonstances extraordinaires, en garantissant toujours à la personne arrêtée le droit de porter, devant un tribunal créé pour cela, la question de la légalité de sa détention. Il voulait, comme il le disait lui-même, *plaider devant le roi la cause du peuple :* mais, dans sa pensée, au roi seul appartenait le droit de prononcer l'arrêt. Il ne se figurait guère alors qu'il dût un jour plaider devant le peuple la cause du roi[1].

Élevé à l'école des philosophes, imbu des principes des économistes, Turgot avait des vues plus hardies sur la question de la régénération de la France. Il voulait refondre les institutions d'après un modèle idéal créé par les philosophes. S'appuyant sur le principe de la perfectibilité humaine, principe qu'il défendait vigoureusement avec Condorcet, il commença par donner lui-même une preuve de son désintéressement, en refusant le cadeau de cent mille couronnes que les fermiers généraux avaient coutume d'offrir au ministre des finances, à l'occasion du renouvellement de leurs baux. Il voulut que cette somme fût donnée aux hôpitaux et aux pauvres de Paris. Cette belle action lui valut l'admiration publique en même temps que de secrètes inimitiés : les hommes en général détestent la générosité qu'ils

[1] Boissy d'Anglas, *Vie de Malesherbes*, I, 247, 249. — Droz, I, 176, 179 — *Biogr. univ.*, XXVI, 360, 361. — Lab., *Hist. de la Rév.*, II, 14, 15.

sont incapables d'imiter. Turgot connaissait bien l'égoïsme et la
cupidité des hommes de son siècle [1]; mais il ne les attribuait
qu'au vice des institutions et à des habitudes depuis longtemps
enracinées : il croyait qu'à l'aide des lumières de la philosophie,
il était possible de consolider le bonheur des hommes sur les
larges bases de la vertu générale. Ses idées embrassaient donc
un changement total de la société ; c'était, suivant lui, le seul
moyen de détruire les maux dont elle souffrait alors.

Turgot pensait qu'il fallait laisser aux fidèles le soin de sub-
venir aux besoins temporels de l'Église, et que, par conséquent,
le clergé ne devait point posséder de domaine particulier ; il fallait abolir graduellement les dîmes ; en garantissant d'abord les
obligations existantes ; il voulait que les biens de l'Église fussent
mis à la disposition de l'État, et consacrés en partie à l'instruction élémentaire et à l'enseignement de la morale ; il voulait
qu'afin d'éviter les disputes de sectes, on n'enseignât dans les
écoles aucune religion, mais seulement les principes de morale
sur lesquels tous les cultes s'accordent généralement. Quant au
gouvernement civil, il regardait comme une erreur fondamentale
l'existence des ordres privilégiés de la noblesse et du clergé ; il
voulait toutefois réserver aux propriétaires seuls le droit de faire
les lois, et accorder à chacun, dans les élections, un nombre de
voix en rapport avec l'importance de sa propriété [2]. Il demandait
que tous les citoyens fussent également admissibles à tous les emplois civils ou militaires ; que toutes les corporations, jurandes,
corps de métier, que les monopoles de toute nature fussent abo-
lis ; de façon que, dans chaque branche d'industrie, la carrière
fût ouverte à tous. Il voulait établir dans les provinces des assemblées législatives, choisies par le vote universel [3].

* « Chacun cherche à tromper le gouvernement et à rejeter sur son voisin le fardeau des charges publiques. Tout le monde dissimule son revenu,
qu'on ne peut découvrir qu'imparfaitement, et encore par des moyens inqui-
sitoriaux qui constitueraient le roi en guerre ouverte avec ses peuples. »
(Turgot, *Mémoire sur l'administration*, 1775. — Soulavie, III, 139.)

** Il proposait au roi d'exiger une propriété d'un revenu de 1,000 francs
au moins pour avoir le droit de donner un vote ; les propriétés de valeur
moindre ne donneraient droit qu'à une fraction de voix. (Turgot, *Mémoire
à Louis XVI.* — Soulavie, III, 142.)

¹ Soulavie, III, 134, 137. — *Biogr. univ.*, XLVII, 74, art. TURGOT.

² Condorcet, *Vie de Turgot*, 51, 78. — Soul., III, 135, 139 ; II, 344.

-0 En un mot, toutes les innovations de l'Assemblée constituante qui, quinze ans plus tard, bouleversèrent la société française, n'étaient que la reproduction des idées de Turgot sur la régénération sociale qu'il méditait. Et cependant, ce n'était que comme résultat final qu'il voulait l'adoption de ces vastes réformes; il sentait la nécessité de faire d'abord l'éducation civile et politique de la nation : les mesures qu'il proposait immédiatement étaient beaucoup plus praticables. Ainsi, l'abolition des corvées, de celles qui consistaient dans l'obligation d'entretenir les routes dans tout le royaume; la suppression des droits seigneuriaux les plus oppressifs; l'obligation pour le clergé et la noblesse de payer l'impôt du vingtième, voilà quelques-unes des mesures qu'il croyait pouvoir prendre. Il demandait encore la formation générale d'un cadastre équitable qui pût servir de base à l'impôt territorial; il voulait la liberté de conscience et le rappel des protestants; la suppression de la plus grande partie des monastères, le rachat des services féodaux, avec une juste indemnité. Après cela, il proposait l'adoption d'un code civil pour tout le royaume, un système uniforme de poids et mesures, la suppression des priviléges des corporations locales, l'amélioration de la condition des curés; l'établissement d'un système général d'instruction publique, la création d'un système magnifique de voies de communication par terre et par eau. Il demandait qu'on introduisît de notables économies dans les frais de perception de l'impôt; car il savait que la moitié du revenu public était interceptée dans son passage de la bourse des contribuables aux caisses du trésor. Il voulait que la pensée et la presse fussent aussi libres que l'industrie. Les philosophes et les gens de lettres devaient être appelés à contribuer par leurs travaux à éclairer le gouvernement. Turgot voulait enfin, au moyen des assemblées provinciales, préparer la nation à l'exercice de la puissance législative dans l'assemblée des états-généraux [1].

Il est aisé de se figurer, d'un côté les magnifiques espérances, et de l'autre les terreurs et les haines profondes que dut inspirer la présence au pouvoir de ministres animés de pareilles intentions. Les philosophes étaient transportés; déjà ils voyaient en

[1] Condorcet, *Vie de Turgot,* 62, 96. — *Biogr. univ.,* XLVII, 74. — Lac., V, 25. — Lab., II, 11, 15, 27. — Soulavie, III, 135. 138; II, 344, 348.

rève leurs principes adoptés par le gouvernement, et, ce qui valait mieux encore, ils entrevoyaient la probabilité d'être appelés bientôt à prendre leur part des charges lucratives de l'administration. L'aristocratie de l'intelligence allait supplanter la féodalité. Déjà Turgot avait excité les craintes de l'Église, non-seulement par ses liaisons bien connues avec les philosophes de la capitale, et par les éloges dont l'accablaient ces ennemis de la religion, mais encore par quelques édits concernant certaines cérémonies religieuses, édits peu importants en fait, et qui toutefois faisaient assez voir d'où soufflait le vent dans les hautes régions du pouvoir.*. L'opinion s'était généralement répandue dans la capitale que Turgot et Malesherbes étaient parvenus à guérir le roi des préjugés de son enfance, et que Louis XVI était devenu déiste comme eux : on sut bientôt que cette opinion était erronée. Cependant, la noblesse nourrissait de profondes rancunes contre des ministres à l'épreuve de toutes les séductions, dont l'intégrité menaçait l'existence des priviléges et les gros traitements de la cour. Les choses en étaient arrivées à cet état d'irritation, quand mourut le maréchal de Muy, ministre de la guerre. Il fut remplacé, sur les conseils de Turgot, par le comte de Saint-Germain ¹. Ce changement eut des conséquences très-importantes ; il mérite une attention particulière, parce que, dans les dernières crises de la monarchie, il fut une des causes qui paralysèrent l'action du gouvernement ².

---

* Durant le carême de 1775 il autorisa les bouchers à vendre de la viande comme dans tout autre temps ; il autorisa les messageries à voyager le dimanche pendant l'heure des offices. Il conseilla de couronner le roi à Paris, et non dans la cathédrale de Reims ; il proposa de modifier le serment du couronnement, ce que le clergé désapprouva : Turgot insistait surtout sur l'omission de cette clause inhumaine par laquelle le monarque s'engageait à exterminer les hérétiques. (*Biogr. univ.*, XLVII, 75, article TURGOT.)

¹ Oct., 26, 1775.

² Droz, I, 183, 185. — Soul., II, 327, 349 ; III, 2, 5.

FIN DU PREMIER VOLUME.

TABLE DES MATIÈRES.

FIN DE LA TABLE.

www.ingramcontent.com/pod-product-compliance
Lightning Source LLC
LaVergne TN
LVHW051057060726
842525LV00003B/689